海外中国研究丛书
刘东 主编

[美] 白馥兰 著
江湄 邓京力 译

技术与性别
晚期帝制中国的权力经纬

TECHNOLOGY AND GENDER
Fabrics of Power in Late Imperial China

江苏人民出版社

图书在版编目(CIP)数据

技术与性别：晚期帝制中国的权力经纬／[美]白馥
兰著；江湄，邓京力译.—南京：江苏人民出版社，
2006.4(2021.4重印)
(海外中国研究丛书／刘东主编)
ISBN 978-7-214-04201-9

Ⅰ.技... Ⅱ.①白...②江...③邓... Ⅲ.妇女—
社会生活—研究—中国—宋代～清代 Ⅳ.D691.968

中国版本图书馆 CIP 数据核字(2005)第 113563 号

Technology and Gender：Fabrics of Power in Late Imperial China，by Francesa Bray
© 1997 The Regents of the University of California
Simplified Chinese translation rights © 2006 by JSPPH
All rights reserved
江苏省版权局著作权合同登记：图字 10-2005-209

书　　　名	技术与性别——晚期帝制中国的权力经纬
著　　　者	[美]白馥兰
译　　　者	江　湄　邓京力
责 任 编 辑	左　衡　胡海弘
装 帧 设 计	陈　婕
责 任 监 制	王　娟
出 版 发 行	江苏人民出版社
地　　　址	南京市湖南路 1 号 A 楼，邮编：210009
网　　　址	http://www.jspph.com
照　　　排	南京紫藤制版印务中心
印　　　刷	江苏凤凰扬州鑫华印刷有限公司
开　　　本	652 毫米×960 毫米　1/16
印　　　张	28　插页 4
字　　　数	362 千字
版　　　次	2010 年 7 月第 1 版
印　　　次	2021 年 4 月第 3 次印刷
标 准 书 号	ISBN 978-7-214-04201-9
定　　　价	85.00 元

(江苏人民出版社图书凡印装错误可向本社调换)

序"海外中国研究丛书"

中国曾经遗忘过世界,但世界却并未因此而遗忘中国。令人嗟讶的是,20世纪60年代以后,就在中国越来越闭锁的同时,世界各国的中国研究却得到了越来越富于成果的发展。而到了中国门户重开的今天,这种发展就把国内学界逼到了如此的窘境:我们不仅必须放眼海外去认识世界,还必须放眼海外来重新认识中国;不仅必须向国内读者迻译海外的西学,还必须向他们系统地介绍海外的中学。

这个系列不可避免地会加深我们150年以来一直怀有的危机感和失落感,因为单是它的学术水准也足以提醒我们,中国文明在现时代所面对的绝不再是某个粗蛮不文的、很快就将被自己同化的、马背上的战胜者,而是一个高度发展了的、必将对自己的根本价值取向大大触动的文明。可正因为这样,借别人的眼光去获得自知之明,又正是摆在我们面前的紧迫历史使命,因为只要不跳出自家的文化圈子去透过强烈的反差反观自身,中华文明就找不到进入其现代形态的入口。

当然,既是本着这样的目的,我们就不能只从各家学说中筛选那些我们可以或者乐于接受的东西,否则我们的"筛子"本身就可能使读者失去选择、挑剔和批判的广阔天地。我们的译介毕竟还只是初步的尝试,而我们所努力去做的,毕竟也只是和读者一起去反复思索这些奉献给大家的东西。

刘　东

目　录

插图与表格
中国朝代
致　　谢 / 1
导　　言——日常生活的结构：科技、妇女和文化史 / 1

第一部分　建筑一种传统：中国社会空间的释义 / 39

第一章　房屋的形式和涵意 / 47
　　　　　空间和文献材料 / 47
　　　　　帝制中国晚期的房屋：具体样式 / 55
　　　　　房屋样式的审美性 / 59
　　　　　屋檐下的景观 / 64
　　　　　建筑的融会 / 68

第二章　编成密码的父权制 / 70
　　　　　有墙壁的领地 / 70
　　　　　一个道德的建筑模块 / 72
　　　　　房屋的中心：祭坛和炉灶 / 73
　　　　　家族血脉的延续：棺材和床 / 88
　　　　　内部的分界：标示道德秩序 / 93
　　　　　对女性的压制 / 99

第三章　关于中国房屋的文本 / 118
　　　　　书写文本 / 118
　　　　　文本专家 / 124

第二部分　妇女的工作：织出社会结构中的新图案 / 137

第四章　权力的结构——妇女工作的规范意义 / 144
　　　　　"妇工"的观念：妇女作为臣民 / 144

布与社会 / 147

中古时代的劳动分工和女性工作的价值 / 150

第五章　经济增长与劳动分工的变化 / 160

财富、时尚与一个新的精英阶层：宋代丝织业的变化 / 160

棉织品的繁荣 / 165

明清的丝织业 / 177

第六章　妇女的工作和地位 / 186

技能、知识和地位 / 188

女性的美德和社会秩序的维护 / 190

妇女的工作和家庭地位 / 199

联系与隔离：织物和领域的分离 / 205

妇女的工作和父权制 / 212

第三部分　母亲身份的意义：生育科技及其功用 / 215

第七章　医学史和性别史 / 223

透过模糊的酒杯：功效问题 / 228

身体是什么？/ 232

医者、正统和权力 / 235

医案：谁的声音？/ 243

第八章　生育医学与繁衍的双重性 / 247

生育的医学理论 / 248

流产的正统应用 / 250

调经、生育和健康：女人的双重形象 / 253

第九章　生育的等级制度 / 260

孩子：有限的福祉 / 261

天性、养育和母子间的纽带 / 266

母性角色的倍增：妻、妾和侍女 / 271

妻子的角色 / 277

结　语　妇女科技与文明 / 287

注　释 / 300

参考文献 / 376

索　引 / 414

插图与表格

插　图

1. 陶器风格　16
2. 男人的工作　28
3. 普通的住宅和店铺　52—53
4. 台北东部的安泰林（An Tai Lin——音译）宅院　56
5. 祠堂　74
6. 祭祖　80—81
7. 后院　84—85
8. 女人的卧室　94—95
9. 露台　104—105
10. 书房　107
11. 吉利与不吉利的建筑形式　126—127
12. 编织法　151
13. 一架简易的织机　153
14. 花机　156
15. 牡丹花图案的锦缎　162
16. 采棉　170—171
17. 装配棉织机　173
18. 南方与北方的缫丝机　178
19. 家里供奉蚕神的祭品　198

20. "劈开的葫芦"　224—225
21. 分娩室　239
22. 关于调经的文本　254
23. "第一次蚕眠"　268
24. 赡养父母　278
25. 刺绣的年轻女子　280—281

表　格

1. 纺织所增加的价值　182

中国朝代 *

周	前 1066—前 221
春秋	前 722—前 481
战国	前 403—前 221
秦	前 221—前 206
汉	前 206—公元 220
三国	220—280
六朝	222—589
南北朝	317—589
隋	581—618
唐	618—907
五代	907—960
北宋	960—1127
南宋	1127—1279
元	1279—1368
明	1368—1644
清	1644—1911
民国	1911—1949

---

* 本表中的公元纪年与常用工具书如《辞海》中的《中国历史纪年表》略有不符。——译者注

致　　谢

　　数家机构曾为纳入本计划的研究工作提供了慷慨的资助，我将感谢科学史的"国家科学基金规划"资助我一年的研究休假；NSF（美国国家科学基金会）的罗纳德·欧沃曼（Ronald Overmann）和加利福尼亚州立大学洛杉矶分校"科学史中心"的诺顿·怀斯（Norton Wise）协助我运用正确的科学术语阐明我的研究计划。加利福尼亚州立大学洛杉矶分校的"中国研究中心"和"太平洋沿岸研究中心"为我的研究助手提供了资助，我也接受了加州大学洛杉矶分校学术评议会和加州大学圣芭芭拉分校的研究基金。两校的人类学系慷慨地批准我的学术休假。我以访问学者的身份在维尔兹堡大学汉学院工作了三个月；不久之后，我又在巴黎的"社会科学高等研究院"做了一个月的访问学者，就我的研究设想展开了一系列研讨。能安排这样两次令人愉快又有启发性的活动，我要感谢代特·昆（Dieter Kuhn）和艾乐桐（Viviane Alleton）。我能在曼彻斯特大学"科学、科技与医学史研究中心"工作近两年之久，并完成本书有关生殖科技的部分，得感谢约翰·皮克斯通（John Pickstone）和科学史威尔康姆信托基金会（the Wellcome Trust for the History of Science）的热心支持。

　　加州大学"太平洋沿岸研究部"资助召开了"东亚、东南亚的性与性别"国际学术研讨会，我通过协助组织这次研讨会，并提交有关中国的生育的论文，在女性主义话语及其主张方面及时补了一课；我非常感谢素凡（Sue Fan），尤其是爱米莉·奥欧姆斯（Emily Ooms）的支持和指导。在巴黎的"人类学研究所"的赞助下，我组织了两次有关科技与文化的研讨会，气氛更加放松活跃，第一个研讨会集中于中国，另一个则将比较的视野扩大到安第斯地区。这两次研讨都富有启发性和成效，这要感谢人类学研究所的主任毛瑞斯·阿马德(Maurice Aymard)。

　　这本书是我多年来跨越学科之间、国家之间界限的研究成果，我将之比喻为加利福尼亚式的烹饪：在一个美国厨房里加工中国原料，再加上法国调料。无疑，我在这里致以谢意的几个人可能对此感到疑惑，我也很可能没有感谢我应该感谢的人。在学术上，我主要得感谢李约瑟和关系到"中国科学与文明"研究计划的国际学者团体；我要感谢安德瑞-乔治斯·霍得瑞考特(Andre-Georges Haudricourt)、路西恩·伯那特(Lucien Bernot)，以及与他们一起在"巴黎科学研究国家中心"工作的科技与文化方面的学者们；我要感谢我在加利福尼亚遇到的美国女性主义学者们。说到对于我的帮助、批评和建议，我要感谢艾乐桐(Viviane Alleton)、芭芭拉·百瑞（Barbara Bray）、卡罗·布郎那（Carole Browner）、柯律格(Craig Clunas)、萨非·德斯若西亚(Sophie Desrosiers)、罗哥·佛里得兰(Roger Friedland)、瑞蒙德·噶但斯(Ramon Guardans)、杰克·古迪(Jack Goody)、苏珊那·古德昌(Suzanne Gottschang)、理查德·刚德(Richard Gunde)、E.哈奇(Elvin Hatch)、高彦颐(Dorothy Ko)、迪特·库恩(Dieter Kuhn)、詹姆斯·李(James Lee)、师拉·勒微妮(Sheila Levine)、哈维·莫洛奇(Harvey Molotch)、爱伦·帕德(Ellen Pader)、弗兰克·伯林(Frank Perlin)、斋藤修(Saito Osamu)、弗兰西斯·西考特(Francois Sigaut)、席文(Nathan Sivin)、华道安(Donald Wagner)、魏爱莲(Ellen Widmer)、魏丕信(Pierre-Etienne Will)，以及加州大学出版社两位匿名评论人；我特别要感谢曼素恩(Susan Mann)，她也是本书的读者，并慷慨地给予我很多意见，还让我参考了自己正在进行的研究工作。最慷慨地帮助了我的是傅乐诗(Charlotte Furth)，她指导我进入到中国妇科医学的传统中去，我不仅自由地分享了她的想法，而且还分享了她的研究资料,包括医学案例研究;几年以来,我研究探索了很多题目,有时我可能忘记了我们两人到底是谁想到了什么,所以,如果我将她的一个想法错当成自己的,希望她能原谅。我很幸运地得到了最优秀的研究助手,他们以热情和想象力深入于本研究计划的精神:感谢赵远玲(Yuan-Ling Chao),楚平一(Chu Pingyi),萧林惠(Hsiao Lien-hui),山本(Mayumi Yamamoto),爱里森·依昂(Alison Sau-chu Yeung),张达(Zhang Da),感谢他们创造性的贡献。而所有人中,我最该感谢森蒂·罗伯逊(Sandy Robertson),感谢他最严厉的批评和最丰富的思想。

导　言
——日常生活的结构：科技、妇女和文化史

> 我认为这是相当明确的：要理解不同于我们时代的人们的生活和日常行为，对于为其服务的科技的考量是不可或缺的，因为它们本身在很多方面形塑了生活的真正结构。
> ——杰克·西门斯（Jack Simmons）《科技史》

在地方和国家博物馆，最受欢迎的展览之一就是日常物品的展出，成套的手工匠人的工具，厨房或工场的重建模型，使参观者不仅观看到一块奶酪、一架车或一匹布的制作过程，而是能想象一个世界。[①]在这里，玻璃罩，圈起的空间和"不许触摸"的提示，比之画廊里在观者与图画之间的强行分隔，更令人备感受挫，因为在手工制品的情形中，我们强烈地感觉到破解这些有关过去时代的象征符号的关键是身体性的：如果我们能实实在在地把这些平常的物品拿起来，在手中称量称量，试用一下（即使仅仅做做样子），身体的感受将把我们带回到它们所属的那个世界——构成普通民众生活的劳作、制造和消费的日常生活世界。开明的博物馆馆长认识到身体接触的紧要，提供一些制作机械，参观者能依次和受过训练并装扮起来的职员一起，摸索着用上几分钟织机或陶轮，然后，在博物馆的商店里购买真正的手工制品，算是对自己无能的偿付。

对于一般人来说，古代工艺的魔力在于它们似乎传达了过去生活经验的精髓，但是，传统的科技史在处理这个丰富的意义世界时却是极其刻板和大大简化的,它主要关注的是日用品的生产和科学知识的发展,而且依赖于诸如"生产关系"、"知识累积"(stock of knowledge)或投入—产出比率这样的分析范畴,科技在其原本物质意义上并非一个予社会或文化史以魔力的词,事实上,它很过时。我们把性的和性别化的身体作为文化产物加以破解,除了对米歇尔·福柯(Michel Foucault)"权力技术"和皮埃尔·布迪厄(Pierre Bourdieu)"惯习"概念的一般提及,只有个别历史学家对于另一基本层面给予严肃的关注,在这个层面,知识和权力关系得以具体表达:是日常技术塑造了物质世界。

每个人类社会都为自己建造一个食物、居所、服饰和其他物品的世界,这是一个物质性经验的领域——通常用词语、数字、图画、手工制品加以丰富和多样地证明。从这些材料中,我们能连缀起一个记录着社会架构之纹理与变化模式的历史文本。我们能梳理出将统治者与臣民、工匠与商人、农民与地主、丈夫与妻子串成连锁的等级模式的线索。我们能试着重新获取技术的实践与产品所传达的信息,去了解社会角色如何通过最强有力的规训形式、身体习惯而使人归化。我们能将这些物质实践与经验的体系对照于形而上学和伦理学的教义,以探讨意识形态与世俗信念的相互渗透。要想创造性地阅读这个庞大、丰富的文本,要想发现它所记录的转换、沟通和破裂的含义,我们必须超越传统技术史的术语,而把一个社会的科技当做政治和文化实践之网络的组成部分来分析。这本书探讨了技术在塑造和传播意识形态中扮演的角色,集中于技术对性别的建构所起的作用。我选取了自宋至清帝制中国晚期的历史,我们拥有关于这个社会的物质文化异常丰富的文献史料。

如果不考虑战争与入侵、自然灾害、戏剧性的人口变化和经济增长,1000—1800年间的中国社会体系呈现出显著的连贯性。②从宋至清,基本政治秩序的景象与运作本质上持续不变:皇帝通过一个由学者组成的官僚集团统治平民,随着经济的商业化程度的增长,商人在人数和财富上增加,但是,他们从未获得作为一个阶层的政治影响,这在很大程度上是因为他们的抱负是加入学者官僚贵族的阶层。经济史家和技术史家倾向于把这一连贯性的长时期视为停滞,而被政治、文化和思想史家看成是一种奇迹。虑及中国巨大的面积,社会的复杂性和地区差异,以及其反复遭受的人口增长、战争、入侵的影响,如果不提精英阶级和未受教育阶层的差异,我们何以能说明这样一个事实:晚期中华帝国的文化日益融合、坚固持久,各社会阶层的人民具有如此多的共性?

的确,在中华帝国晚期,政治结构和生产模式没有发生如近代早期的欧洲社会结构因资本主义的出现和工业革命而发生的戏剧性变革,但是,考虑到数世纪以来,中国社会秩序所试图吸收和包容的巨大冲击和挑战,那么,这一通常标志着惯性或停滞的连贯性最好能被理解为适应力:它表示文化的沟通、结合、调试的复杂过程,以及遍及巨大而异质的帝国、为社会所有阶层人民最终所接受的象征符号、社会身份和角色的形塑过程。我认为科技史的研究对丰富我们于这一过程的理解意义重大。

我对于科技如何作用于人以及人与人的关系的生产特别感兴趣,这反过来要求我把科技看成是一种交流和传播的形式。总的来说,一个社会的科技给出如其文化的任何一个方面同样多的混杂信息:对一个国家采矿业的研究将提供不同于对烹调研究所得出的对于社会构成的洞见。这里,我的工作基于这样一个前提:可能在一个独特的社会中辨识构成社会体系、提供有关一个特殊群体的交迭信息的重要系列科技(sets of technologies)。这些信息甚至在同一技术领域内也不必是一致的,而确实也不在同一套中。它们在不同的层面上起作用,它们呈现出变数和矛盾,它们的力量存在于弹性之中。这使"风俗习惯"(practice)、对同一时期的差异与历史变化的适应和表达,有了广泛丰富的范围。

这本书所关注的是,按照刘易斯·芒福德(Lewis Mumford)的精神可能称之为"妇术"(gynotechnics)的一套科技:生产女性观念的一种技术体系,因此,一般来说,也是关于性别系统和性别等级关系的技术体系。在中国的"妇术"中，包括了三个科技领域，在中华帝国晚期对于赋予妇女生活以形态和意义尤其重要，即房屋建筑、纺织和生育。③妇女与科技之间的关系在中国历史研究中经常被忽略，正如在别处一样，而当我开始去查找原始材料，我惊讶地发现材料如此之多。聚焦于直接影响妇女生活和身份的科技，我所能探究的不仅仅是其告诉我们的关于妇女和女性特质的观念与体验，而且，我们能从中推断男性特质和性别差异的建构，而因此就关系到中国社会组织的总体变化。

　　本书的第一部分着眼于家庭生活的物质外壳，分析了房屋建筑和家庭空间的复杂构成，它们在微观世界中体现了内在于中国社会秩序的性别、代际与等级层次，将所有的居住者都纳入政治的宏观世界。虽然，妇女并不是用砖、泥来建造她们居住的房屋，但是她们在家庭空间的建构上却以与她们的男性伙伴很不同的方式扮演了积极的角色。中华帝国晚期的家庭空间的演变，能被视为一个既是男性也是女性的、有着多重文法的文本，同时提供大众的宇宙观和社会观以及受教育精英的世俗化的正统信念。越来越多的妇女生活在严格的身体隔离中，而正统意识形态继续坚持这对于外部世界和社会秩序的重要性。然而，女性道德的性质和读解，对人类和物质生产的贡献，在中华帝国晚期都已发生改变，同时，在我们认为是生产性角色与生育性角色之间的平衡也发生了转换。

　　第二部分考察了发生在房屋围墙之内的生产工作的意义，聚焦于纺织生产的历史变化。按照传统的说法，这是一个补充"男耕"的女性领域。④上至宋代，国家与人民之间的社会契约体现于建立在一夫一妇基础上的赋税体制，其中，丈夫与妻子——他出谷物而她出织物——对国家之维系承担着同等的责任。所有的妇女，甚至贵族妇女都从事纺织品的生产。然而，在帝制中国晚期，纺织业日渐商业化和专业化，新的生产组织形式意味着平民妇女的纺织工作处于边缘地位，同时，上层妇女做刺绣而非纺织。以传统的恩格斯主义的观点，有人可能推测：妇女生产性劳动受到承认的价值降低，使妇女主要成了繁殖工具并与男性的公共世界分隔，这将加强家长制统治。在某些方面，恩格斯的假设适于晚期的帝制中国，然而，我们必须考虑这样一个事实：在明、清后期，许多士大夫都竭力想扭转上述趋势，使妇女重新回到纺织生产。直到现在一般的劳动家庭，无论男性还是女性，主要从经济方面看待工作，但是，对于政治家和哲学家来说，"女织"对于社会秩序来说是不可或缺的道德贡献；而其实际的重要性在于它使家庭免于穷困并交付租税。我们看到一个有趣的分歧：在民间的家长制中，妇女养育孩子的角色越来越突出，而正统思想却继续描绘一个理想的世界，其中妇女于国家之维系发挥着积极作用。

  第三部分集中于妇女的住所和卧室。它着眼于身体的观念和医学的与社会的技艺的累积，这对于不同阶级和等级的妇女追求母性身份都是有用的。我表明多生育——这远不能决定每个妇女在"传统中国"的命运——必须在"自然"对"文化"的更广阔的意识形态语境中得到理解，它规定了男性典范以及女性典范，甚至更清楚地表达了阶级之间的差异而不仅是性别之间的差异。我们再次看到了精英与大众在女性特质的观念上和家长制形式上的分歧。在贫穷的家庭中，一夫多妻是负担不起的，所有为妻的角色落在一个妇女身上，她的功绩可能由她天生的生育能力来决定。而对于许多精英阶层的妇女来说，社会性的为母之道比生育更加重要，因为她们有法定权利收养妾和女仆所生的孩子。我进一步地论证，若结合中华帝国晚期所有的妇女生育职责，我们将看到为母的角色次于居于中心的为妻的角色。按照精英阶层的正统观点，妇女作为母亲和作为妻子都同样越过闺房的围墙而对社会秩序作出了积极的、不可或缺的贡献。妻子的角色一直被当做丈夫的"良匹"⑤，但是，尽管几乎所有的妇女都与男性相配，但并非都是合法妻子。生育的观念强化了阶级的差别，也强化了男性对女性，以及女性对女性、阶级对阶级的剥削。

  不同阶级、等级和年龄的中国妇女的居住空间、她们从事或不从事的工作、她们在努力完成苛刻的生育任务的同时保护自己健康和生命的方式，把这些事物放在一起，将使我们对于复杂的历史性的性别之间与社会阶层之间的沟通、协作有一种新的详实、精确的认识——正是这一沟通、协作加强了中华帝国晚期政治统合一贯的基础。作为（内在关联的）一系列事物，有助于我们理解，关于家庭生活、性别角色、如"妻子"、"母亲"等概念的意义，其历史性的重新定义如何呈现为强有力的物质实践的形态。

在两个意义上，这本书是一次恢复一群没有历史的人们的历史的尝试。首先，科技史家将非西方社会视做没有历史，是历史的缺席。第二，在大部分科技史中找不到妇女。以中国为例，研究中国科技史的史家一致认为，直到1400年代，中国在生产能力和发明上都超过西方，而在这之后，则进入了一个停滞和衰落的时期——没能产生构成真正历史的重大质变。更进一步，今天关于传统中国性别角色的惯常表述将妇女主要刻画成一个生殖工具、被动的消费者和家长制意识形态的牺牲品。她们作为日用品以及知识和观念形态的生产者的角色则被边缘化甚至被忽略。因为一般的科技史主要集中于日用品的生产和科学知识的发展，这使中国的科技史家几乎关注不到妇女与性别，而研究中国妇女的史家又很少提及科技。

按照传统的定义和研究——作为一个知识和设备的体系，使高效或低效的物质产品的生产得以进行，并对环境加以控制——科技，乃是西方优越性话语的核心要素。科技史保留的殖民主义者心态，可能比任何其他的史学分支都更多。约翰·施陶丁梅厄（John Staudenmaier）在提到琼·瓦拉赫·斯科特（Joan Wallach Scott）关于"大叙事"或"历史定论"的定义时曾这么说："对于科技史家来说，'大叙事'就是'辉格史家'将西方科技发展解读为自然的和必然的进程。"他认为，作为一种对过去的解释，所谓"大叙事"以强制性地排除其他历史为基础。在这个认识论框架中，西方科技变成了象征一个等级结构的符号，在这个等级结构中，现代对立于传统、积极对立于消极、进步对立于停滞、科学对立于无知，西方对立于东方，男性对立于女性。正如女性作为非男性而成为一面衬托出男性优越性的镜子,其他社会及其科技作为非西方,也成了这样的一面镜子,使西方能充分欣赏到自己的优点。⑥依据对其源起的否定性规定,能大体上推论这一镜像的特征:对之没有必要像对西方科技史那样进行艰苦的探索。

当然,对于非西方社会的本土科技已经有了认真严肃的历史研究。李约瑟(Joseph Needham)关于中国科学技术史的研究专著,于1954年出版第一卷。这是先驱性的工作,为一次激进的冒险准备了舞台。李约瑟不是用不同时代的东西拼凑出一个无时间、无差别的古中国的形象,而是搜集了大量的材料显示出中国本土科技的与时俱变。这是由一个科学家对非西方科学技术所作的首次重要的历史研究⑦,它的确为破除非西方社会无历史的成见奠定了基础,尽管如此,它也只是迈出的第一步,而不是一次关键性的革命。

李约瑟策划多卷本《中国的科学与文明》的直接目的,是证明真正的科学和技术不是西方心智的独特产物——现代科技的历史事实上是世界史。他按现代西方科学的学术分支将中国知识分成理论的和应用的。工艺技术属于应用科学,这样,天文学被划分为应用数学,工程机械是应用物理学,炼金术是应用化学,农业技术是应用植物学⑧(在多卷本《中国的科学与文明》中,这一领域由我负责)。李约瑟本人是一个杰出的科学家,他令人信服地论证了,在许多重要的发明与发现上,中国领先于西方——包括证明培根将之与现代世界的诞生联系起来的三大发明:印刷术、指南针、火药,属于中国。⑨

而且,在《中国的科学与文明》包括的所有科学和技术的领域里,李约瑟都构建了思想知识不断进步的可信的历史叙事,尽管,他感到宋代那卓越的创造能力在以后的几个世纪逐渐消失,继之而来的是一个中国对世界的科学发展贡献甚微的漫长时期(从1400或1500年代直到19世纪,中国开始面对强势的西方文明)。

李约瑟的研究及其方法在科学技术史专业内外都产生了非常重要的影响。他的工作在中国和印度受到热情欢迎,成了找回民族自尊心的一种方式。这两个国家现在都建立了研究机构来研究本土科学与技术的历史。在西方,孩子们从中学教科书中学到,是中国发明了火药和焰火。然而,内在于李约瑟研究中的目的论却产生了两个严重的问题。首先,那种与现代科学分支相对应的知识类型的进化模式,使李约瑟把中国的科技当做现代科学技术的始祖和先驱,而使它们从自身的文化和历史语境中抽离出来。有人可能将之比做杰克·沃纳(Jack Horner)式的对待历史的态度,把梅子从梅子派中挖出而忽略其他部分。那种对于"发现"与"创新"的强调,很可能歪曲对一个时代技术和知识的更广阔语境的理解。它使人忽视了这样一些因素:在现在看来虽然是行不通的、非理性的、无效的、不能激发思想兴趣的,而在当时却可能是更加重要、流传更广或更有影响力的。⑩

第二,把科学和工业革命当做是人类发展的自然结果,使得我们用源自于特殊的西方经验的标准来判断历史上所有的知识与技术体系。资本主义的兴起,现代科学和工业革命的诞生与我们西方的心智密切相关,我们很难将技术的概念和科学分开⑪,或是去设想这样一种技术发展的轨道,其强调的标准不是机械的复杂精密、规模经济和产量的增加而是其他。任何对这一狭窄轨道的背离都只能被解释为失败、历史停滞不前。那些有着不可否认的复杂技术累积的社会如中世纪伊斯兰世界、印加帝国、中华帝国,由于它们没能沿着欧洲式的轨道而达到同样的结果,遂不得不受制于可以称之为"李约瑟的问题"及其引申:为什么它们没有继续产生本土的现代化形式?哪里出了错?缺少了什么?这一文化的心智或性质上的缺陷是什么?⑫

《中国的科学与文明》的前六卷(合起来共 20 册书)详细地阐述了中国各门类科学和技术的知识成就,接着,最后的三部分也就是还未完成的第七卷主要探讨"李约瑟问题",为中国没能基于辉煌的古代成就而产生现代社会提供语言学的、认识论的、社会的和政治的种种解释。将李约瑟的立场再推进一步,伊懋可(Mark Elvin)在《古代中国的模式》中论证道,"外力"对于打开中国的大门，使之进入一个真正发展的状态是必要的(在这里，"外力"采取的形式就是西方帝国主义的冲击)。

李约瑟以及艾尔文的论证已经得到广泛的流传，经济史家、比较社会学家和西方科学技术史家有选择地利用之，但不是将它作为开辟批评性世界科学技术史的重要起步，而是用它强化了主流叙事的观点。吊诡的是，恰恰是由于李约瑟等学者的先驱性工作，科学技术史家能够继续忽视发生在其他社会中的事情——因为他们提出的关于中国或印度或伊斯兰的问题其实框定于主流叙事之中。在一种意义上，这一重要的奠基性工作尚未得到利用，而在另一意义上，它又被滥用了。在科技史学科内，欧洲与中国以及与其他非西方社会的差异，没能成为一种挑战，再现具有不同价值观和目标的其他文化的知识与能力，而只是被简单地用以证实只有西方才是真正动态的，因而是值得研究的。

有一个事例可以表明，在科技史学科之内对非西方社会的忽视有多么严重，施陶丁梅厄指出在科技史会的正式杂志《科技与文化》从 1958 年(创刊之年)到 1980 年的文章中，只有 6% 涉及非西方社会，在 1980 年之后，这个数字下降到 3%。⑬还有个例子，在一次题为"科技的变化"的国际学术讨论会上(1994 年在哈佛大学举行)，我注意到在大约 100 篇论文中，有两三篇涉及西方科技传输于东方的一些形式，有一个关于科技发展演化模式的理论讨论；此外没有涉及非西方社会科技的论文。

詹姆士·克利福德(James Clifford)曾指出，民族博物馆是如何按照一种能够满足西方对"原始"或"传统"社会的想象的分类标准，来选择工艺品安排展览，由此制造"充分再现的幻觉"(the illusion of adequate representation)。⑭在质疑潜在的主流叙事之前，通行的科技史、经济史和比较社会学将一直以此作为实质性的基础，成功地制造着"充分再现的幻觉"。在这个故事里，非西方社会的科技史沿着一个自然的发展进程跟跄而行，而只有西方才勇敢地行进到终点。这些异域科技体系有时表示成遭遇到不可克服的文化障碍以至不能进一步发展，有时它们被认为是有内在的惰性。问题的焦点一般都在于它们的失败之处何在,而不是它们是否以及如何与产生它们的社会的目标、价值、意义相结合。

一种批判性的科技史应该探讨科技体系在具体境域中的含义,不以建立比较的等级(并强固种族中心主义的论断)为目的,而严肃深入地研究另一种世界的构造。用以衡量科技成就的一般标准很少与具体文化相关,而事实上,正如马克思早就阐明的那样,它们是我们自己历史的意识形态产物。如果我们假定真正的科技与实验科学是不可分的,如果我们以机械的复杂程度、劳动和资本的生产力、运作的规模以及在装配线上或在田野上人员数量的减少来判断技术的效能,如果我们认为增长与变化是远比稳定与持续更高级的目标,我们要明白,这是因为我们西方现代社会就是这样造成的。

但是,其他的世界是由其他的方式造成的。过去的社会是如何看待他们的世界以及他们在其中的处境?他们的需要和意愿是什么?科技对于制造和满足这些意愿、对于维持与改造社会结构起了什么作用?⑮这样的问题能够提供探索非西方社会科技的框架。另外,我们如何才能驱除"充分再现的幻觉",不将其他世界的人们看成是愚昧的傻瓜,而是看到更多(和更有趣)的东西。

许多罗马作家曾重复这样一个故事:有人发明了打不碎的玻璃,并演示给台比留(Tiberius)看,期望得到大赏。皇帝问发明者是否还有其他人知道这个秘密并很快确信并无他人知晓,于是,发明者的脑袋很快搬了家。台比留说,以免金子贬为泥土。

M. I. 芬利(M. I. Finley)说,对于一个罗马心灵,这并不意味着台比留是个无视新思想的白痴,而只表示他以及罗马统治者蔑视财富。然后,这个故事又表示什么呢?芬利写道:"我们必须一次又一次地提醒自己,从中世纪晚期以来,在最近的出口浪潮之前,在科技、经济方面的欧洲经验**以及与之相伴的价值体系**,在人类历史上是独一无二的。技术进步、经济增长、生产力,甚至效益自从历史开始一直都不是什么重大的目标……其他的价值把持着舞台。"⑯那么,我们如何重构那些其他的价值?

对于科技史,最富有成果的解释方法来自人类学家,这并不令人惊讶,因为人类学是负责研究其他价值体系的学科。然而,令人惊讶的是,这一领域处于主流人类学的边缘位置,尤其在英语学术界更是如此。如彼埃尔·雷蒙聂尔(Pierre Lemonnier)的评论:"几十年来,对于1930年代正式称为'物质文化'的兴趣不断衰落。在这些年,法国一直独自设立专门机构,发展着技术人类学方面的研究。"⑰法国的这一学术传统出自涂尔干对于心态(mentalites)的兴趣,马赛尔·莫斯(Marcel Mauss)是涂尔干的一个学生,他建立了有关科技经验某一方面的研究传统——可能会使传统的科技史家大吃一惊——即"身体的技术",莫斯探讨了作为有学问的文化实践和作为交流形式的身体性的行为举止和手势,这反映了法国社会科学界深度关切把语言、心理学和社会规范联系起来。⑱在法国文化人类学的传统中,科技被当做符号交流和文化再生产的形式而得到不断的研究。⑲然而,即使在法国文化人类学中,科技也始终是一个专家的领域而非文化解释的整体性部分。⑳

年鉴学派也显示了对于探索物质生产和物质文化如何相关于社会的、心理的和符号的意义维度的一贯兴趣。㉑布罗代尔的《物质文明、经济和资本主义》是一个卓越的例子,将饮食习惯以及面包的日常制作、家具风格以及建筑技术,作为解释一个文明及其历史的关键。"我们的调查研究不是简单地把我们带入一个物质的'物'的领域,而且把我们带入一个'词与物'的世界——在更广义上解释后一个词语,意味着,人们贡献出的、或是潜移默化形成的对应每一事物的语词,人们在其日常生活的过程中使自己成了它们的无意识的奴隶——就在他的米饭碗或面包片面前。"㉒但是,布罗代尔并非诺贝特·埃利亚斯(Norbert Elias),他把经济放在历史的推动力的位置上,在写到"科技"的这一部分时,很明显,布罗代尔完全接受了传统技术史的边缘和主流叙事(这并不令人吃惊,因为他的兴趣是解释欧洲资本主义的兴起)。

> 首先是加速器,然后是刹车:科技史似乎由这样的两个过程组成,经常迅速交替:它向前推进人类生活,逐渐地到达比以前更高水平的新的平衡状态,然后在平衡点上作长期的停留。因为技术发展经常停滞,或只是在一个"革命"或"创新"和另一个"革命"或"革新"之间令人难以察觉地缓慢前进。它通常似乎一直是刹车,**而正是这一刹车之力,对此我一直希望能比我曾经做过的进行更成功的描述……**(技术的这一角色)是关键的。只要日常生活在其继承的结构的框架之内,在既定的路向上继续下去而没有什么困难,只要社会满足于其物质环境并感到适意,**就没有进行变化的经济动机……**只有发生了问题,当社会遭遇到可能的瓶颈,人们转而求诸科技。㉓

正如布罗代尔之所承认,他没能成功地传达科技作为"刹车之力"的性质,这多少是因为在他的视野中,刹车作为一种加速器的缺乏并不是很有积极作用的机制。尽管布罗代尔给予经济生产以主要地位,但他坚持把充分的物质生活的经验放进他对历史的分析之中。布罗代尔所主张的必须将生产和消费结合起来、将当地科技嵌入更广阔的地理和社会的语境中,对我的研究有很大的影响。但与布罗代尔的工作不同,我的研究中心在于科技作为加速器和刹车之间的相互影响,更在于一个社会体系把由于不平衡而产生的潜在破坏性能量加以吸收或纳入轨道的多样化方式。

大部分关于人类发展和历史的物质主义者的理论,无论是马克思主义的还是非马克思主义的,基本上都对生产模式的不稳定性感兴趣;他们都强调技术作为社会突变的媒介作用。历史学家一般较少注意另一层面的事实——技术正如血缘关系或性别,也对社会体系的再生产发生作用,将其产生的能量加以吸收或纳入轨道。

这把我带回到"妇术"。要理解科技支撑一个社会结构的作用，就必须将视野超出单个科技或某个技术领域(比如，经济产品的科技)，而考虑一套技术或技术体系之间的相互作用。在《非洲的技术、传统和国家》一书中，杰克·古迪(Jack Goody)一方面将非洲政治组织的形式和血族关系、农业技术相关联("政治和生产方式")，在另一方面，又与战争技术相关联(政治和毁灭方式)。把科技作为一个系统来分析，不仅仅揭示一个生产模式的物质性的维度，而且将揭示它所加固的社会和意识形态的世界。[24]我在本书中放在一起的科技也组成了一个系列或体系：它们是从事生产的妇女的科技。每一种都给予中华帝国晚期有关性别和等级的主流意识形态的不同基本成分以物质形式——被性别化和等级化的空间，分性别和分阶层的工作，以及与等级和地位相联系的女性生育。历史性地看，每一种技术都揭示了阐明全面历史进程不同维度的变化，性别角色和社会等级据此重新定义，使社会秩序得以调整以适于环境变化的压力。

有比"科学"(science)更多的关于科技(technology)的定义曾被人们使用——据弗兰西斯·西考特(Francois Sigaut)所说大约有一千六百多种。[25]许多研究主要把技术作为应对物质上挑战的、对知识的合理运用。当我认识到人类技术活动在全部历史过程中的重要性时，我最感兴趣的是科技所建造的社会世界。和布罗代尔一样，我因而对科技和事物的语词感兴趣。对于我的目标来说，一种技艺(technique)能定义为一种行动——以有生命实质的形式或无生命实质的形式完成(在穿过家内空间的情形中，或在多种节育方法的情形中，包括了一个人自身)，为产生一种具有人性意义的目标而设计。一种科技就是在其社会语境中行使的技艺，正是这一社会语境给予生产出的物品以及生产它们的人以意义。[26]这样定义的科技对一个社会来说是有特别效用的，乃是其世界图景和在社会秩序上的斗争的具体化身。在这个意义上，科技所做的最重要的工作就是生产人自身：制作者被制作所形塑,应用者被应用所形塑。

根据莫斯和古迪的观点,我在中国"妇术"的研究中包含了一些社会和物质的实践活动,这通常不被视为科技,比如,混乱的中医理论,家族规则,宇宙观念和法律概念,它们一起塑造了节育行为。但是在每一种科技的核心,即使以我下的宽泛定义,也都是物质性的。这一点是重要的,至少因为在塑造身份、道德和对世界的理解中,中国给予物质经验以关键性的角色。

我关于中国的性别与技术的探讨取决于物质实践活动与主观形式之间的转化,我们在什么程度上,能够运用物质性技术为指标来考察人们如何思考自然、社会、意义?现代西方科技的社会研究开展出新的批判性方式,把技术作为意识形态、文化、程序来分析,在这一方面是非常有创造性的。女性主义学者的工作尤其具有革新意义,他们分析技术、意识形态、主观性之间的关系,探索工业社会的科技体系给予社会身份和不平等以物质形式、在日常生活中使其自然化、并具体表达体验的种种方式。他们已经批判性地切入西方工业社会的科技历史的最前沿,质疑选择和排除,重新定义范畴,把合法地思考科技的边界向后推。我乐于提到对我自己关于性别构成的研究有特别激发作用的几部著作。有两部关于美国家庭生活之构造的杰作,一是露丝·施瓦茨·柯旺(Ruth Schwartz Cowan)对家庭技术和主妇角色变化的研究,一是多洛蕾丝·海登(Dolores Hayden)对战后美国房屋布置、生活风格、家庭价值的分析。㉑爱何华·昂(Aihwa Ong)对马来西亚工厂女工在工作地点内外所受严酷强制的研究,是对跨国框架内的工业化异化(industrial alienation)进行的一种女性主义式的分析;昂将她对妇女工作意义的探究扩展到经济功能之外,阐明着一个社会当其价值观在迅速变化的压力之下,如何将它的不安全感投射到性别建构之上。还有马利来恩·斯特塞恩(Marilyn Strathern)最近的著作,深入剖析了种族中心主义者"自然与文化"的表达公式,对新生育科技的公众反应基于其上的性别关系和家族目标,都启发着探索其他文化中生育活动和信念的新

思路。㉘

对研究当代世界的科技和意识形态来说，我们能获得范围很广的原材料。自从工业革命以来，我们对科技在生活中的位置变得极敏感，并急于记下我们对它的感受。如同研究宗教改革的学者之与宗教，研究新儒学的学者之与道德，我们的注意力被科技所占据。任何希望从接受以及生产的视角把现代科技作为意识形态来研究的人，都有可以利用的丰富材料。但是，有可能探索对历史上科技的文化研究吗？没有工厂车间、广告、统计、亲身访问、小说和电影，而通过过去时代的科技去索解过去，从物质世界跳跃到社会和心理世界，这如何可行？一个人类学家能以细致的人种学的环境观察赋予一个人造物品或过程以社会和象征的意义。但是，对于过去的文化，系统的田野工作是不可能的，环境的恢复最多也只能是部分的或曲解的。对于从环境中脱离或只是部分地位于环境中的人造物品的解释是一种挑战，它规定了史前考古学的纪律，这对历史学家来说自然也是重要的。语境保留得越丰富，可能作出的解释、论断就会越多——就如乔治·杜比（Georges Duby）的《大教堂的时代》，或是阿利艾斯（Philippe Aries）和杜比编辑的《私人生活的历史》系列丛书。在语境缺乏的情况下，合法的解释能够走多远？在这里，让我举一个对中国古代早期的技术进行文化分析的特别有趣的例子。

吉德炜（David Keightley）是一个研究早期中国文明的历史学家，力图追溯最早朝代的思想印迹直至史前时期，他采取这样一种方式：深入考察物质性地表达了中国最早文献中突出的观念和价值的考古材料。新石器时代，在中国中心地带有两个差异明显的文化联合体繁荣发展，它们都确立于公元前6000年到前5000年，一个沿着东海岸，另一个在内陆的西北黄土地区，在中心平原上这两种文化共存。到公元前4000年至前3000年早期，东部的特性开始侵入中心平原的西北部据点，到公元前3000年晚期，鲜明的西北据点已经从中心平原消失了，仅仅在遥远的西北边缘遗存下来。吉德炜问道，要解释东部文化联合体持续增长的优势,陶器的式样是否能提供一些线索?以及其如何相关于继承东部文化许多物质特性的早期中国国家的世界观?

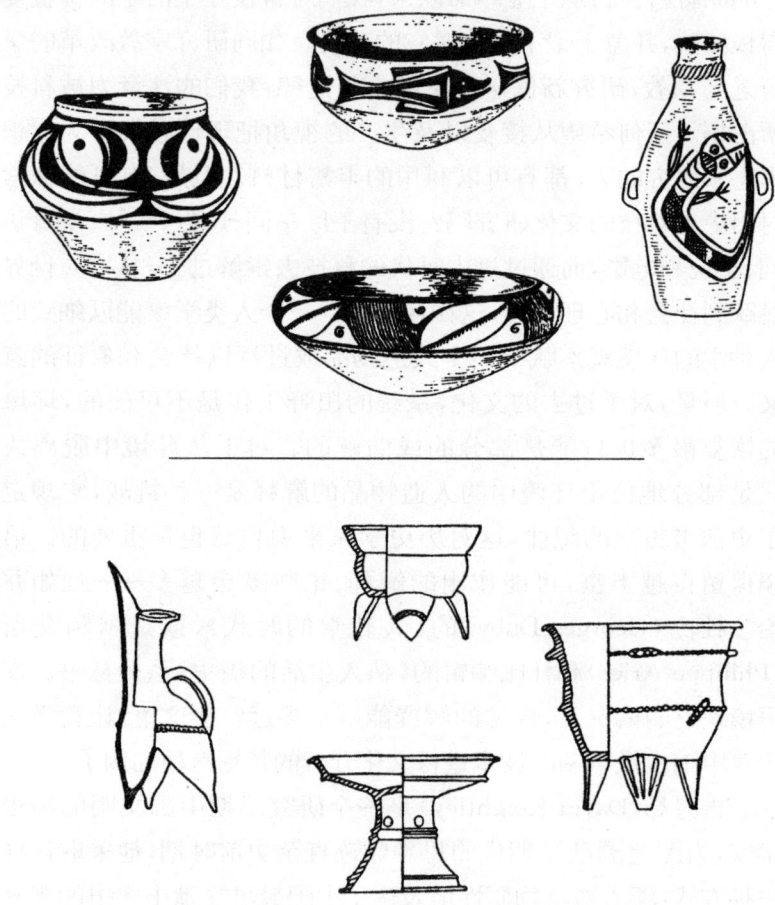

图1 陶器风格:西部文化(半坡文化)出土的陶器(上图)和东部文化(龙山文化)出土的陶器(下图)(渭县博物馆 1984:678—679)。注意:龙山型的陶器由几个单独制作的部件组成。

吉德炜分析了这两个新石器文化之间陶器制造工艺和陶器式样的不同。西北部的陶器有着大方的、柔和的圆形轮廓,画着自由流动的自然主义图形。它们多是卷绕状的罐,相对地来说,在形状上没有专门用途,是一个接一个地做成的(整体的构造)。

东部陶器的风格要复杂得多，在形状上是有角的，并特别应用于典礼。陶轮已经得到广泛运用，许多东部陶器的外形包括元件，是分开浇铸，然后组合起来的（规范的构造）。㉙比如，给壶安上喷口和中空的支脚或三脚的底座。

吉德炜据此推断西北文化与东部文化各自产生的社会和认知差异。首先，作为东部式样之特点的组合性结构，一定需要设计和仔细的测量，这大概要具有相当高水平的抽象思考，最可能需要劳动的专门分工，和关于制造程序的语言交流。更进一步，他提出，东部文化对构成成分之核心的使用"具有社会的和观念性的意义，因为这意味着一个创造的景象，也是一个铸造的景象、一个构造成模型的景象、一个标准化的景象——总之，一个'策划'的景象"㉚。吉德炜根据陶器制造以及后来青铜器制造中模子的运用，推断在后来道德和政治思想中作为供效法之模范的道德榜样的重要性。陶器制造的工艺、木工和碧玉雕刻为早期中国哲学文献提供了使用最为频繁的隐喻，制陶工匠把泥土压进模子中，木匠弯曲木料使之成型，这对于道德人格的塑造都是关键性的隐喻。

从物质跳跃到观念、把人工制品和心理状态、把审美和道德观念联系起来，并没有什么科学的方法。吉德炜能把他对于新石器时期陶器式样内在意义的解释，置于其后那些关系到早期中国国家世界秩序观念的历史材料和哲学文本的语境中，但是新石器时代的制陶工匠或消费者并没有明确的陈述，告诉我们他们眼中的制陶式样有什么不同。即使对一个社会或文化史家来说，这样的解释也似乎正好符合主要的文化模式，这种性质的解释在考古学家和科技史家中经常激起敌意和疑虑，他们当中的许多人相信负责任的学术应该坚持对明显事实进行功能主义的解释。

如果我们仍然接受这样的观念：过去时代的人们可能有着与我们不同的意图目标和价值观，那么，我们甚至对最直截了当的功能主义解释也不得不持批评态度。自然，我们在探寻意义和权力时绝对不可忽视科技解决生活难题的维度。中国新石器时代的制陶工匠对风格样式的选择不是完全自由的。陶土罐是储藏、烹调或供上食物和饮料的容器，制陶工匠必须将之造型、烧制，使之不会漏泄或倾倒——这有不得不考虑的技术上的要求和限制。但是制陶工艺并不由难题、材料、知识事先决定。没有什么形状、尺寸或模式是绝对的，陶土的选择或成型的方式也同样如此。在一个重要的意义上，不得不以有意识的选择来解释一种特别技术的特性：一个社会的品位是什么？其通行的需要和欲望怎样？什么样的技术最可满足之？我们需要考虑如何思考这些选择。㉛

更现实主义地去考量技术选择的意义，而非简化为纯粹的实用角度的考察，我们必须将技术嵌入其社会语境去看它们服务于什么议程。中国中心平原西北部的新石器文化逐渐融入东部文化，在采用其制陶工艺和风格的过程中也采用了其文化的其他物质特性。那么，西北部的人们是被强制的、诱使的或征服的？可能都有点。当我们考虑到个性鲜明的西北文化其最后堡垒的文化保守性，他们从中心平原被远远地驱逐到沙漠边缘的干旱的避难所，我们可以假设这些人对东部文化的复杂技术是熟悉的，正如他们熟悉于其所造成的对自身文化生存的威胁。当联系到在中原王朝向南扩张时，非汉族的少数民族被驱赶进山区，或其他殖民地化的历史实例，我们可能在解读传统圆形红色陶罐的持续使用时，不是把它当做被当地的土质、有限的技艺、半沙漠地带典型的燃料短缺所决定的一种实用选择——而是当做一种对象征符号的选择，一种政治抵抗的行为。

作为政治抵抗的技术选择，有个很好的例证，就是印度的"斯瓦得施"（swadeshi）。当时，民族主义者提倡联合抵制进口的英国棉布，并重新使用家纺布——可哈地（khadi），这是一种用简单的手动纺轮和传统的织机在家庭中制造的布。比之英国工厂系统，这是没有什么经济效率的生产方式，但对于制造印度民族主义却是一个很有效率的技术。对于1900年代早期的孟加拉民族主义者来说，对欧洲布的抵制和对"斯瓦得施"技术和家纺布的信奉，象征的是对殖民依赖的拒绝和对印度身份与传统的认同。但是"甘地自己远不是把用家纺布仅仅当做一个象征符号,而透入更深层次的意义——纺织作为一种创造性行为的性质,低种姓男洗衣工(dhobi)的清洗工作作为一种救赎的表征,织布的能力可以保持当地与人民的光辉"。甘地运用家纺布的意义唤醒了过去,与此同时,也描绘了一个新的未来——印度人民将超越种姓和性别之间的等级差别:"按字面意思来说,村子里的纺织生产将转换为民族的道德纤维。""所有的印度人都将成为纺工、织工和洗衣工",而在这个过程中,他们通过纺织行动、用所生产的洁净的布,免除了手艺人身份的不洁。"当纺轮在国会旗上占有位置,家纺布在甘地手中获得了它具有转化能力和魔力的性质。"㉜

在独立前的印度,家纺布毫无疑问地具有有意识的政治象征意义:公众的争论是有力和清楚的,甘地和罗宾德罗那什·泰戈尔在这个问题上是协调的。但是,家纺布作为一种产品或纺织的行为,对于这些政治论调的消费者而非制造者的印度人来说具有同样的意义吗?——这一意识形态有其草根基础吗?而且,"斯瓦得施"对印度纺织工业在选择技术上、或对印度的科技观念有持久的影响吗?

如果说甘地能够围绕织布铸造一个令人不得不接受的全国性意识形态,这是因为恰好印度社会在一个相应的水平上,穆斯林以及印度教徒,对于作为政治、宗教和历史的象征的织布观念作出了积极有力的反应。㉝甘地的关于独立印度的前景免去了使之困苦的资本主义生产关系中固有的剥削和堕落。支持甘地运动的尼赫鲁和印度的工业主义者高兴地禁止外国工业产品的进口,但是"有意识或无意识的,他们获取了产生自乡村纺织的'圣雄运动'的道德和政治资本,用以支持他们自己对印度自由化和工业化的推进。尽管如此,他们发展的工业经济还是被甘地的观点和信念打上了深刻的烙印:"孟买的工厂为内地的各地区生产不同种类的、细致的、用机器制造的家纺布仿制品。……通过像可哈地·布哈万斯连锁店(家纺布的零售商店)那样的机构,印度共和国在家纺布的生产传播上花了大量资金,不论政府对有竞争力的工业作出什么承诺,还是经常亏本地运营这类机构。"㉞官方对家纺布的保护象征着国家作出承诺以保护它的公民和社会群体免受快速商业化的冲击。对真正和仿造的家纺布的巨大需求,提示着在社会和个人道德价值上的一种持久的公众信念——靠穿着这种布料而使之永存。

在现代世界,服装的风格和细节用以鲜明地形象化地表达民族主义者和政治派别的身份。我们可以想到佛里吉亚帽子和激进分子的袋状宽松裤,黑色的土耳其毡帽或椭圆形的无边帽,则是马来西亚和印度尼西亚穆斯林政治领导者的徽章,中山装(国民党穿的是剪裁精良、熨烫平整的,而共产党领导人穿的是宽松打皱的),或者苏格兰格子呢的发明和采用。但可能只有在印度,不是一种服装样式,而是一种制衣技术能与如此强有力的政治信息相连接,而被理解为社会和道德世界的象征符号。在许多方面,它与土产稻米在日本有可比性。当一个现代日本家庭团坐在餐桌上,品尝他们碗中的日本产稻米,他们不只是简单地放纵一种口味上的偏好,喜爱短梗、微黏的日本特有稻米,超过产自泰国的长梗稻米。其实他们是在品尝和吸收一个"传统"——这是一种被发明的或重新确立的过去。当目前都市化的、资本主义的、完全国际化的日本形象在餐桌边的电视中蒸腾而出,每一口米都提供着与永恒的、无污点的日本价值的交流,还有纯洁简单的田园世界,居住着照管小片绿色田地的农民,与自然和谐,由天皇统治,天皇是日照大神的后裔,他每年都在一片神圣的土地上亲自耕种收获。种植稻米的农夫在当代日本,就和手工织工在印度一样处于边缘地位,但是小型生产大米的农场,就像"斯瓦得施"工业一样,是作为一种有力的象征而存在着的。㉟

日本农业方式和政策因其无效益而受到很多批评(这也是因为在一个自由市场竞争的世界,这么做对外国大米生产者来说不公平),按照生产成本、劳动生产率、化学农药的过量投入、机械投资的过量和销售价格,以一般的经济标准,日本稻米的生产是很没有效益的。㊱更不用说乡村环境的污染。然而,在政治上,日本稻米耕作的小农式技术却是有效益的。战后，在美国指导下发布的土地改革方案根除了地主土地所有制，将土地分给以前的佃农，更进一步，买卖和出租土地都受到严格控制。支持农业的政策不仅让农民得以将其耕种方式现代化以增加他们的收入，也推动了日本制造业和服务业的国内市场的扩展。独立的小农耕作牢固地确立起来，成为农村经济的基础。今天日本农庄的规模平均不超过一公顷，即使大多数家庭成员都在附近的城市工作，许多农家也仍然继续生活在农场上。对于一个工业型经济来说，日本的作为农村投票者的选民比例是特别高的，战后的日本执政党自民党持续执政，极大地归功于忠实的农村选民。

　　农民及其家庭，自民党、制造业和服务业都直接地受益于稻米生产体系。这一益处对于大众来说一般不如外界看得明显，不过也已经得到充分认识，在日本国内稻米保护的政策游说能动员相当的公众支持。㊲农民稻米耕种的现代翻版为都市里的日本人提供了"传统"，一个在快速现代化和国际化中的情感和审美的避难所。日本稻米不仅仅是一种散发着民族精华之芬芳的食品，而且意味着一种和谐的乡村景象，一个使人逃离现代都市不自然生活条件的周末度假之处。㊳我们固然可以将这种群众对这一"再现"的浪漫解读，看做是米歇尔·德·塞尔托（Michel de Certeau）所说的"反纪律"，即凭借"另类解读"，"主流再现"的消费者暗中破坏之，并将其转化为一个令人满意的说法。而在同时，它是一个高度成功的传统化政治策略的成果，是围绕一个想象的过去建构现代民族团结的成果。靠着淳朴、节俭和爱国的农夫的劳作，日本作为一个民族与它古老的根紧紧相系——这一"再现"在20世纪以前就一直很好地为日本民族主义目标而服务，至今仍有广大的公众支持。㊴

　　以耕作的象征意义来解释前现代中国对于农业的国策也同样重要。中国是一个农耕社会，国家始终干预农业生产领域。整个中华帝国两千年的历史，国家都致力于开发新的土地，给移民借贷农具、种子、牲畜，兴建水利灌溉工程，传播改进的耕作方法或工具,鼓励新作物的种植。地方官员的职责之一是促进其辖下地区的农业发展。出现许多农业指南,以传播积累起来的知识。然而,尽管可能除宋代的一个短时期外,几乎有官方职责的每个人都严肃地采用了"劝农"的训诫,但以为中国朝廷试图促进农业"发展"——在我们今天使用这个词的意义上,那将是一个错误。[40]

经济学家使用的"发展"一词,一般指的是在技术的生产力和经济体系上持续的进步,最终导致某种"质变",比如一种机械的创新,使得在劳动生产力上有量的飞跃,从而产生生产关系的变化。中国经济史家已正确指出这种变化的缺乏,他们谈及中国用的是停滞、循环、或"没有发展的增长"这种词。[41]晚期的中华帝国的确是不利于这种发展倾向的。在农业和其他部门,生产方式和模式的改变存在于不同地方,但是国家将商品和财富的快速增殖视为社会稳定的威胁、本质上不为社会所需要。因此它尽其所能地与这一增长形式直接或间接地对抗。

在英格兰,农业革命的技术进步以及随即发生的机械和工具替代劳动力的发展,为后来世界范围的农业现代化树立了榜样——依靠把土地合并为大的资本主义农场。在英格兰,大农场的形成受到国家的推动,政府代表农村精英的利益,愿意通过立法使圈地合法化而牺牲农民阶层的利益。但是在中国,政府对农民生存负有责任是毫无疑问的事。[42]在一个新的朝代建立之初,我们看到从法律上限制地主土地所有制,把土地重新分配给穷人,确定其他商品和谷价的比价,降低赋税,这些政策会受到小农的欢迎。"停滞"派准确地指出,这种政治哲学对于一般意义的发展来说是制度上的障碍。

然而,按照发展的失败来构成议题,似乎是要问中国历史出了什么问题。然而,中华帝国农耕体系的演变受到国家财政和土地政策的深刻塑造,中华帝国将农业作为重要战略的组成部分以维持认可其统治权威的世界秩序,从这一指标来说,它是明显成功的。我的着眼点并不是论证中国社会秩序的长期延续,就意味着它是一个比其他更有活力(或更不稳定)的社会在道德上更好的体系。我的兴趣在于成就这个长期的延续性的机制,特别是以何种方式包含或利用技术体系(如农耕)以维持社会秩序。

谈到中国表现出意识形态的或文化的长期持续性或停滞性,这并不意味着没有变化。在 1000—1800 年间,中国三次被外来入侵者征服,它也经历了多次农民起义和内战。㊸有领土的转移㊹、人口增长㊺、技术进步㊻,以及从维持生存的生产到商业化生产的转变,这标志着民族经济的剧烈变化。㊼在中世纪的中国,大部分的城市主要是行政中心,从宋代起,城镇作为生产和消费的中心日益增多并普遍化。当中国乡村越来越大的地区与促进地区经济专门化的国内地区间商业网络相连接,维持生存的农耕业最终仅在一些边远的穷乡僻壤存在。有时,整个乡村区域卷入城市经济而从乡村变成市郊。富裕的城市中等阶层开始出现,包括拥有土地的士绅家庭、商人和工厂主,士、农、工、商阶层开始互相渗透,在士绅和平民之间、在有教养的人与乡村野夫之间明显的中世纪式的区分,随着超越阶层的财富和文化散播,而变得日益模糊。

尽管有这些意义重大的变化,及其他们可能开启的政治统治的新的可能性,晚期帝国政府仍继续将自己限制在农村问题上,甚至贫困人口和低水平生产之中,对此不能在现代经济的意义上予以理解,而是要看成是政治性甚至道德性的经济。整个帝国时期的农业政策乃是一种为维持重农主义的政治秩序而进行的连续的、相当成功的斗争,皇帝和他的官员以此对"民",即小农阶级行使直接的统治。这一政治哲学转变为一种整个帝国时期在总的原则上保持不变的财政秩序:国家是靠直接从农民家庭获取的财富而得以维持的㊽,其中基本的设定是:男子在田地上耕作生产粮食,他们的妻子在家纺织提供衣物。务农被规定为最根本的职业,而工、商最多被看成是二等的,最坏被看成是有害的。大部分政治家和统治者把经商带来的财富快速增长看成是一种造成社会不稳定的危险根源。㊾到明代中叶,生产领域的变化已相当深刻，以至不得不在财政方面予以承认：在16世纪晚期，以钱纳税决定性地取代了实物税，尽管在此时，可能有人期望能转变政策将商业和手工业发展为税收基础，但是农民仍然被视为国家真正
30 的税收基础。几乎所有帝国晚期的农业立法都力图通过保护小农以保持广泛的乡村税收基础，国家和小农直接相互依赖的意识形态保持不变。清朝的政策甚至是比明朝的更加保生存而反商业，可以说清朝皇帝盲目迷信小农式维持基本生存的生产。大量清朝皇帝的法令表明，彼埃尔·埃铁纳（Pierre-Etienne）称之为“正确农业”（correct agriculture）的物价稳定政策对于他们相当传统的社会秩序观念来说是多么关键。[50]

在这一点上，科技史家可能认为中国统治者的保守性植根于被伊懋可（Mark Elvin）描述为“高水平平衡陷阱”的物质现实：中国农业和手工制造业的高水平不是靠节省劳动力设备的发展，而是靠着持续增加的劳动投入（一种通常被称为“内卷”的发展轨道）。这样一种生产模式既支持又需要人口增长。中国没能自身发展出工业资本主义，是因为没有动机以投资于集中的、更有劳动效率的生产。[51]有人可能会争辩说，因为没有生产关系的剧烈变化，国家和臣民的意识形态也不可能发生激烈的转变。与此相反，有人可能会与李约瑟有同样的看法，意识形态的保守性不是发挥积极作用而是起抑制作用的因素，能转化成阻碍任何剧烈变化的政策。[52]

31 最近不断增加的大量著作证明了中国经济史的复杂性和不一致性，以及在官方话语和现实状况之间的鸿沟[53]，这可能形成一个更有意义的视角以考察体现于经济和土地政策上的意识形态的连续性，以及其对社会价值和意欲之连贯性的毋庸置疑的重大影响——不是把它直接与物质条件相关，而是当做一种执着的迷信或一种咒语。这就是说，节俭、秩序和适当的社会角色与关系，在连续性的经济和土地政策中被反复申说，这既没有抑制真正的变化也不能反映缺乏真正的变化，在相当程度上这反映了出现的挑战被驯服、包容，并能安置于易于管理的位置上。

清朝皇帝在追求"正确农业"上尤其勤勉，他们发布了一系列法令谴责对利益的贪欲——它驱使农民放弃耕种粮食而耕种商业性作物，使农民离开土地在城镇从事手工业和商业。这些法令企图说服全中国的农民都进行主要谷物的生产，发展当地自给自足的必要资源。帝国法令和当地官员发起的运动都强调必须节俭和勤奋地劳作，农民要能供养家庭，能备荒年、负租税。每年春天，恢复了皇帝象征性扶犁耕地、皇后象征性养蚕抽丝的典礼。一方面，清代统治阶级把重新造就勤劳、节俭的小农阶级当做当务之急，是因为担忧人口已经开始超过自然资源所能负荷；另一方面，这些法令和运动企图重新再造神圣的儒家社会契约——统治者和人民（等于小农）之间的互惠性责任与义务的结合。㊾

在许多中国人眼中是野蛮暴发户的清代早期统治者，却对这一策略如此适应，有着两个原因：第一，明朝的覆亡经常归咎为堕入奢侈的生活，造成社会混乱和道德颓废，而这个意识形态运动对于清朝统治者来说是将自己区别于明朝的方法，公开表明他们致力于纯正、中庸和秩序（当然不包括他们自己也得过艰苦的生活）。第二，这一策略使外来的满族统治者通过使自己融入道德的君-民关系之中而表明他们效忠于儒家的基本原则。当他们把自己与中国历史传统连接起来，他们就证明了他们天生有资格统治中国。同时，对于清朝统治者来说，"正确农业"是一个迷信：一旦人民能够被劝服去遵循之，社会秩序将既自下也自上地得到恢复。

若非水稻耕种的技术特性及其对生产方式和生产关系的发展所施加的限制，中华帝国晚期的统治者可能将无法保持合理的、令人信服的、可行的"小农"理念。如果中国的经济中心在中世纪时没有从北方粟麦生长的平原转移到南方稻米地区，那么，权力结构和社会契约的性质可能会发生改变。

中世纪时代北中国耕种技术的历史，提供了一个有趣的研究例证：国家试图去控制可能由技术发展造成的、对社会有潜在分裂性的生产关系发展。在帝国统治的第一个千年（从大约公元前

200年至大约公元850年），北方平原是中国的经济中心，这是降水量较低的地区，主要农作物是粟、小麦和大麦。在北方，对如何保持水分发展成一门水平相当高的技术，作物的轮耕、牲畜的使用、绿肥、条播行种、重复地浅犁耕、用耙松土、耙地、除草等等技术，在公元前一世纪已经得到广泛传播，到六世纪，已经达到相当高的成熟水平。⑤然而，只有农民有一片相当大的农田，有足用的牲畜和肥料，有充足的资本能投资于牲畜和畜力设备，这些技术才是可行的。这就是说，技术体系造成意义重大的规模经济。在这几个世纪中，占有土地的贵族（和寺庙）实行大地产的耕作以增加他们的财富，把不能自己养活自己的小农土地合并到他们控制的领地里。在这一时期，集中于封建庄园的土地的比例有所变化，但一旦不加以控制，一般会快速增长。⑥

土地的集中对中央集权构成了严重威胁：每个小农庄提供一个独立单位的土地税，而即使贵族（或者是僧侣地主或者是军事贵族）也要上缴土地税，这些有权势的人物也能规避他们所应承担的许多义务。结果，这造成了一个持续的两极摆动：当新的王朝刚掌权，会制定激进的土地改革政策，大地产被"均田"分解，依据土地丰瘠程度和家庭成员的人数，自耕农分到一定量的土地。但是小农农庄在这个朝代很少能长期存活，因为他们缺乏资本，无法实行最好的耕作方法。同时，贵族得到统治者封赏的永久性地产以回报其支持，或分得地产以回报其在官僚系统的服务，这些贵族急于将破产农民的土地兼并过来，因为精英阶层能实行最好的耕作方法，因而能通过增加他们的地产来增加他们的收入。当王朝走向衰亡，国家的敌对势力变得越来越富有，而国家的租税收入不断降低。如果北中国一直保持其中华帝国经济和政治的中心地位，国家很可能在某些点上决定性地失去对其敌对势力的控制。

然而，大概在九世纪，当长江流域的稻米生产区开始在总产量上与北部平原相匹敌，权力转移的循环被打破了。⑦正如克利福德·吉尔兹（Clifford Greertz）在《农业革命》中提出的著名观点，水稻种植几乎允许土地利用的无限强化。在现代日本，投入于特种农机、肥料、除草和其他化学制剂的资本大量增加，使这一点得以实现。在中华帝国晚期，通过需要很少资本的技术改进，在这方面也取得了很大成就。这包括在灌溉和种植方法上的精细化、选择性育种、多种作物的种植、小量商业性肥料的使用如加工过的人粪尿或豆饼。㊽稻米生产需要在种植和收获上投入高密度的劳动力(见图2)。但是，在其他时期，能节省出来家庭劳力投入其他事业。在南方的许多地区，农民家庭把种植稻米只当做一个副业，而把他们的大部分劳动力投入于商业性作物或家庭日用品的生产。㊾

在中世纪的北方中国，最有生产力和效益的农庄是大规模的，能承担价值不菲的设备；小农庄在经济上是脆弱的，即使国家试图保护他们。在中国的水稻种植区域，规模经济没有形成，而只需小资本就能较好经营。即使土地的所有权倾向于集中在贵族们手中，但最有效率的管理单位是小块土地。自耕农和佃户密密麻麻地居住在乡村。水稻种植的技术体系有充分的生产能力，可以承受双重榨取，在这种情况下，即使国家经常对农民家庭施加严重的剥削，也不把地主所有制视为威胁。在传统的经济和技术条件下，早期北中国的庄园农业具有真正发展的潜力。但在国家眼中，它对君臣伦常的政治理念以及对财政体制都构成威胁。㊿

事实上，对中世纪和晚期帝国的皇帝来说，最为性命攸关的不是经济而是象征性的秩序。中国统治者要求为自己的人民即农民的福利而斗争。在困难时期提供保护、在一开始就采取措施阻止困难和灾荒发生，乃是国家的职责，这些措施类似于现代农业发展政策的"技术建议"(technical packages)。国家有规律地开发新的耕地，投资于大规模的防洪、灌溉和鼓励耕作技术的发展，同时，分发食物和减免赋税。国家的目标是安定和适度的富庶，而不是不受控制(和不平衡)的财富增长。㊿政策不是倾向于发展经济，而是保持(在艰难时期则是恢复)社会秩序的良好状态，

图 2 男人的工作:男人在稻田里插秧(《便民图纂》,1/4a)。这小块稻田是典型的中国南方密集型灌溉农业。在日本和东南亚,插秧是妇女的工作,但在中国,妇女干的农活很少。

农业组织象征君臣之间的正当关系,并限定生产性和寄生性职业之间,劳动者和劳心者之间的区分,同时也规定男人和女人作为国家男性和女性臣民各自适当的任务。

我举出的例子——在印度政治中"斯瓦得施"的象征性角色,在当代日本和帝制中国的农业政策——阐明了技术体系提供和传播主流价值的方式。基本的生产性科技规定了日常工作和大多数人民的物质生活。它们是一般社会成员"经历"意识形态和广泛传播之主流价值的一种重要途径。技术知识和工作关系的等级以身体实践的有力形式代代相传,使融入其中的价值和信念自然化,并铭刻于社会记忆之中。⑫

身体习惯——行为举止、礼节、工作实践——在两个意义上是强有力的。首先,它体现权力关系,在中国,儿子在父亲面前跪下,体现着孝行固有的尊敬和谦卑。一个农妇在织机旁工作到深夜,眼酸指痛,在赋税交纳的期限之前拼命织完最后一匹布,这体现了她的家庭作为农民被迫为国家劳作的底层地位。第二,身体习惯在成为文化再生产的强大工具之意义上是有威力的,他们在无意识之中因而是毫无疑问地被染习。

而科技史家仍然集中于物质生活发展变化的方面,文化史家或人类学家一般都对其作为意识形态体现之再生的一面感兴趣。今天,在任何研究中,都试图把物质性的经验和身体习惯与文化和权力的分析相结合,引用布迪厄或福柯,或两者兼而有之。布迪厄的"惯习"概念包括行为举止以及工作科技和空间使用。福柯对现代性的分析破解内在于日常生活的物质经验的"弥散的权力",同时日常生活的物质经验被监测、分类、抑制的技术所形塑(权力技术)。我发现布迪厄和福柯的理论对破解有限时段内的技术的意义和影响是很有帮助的,但对历史的分析则不那么有效。福柯的内在性从而是匿名权力的观念并不关注行使权力的具体人格或社会紧张的消解。⑬布迪厄那与其说是社会性的毋宁说是自制的"惯习"概念,专注于时间的效果,特别是每日和季节性变动的周期;他也强调内在于"惯习"的机动性要虑及对环境的适应。但是，我不能明了布迪厄的实践理论如何可能发展为一种可以解释历史的理论。

布迪厄(继莫斯之后)从中世纪修道士戒律中借用"惯习"这个词，这样一种背景更与传统而不是变化发展相关。在布迪厄使用之前，"惯习"概念曾被埃利亚斯发展用于社会分析，在1920和30年代，埃利亚斯与卡尔·曼海姆在法兰克福大学一起进行这项工作。埃利亚斯对这个概念感兴趣，将它作为进行动态的、历史的分析的工具——这一分析将解释变化的过程(他称为"社会-心理发生")以及复制的过程。他把"惯习"定义为"精神经济"，一个特定社会群体的特征或"外形"以及通过"外形"之间张力平衡的转换而被重新塑造。埃利亚斯认为马克思错误地相信辩证关系实质上是二元性的，表现于统治阶级和被统治阶级的冲突中。他还坚持认为，在那些塑造阶级之间关系以及各阶级人们的身份的基本因素中，经济只是其中的一个维度，所以意识形态不是上层建筑性的且远不在中心。[64]

在埃利亚斯作出这些批评的时候，马克思的一些著作还没有出版，而他的主要缺陷也已经由许多马克思主义的理论家作出应对，他们发展出更细致的分析阶级冲突和意识形态角色的方法。但是，吊诡的是，当代马克思主义学者对于物质世界的兴趣通常几乎是抽象和狭隘的，没有什么有意义的细节详情，这使我感到失望和受挫。唯物主义者对物质不感兴趣，福柯和布迪厄没有对历史的兴趣。可能这就是为什么埃利亚斯关于法国宫廷交际的出色研究具有如此吸引力的原因，因为它表明了物质世界以及其含义的细节详情这二者的重要性。

埃利亚斯认为，意识形态之表达和经验的最有力形式之一——同时也是最易于获取的——是它具体的物质表现。为此，他开始了对旧制度法国的研究，《宫廷社会》(*Court Society*)中有一章题目是"生活环境的结构和意义"，描述和分析了这个时期建筑特征的一种新形式，"公馆"(hotel)是大贵族家庭在巴黎的住所。他探讨了公馆的空间设计所表达的社会关系及其所显示的价值,资产阶级对这种居住风格所做改动的意义,他强调在一个社会中,政治成员分成了三个等级——专制君主自身、朝臣、积极而有抱负的资产阶级——贵族公馆只有一方面联系凡尔赛王宫、另一方面联系资产阶级住所时才显出意义。⑥在他对生活环境的处理中,埃利亚斯对"公馆"——这个法国贵族以他们自己的意图为自身建造的舞台——进行解码(decodes)。正是在这里,他们能尽情地展现使他们看起来正如贵族阶级一员的完美谐调的审美风格、人际关系和理性形式。

尽管我自己的工作也以居住生活环境的结构和含义为开端,但这只是出于偶然(或者可能是逻辑的力量),因为我只是在研究快要完成的时候才读到埃利亚斯。有趣的是,在对中国的生活环境的研究中,我在一个重要方面比埃利亚斯更进一步地进行社会分析。罗杰·夏蒂埃(Roger Chartier)在给《宫廷社会》法文版写的序言中,曾指出这一工作没有考虑到行为模式的传播超越宫廷而至于其他社会阶层。埃利亚斯在其书最后部分《文明化的进程》中专门致力于这一问题,他论道,文化模式不是简单地向下传播或过滤,它们的传播必须按照迫使精英发展新水平礼仪的经常性、有意识的竞争来理解。在这模式中,相互依存是一个至关重要的因素。⑥然而,在《宫廷社会》中,埃利亚斯的确忽视了人口的大多数,其中相当重要的原因在于,这一时期就主流政治心态和他们的物质条件来说,农民和工匠都被排除于礼仪的领域之外。在中华帝国晚期,情况恰与之相反:精英阶层把自己的任务看成是将社会基层秩序稳固地吸纳于礼的领域,同时维持保证其权威的距离。中国的房屋样式很好地阐释了埃利亚斯所设想的这种互动的文化影响。

正如"惯习"这个词汇的历史之所表明,对物质实践之能力的关注并非现代发明,而存在于每一种宗教以及大多数前现代政治和社会理论中。中国的儒家哲学家为行礼和正统道德观念之间的关系已争论了两千多年;他们也关心象征和符号的使用以及不同类型的工作的道德效果,关心他们物质世界最平凡细节的道德意味。⑥⑦

41 　　文化史家和人类学家为了回答到底是什么使得中国社会如此紧密结合这一问题，已经做出了几项关键性的工作。华琛（James L. Watson）探讨了有助于形成社会凝聚力的各种制度和社会进程，他把在大众层面上创造和维持正统观念的一个最显著因素，规定为"当以文学和宗教文本表述时控制书写的语词；与之同等重要的是，口头表达技巧的微妙处理"；然后他又加上了在中国社会极为重要的丧礼——正是丧礼把死去的亲人变成祖先。其他人把婚礼、宗族关系、家庭组织和规则也算做文化再生产的实践。⑥⑧我还要加上日用科技——可同时被视为文化再生产的程序和社会变化的潜在催化剂。

　　在这一点上，有必要陈述我所用原始资料的性质并考虑它们允许怎样的解读。中国人能认可我用以组织全文的概念"科技"或"技术"吗？我在每一部分都详细地讨论了我使用的原始材料，而在这里，我将就什么是可利用的材料，为什么以及它们能告诉我们什么，做一个总的概述。

　　马瑞-可劳德·马黑阿（Marie-Claude Mahia）曾反思何以科技从未进入印度学术之中，他指出印度思想与西方思想有一种共同的倾向，即将精神和物质二分。印度思想赋予精神以更高价值，而赋予物质事物以低级价值，有文化的婆罗门精英总是对科技保持缄默。实践性的知识和技巧不属于真知的范畴，在历史记载上几乎没有关于科技的内容。在今天，如果一个外来者（比如说一个来访的人种学家）在一印度乡村想询问有关一项手艺的事项，即使有工匠在场，也是由处于有知识的地位的婆罗门来回答这一问题——在这种情况下，自然令人一无所知。⑥⑨

　　相反，中国的知识阶级对实践领域加以细心的关注，对身体行为塑造身份特性的方式、对人们生活于其中的物质世界如何产生一种社会的和道德的存在，皆十分敏感。

42 　　在宋代，一个新的政治和文化精英阶层逐渐巩固，一种新的社会哲学随之巩固。在其中，身体实践不仅仅在表示身份方面，而且也在社会统合方面起了突出作用。宋代以前的贵族精英通过排外来保护他们的地位并维持社会秩序：他们的地位由世系、禁止与普通人通婚、禁止一般人使用他们的家庭礼仪和其他身份标记传达出来。从宋代开始，新的政治精英采取了包容的政策。他们力争建立一个有机的社会秩序，有等级之分但是向所有人开放，将所有人民组合进一个有着共同的正统信念、价值和实践规则的文化之中。包容的政策是高度成功的，使得中国的政治组织把边远省份的人口和外国入侵者都吸收进自己的文化之中，并逐渐地把中国社会每个阶层的成员融入一个切实可行的正统教义之中。

中华帝国晚期以经学为基础的社会哲学通常被称为"新儒学"（neo-Confucianism），由宋代的一些思想家发展出来，其中最著名的是朱熹。一方面，针对信徒不断增加的外来佛教，一方面针对宋代早期国家的积极干涉政策，新儒学详细阐述了传统儒家社会秩序的原型⑳，家是养成士的德行和才能的微观世界：一个人通过管理家庭来学习治理国家。可能受激于唐代和宋代早期精英妇女的独立和相关权力，宋代的新儒学非常强调性别之间的隔离，妇女的幽居和她们对男性的从属（在婚前从属于父亲，在婚后从属于丈夫）。但是，在整个帝国晚期，我们也发现既由男人也由女人反复表述的经典观点：妻子是积极的伙伴，而不是默从的下属。在本书中一个重要的主题就是两种性别观点的相互作用，以及在中国社会之中不同形式父权制之间的相互影响。

在中华帝国晚期，正统价值的一种传播途径是教育结构，它不仅仅调控入仕之道，而且用以将人民统合起来。皇帝通过官僚体系来进行统治，而官僚体系通过检验经典学习的考试来吸收其成员。为科举考试而学习的人远远超过通过科举考试而获得官职的人。考试体系通过经典教育体系有效地将主流价值传播给社会的大部分人，通过当地官员的公开讲演、大众百科全书（类书）与历书关于礼节和社会道德的部分，这些价值观念逐渐地散布于更广泛的一般民众，而新儒学的道德规范日益成为法定的礼教风俗。

观念与文本是中国式教育的基本成分,但是教育的物质性维度远为突出。教授适当的举止行为和正确使用物事,是强化知识信息的一种方式,同时也是不能完全为语词所包含的道德教化和正确思想之形成的有机组成。教育的这一面向是更为有力的,因为它甚至能被那些没文化的人所接受。

如我在前面讨论土地政策时所提出的,中华帝国晚期的知识分子关注不同种类的工作的社会、道德效果。自从明代晚期,"妇工"(Womanly work)在有关治国之道和道德的著述中成了一个突出的主题。公元前4世纪的儒家哲学家孟子所说的"劳心者治人,劳力者治于人"——并不意味着劳动者本质上应从属于用脑的人,而是说"人类活动的互相补充以及社会各集团之间的团结","'劳力'作为生产性活动有很高价值,与文化同义",而探讨如何统治文化的艺术则通过对技术的隐喻,这些隐喻来自木工、建筑、纺织、陶器制造和玉器雕刻等行业。[17]

同时,工作是分等级的,"基本"的生产性活动是农业,政府把它看成是工作的本质形式。其他形式的工作比之耕作皆处于辅助性地位,即使房屋、布、铁具和其他手工产品是不可或缺的日常所需。甚至布的生产,这是农民妻子的工作,乃国家税收的一半来源,也没有像农耕这么高的地位。手工业所需的技艺像木工、金属业普遍地与法术相联系。在中古时代的中国,手工业者被划为"贱民",他们的职业是世袭的,不能与普通人通婚,不许参加科举考试。耕作不是贬低身份的事,而是一项使士大夫在隐退之后能得到自豪和乐趣的事。既然在土地上劳作是培养德行的最好方式,我们对政府的统治权委托于地主就不感奇怪了。[72]在中国,我们不可能发现哪位哲学家是靠磨镜为生的。

以科技为主题的论述是一大受重视的著述种类,这至少可以追溯到汉朝前期(公元前2世纪)。最知名的著作流传了几个世纪,先是用手抄本然后才有印刷本,经常加以校订注释或加上新的插图。[73]其中最大部分是由士大夫阶层的人著作或编写的有关农业的著述。他们当中的大多数有着农耕的亲身经验，一些也做过行政官员，有的作者还说到他们访问有经验的农夫以补充自己的知识。⑭关于性别之间分工的最经典的一句话是"男耕女织"，宋代以后，大多数农业著作包括了纺织的部分（也有大量的专门论述）。王祯于1313年出版了成体系的《农书》，把他所描写到的所有农具和器械的图表以及详细说明都包含在书中，好让想要试验新方法的人们能够照做。

手工业方面的技术著作（包括建筑、木工、造纸、造船、冶金等等）相当少，绝大多数当初不是由文人而是由工匠或者其他受过训练的行家将其编在一起。因为为每项手艺所需的"巧"至少部分是深奥的，所提供的资料经常是含义模糊或不完全的——写成文本的目的不是描述如何去做，而是经文甚至咒语。在鉴赏家的书中和大众百科全书[类书（encyclopedias）]中有一部分资料，作为补充性的著述种类（这次是学者而不是工匠的著作），是提供给工艺品的消费者的。这样的文本不告诉我们如何去制造一个漆盒。基本技术都是想当然的，而重要的是坚固性、质地和漆的颜色的不同，代表地域风格和质量的压条法、雕刻法或镶嵌法。我们涉及的是品味的技巧而不是生产的技巧。⑮有关技术的书经常加上带图解的木版画。职业画家可能为了艺术效果而牺牲精确性，但是即使这样的图画不完全可靠，也仍然表现了进行劳作的相当有特点的周围环境，所以它们是很有用的社会史材料。⑯

其他有关技术史的材料包括了历代正史中的《食货志》和地方志、绘画、诗歌和小说、出土文物和工艺品。李约瑟的《中国的科学与文明》系列使人们对材料之丰富有所了解，其中关于民间机械、造船、造纸和印刷、纺织品与染色、农业、多种食品制作、采矿、冶铁和冶金术、武器制造和医药有整卷的内容。

当我们考虑何种材料能用来进行技术与性别的研究，我们必须记住我列出的所有材料中，文字形式的材料是最为重要的。除了几种由工匠编纂的技术或法术书，其余基本都由受教育的人写成，他们甚至记录了做工的男女传授给他们的知识。因此，这些材料传达的是一种男性视角以及一种特权阶层的视角。一些作者同情于劳动阶层的痛苦或妇女的感受，甚至更进一步质疑使某些人受到如此暴虐的社会秩序的某方面。（唐朝诗人杜甫是前一类人的代表，他写出了农民、织工和其他劳动者令人动容的困境；⑰17世纪的剧作家和小说家李渔是后一类人的代表。）但是，不论他们的关怀多么深切，他们仍然是受教育的人，他们对阶级和性别角色与关系的表达，作为男性经验的不同样态，必须受到重新评价。

在某种程度上，由精英阶层男性写成的文献可反向解读，要检查其缺漏和矛盾。这基本上就是我运用有关纺织的原始材料的方法，用以再现新的、非传统意义的劳动性别划分及其对于女性地位的影响。正因为所有我要研究的女性的角色和经验，都相关于相应的男性角色和经验而得到规定，如果在这一脉络之中有必要或有意义，那么，有关男性的论述通常能为分析有关女性论述提供良好基础，反之亦然。我应注意我使用的材料为研究施加于女性的男权以怎样的形式行使以及怎样被女性体验提供了相当的可能，这些材料也使我得以设想妇女如何特别地塑造了正统女性观，并显现出妇女之间的不平等如何具体地被女性体验。然而，我使用的材料对流行的反抗主题所证甚少。

关于帝制中国晚期历史的最初一些女性主义研究，现在已不仅仅把妇女视为受害者，而是转而考虑到至少精英阶层妇女在建构中国社会秩序中扮演着积极的即使是相对有限的参与者角色。某些妇女可能视对其活动的性别限制为强制而加以抵制和暗中颠覆，但她们对其世界基本价值的忠诚很少受到怀疑。正如高彦颐在《闺塾师》一书中所论述，精英妇女热情地担当身为道德教育者的特殊而不可或缺的重任。我的唯物主义式研究与这一观点并不矛盾，并更进一步地证实这正切合于精英阶层家庭的地位高的妇女。但是如果另一些人处于低等，有些人就只能居于高位，权力施加于人，它不只是一种无形的气氛。我的唯物主义的材料也显示出，在同一屋顶下以及在低阶层的家庭中，居于高位的妇女的尊严是如何以社会地位较低的妇女为代价的。

回到我们是否可以把科技当做一个中国式的概念:手艺、灵巧或技巧的概念,即"巧"。我在前面谈到工匠的时候曾提及这个词,这是一种区分出人的不同社会地位的特性。"巧"意味着"操控外界的实际技能上的聪慧"[78],这不是受教育的人或农夫所热望的成就,它仅是一种人的特性,其社会地位较低。与士和农夫的工作相比,"巧"使他们得以制造被划分为次要的物品。(而吊诡的是,手工匠生产的工具、器皿、房屋被视为展现中国文化的关键)但"巧"作为女性的特性则超越了等级。它与"妇工"主要是纺织相联系:所有的女孩都要学习纺织、刺绣、缝纫。织物被当成是维持世界秩序不可或缺的基本事物。妇女所从事的其他维持了家庭秩序的技艺,同样与有机的中国政治秩序相结合,治国本于治家。"巧"在人类成就的等级中不占显要位置——正如"craft"在英文中的意思,"巧"与机巧、法术的关联使它多少成了个暧昧不清的范畴——但是,当女性展现出这一特性时,即表示一种与物质的关系,女性以此成就美德和道德秩序之基石。因此,我深深感到,在我称之为"技艺"或"科技"的领域,特别适于探究中国的女性体验,这主要是因为,对于超越阶级界限而辨识跨阶级的性别规则的共同性,对于探讨女性之间以及男女之间的不平等如何具体地表现,这一领域提供了独特的可能性。

第一部分

建筑一种传统：
中国社会空间的释义

在传说中的圣人降生之前,在中国:"昔者先王未有宫室,冬则居营窟,夏则居橧巢。"圣人发明了筑造宫室和简陋房屋的基本方法,教人民如何"范金合土,以为台榭宫室牖户","为之筑土构木,以为宫室,上栋下宇,以蔽风雨,以避寒暑"。① 这些传说中的房屋其意义远大于遮蔽风雨之所。它们是一系列文明发明的部分,其中包括耕种、编织、烹调、音乐、书写符号和婚约。这些技能和活动构成了帝制中国以之为渊源的古代文化,其中,房屋是一个关键性的因素。

修建房屋不是一个用最适当的材料和样式提供一个住所这么简单的问题,一所房屋是一个文化的模版,生活于其中,这种文化的基本知识和技能就得以反复灌输。它是一种学习机制,使礼节的、政治的和宇宙观的关系转化成空间术语,在日常生活中体验、受到自然熏习。这编码的信息给所有人上着同样的课程,也有一些课程是不一样的。当一个孩子逐渐成长,学习家庭生活的同时她也学习到她在社会中合适的位置,她将性别、代际和等级之间的差序内在化,这些差序由墙、楼梯、行为规范、待客礼节、成年礼以及进行的日常活动所标志。

家居房屋不是灌输这些知识的唯一场所,但是在有些社会中,与其他领域相比,其作用更加关键、更加有持续性。在西方,已经形成了活动领域之间的一系列分化,逐渐导致了房屋在形塑人们生活上的支配性地位。古希腊文化为此奠定基础,在城市和房屋内都清楚区分了适合家庭事务的领域和适合政治事务的领域。在基督教欧洲,最重要的礼拜活动和成年礼都在教堂完成。到工业化时代,对绝大多数人口来说,工作场所和住处是分离的。房屋成了家,这是一个能逃避工作的压力以及政治、宗教正统观念之压力的私人空间。②

这样的区分在帝制中国是极其缺乏的，出生、成年、结婚和死亡的典礼都在家里完成；祭祀家族祖先的典礼与国家正统的典礼相平行；家庭就是训练适于公共生活之伦理与行为的所在。在欧洲，没有人会把哪怕是再大的住房误认为是教堂，而在中国，祭祖的庙、士大夫的庭院、皇帝的宫殿，都与最一般的乡村住宅有着同样的布局和建筑特点，只是规模更大。"最大的宫殿，从外观上看，好像一所更加富丽堂皇的农家宅院，大理石平台上雕梁画栋的亭台和最简陋的用茅草盖顶的棚子，它们之间有一种真正的和谐。"③

在中国，房屋发挥的一个最关键作用，是用空间标志出家庭内的差别区分，包括对女性的隔离。即使不是中国通，也都知道中国男人通常称自己的妻子是"内人"。但是，并不能由此就推断出女性的幽居标志着男性对女性的统治或控制这样一个简单的二元模式，或者认为这是对性别之间的特性和事物作出与希腊以及工业化西方一样的区分。我在整部书中论证道，帝制中国晚期，在国家、社会、家庭之间存在的道德与政治的连续一贯性，要求我们修正许多我们在分析性别体系时通常使用的概念工具，当把"家庭生活"这样的术语或公共性对私人性的二元区分应用于其他社会时，可能更容易引起误解。这已经不是一个什么新鲜的观点，也不只是对于中国的情况而言，比如，在舍利·阿德纳（Shirley Ardener）所编先驱性的关于空间的女性主义论集中，大部分文章分析现代地中海和伊斯兰社会的性别关系，在那里性别隔离和在帝制中国晚期一样重要，而后者是我们通常视之为家长制的、压制妇女的社会。这证明了，如果我们摒弃成见，而仔细观察人们实际的所作所为，我们将能怎样地丰富对于空间意义的理解。④

性别隔离的观念对于大多数现代西方人来说是令人反感的，他们认定这永远是最严酷的家长制控制和压迫的武器。但是，正如李地阿·塞阿马（Lidia Sciama）在关于地中海的人类学研究论文中所指出的，这是"一个有趣的矛盾，当人类学家困扰于一些简单社会缺乏隐私权时，他们的写作已将隐私权当做自由来理解，而一些人却抨击禁闭妇女的女性私人领域的存在，在这里，隐私又被解释为剥夺、抢掠、丧失"⑤。正如许多穆斯林女性主义者之所论证，包括像高彦颐这样的学者对帝制中国晚期情况的论述⑥，一个均质性的社会组织可以为妇女提供一种复合性社团通常所不可能给予的尊严、自由和安全。（我同意这一观点在一定程度上适于帝制中国晚期，但我在整部书中都论证了均质性社会生活可能提供的利益通常取决于社会等级。）在超越家庭范围的世界中生活，对于西方人来说通常意味着令人渴望的自由，相反，在其他社会则可能被当做是一个危险和敌意的世界；在夜幕降临之前不能进入房屋中女性区域的男人［像苏珊·瑞特（Susan Wright）描述的伊朗牧羊人以及帝制中国晚期的男人］将感到这是一种剥夺。

重要的是，不要把性别隔离所划分的空间界限的含义和位置当做是固定的，例如在瑞特研究的伊朗乡村，当男人白天出去放牧时，妇女在村子里的公共空间自由活动而无须穿戴"凯朵"（chador），当男人晚上回家时，这个场景就改变了。在瑞尼·海尔斯孔（Renee Hirschon）研究的比雷埃夫斯（Piraeus）的劳工阶层区域，妇女在上午外出办事，即使她们有机会与他人接触，她们也感到不自在，并显得匆忙严肃；到了下午，她们忠实地待在家里，而事实上，她们把起居室的椅子搬到人行道上，在那里自由地（这时是不受拘束的）和过路人交谈。在帝制中国晚期的情形中，在"内"与"外"的世界之间界限也是相联系的和流动的。而且，正如我在整部书中论证的，要理解中国的性别关系是如何被构想的，我们所必须考虑的不仅仅是限制妇女身体活动的物理的界限，也要考虑妇女制造的穿过这些物质的、社会的、道德的界限的通道。

我们要想理出空间的含义，就要在表述和实行之间作出区分。想一想比雷埃夫斯的劳动阶层的妇女，她们聚精会神地享受着在面包房的闲谈，一得到最近的小道消息就飞快地从商店中跑出;而在伊朗的畜牧社会,如果其妻子没有相应的地位和能力(必须态度谦逊而明智)即无法获得一个男人通过得到表面上进行性别隔离的权力而让出的不稳定的地位,而相互矛盾的表述通常同时存在,这就使情况更复杂了。海尔斯孔指出,在希腊城市中,视女人为道德伦理之危害的流行观点,与以下观点直接对立,即把家当做神圣之所,当做正统基督教神圣领域的微观世界,这一世界由道德上纯洁的妇女守卫。这是一个相当普遍的矛盾,帝制中国晚期为此提供了明显的例证。牢记这种含糊性、歧义性是特别重要的,以免我们容易从男性对女性、公共对私人、权力对依赖这些简单的二元概念出发去进行论证。

在新儒学的正统观念中,领域之分隔是社会秩序的基石。然而,正如我对空间、纺织和生育的分析表明的,这一正统观念采取了不同的形式。一种观点将所有人,女人以及男人,视为同样可以教育和具有道德责任的个体;这个观点赋予女人,至少是合法妻子以其丈夫之伴侣的有尊严的角色。在光谱的相反一端,则固执女人在道德上低于男人,她们的本性是恶的,她们的存在是对社会秩序的威胁,通过限制加以严格的控制是解决问题的唯一方法。同样的家庭空间的划分被妇女视为监狱还是独立的领地,要取决于这一家庭依据何种哲学。在以下章节,我将表明,至少在一些情形下,我们能发现物质的以及文本的线索,去说明在不同时期的不同群体之中,哪种父权制最有可能占支配地位。

中国的房屋提供了妇女生活的物质性框架,予男性和女性领域的分离以具体的形式。这是女性生产的场所,不仅是生产像食品、衣服这样的物品,而且生产像后嗣这样的社会性的产品。这显然是开始研究中国的"妇术"的地方。建造房屋是男人的事,是砖瓦匠和木匠的工作,但妇女是制造家庭空间的实质上的参与者。一所房屋,要是没有女人在日常事务上的参与,如烹饪、纺织、抚养孩子以及祭祀,就不可能成为一个家——在那里,男人和妻子一起更新连接其世系家族的社会纽带。

就中国的房屋与家庭之间的密切关联,已经有几部优秀的民族学著作⑦,但是,我不知道有哪项研究将中国房屋的历史当做一个社会空间来看,而绝大多数由艺术史家和建筑家写的关于中国房屋的历史研究著述,"几乎不关注建筑的非技术层面"⑧,因为他们关心物质性的构造,而不必揭示其产生过程,以及它为之构成舞台的那些活动。鲁克斯(Klaas Ruitenbeek)探讨了中华帝国晚期在房屋修建过程中进行的或外加的风水测算与典礼,这些都是精心考究和不可或缺的⑨,他指出,有时最终效果几乎是看不见的,比如梁柱加高几寸、门加宽一寸;有时效果又是无形的:完成仪式和安排时机。而实际的房屋建成之后,在我们看来与不用风水术没什么两样。"人们产生这样的印象,在中国**有一种虚构的、想象中的建筑存在,它叠加于实际的建筑之上,是房主首要关心之所在,对风水师和木匠也是一样的**。"克拉斯·瑞廷比克认为,之所以在中国关于建筑的规则与原理很少见诸文字,其原因在于这一想象中的建筑吸引了所有的努力和想象。⑩

在以下一章中,我将论证,中国的房屋体现了几种"想象中的建筑",它们的结合乃是中国建筑所特有的特点。这些建筑传达着相当不同的道德信息,具有实行上和解释上的灵活性。例如,我在第一章和第二章中描述的,几乎所有房屋都具体表达了新儒学血缘和社会导向的价值观念,设有家庭祭祀的场所,同时,又基于风水原理,在房屋设计上表达出自私和竞争的价值观念。我不是在暗示个人可以有意识地选择对空间的不同解释,而是说,按照脉络语境,一种含义可能转变或替换另一种含义。这一歧义性尤其适于对女性幽居的解释。

在这个部分,我将探讨中国家庭空间的现象学,力图解释它如何将权力施加于居住者。我们可以将中国的房屋描绘成一种织机,它把个体的生活编织进典型的中国社会模式之中。我考察了在中华帝国晚期的历史进程中,房屋构造与社会、文化构成——它编制了这一机器据以修正和标准化的程序——之间的关系,以及它对社会再生产所作贡献之性质。⑪中国的房屋将居住者织进一张历史性的血缘关系网络中:通过绵长弯曲的世系线索,能回溯几十年甚至几个世纪,而织成现实中平面的姻亲和联盟关系。在许多社会,房屋都以这一方式将家庭系入历史长河。但是,在中国的情况中,有一点不同寻常:关于房屋的书写文本对形成一个高水准的、自觉的文化和历史传统所起的作用。在宋以后的几个世纪里,关于房屋的不同文本逐渐融入人们的思想,以至房屋本身成为一个文本,将主流的儒家社会价值与大众的观念交织成一个强有力又有灵活性的结构。[12] 布迪厄指出,"惯习"是"物化的历史,它内化为第二人性,以致人们忘记了它也有历史"[13]。然而,在中国房屋的情况中,书写文本的意识弥漫于空间的活动中,甚至在没有文化的人当中,也具有自觉的历史意识。房屋对于中国传统的生产与再生产来说、对于支撑社会的层级和关系来说,与婚姻、丧礼一样重要。

第一章　房屋的形式和涵意

空间和文献材料

瑞廷比克使我们关注到造在中国房屋的物质结构里面的"想象的建筑",可以称为巫术—宇宙论式建筑(magico-cosmological architecture)。这一概念可以扩展到对其他事项如风水的解释上。我以为我们应把帝制中国晚期的房屋理解为具体表达着三种"想象建筑"之原理的一种物质结构或外壳,每一种都传达了一套关于居住者、宇宙和社会之间关系的不同信息。

首先,房屋是一个礼的空间,一种新儒学价值观的具体化。它是一座家庙,以祖宗的牌位为仪式中心构造而成。这个房屋庇护了一个家族统系,将生者和死者都纳入父系血缘关系的历史、地缘网络中。作为儒家基本伦理的五伦中的三伦——父子、夫妇、兄弟①——都在家院的围墙内表现出来。对于儒家来说,治国的伦理规范和原则就是治家的伦理规范和原则;家庭住房不是一个私人性的世界,不是逃避国家的庇护所,而是一个微型的国家。居家之人编织进一个伸展到中华帝国边界的政治网络中。这个新儒家世界的价值观是突出社会性、协作性的价值观,强调忠诚、尊敬和服从。在家庭之内激起的不可避免的对抗和矛盾以符合这些价值观的方式得到呈现、在空间上被包容并加以解决。

第二,房屋是一个与宇宙有关的、有能量的空间。中国的房屋被设想为一个避开风或邪气的、有魔力的庇护所,一种能引导气这一宇宙能量利于居住者的场所。要通过占风水来选定墓地、选定宅地和房屋样式。选宅的风水术似乎起源更早。"《宅经》告诉我们：'所有人的住所都在宅地上……宅地是人类生存的基础。'"②占风水的原理可归纳如下：一个位于有利地形的房宅，部分由方位决定，也由山丘、溪流、大石和树木的配置与形状决定。与宅地一样，房屋构造的细节（院中各屋的排列，屋顶和门的高度等），其布局设计都是为了顺导宇宙能量而为居住者谋利避害。宇宙能量按照季节和星象周期而不断变换，所以时间是一个必须考虑的因素：宅地既是空间中的也是时间中的居所，在某一天是不吉利的安排，在另一天却可能是吉利的。选宅和朝向的原理不必然与儒家价值相矛盾；宋代新儒学的哲学家的宇宙秩序的确在许多方面与风水术相交迭。但是，如 Stephen Feuchtwang 所指出，风水术的原理是自我中心的，甚至是非道德的。风水术并不能增加宇宙能量，而只是将之导入新的方向。因而选宅可能是牺牲别人的利益而给自己带来运气。③

第三，房屋是一个文化空间：它呈现出中国式的关于人的观念。正是在家里，生的东西被烹食，天然的东西被处理加工使之为人所用。它提供了使婴儿得以社会化，使孩子长大成人的空间场所，提供了将家人与外人、长辈与晚辈、主人与仆人、男人与女人相区分的界限。再有，房屋提供了一种文化的独特的空间经验，使特定的活动特别突出，提供了特有的景观（vistas）、特有的美学。房屋标志着与尚未人化的世界的区分，又与"自然"保持着中国式的联系。④对定义中国的家来说，这些细微差别和纹理与家庭的存在一样重要。这里必须划定性别的差别，然而，一个男人将在这所房屋中成长、结婚并死去，在这里，他以及他的父亲、祖父曾经出生，在这里，他的母亲一直生活到死去。而一个女人在结婚时离开她出生的家，变成一所新房子里的陌生人。所以，男人和女人以不同的期望和情感体验着这些熟悉的空间。

在帝制中国晚期的房屋"文本"中，实际的和想象的建筑，精英的和大众的见解，具体的和散漫的知识相互交迭。然而，我们必须采用多种文献材料才能将房屋重组为一种文化的文本。在中国的文献典籍中，没有单独的一个门类有意识地、系统地汇聚中国房屋和家庭生活的所有方面。我的研究主要采用四类文献材料，都是有插图的（第四类很丰富）。

因为新儒家式的房屋是以祭祖为中心的礼的空间，我采用了新儒家关于礼仪和治家的文献。《朱子·家礼》是关键的文献，它由朱熹编著，成书时间在1169年以后，之后有许多版本和译本流传。⑤朱熹被尊为新儒学道德和形上学学派的奠基人，是帝制中国晚期最有影响的哲学家。《家礼》原本是为没受过高等教育的普通人提供日常之用的礼仪手册。它规定了礼仪的理想形式，以取代异端或不适当的典礼仪式，巩固以年纪、仁爱和尊敬为基础的正统道德观。朱熹选择性地吸收其他宋代哲学家规定的祖先崇拜礼仪和成年礼（冠礼）仪式。《家礼》中有五章讲解礼的一般原则、成年礼（男子行冠礼，女子行笄礼）⑥、婚礼、葬礼以及献祭。朱熹自己最重要的贡献之一是写了新的首章，突出祠堂的中心性和在这里举行的繁多的日常仪式，包括每天的"谒"，一月两次的"参"和在民间节日如新年上的正式供奉。⑦《家礼》在第一章的末节包含了司马光《书仪》的大部分内容。司马光规定的家庭日常生活的礼仪有效补充了朱熹规定的祭拜仪式：与提供行为举止和治家标准的其他新儒家著述一样，遵守空间界限乃是主调。⑧

巫术式、宇宙论式的考虑，朝向的问题，比例，时机和修建次序，以及其他补充性的仪式，都能在《鲁班经》中找到，《鲁班经》是一部木工手册，一些章节可能源自宋代，其他部分则是后来加上的。鲁班是（而且仍然是）木匠的始祖神⑨，这部中世纪的木匠手册（在后文中我将称之为《木匠经》）表明，当一所房屋建成，产生的是一个技术的、与宇宙有关的、巫术的构造。作为手册，《木匠经》在造房之外还提供了制造各种普通家具的指导说明。⑩《木匠经》中的造房说明向我们表明了，是梁柱、墙壁和房顶限定了中国的家庭空间；余下的部分用以装饰。我依据的是由瑞廷比克翻译并解释的《木匠经》。为了搞清文本含义，瑞廷比克不得不附加建筑史家所使用的材料，包括对在世木匠的访谈、关于风水的论著、民族学报告、文学性的逸事。结果成就了一部力作，其自身就是一部关于中国房屋的丰富的文化史，这部文化史聚焦于产生巫术—宇宙论构造及其物质外壳的建筑物以及背后的信念、礼仪和过程。

为了透视房屋的审美意识，我采用了《闲情偶寄》，其作者是戏剧家和色情小说家李渔（1611—1680），于 1671 年出版。李渔，如他的传记作者帕垂克·哈南（Patrick Hanan）所指出，酷爱有趣的发明，他总是试图给每一件事加上一点新的变形。"他曾经给一位朋友写信道：'明白地说，我写的每个东西都是为了逗人们发笑。'……他的创作激情从文学领域延续到生活中。他是一个作家，也是设计家和实际的发明家，他的散文带着这样一个叠句（略带自嘲）：'这个世界不得不等着李渔来发明这个东西，这难道不奇怪吗？'"在生活中至关重要的是什么这一问题上，他远离正统观念，是个欲望主义者。"对于李渔来说，所有的乐来源于天生的身体机能，包括主要的本能享乐和欲望，如食、色。放任天性……不应'违背人类情感'，就是说，不应违背对他人感情的正当尊重；而有着这一点保留，对美和性的享受就是必要的了。"⑪虽然李渔有着独特的天才，但他的这些观点并不是孤立无援的。就他对清教徒式儒家价值观的抗拒来说，他是"文人"的典型代表。文人一直是存在的，但在明清之际，文人性格成为一种生活方式，这时，传统的仕途缺少机会，因此对经世的拒斥获得了一种道德上的正当性。魏劳德·派特森（Willard Peterson）论述说，晚明时的文人投入艺术领域，与其他人投入道德哲学和政治是一样的。⑫

《闲情偶寄》的内容是各种"业余爱好"的大杂烩，包括戏曲的创作和产生、女性的美、园艺、饮食、养生（包括解愁和制欲）。在这部十六卷的书中，卷八和卷九都是关于住房的内容，表现出哈南所说的李渔"对房屋和园林的终生热爱"。李渔为他的资助人和朋友设计了许多房屋和花园，他自己在 1668 年于南京购得一小块土地，建成著名的芥子园。⑬瑞廷比克评论说，与文震亨（1585—1645）几年前写的《长物志》相比，《闲情偶寄》有某种进步："建筑第一次成了值得士人关注的事物。"文震亨的书是用来指导鉴赏家的,他们的品位要经过高深教育的培养,而且要有财力。⑭李渔经常受穷,但他提出无数种天才的富有审美情趣的生活方式,而花费无几。他曾恶作剧似的宣称不惜让妻子挨饿,也要把美带进家里:"吾贫贱一生,播迁流离,不一其处,虽债而食,赁而居,总未觉稍污其座。性嗜花竹,而购之无资,则必令妻孥忍饥数日,或耐寒一冬,省口体之奉,以娱耳目。人则笑之,而我怡然自得也。"⑮

李渔作品中关于房屋的内容,分成五个主要的标题,每个都有几个副标题。第一部分"房舍",包括以下几个小部分:朝向、路径、高度、屋檐的深度、天花板、砖地、喷洒和清扫、垃圾处理。第二部分"窗栏",一开始讲窗棂和格子,接着是一篇迷人的文章,李渔名之为"借景"。第三部分"墙壁",关于界墙、栏杆、主卧室、书房和书房的墙,后者是当时优越地位之标志。第四部分说的是书法卷轴和金石碑铭。第五部分说的是花园的山石装饰。李渔对房屋的礼仪、风水或道德方面完全不关心,而一心一意地关注审美方面,他关注表面的优美纹理,人性的成分,自然与人工、房屋与风景之间的关系。

第四种材料是日文的,即《清俗纪闻》(以下称《清俗》),初刻于1800年,由长崎藩长官中川忠英(卒于1830)编撰,为官署官员提供中国的信息,他们经常与港口的中国商人打交道。这部作品也吸引了渴望了解广阔外部世界的日本知识分子。⑯中川忠英把收集中国信息的任务交给两个官员,一个是当地教育部门的首长,他花了一年的时间与七个中国商人一起工作,最后得到了中国"百姓"风俗习惯、生活方式、日常生活的大概状况。叙述部分是由中国移民的后代翻译,插图是由两个经中国师傅培训的日本木版画艺人按照商人们的指导制作的。这七个商人和翻译他们记述的人来自长江流域的四个城市(杭州、湖州、苏州、嘉兴),他们也很熟悉福建的港口城市。但是,正如他们对中川忠英所说:"中国是一个很大的国家,其风俗习惯各省不同。我们来自东南,只能描述这一地区的风俗和景色。"⑰

第一部分　建筑一种传统:中国社会空间的释义　53

图3　普通的住宅和店铺(《清俗》)。"普通的"意味着并非官僚家庭。前方的大宅子可能是一个富有的商人家,前厅接待客人,内院左墙边的植物和竹子可能对着书房的推拉门,内院后部的闺房前面有一道墙作为屏障,只开一个小门,正如司马光的劝告,但二层有个露天的阳台,妇女可以在上面享受晚风吹拂。在闺房后面,穿过一条街,是一家农舍,一间简单的茅草屋,前面有个牛棚。在另一条街上我们能看到两个店铺的门面:左边的是一家药店或诊所,右边的是一家布料店。

这部书分十三部分：节庆活动（包括春节）；房屋；服装；饮食；教育；生育；冠礼和笄礼；婚礼；接待客人；在中国旅行；丧葬礼；儒家祭祀的供奉和礼节；僧人道士。关于房屋的篇幅最长，共75双页[18]，还有很多插图（见图3）。尽管中川忠英和商人们都热切地表示对中国古老、神圣文明传统的敬意，但儒家礼仪却被放在倒数第二部分，这令人印象深刻。[19]

《清俗》有关家居生活的记述充满了迷人的、私人性的细节，这些内容在明清小说中是附带着出现的，但在这里则有系统论述。提供信息的商人似乎很乐意讨论被受教育的精英视为粗俗或不合礼的事情，这无疑出自日本对话者好奇的提问。他们带我们越过了客厅，进入他们妻子的起居室和卧室，列举和描述了家具设施的细节；他们告诉我们如何款待亲疏不等的客人；他们描述了洗澡间、厕所、厨房及其设施，女仆和男仆的住处和他们的雇佣条件；他们讨论了贩鱼商人在夏日用冰的数量和照明的费用；他们向我们展示了穷人家和富人家的差异；他们告诉我们，家里的妇女不愿意出去到庭院里的厕所，而是使用痰盂；甚至有专门讲生育的内容：专用衣服和设备、雇用产婆和乳娘、特别的食物等等，这一部分配有精彩的插图（就我所知是独一无二的），画的是在床上拥着棉被的刚分娩的妇女（见图21）。

《清俗》也提供了这一时期江南商人家里可能有的家具细目，并配有插图，在居室和房屋的描述之后就分列着这些内容——这些地方最有可能出现这些东西。家具装饰是构建家庭空间和规定审美格调的关键因素，它们也是社会阶层和地位的明显标志。对前现代时期中国穷人家庭的家居装饰，我们所知甚少。而我们能够确知自宋代起特别是从明代起，富人家可能使用的家具品种以及使用方法，从文字材料如辞书和类书，或从绘画、冥器、幸存至今的家具实物中都可得到相关内容。有时我们甚至可能猜测通过家具所表现出来的男女之别，比如在画上，男人占着椅子而女人坐在凳子上。[20]

这些不同时期和视角的文本都反映了公认的关于家庭生活

共同的文化模式。《家礼》和《鲁班经》成书于这一文化模式形成初期，它们的重要性在于，它们对于这一文化模式以及中国房屋的书写"文本"的形成起到了关键作用。《闲情偶寄》和《清俗》成书于帝国晚期，它们没有得到广泛的传播，对房屋文本的形成没什么贡献。它们很有意思，但由于它们视既有模式为当然，所以转而明确探讨空间经验的有关方面和事物，这些内容都在早期文献的预设之中，而不能越其藩篱。

帝制中国晚期的房屋：具体样式

大多数建筑史家和建筑技术史家只是附带性的关注家庭住宅的房屋。他们通常关注的是更为壮观和精致的建筑形式——庙宇、宫殿、中国式大园林，而把家庭住宅当做一种伟大艺术的牛刀小用。再有，大多数历史学家都关注于功能性的分析、技术发展和变化的美学风格，而不是把建筑当做社会结构来看。[21]在他们之中，刘敦桢和罗纳德·克纳普（Ronald Knapp）最为努力地将中国建筑从辉煌建筑物的阴影下挽救出来，按照其自身价值加以认识。他们两人都认识到普通房屋对形塑中国人生活的日常体验的重要性。他们留心家居空间的文化和政治维度，尽管这并不是他们研究的焦点。他们在著作中纵览了20世纪和帝国晚期各种中国家庭住宅及其普遍特征，论证了建筑技术和风格随当地环境和贫富程度而有所变化。他们的研究，加上李约瑟主编的建筑部分以及瑞廷比克对《鲁班经》的研究，为我简要描述中国房屋结构提供了主要参考和依据。[22]

我们可能在什么程度上重建中华帝国晚期的普通家庭住宅，假设一个典型的房屋并解释风格的多样性？几乎没有穷人的住房能历经两个世纪而幸存到今天，但建筑精良的富人房屋能留存更久。在1950年代，建筑家在安徽南部的农村地区发现了有几百年历史的明代房屋，大多数是显贵和商人的住宅，但也有几所简单的农舍。[23]图录也热衷于富贵人家的华厦以及像《鲁班经》、

《营造法式》那样的技术性论述㉔,其中表现的是建筑物的个别因素,而不是整个房屋。㉕尽管如此,我们还是能从文献和图画中得到充分的信息,推断出普通房屋在中华帝国晚期几乎没什么变化,所以:"在很大程度上,看20世纪的乡村建筑,就可以想象其更早时期的样子。"㉖

原型式的中国房屋占据着一个场院,四面用墙围起来,在其中,建筑物平行排列或者与正面形成直角,从而划出一个或更多的庭院。整个格局基于朝向、轴对称性和均衡的原理:所有的房屋都朝向南方;在大宅子里,贯通的庭院应该沿着垂直的南北轴线而建;在轴线左翼的建筑应该和右翼的对称(见图4)。朝向是一种宇宙哲学的讲究:南方是吉利的方向,祖宗的牌位放置在面对主院开阔空间的正房里,应朝向南。在复合建筑内部,所有的房屋都按南北向(垂直)或东西向(水平)排列,最重要的房子要在水平结构的南面。公共和礼仪的空间(盛放祖宗牌位的房间、会客的房间)位于水平线上的厅堂(后面的为堂,前面的为厅),而睡觉的房间和贮藏的房间位于垂直线上(房或厢)。

图4 台北东部的安泰林(An Tai Lin—音译)宅院[经过允许从李成梁(Li Chien-lang—音译)1980中复制]。具有典型的水平方向与垂直方向的对称布局,展现了厅堂与厢房以及其中住房的不同的风水和社会地位,并有着不同的高度和屋顶样式;整个建筑的顶点是内院后部正厅的屋顶。也应注意有着精致屋顶的大门。

大多数中国房屋都有几英尺高的围墙,通常正面没有装饰,只有门突出来。在门内几英尺处竖着一面稍微有点矮的屏墙,挡住了外人的窥视和邪气。内部房间的正面要在气候允许的情况下尽可能地敞开,有着大的格子窗和通常可以折叠的门,向院子敞开。走廊或悬垂的屋檐提供了内部与外部之间的舒适惬意的中间空间,在盛夏时形成荫凉,在冬天吸收阳光。理想的院子应该有井,植物和灌木。这也是一个社会空间,在这里,家庭成员做完家务之后能休息放松,互相交谈。在房间小的穷人家里,整整一个冬天的禁闭是很难受的,到了夏天,妇女尽可能地在院子里打发时光。甚至在冬天,她们也走出来到有阳光、能遮风的走廊上进行纺织或准备食物。一般是依据所拥有的院子的数量划分房屋的等级,的确,有人认为院子是整个房屋的心脏,是整个建筑物自己对自己进行认识理解的关照点。㉗

在北方,房子一般不超过一层,但是,在南方的城市和村庄,两层的房子是常见的。房屋建造在夯平的地基上,高度视家庭的富裕程度和建筑物的重要性而定。在大宅子中,主要的屋子要比其他的高,地面一般要高出几个台阶。在一个复合式的院落中,各房各屋的高度是不同的,产生出错落有致的效果,屋顶有着不同的斜坡和曲线,墙和门的高度也是变化的。

在中国,一般的建筑材料是土木,即使在官邸和宫殿中,石头也很少见。富人的房子以质地精良的瓦铺顶,有精致的排水沟和悬垂的屋檐以保护木制的梁和椽子;墙是由烧制的砖和高质量的灰泥筑成。穷人的屋子一般以茅草或泥土与稻草(草泥)盖顶,又用这种材料或未经烧制的砖垒成不结实的墙。

中国的房屋的基地是经过夯筑的平地,承重的框架通常由木制的梁、柱所组成。中国式的梁柱结构使得屋顶的样式能有相当的机动性。在北方,屋顶通常是平的,但是南方人更喜欢奇巧的曲线和上翘的屋檐。㉘建筑物和屋子的规模是以间即柱子之间的空间来估算的。㉙如果一个房子是几间大的厅,那最好是单数,可使会客、睡觉或贮藏的区域容易保持对称,而如果是偶数则不好办。房子内部的墙不是结构性的、承重的墙,而是隔离墙,能够相对容易地移动和改变。

不是所有的房子都合乎典范。穷人的房子不太可能像富人的那样对称或均衡,有时甚至不朝南,也不必都有围墙环绕。一个真正的穷人家可能只有一个单间,在其中,严格的内在对称是不可能的:只能不均衡地隔开,在一边划分出一小块睡觉的地方,所以盛放祖宗牌位的正室不在中心。在长江下游的农村地区,小房屋经常是"L"形的,在这种情况下,对称是明显不可能的。㉚

然而,不论在结构和布局的细节上有什么变化,当这些指导方针与空间活动相结合,我们认识到中华帝国晚期的房屋表现出在样式上的基本统一性,并符合于一套清晰明确的原理准则。在对内部空间不同特定功能的范围的划分上,穷人家与富人家是很一致的,都包含着一个祭祀、供奉祖先的地方,卧室,厨房,储存东西的地方。富裕的家庭能具备更加多样性的房间,能划出客房、客厅、书房和洗澡间等等。杨思襄(Yang siqiang—音译)在15世纪早期白手起家建造了一个乡下的府邸,"建起了祖先的祠堂、招待客人的大厅、起居室、儿子和孙子的房间、书房、在花草树木之间的亭子、储藏室、厨房和马厩"。㉛

要是考虑到吃饭在中国是一种重要的社交礼仪,这就让人感到很有意思了:甚至在大宅子里,特别指定的吃饭的空间也是很小的,通常没有相当于一个饭厅或宴会厅的地方;家庭成员一般按照性别和年龄分开吃饭,客人则根据他们与家庭成员的亲疏而在不同的地方受到款待。在富裕兴旺的家庭,一群男性客人一般在大厅里受到款待,在许多小桌子旁落座。普通餐桌的样式一般是方桌,够两个人各坐一边,叫做"八仙桌";另一种只能坐四个客人,大约三英尺方。"明代或清代的宴会没有一种单一不变的形式。然而,令一个16世纪的荷兰作者深以为怪的是件关于宴会的最通常的事,即为每个用餐者准备一个小桌子,而不是用他所熟悉的欧洲式大宴会桌。"一些家庭在不太正式的进餐时用长方形桌子,然而,一般来说,在中国更大的桌子不是用来吃饭的,而是用作靠墙的桌几,在上面摆放祭拜祖先的器物,或者花瓶和工艺品。在小说插图中,明代卧室的场景经常有放在床边的长方形桌子,用做化妆台,用来书写、绘画,或当没有客人在场的时候偶尔用餐。[32]

甚至在不能留出整个房间以供专门之用,也不能达到对称和朝向的要求的穷人家,也能在屋子内物品的摆放上讲究必要的礼仪。在一个穷人家,祖先的牌位可能挤在正室的一个很小的壁龛中,可能面向西而不是南。但是有关朝向的基本原理针对的是祖先的牌位而不是房屋正面,所以可以有些机动性。在简陋的住宅里可以调整祭坛的位置。[33]著名的毛主席故居是个好例子,一座突出的小山使得大厅不可能朝南,就在住宅里开了一口小天井,于是大厅上祖宗牌位能有向南望出去对着庭院的视线。如果把想象的和具体的建筑放在一起考虑,如果把空间形式的分析与考察社会性活动相结合,那么我们将发觉中国房屋复杂的、潜在的统一性。我们能够理解人们如何安排他们的生活空间,把房子变成他们的家,如何控制并不充裕的物质资源,以满足体面、令人尊敬的生活的需要。

房屋样式的审美性

中国房屋的许多结构特征能够直截了当地从功能方面来解释,是对于原材料和环境的适应。在北方,庭院往往是狭长的,好在冬天得到更多日照,而在南方则往往是宽而浅的,以便遮挡夏天的阳光。在降雨量大的南方,悬垂上翘的屋檐是常见的,而干旱的北方地区屋顶要么直线倾斜要么是平的。在林木繁茂的地区如四川和云南,房屋很可能有用木头做的墙壁,但是在缺少林木的西北黄土高原上,人们尽量减少使用木头,房屋经常简单地在土地里凿出来,像是精致的洞穴。[34]尽管我认为,穷人家布局不规则和缺乏对称性是很普遍的,明显是由于无法买到合适的地皮、也没钱建造更大的房屋,但是,许多技术上的选择并不能单纯以实用性来解释。

可以从实用的方面来解释为何以土木为主要的建筑材料：它们便于利用又有很强的适应性。在木制框架之间的疏松的土地能夯实成坚固的地基或墙，在木板条或树枝之间涂抹灰泥做成夹灰墙，用灰泥混合稻草做成的土坯，在中国北方可用于筑墙和盖平顶屋顶。泥土也是做砖的原材料，经过烧制或不经过烧制做成瓦。但是，土木作为优先的建筑材料也是一种文化上的选择。虽然墓和一定宗教性建筑用石头做建材，但除了作为梁座的基石，在涉及住处的地方——甚至官邸和宫殿——都很少使用之。应指出这是因为石头与阴宅相联系，所以要避免用于阳宅。㉟同时，土和木都具有美好的象征性意义。

在五行宇宙论中，土代表了方位之中、中国之中、人域之中。女娲是用黄土抟造出第一个人。甚至对五行宇宙论的复杂细节并不熟悉的普通人都知道人与土有着特殊的密切关系。"汉代讲土德，中国文明的南方边界以这样一个区域为标志：在那里，房屋直接建造在地上。"㊱

使用木料为建材明显地超过了纯粹的建筑技术的需要。在中国，另有一种盖房顶的建筑技术广为人知，能减少对木材的需要，例如，在中国从很早就用砖建造拱顶和拱门，但其运用主要限制于墓和庙宇。单纯从经济方面讲，考虑到森林和林地的损失以及随之而来的木材涨价，这样一种选择在帝国晚期的许多地方都是合乎人意的。然而，大多数房屋仍继续使用大量的木材，这一传统的维持可能由于两方面因素，第一是对曲形屋顶和宽阔屋檐的审美上的偏爱，第二是木在五行宇宙观中与生长以及分枝发展相关，是成功繁殖的模范。㊲

对木料的需求维持了规模巨大的木材贸易，从而把内地的多林山区与平原、三角洲上的城市联系起来。㊳早在宋朝，已有记载描写小城池般的木筏顺长江漂流而下，它们有数百码长，由许多树干建造而成，木筏上有房子，木材商一家连同牲畜住在里面，有时甚至还有寺庙和酒馆。到明朝，中国的木材原料大大减少，而

第一部分　建筑一种传统：中国社会空间的释义　**61**

从东南亚进口硬木。宫殿和富人的府邸可能用优质的木材做梁和椽子，但一般人多把硬木保存下来留做棺木，如果承受得起也用做家具。大多数普通房屋是用软木建造的。一部 17 世纪的文献告诉我们，在南方主要用杉木；在干燥的北方平原，那里已没有森林，人们采用一切可以利用的木料，用"桑、柳、槐、松之类，南人无用之者，北人皆不择而取之，故梁栋多曲而不直"。在北方和西北，由于那里降水量少，林木缺乏，大多数穷人建房采用同一种样式，屋顶几乎是平的，只需要两个水平的端梁和四五个椽子。㊴ 无论在哪里，中国人不惜花费尽可能地采用木质结构，造出一种有着和谐曲线、丰富构造的房屋景观（house-scape），既要满足风水的要求也要满足审美的标准。有时是很难将风水因素和审美因素区分开来的："房屋的形状是最重要的，如果形状不合意，那是绝对难以入住的。靠眼睛能看出一个房屋是好还是不好，吉利还是不吉利。一所房屋如果方、直、平且精巧悦目，那就是吉利的。如果太高、太大、太小、摇摇欲坠、看着不顺眼，那就是不利的。"㊵

"方直平巧"意味着不呆板，不讲究统一，在一所宅子里令人愉悦的动态效果是由屋顶斜度的差别，由建筑物、墙、门在高度上的差别而产生的，而所需落差应保持在一个跨度或最多两层之内。㊶ 甚至宏伟建筑如宫殿也遵照这一样式。在中华帝国晚期的城市或乡村景象中，那些超出低矮屋顶而矗立的建筑物只有钟楼、宝塔和城墙。㊷

　　在这些限制之内，高度意味着显赫，梁柱的高度经常是主人尊严的一种标志。李渔酸酸地说道，很高的天花板和宽阔的屋檐是富丽堂皇的鲜明标志，而这么辉煌的屋子只在夏天住着舒服；在冬天，主人无疑有厚实的毛皮御寒，但贫穷的门客只能在他的夹袄中瑟缩了。而看到穷读书人的小屋子，最无忧无虑的来客也会发出叹息、感到压抑："夫房舍与人，欲其相称。"㊸

　　李渔坚决主张房屋要保持干净整洁。可能是贫穷使得李渔对房屋的清洁如此关注，他曾说整洁能补偿狭促的空间。他的关注也可能是一种象征观念的反映：在儒家和佛教的思想里，灰尘即相当于污秽。祭祀祖先要求在行礼之前仔细地清扫房屋，而佛教把世俗世界称做红尘，清扫是消除污秽的净化活动，每天清晨清扫庭院和居室是一种惯例。司马光将日常的清扫与男女之别相结合："鸡初鸣，咸起栉总盥漱衣服。男仆洒扫厅事及庭，铃下苍头洒扫中庭，女仆洒扫堂室，设椅桌，陈盥漱栉靧之具。"为了防止飞尘，在清扫之前首先要在地上洒水。李渔为这一古老事项在其当代不受重视而感到痛惜：懒惰的仆人怕麻烦不去汲水，而主人忽视清扫之前喷洒的必要。他用四页篇幅专门讲清扫的正确方法——只用适量的水，把扫帚紧挨地面轻扫，而不能猛扫，还要把门关上。㊹

其后章节的题目是"藏垢纳污"，他说（对于）"爱清喜洁之士，一物不整齐，即如目中生刺，势必去之而后已"。保持整洁完美就像增进学识一样需要持续的努力，即使是最富丽堂皇的府邸如果不能保持整洁也会令人不快。在有时间处理之前，应该用一个小亭子间存放旧信件、废纸、脏砚和破旧的毛笔，还有妇女用剩的胭脂和粉。没有亭子间的穷人家应该把废物放在一个箱子里等着埋掉。㊺

李渔抱怨道，垃圾的问题与排泄的问题相比简直微不足道，尤其是对于一个有教养的人。去户外厕所解大手并不太麻烦，因为这只是偶尔的需要，而来来回回地去小便却令人厌烦。"若夫文人运腕，每至得意疾书之际，机锋一转，则断不可续。……俗不云乎？常有得句将书而阻于溺，及溺后觅之杳不可得者，予往往验之，故营此最急。当于书室之旁，穴墙为孔，嵌以小竹，使遗在内而流于外，秽气罔闻，有若未尝溺者，无论阴晴寒暑，可以不出户庭。"㊻—— 因为厕所可以放心地建在院内风水最不吉利的地方，所以它离书房有一段长路。

正式的、公共的空间与非正式的、更私人性空间之间的差别也由装饰品、家具及其布置来标志，"在大厅里，家具的摆放一般是对称的，稍微有些呆板僵硬；在书房和起居室则更自由、更富于变化也更实用"㊻。按照《清俗》的说法，在招待客人的大厅里，中心装饰品是位于一张大桌子上的壁龛，两边对称地悬挂着卷轴，桌子上摆放着香炉和花瓶，每一边放置着桃花心木、檀香木或藤条的椅子和凳子，客人应邀坐在那里并交谈。大厅前方由一扇可折叠的门组成，边墙上装饰着字画。㊽椅子是表示尊贵地位的正式的礼仪性家具，"大多数人从不坐高椅……直到本世纪，在中国文化中，椅子仍有地位和权威的涵义，这与其起源有关"㊾。大约在8、9世纪，在中国，椅子才开始进入寻常日用之中，它们乃是释道长老或高官的特权。到了宋代，在所有宽裕的家庭里椅子已经很普通了，但是当周围有男人时，除了家长的妻子，女人很少坐椅子；在一群人中，大多数女性坐在凳子上；在一群女人中，只有地位高的女性坐椅子。椅子的形状也能标志等级差别，如是方面还是圆面，有没有扶手等等。㊿

当椅子进入日常生活，才出现椅子与高桌、与一整套家具相配，在这之前中国的家具都设计成在地面上使用的：扶手、腿只有几寸长的桌子、低矮的箱、柜。这种家具并没有随着椅子的采用而消失，而是继续在不拘束的书房、卧室或者热炕上使用——在北方人们是在炕上过冬的。学者的榻——不只用于睡觉而且用于坐卧，矮桌子和其他炕上使用的家具继续在这些私人性的空间中发挥作用（见图10）。㉛

家具能显示主人的财富和品味。尽管柯律格（Clunas）指出，与其他的身份标志如古董、字画相比，在明清时代好家具还算是便宜的，但是总有些人为之花费甚巨，以下这段记载能说明这一点——描写了长江下游地区一个小城开始流行硬木家具的时尚：

  细木家伙，如书棹禅椅之类，余少年曾不一见。民间止用银杏金漆方棹。自莫廷韩与顾、宋两公子，用细木数件，亦从吴门购之。隆万以来，虽奴隶快甲之家，皆用细器，而徽之小木匠，争列肆于郡治中，即嫁装杂器，俱属之矣。纨绔豪

奢，又以榉木不足贵。凡床厨几棹，皆用花梨、瘿木、乌木、相思木与黄杨木，极其贵巧，动费万钱，亦俗之一靡也。㉜

在经济等级的另一端，贫穷的农家可能只有一对木凳和支放在三角凳上的木板床，以及一个张贴在炉灶边墙上的木版神像。多半的图画和插图都表明农家的家具很少且简单，当然有些农民更穷，而艺术家可能有意突出田园生活与文雅生活之间的对比。《耕织图》或《棉花图》描绘的农家，有着相当宽敞的空间和舒适的摆设，但是我们可以假定这些应该是地主的住宅而不是雇工的家。然而，也不应该假定绝大多数农民都没有值钱的家具，这是因为家具是家庭财产的一部分，父亲去世之后将由兄弟们分得；而且，社会阶层由上而下、由下而上的流动在城里和农村一样常见。在宋到清代后期之间的许多时期，整个社会的繁荣程度较高，农村形成了手工艺品的部分市场，如印花的方巾或雕漆的糖果盒，一个十八世纪的作家告诉我们这是长江下游地区一个小城的一种主要产品，作为结婚礼物在所有周边地区热销。㉝

屋檐下的景观

一所房屋不仅仅是个藏身之所，而且是"文"的象征。原始人与鸟兽没什么差别，在传说中的圣人教他们造屋之前，他们在树上筑巢或在地里挖洞筑窝。房屋因而规定了人类领域以区别于"自然"。㉞在头上盖屋顶的首要原因是要获得保护以抵御自然环境，借用一个物理学的术语说，房屋就是一种减弱天气影响的设备，在冬天提供一个不太冷的环境，在夏天则不太热，当下雨的时候又比外面干燥。这个效果能达到什么程度，部分地取决于技术能力，部分地取决于文化偏好。在今天富裕的西方国家，装中央暖气和空调是容易做到的，也负担得起，保持房屋全年大致恒温并不是什么稀罕事。如果一个人想去感受夏天的炎热和冬天的寒冷，他必须到户外去。到过中国的西方人经常评论说，与他们的日常经验相比较,一所带着走廊和格子窗的中国房屋并不足以成为明确分隔居家环境与自然环境的屏障。

中国的房屋具体体现着社会的生活世界,与此同时,它也是一个在大自然中的隐居之所,这一种文化上的选择与保持屋子对自然四季开放密切相关。农民和士绅同样都要用可行的方式把自然环境或乡野风景带入他们的居家院落。在屋墙之内,供放着祖先的牌位,居住着丈夫、妻子和孩子、主人、仆人和依附者,这是一个人的空间——一个秩序社会的完整的人类组织——也是一个特意留出的空间,提供着逃离红尘进入静思的山水世界,在那里,一切社会关系都是不相关的。

要在家庭空间之内制造一个自然的领域,最能表明这一意愿的例子就是著名的中国园林,它不在住宅外面,而是建在围墙之内。只有富人能享受到大规模中国园林的乐趣,比如苏州富有的商人家庭,现在他们精妙的花园对公众开放。(55)对于那些资金不太多的人,一幅山水卷轴、一些盆栽或盆景、窗上雕刻的格子,或是一个更走运的邻家的树木都能产生类似效果。(56)庭院不仅仅是 85
家庭生活的焦点、一个环绕着水井的空间,还是一扇向自然世界敞开、对天空敞开的窗户。(57)

城市居民对于在界墙内建造自然风景甚至田园景色有着最强烈的需要,正如安德鲁·普拉克斯(Andrew Plaks)指出:"一篇有关园艺的明代的文章,列出了六个可能建花园的地点:山上、城里、乡村、郊外地带、家附近、水滨。但是,由于对园林的向往一般源自超然出尘的愿望,所以第二、第四、第五选择似乎更合中国园林设计师的心意。"(58)这些园林通常是小型的:用一些盆栽和一块怪石象征着山林世界。一些富有家庭在院落之内有着大而精美的花园,苏州的园林因其美丽和精致而尤其著名。园林,无论大小,都是私人性的和退隐的空间,一个家庭除非富得能有多个园子,否则都不会把它建在前院——那是接待外人的地方,而是会朝向后院,建在书房附近,最亲密的朋友才被邀请到这里。

花园建筑、亭阁、露台、书房这类东西不是用来永久居住的，正如花园本身，它们都是得以从常规生活的职责中摆脱出来的退隐之所，是吹奏音乐、饮酒、作诗的场所。同时，许多大园子也有蔬菜块地、果园甚至小型稻田，一旦家庭需要额外的收入来源，作为美的象征的田园生活也能够转化成物质利润。[59]田园生活的形象不只是一户农家不得不为糊口苦斗，通常他们用放置在走廊和阳台上的盆栽或用院内一棵开花的树，把未经驯服的自然美带进他们的院落，刻有李子花和竹叶的窗格，将冬天荒凉的景象变成春天的预言，这都是很普遍的民间艺术形式。[60]

正如从窗子里看到的风景，景物不一定限定在院落之内。"明清时代的理论家为了超越逻辑上的限制，经常转而借助'借景'这一间接的设计。比如，《园艺》的作者特别强调选点，并仔细策划能获取独特景致的视角——哪怕是从邻居的花园里——而使其成为自己的作品。"[61]李渔发明了借景的几种天才方法，适合于财力有限的唯美主义者。最令人印象深刻的是制造风景画的视觉双关效果。

要理解李渔所创造的"画窗"，需要知道一幅中国风景画的典型形式，其最常见的形式是一个垂直悬挂的卷轴，这种又长又窄的画面要用素色的纸或丝绢裱边。另一种常见的形式是用丝绢装裱扇面，人们经常把有字画的扇面作为礼品。

向居西子湖畔[62]，欲购湖舫一只，事事犹人，不求稍异，止以窗格异之。人询其法，予曰：四面皆实，独虚其中，而为"便面"之形。实者用板，蒙以灰布，勿露一隙之光；虚者用木作框，上下皆曲而直其两旁，所谓"便面"是也。纯露空明，勿使有纤毫障翳。是船之左右，止有两便面，便面之外，无他物矣。坐于其中，则两岸之湖光山色，寺观浮屠，云烟竹树，以及往来之樵人牧竖、醉翁游女，连人带马尽入便面之中，作我天然图画。[63]且又时时变幻，不为一定之形。非特舟行之际，摇一橹，变一像，撑一篙，换一景，即系缆时，风摇水动，亦刻刻异形。是一日之内，现出百千万幅佳山佳水，总以便面收之。而便面之制，又绝无多费，不过曲木两条、直木两条而已。世有掷尽金钱，求为新异者，其能新异若此乎？此窗不但娱己，兼可娱人。不特以舟外无穷景色摄入舟中，兼可以舟中所有之人物，并一切几席杯盘射出窗外，以备来往游人之玩赏。……譬如拉妓邀僧，呼朋聚友，与之弹棋观画，分韵拈毫，或饮或歌，任眠任起，自外观之，无一不同绘事。⑭

没等李渔将这一想法付诸实践，他就被迫离开西湖，来到白门。

浮白轩中，后有小山一座，高不逾丈，宽止及寻，而其中则有丹崖碧水，茂林修竹，鸣禽响瀑，茅屋板桥，凡山居所有之物，无一不备。……是此山原为像设，初无意于为窗也。后见其物小而蕴大，有"须弥芥子"之义，尽日坐观，不忍阖牖，乃瞿坐曰："是山也，而可以作画；是画也，而可以为窗；不过损予一日杖头钱，为装潢之具耳。"遂命童子裁纸数幅，以为画之头尾，乃左右镶边。头尾贴于窗之上下，镶边贴于两旁，俨然堂画一幅，而但虚其中。非虚其中，欲以屋后之山代之也。坐而观之，则窗非窗也，画也；山非屋后之山，即画上之山也。不觉狂笑失声，妻孥群至，又复笑予所笑。⑮

李渔反过来用真的、活生生的风景取代了绘制的风景：艺术不仅仅内含于绘画之中，而是体现在做框上，这使人想起《诺施安哥修道院》中的一段——凯瑟林被教导将视野变成一幅风景画。更加悖反的是，在扇面窗景的情形里，框架在两方面与爱丽丝的魔镜很相似：它框定外面的世界以供船里的人观赏，同时，它也把里面的人和他的同伴装在图画里面，能抓住本来是画中人的过路者的眼光。创构如画之景并括除非审美的因素，是中国一种高度发达的技艺，这一技艺不仅仅存在于艺术家当中，而且存在于日常生活之中。比如，安德鲁·凯撒尔特（Andre Casault）研究了当代北京传统四合院（现在已由挤在一起的好几家合住），曾讲述每一家庭如何用不整齐的砖堆、煤堆甚至白菜堆划出他们各自范围的界限，在这个杂乱的边界线之内，一排盆栽或一个鱼缸为眼睛提供了一个休息的空间、一个外部天地和自然的符号。⑥

建筑的融会

　　中国的房屋经过数个世纪具备了实质的、明确的中国特性，尽管并没有早于宋代的房屋实物留存下来，但是出土文物、冥器、浅浮雕和绘画提供了早至新石器时代的房屋样式的面貌。这些证据揭示了在长达数个世纪的时间里形成的样式风格上的融会：中国早期的许多房屋样式包含了对帝国晚期的中国人来说是异类的特性——专门与夷狄有关。

　　在北方——被称做中国文明摇篮的地方，晚期标准中国建筑的许多规定性特征可以回溯数千年，在半坡遗址——北方最早的新石器文化遗址之一，其最早的地层可追溯至大约公元前5000年——就已经发现圆形和方形的房屋。⑥半坡的房屋建造在土基之上，或轻微凹陷或直接竖立在地面上。河姆渡文化与半坡文化同时代但相隔遥远，村子位于靠近长江口的沼泽地，种植稻谷，那里的房子是建造在木桩上的矩形的木制建筑。长江下游和东海岸的新石器文化对于在公元前第二个千年出现的中国文明，作出了至少与西北文化相当的贡献。但是，首都建立在北方平原，这大概能解释土平台和其他的北方建筑特征何以成了中国特性的标志。⑥商代（大约公元前17世纪至前11世纪）的宫殿和典礼性建筑建造在夯土的平台地基之上，并且是南北朝向，但是，普通人的居所仍然是地下的穴居，与朝向无关；在周代的大多时期仍然保持了这一等级差别，"说高贵等于夯土，平民等于穴居，并非夸大之辞"。⑥

　　标准化是一个渐进的过程，反映了汉族正统文化在地理上的传播扩散(通过政治征服和文化同化),同时也是从精英向其他社会阶层的传播扩散。比如,汉代南方的房子经常建造在高木桩上,就像今天东南亚的房子。但是当北方对南方的政治统治巩固之后,随着北方人大规模向南方迁移,木桩上的房子虽说适合于亚热带的气候条件,但也都消失了,在夯土的地基上建造的北方式的房屋取而代之。汉文明和夷狄的界限由建筑风格而标志。⑩

"中国性"并不总是来源于本土的传统,将中国与"未开化"的周边区别开来的椅子就是舶来品。当帝国形成初期,从古代进入中世纪之时,中国所有地区都在地上的席垫上坐、卧、吃饭。在汉代之后,椅子才开始为人所知,这可能是与信奉佛教的中亚相接触的结果。尽管直到唐宋时代,椅子(对于富人)和凳子(对于穷人)才在日常生活中使用,而邻近的文化——朝鲜、日本、越南和泰国——则继续在地上生活,椅子只用于礼仪活动中,但椅子却成为"中国性"的标志。⑪

在上古和中世纪的中国,其后为所有阶级共享的确定性特征,仅局限于精英阶层。在古代中国普通人的住房中,没有发现后来成为准则的"坐北朝南"。19世纪和20世纪来访者把祭祀祖先的祠堂选择出来作为中国家居的规定性特征,但在上古和中世纪则仅限定于精英阶层。晚至唐代,普通人不许进行祭祀祖先的典礼,这是贵族身份的标志。实行于整个帝国时期的禁止僭侈的法律,影响到官方和私人建筑在外形上的差别,以及精英阶层与较低阶层(手工业者、商人与农民)房屋的差别。但是,宋代以后禁止僭侈的法律所能影响的不是性质而是程度:谁有权拥有奇妙的屋顶、多重院子、精致的门墙。自从宋代以来,可称为中国房屋的基本社会和文化结构日渐标准化,而为所有阶层共享:所有的住宅都有供放祖宗牌位的祭坛,所有的房屋都尽可能地朝南,都划分出作为妇女居室的内室。一个贫穷农夫的房子乃是帝国皇宫的一个模块剥落下来的版本,按照同样的无形的建筑原理、并由同属一类的专业技师建造。

第二章　编成密码的父权制

"墙壁者，内外攸分而人我相半者也。"——《闲情偶寄》

有墙壁的领地

环绕房子的围墙将里面的世界和外面的世界分开，规定了中国人的家及其依附者。①中国人按照父系血统的规则计算血缘关系，虽然母亲、妻子、姐妹一边的亲戚也算做稍远的亲戚，但正式的血缘关系的紧密结合是以男性世系为线索而追溯的。生活在一所房屋里的是男系亲属以及他们的妻子、儿女。女儿一结婚，她就离开父母家，和丈夫在他父母家中占据一室或一间厢房。等她生了儿子，就加入家族祖先的世系，成了她丈夫家族谱系的一个正式成员。在一些地区，严格强调妻子和她原来家庭的分隔成为一种风俗，和自己的亲戚走动受到限制甚至禁止。在有些地区，姻亲则是密切关系，两家经常互相走动。②但是住在一个宅院里的一家人，除了仆人，由规定严格的父系血缘关系组成——"我们"。

中国房屋对外部世界展示的是一张空白的面孔，它高筑围墙，只留出高大精致的门。李渔写道："昔人贫富，皆于墙壁间辨之。""俗云：一家筑墙，两家好看。居室器物之有公道者，惟墙壁一种"③，环绕着院子的墙和门为居住者提供了保护和隐私，把带来厄运和疾病摧毁一家人的鬼怪、邪气挡在外面。鬼怪和邪气被想象成以直线行进或如箭穿行。"每个房屋都有设施防止直接进入，入径必须曲折，有许多方法可以免除房屋受到侵扰……例如，在房门前竖起一个影壁……为了要把人们连同鬼怪挡在一定距离之外,也为了在公共领域和私人领域之间划出界限,产生了房屋入口应该曲折的观念。"④

门沟通家庭和外面的世界,首先它是一个有形的开端,其次是一种布告板。在相当富有的家庭里,主要的大门大约七、八尺高,带一个用瓦管排水的屋顶和有门键的双面门。在门楣上通常刻写或书写题词,在门的两边贴着门神的画和红对联。富家或官家的房子还有小边门,在晚上大门关闭之后使用;而穷人家仅锁上大门的一面。在里面,紧靠大门后面,是一扇屏风门,只有高级客人来访时才打开。富人和官员家在大门内还有个小门房。在节日或特殊的庆典日如婚礼,乞丐们会上门请求施舍,要么给钱要么给食物。据《清俗》记载,在长江下游的城市里,在这样的情况下,会预先通知乞丐头目,先给 50 到 200 元,他要打一个收条,把这张收条张贴在前门,就不会再有乞丐涌上门来。⑤

门还把家庭里的事情告知周围社会。当一个家庭成员去世,就用白纸写上死者的名字贴到门上。当有喜事的时候,如春节、婚礼、生儿子,就用红纸贴门。大门还使每个中国家庭超出社区和整个国家结构连接在一起。国家税收和注册的单位不是个人而是家庭,这些财政上的生产单位被称做"户"。在中华帝国晚期的家门上,很可能出现一块小匾牌,上面写着关于家庭组成和地位的官方告示,从某种意义上说,门宣布着国家授予这个家庭的地位。在弗兰西斯·何素(Francis Hsu)考察的云南小城,境况好的家庭要在门口挂一个或两个漆匾,用红字或金字刻印上国家授予家庭成员的荣誉。何素说,在中国大部分地方,只以这种方式展示自己家人的荣誉,但在西部城市却不这样,在那里"好几个家门口展示同一个头衔"。"人们如此热切渴望家族荣誉,当自己家里没人能得到任何头衔时,匾牌上就出现了想象的或号称的荣光。"西部城市的家庭甚至不惜卑躬屈膝以求得一块多余的匾牌,上面记录着买来的小官爵,以示受朝廷恩宠——而这是其他地方的家族所不屑为的。⑥

一个道德的建筑模块

中国房屋的面孔向内，把居住者全都包进来，受到保护；从外面看，只能瞥见主墙上上翘的屋檐或是庭院中最高的树尖。墙标志着一个父权家长领地的边界。理想中的宅院要"五世同堂"，包括叔伯、堂兄弟以及嫡系家庭。尽管年轻人经常在十几岁结婚，但五世同堂的理想很难实现，但是，即使是穷人家，在王朝的某些时期三世同堂也不是太稀罕。⑦家庭财政要进行公共管理，家庭成员或务农或经商，但收入并不由他们自己安排，而是属于整个家庭。家内的财产作为祖产为成员公有，当儿子们各自成家就均分这些财产，一般在父亲去世前后分家。女儿不分遗产，她们常常得到嫁妆。在帝制中国晚期，土地、建筑物和农具全都属于祖产范畴，家长对所有家庭成员都有权威，并控制着祖产。司马光说：

> 凡为家长，必谨守礼法，以御群子弟及家众，分之以职，授之以事，而责其成功。制财用之节，量入以为出，称家之有无，以给上下之衣食，及吉凶之费，皆有品节，而莫不均一。裁省冗费，禁止奢华，常须稍存赢余，以备不虞。凡诸卑幼，事无大小，毋得专行，必咨禀于家长。⑧

虽说司马光把所有预算和管理的职责都给了男性家长，但事实上，如果他专心研究或公务缠身，夫妇之间应互补这一条就被解释成允许妻子管理实际的家庭事务，这是正常的、合适的。

规范家庭行为的道德准则是团结与不同等级之间的互相尊重。儒家的创始人将全部社会关系归结为五伦——君臣、父子、夫妇、长幼、朋友。除了最后一伦，其他都是不平等的关系，长辈和上级有着不可置疑的权威，但也有以仁慈、体谅和理解待下的职责。对五伦的正确理解保证了所有社会成员之间的和谐关系。

　　与希腊哲学家将政治的世界与家庭完全分隔不同，中国哲人将家庭当做政治统一体的一部分，是微观的社会秩序。"治家为治国之本"是贯穿于整个帝国历史的无可置疑的通则。尽管五伦清楚说明了男性主导的道德秩序是怎样的，但女性也以某种与希腊古典哲学家所说不同的方式被整合于其中。国民德行的根基深植于家庭院落之中。妇女被围墙隔绝在家里，家的公众代表全都是男性，但一个女人以妻子和母亲的身份使自己与超越内室的世界相联系。而且，一个男子只有成为"夫妇"中的"夫"，他才是一个完整的、有能力的社会存在。

　　将女性整合在内的主流道德哲学不能转译成我们所说的权力或自由之类——恰恰相反，它使妇女极易受制于以道德为名的严酷控制。不过，它仍然使不平等的性别关系具有特殊的中国文化特征。尽管妇女被隔绝在家里，但儒家的礼仪和礼书都依据于夫妇，这是一种尊严的和精妙的关系，其中男女都有必不可少的作用，如果没有其他人那么一个人是没有意义的。⑨儒家思想家一再重复，在五伦中夫妇之道是关键性的社会伦理，是人类繁衍和使孩子社会化的基础。丈夫应该尊重、体谅和关爱妻子。⑩"内"与"外"之间的空间界限并不像文本上限定的那么绝对，因为它们都不表示一个孤立的道德和观念上的世界。妇女被当做如男子一样能贡献于社会秩序，即使她们的贡献与男人不同而是补充性的，我在本书中将讨论她们所做的这种贡献的性质，从而探讨在宋至清的几个世纪中对女性角色的理解发生了怎样的变化。

房屋的中心：祭坛和炉灶

　　在家里住的人包括生者和死者。正如弗兰西斯·何素所说，一家人生活"在祖先的阴影下"。最近的四代祖先的灵魂居于宅子正中，他们的牌位摆放于祭祖的祠堂中（ancestral shrine）。牌位是几英寸高的长形木板，上面写着祖先的名字和名称。也有在

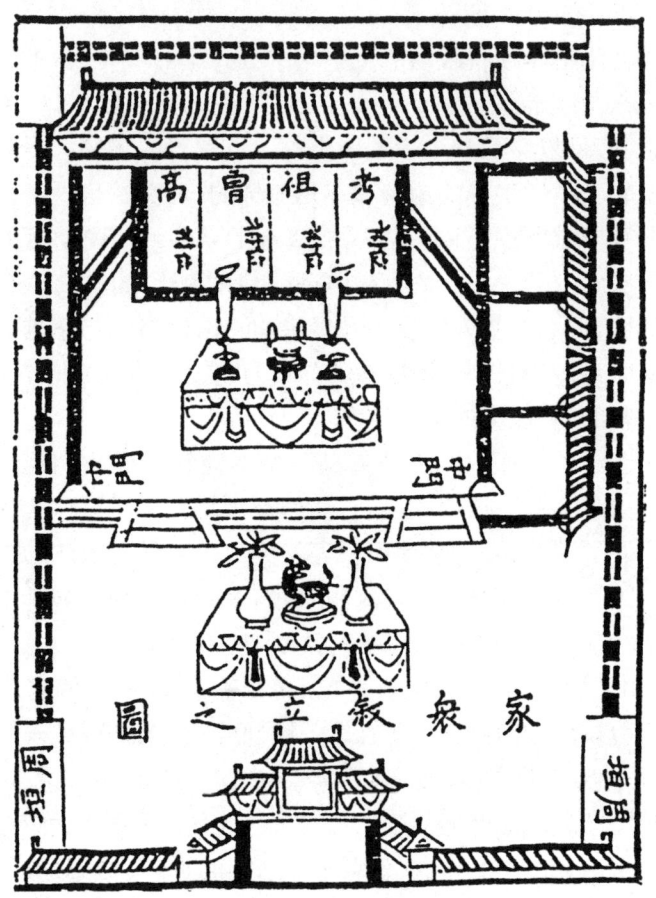

图 5 祠堂。复制 1602 年版朱熹《家礼》7/78a（见伊沛霞 1991a:7）。房子后部的屏上的文字显示着世系秩序,牌位应据此排定。注意从院子走进房里的两边的三级台阶。

灵位上摆放八个牌位的不同习俗,但通常都以代际与性别作为安排牌位的主要依据(图 5)。直到宋代,只有一定品级的官员家才能供放祖先牌位。在宋代早期,在灵位上安放祖先肖像似乎逐渐普遍,但是新儒家如程颐以肖像从来都不十分准确为理由反对安放肖像,这个学派赞成使用牌位,而这之所以被越来越多的人接受,恰恰是因为这在以前是一种贵族的特权。在家谱里、在家庙中,关于远祖的记忆仍然是鲜活的,家庙里安放着这些远祖的牌位。宋代和元代的正统儒家倾向于反对在家庙里祭祀远祖,他们认为家谱作为纽带已经足够用了。但是在明代与清代这些祠堂日益普遍,特别是在宗族强大的南方,越来越多的正统学者提出在祠堂祭拜始祖的理论根据。⑪

祖先需要他们活着的后代不断地关照,而一个中国男人的首要职责就是结婚生子以保证祖先的香火不断。一个没有结婚的人不被当做一个完全的人,或是一个成熟负责任的成年人。无子嗣更是个人的悲剧,因为没有子嗣的人将没有自己的后代,这破坏了对家族世系的孝敬之责。⑫

对19和20世纪的大多数外界观察者来说,中国人的房屋看起来首先是一个家庙,"祭坛特意地摆放在主要建筑的主室里,在整个住宅的心脏部位……门面气派地朝向院子。整座宅院围绕着这个屋子而建,朝向和布局都以之为焦点。屋子的数目必须是单数,这样,祖先祭坛就正好处于整座房屋的极点,处于对称的中心,从而保证其支配作用和中心位置"。在选宅时,风水师把他的罗盘放置在祭坛最终坐落的地点上,这是确定整个房屋朝向的点,"这是所有居住者进行活动的出发点。这样一来,房屋就与坟墓连接起来,而生活着的后代就与他们死去的祖先连接起来"。⑬

早在12世纪,朱熹在《家礼》中就确定了作为礼的空间的房屋要以家庙为心脏。书的第一章《通礼》以祠堂开头:"君子将营宫室,先立祠堂于正寝之东。"朱熹这样解释他何以如此重视这礼仪中心的正确建造:"此章本合在《祭礼篇》,今以报本反始之心,尊祖敬宗之意,实有家名分之首,所以开业传世之本也。故特著此冠于篇端,使览者知所以先立乎其大者。"⑭

朱熹不是改革而是确证了在南宋精英家庭中日渐普遍的实践活动。这就是说,将房屋内的一个空间神圣化以作祖先祭祀之用。伊沛霞(Ebrey)把朱熹所说的祠堂当做是一个特别建造的、独立的大堂,⑮但绝大多数家庭都不可能负担得起这样的费用,事实上朱熹描述的不是一座建筑而只是一间屋子。⑯他提倡,这间屋子应有三间宽,不仅仅能容纳四世祖的牌位和神龛,而且还能有一个盛放书、衣服和献祭器皿的储藏室,还有一个"神橱",装着供奉祖先食物的盘碟。理想上,屋子的前面还应该有一个遮蔽的空间"令可容家众叙立"。祠堂的一个重要特征是两排从庭院通到屋子里的楼梯,朱熹说应该有三阶。在典礼中,男主人用东边的台阶,女主人用西边的台阶。[17]

朱熹不只关切和他同等地位的人,更是要把更低社会阶层的人也纳入正当的礼仪活动中去。学者已经注意到在北宋与南宋之间发生的一种变化,在南宋社会性行动受到正视。北宋受教育的精英也把礼和学校作为教化的主要手段,但是大多数人认为,应该把这些带给乡土社会,"完全通过制度的渠道……由国家并从中央(向下传播)……"[18]然而有许多精英强烈反对11世纪晚期与王安石改革有关的高度中央集权的激进经济、社会政策,他们认为这一改革体现着一种不合理的国家主义原则。与此同时,教育与入仕之间的关系也发生了改变。在宋代前期,高级官僚出自少数的半世袭官僚世家,他们将为国效力当做自己的天职。而在宋代,局外人也被允许参与科举考试,有功名的人迅速超过政府职位所需。[19]受教育阶层迅速扩大,而只有少数人可望获得政府职位,再加上王安石政策的损失惨重及其声名狼藉的失败结局,以及北方陷落于金人之手,使许多士绅家庭开始丧失对国家的信念。

取而代之的是士绅探索地方主义的社会行动和发展的策略,强调自己身为地方上领袖的角色,新儒学哲学家如程颐(1033—1107)和朱熹(1130—1200)大力提倡这一主张,他们号召复兴纯正的儒家礼教和宗族制度以对抗佛教,并形成乡村社会的内聚力,给予受教育的家族以适当的尊严。在南宋,许多宗族组织建立起来,在以后的朝代,这一运动持续进行,并把越来越多的人吸收进来。[20]

这种为宋代新儒家所提倡的家族式礼仪,意图将父系的富人和穷人、有文化和没文化的人联结为一个内聚性的、和谐的群体。但这个群体不讲平等主义——差距甚远:儒家的要点是以谆谆教导灌输等级差别(包括性别之间的等差)以维系社会秩序。但是群体成员有着共同的利益,他们有着共同祖先的事实即表明这一点。除了集体祭祀活动,这些共同利益的具体形式是公有财产,其收入用于资助向每一家儿子开放的公有的学堂,或用于慈善事业以帮助穷人家渡过危困时期,同时,提供基金的土地还可以出租给群体中的贫困成员。㉑受教育的精英修纂辨明共同血缘关系的家谱的主要动力,在于以文化知识和领导地位确保他们处于等级关系最顶端的合法地位,并以能促进社会和谐与文化统合的实践活动教育其族人。这些实践活动的主要部分是家礼中的祖先崇拜、婚礼、葬礼,这都需要有某种家内的家庙。

朱熹简要地描述了居住在狭窄街区的穷人家适用的祠堂:他们应该用一间大小的屋子来祭祖,以柜子代替橱、库。到了帝国晚期阶段,无论穷人家还是富人家,祠堂成为住宅的一个普遍特征。㉒有意思的是,朱熹并不赞成祠堂占据中心位置——而这在后来普遍如此,他将祠堂放置在主厅的东侧。㉓在明代和清代,祠堂一般置于大厅的中心,如果房屋不对称的话就置于一个相应的位置。在富裕的家庭,大厅正房的后部盛放着一个精致的细木神龛,周围挂着卷轴,在下面,立着一个供奉桌,摆放着成套的香炉、水果盘和花瓶。在穷人家,可能把祖宗牌位简单地放置在正房后墙上的壁龛里。㉔

朱熹描绘了一种围绕祖先灵位而运转的家庭生活,它是整个住宅的心脏,是最珍贵的所有:"或有水、火、盗、贼,则先救祠堂,迁神主、遗书,次及祭器然后及家财。"祖先灵位是所有家庭成员时时刻刻都要意识到的存在。在这个家内的礼仪空间里,主要的参与者是"主人"——年长的父系继承人。他每天早晨应问视灵位,焚香、鞠躬。他的妻子作为"主妇",则是所有复杂仪式中的伴礼者,而且,与丈夫一样,出入都要向祖先请示。"主人主妇近出,则入大门瞻礼而行,归亦如之;经宿而归,则焚香再拜;远出经旬

以上，则再拜焚香，告云某将适某所敢告，又再拜而行，归亦如之，但告云某今日归自某所敢见。"㉕

每天，祖先都要接受家中主人的祭拜。在新月和满月时即每月两次，在新年和冬至日、夏至日，都要举行全家参加的祭拜(图6)。全家人聚集在厅前，男人东面，女人西面，按照辈分站成排。主人负责举动男性祖先的牌位，主妇负责将女性祖先的牌位从龛位中取出，把它们放在祭桌上享用供奉。丈夫主管酒的供奉，妻子主管茶的供奉。其他的家庭成员沿阶而上进入大厅并参与供奉，但都在完成他们的活动之后就走下来。仪式结束时，只有主人和主妇还在牌位之前。他们行最后的跪拜礼，沿阶而下走进庭院，带领全家人离开。妻子是丈夫的伴礼者，但是礼上的平等地位并不是家中所有妇女都有的，只有正妻能向祖先致礼，只有她在进门当新娘时作为本家人引荐给祖先们。妾禁止参加家庭祭礼，也被剥夺社会性的母亲身份。一个男子即使丧妻鳏居，也不允许以妾为妻。

尽管在帝国晚期，所有家庭都有一个位于中心位置的家庭祭坛，但它并不像正统儒家所希望的那样总是处于人们思想的中心。李渔在关于房屋的文章中只字未提家庭祭坛——这倒并不令人吃惊。但是，更保守的作者的记述可能有点让人感到意外，比如，《清俗》关于房屋的章节这样描述大厅："一走过里门，就来到客厅。它的大小规模不同，有两扇或四扇的门、平铺的地面、带石头基座的栋梁，或圆或方或六角形。**在后墙中央有一个壁龛，前面立着一个长脚桌，桌子上方悬挂着装框的画和书法，成对的卷轴悬挂在两边。在桌子上有香炉和花瓶**。桌子的两边摆放着红木或藤条椅子，客人被邀请坐在那里交谈。后墙上开一道门好把食物从厨房送进来。"㉖很清楚，黑体字的段落指的是祖先灵位，相应的说明肯定了这一点，但在这里并没有提到"壁龛"的礼的意义和重要性。只在后面关于祭品供奉的章节中，表明神龛是一个祭拜的地方(盛放着五个，不是四个牌位)。㉗尽管严正的儒家会为这样的疏忽而悲叹，但在帝国晚期，佛和其他神明与祖宗牌位一起分享神龛是很普遍的。㉘然而,在《清俗》里讲到了一种次要的祭坛,明显是佛教的祭坛,不放置在大厅里,而是在"露台"上。露台是内室的上层,这是一个客人不进来的私人房间,一般为妇女居住,男人也在这里休闲。这对于佛教祭坛来说是一个合适的地方——在帝国晚期,佛教被认为是一种对妇女有特别吸引力的宗教,对于从公众生活退出的男人也有特别的吸引力。

而且,《家礼》在描述作为住宅中心的神龛时,只提到了祖先崇拜的一个方面。中国人自从史前就崇拜祖先,在商代,君主进行重大活动之前要以占卜征询祖先意见,祖先的神灵能积极介入现实事物,给予赏罚、忠告和建议,人们可以通过血牲获致他们的福佑。知识阶层对后代和祖先之间关系的理解发生了重大变化,到春秋时期,孔子已宣称自己是一个在鬼神问题上的不可知论者。在儒家著作的描述中,祖先祭祀是一种生活方式而非宗教。严正的儒家关于祭祀强调的是生者对祖先怀有的敬意和感恩,以及由礼仪谆谆教导的强调等级和秩序的道德价值。祖先不是作为有欲望有情感的独立神灵而被崇拜,而是代表一个严格区分等级的血缘群体,并不积极地介入后代的生活。祖先不再需要血食,供奉不再被理解成饥饿神灵的食物,而只是一种敬意的符号。对于高层次儒家来说,牌位不是死者神灵的居所,而是繁衍秩序的一种具体的符号:"易世则改题主而递迁之。"㉙这一有顺序的世代继承关系由生者反映出来:当儿子离家建立独立的家庭,他们要建起自己的新的神龛。

只有一小部分受教育的精英持这一世俗化的、净化的祖先观念,帝国晚期的大多数人接受祖先祭祀及其与社会秩序之间的重要关联,但是在同时,在他们的日常生活中,祖先是一种活的积极的力量。祖先的神灵真的寄身于牌位中:就在刻完"主"字最后一点的时候,死者的灵魂进入牌位,这通常是在刚刚埋葬之后。㉚祖先不再需要血食,但是他们需要食物和崇拜。一个没有后嗣的人死后会变成"饿鬼",给生者降下灾祸,只有人们发现了这些灾

104

第一部分　建筑一种传统：中国社会空间的释义　**81**

图 6　祭祖(《清俗》A: 496—97)。祭祀由家庭中所有夫妇举行，每个妻子站在丈夫的后面，男孩在旁边。盛放祭品的盘碟的摆放次序十分讲究，按照当地风俗而有所不同，讲礼节的书或家用类书往往会提供有关图表，祭品应该由装在壶中的酒和盛在盘中的米、肉、蔬菜、水果组成。

难的原因,然后找到什么人把这个鬼当做祖先来收养,才能免除祸害。合法的祖先可能是反复无常的,经常脾气很坏,很可能因为在季节性祭奠中感到受冷落或没有供奉他们喜欢的食物,就把疾病降到孩子身上。

在关于供奉祭品这一章中,《清俗》列举了家内给祖先的上供,日期与《家礼》相应,但是精神似乎不同,传达了家庭与祖先之间一种更亲密的关系。尽管在这里祖先不是反复无常的个体,但祖先在生日时要接受针对个人的关照,这时他们的画像悬挂在祭坛上并享用特别的供奉。深深的关爱体现于供奉的细节,比如,常规性的供奉可能包括荔枝、龙眼、甜瓜和甜点。一年一度的主要供奉特别丰富,以致可以再办一次盛宴,包括了三牲(猪、鸡、羊)以及盛在碟中的米饭和竹笋。㉛

在普通中国人的心中,食物和崇敬是不可分的,没有食物,社会生活也是不可能的。如果要祖先仁慈地对待后代就需要食物。在 20 世纪最普通的家庭里,不是由丈夫制作而是由妻子制作祖先的日常供奉,她给一家人包括生者和死者准备食物,帝国晚期的日常生活应没有什么不同。《鲁班经》也讲到如何建造祖先祠堂和盛放牌位的壁龛,包括邀请神灵进入新家的通道。有意思的是,祖先牌位得到的关注并不比灶神多。㉜

许多普通的中国人可能会说,较之神龛,厨房才是住宅真正的中心。由扬州石成金编纂的《家宝全集》,于 1707 年首次出版,里面包括了一本关于建筑的手册,其中声称,在搬家之前,祖先和灶神都得祭拜。㉝每家都有一个灶神,他在新年时向天堂报告这家人的行为。他通常由一幅彩色的木版印刷画表示,张贴在厨房里,旁边是他的妻子,还有其他不同的人和动物形象,每个都有故事,在不同地区这些故事有所不同。

不像儒家的祖先,灶神不在神的任何等级序列中,灶神把房屋的居住者和至高天神连接起来,他对人进行审判裁断,并以增寿和减寿奖励善行惩罚恶行,就像国王奖惩臣民。在每年农历 12 月的 24 日,有用蜜或甜食涂灶神嘴,或供奉烈酒的风俗,以保证他不说出人所犯恶行。

　　罗伯特·查尔德（Robert Chard）研究了中国灶神崇拜的历史，并探讨了民众信仰与精英力求纳之于社会秩序和敬意表达的意图之间的可能关系。最早提及灶神拜祭和灶神的，是孔子《论语》以及道家的《庄子》。在古代的一些文本中，灶神相关于"术士巫师的深奥学问，特别是在炼金术、驱邪、施咒方面"。在另一方面，灶神被描述得好像官方间谍，每月向天上报告家庭成员的行为。在汉代，灶神祭拜已成为家礼体系的一部分（五或七种祭礼）。到公元6世纪，有记载提到中国南方盛行一种在年终祭奉的神，查尔德认为这种南方崇拜"可能就是现在灶神信仰的嫡祖；到宋代，至少在南方，灶神崇拜的仪式与现在已经非常相似了，如纸质画像和在12月24日送灶神"。㉞

　　灶的重要性不在于它与欧洲文化中壁炉的相似——一家人围坐在敞开的壁炉周围寻求温暖和舒适。在中国的房屋中，即使为了供暖也要避免敞露的炉火。北方的冬天漫长严寒，人们在一个砖制的平台即炕上靠坐和睡觉，在汉代的冥器中头次出现这种公用的加热的炕，一直使用到今天。㉟在南方的房屋中，人们用不同类型的手炉或便携式火盆取暖。㊱但是，尽管家与敞露的火焰没什么关系，但火作为家的象征符号的意义是存在的。一个家没有自己的炉灶则不成其家，那些在同一个炉灶上吃饭的人是一家人。当弟兄分家，或是两个家住同一个房屋，他们不仅要建起单独的祖先神龛，而且要建起单独的厨房安置自己的炉灶。㊲灶神作为家庭一体的一种符号其意义不亚于祖先牌位。对于祖先祭祀来说，妇女在厨房里准备食物，与男人在祠堂里执行典礼是同样关键的（图7）。㊳

　　至少在家庭环境里，为生者与死者烹制食物乃是女性的本分。㊴把生的东西变成熟的食物，是对于社会价值之产生的基本隐喻。倘若说炉灶聚集了象征性意义，那么，不断地重新规定灶神的性别和个性就不太奇怪了。由于是妇女绕着锅台转，那么，人们可能以为灶神是女的而不是男的，有几个关于灶神的古代神

84 技术与性别——晚期帝制中国的权力经纬

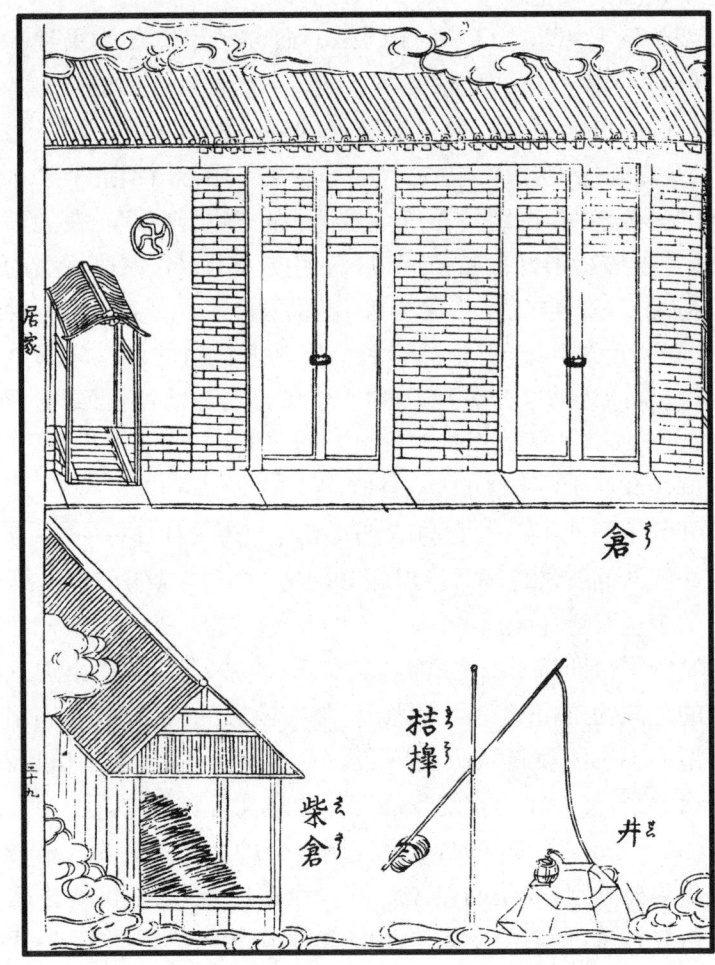

第一部分　建筑一种传统：中国社会空间的释义　85

图7　后院(《清俗》A:142—143)。厨房在右边,水井在前面地上(对面页上)。生火的炉灶正好在厨房入口里面;我们能看到烟囱和两个盖着灶口的圆盖子,用来盖住不用的铁锅。所有我们能看到的其他厨房设备是一张桌子和板凳,两把切肉刀挂在墙上,一对大碗,几袋大米。其书下一页上有标准厨房设备的插图,上面有贮藏罐、酒壶、油壶和酱油壶;烹调罐子;上锁的大木头箱子里面放着大米;一个脱谷壳的手动磨盘;一个高脚的橱柜,有许多间隔和抽屉,装着糖、调味品和其他烹调用品。后院的后部,在厨房的对面是柴仓(在对面页上),还有贮藏大米和其他基本生活用品的仓库。建在砖台上的小房子,左边的是厕所,右边的是浴室。排水管直通厕所,使得废物能汇集和积攒。

话把它看成是一个女性，有时是老年妇女有时是年轻美丽的姑娘。古代的神话以及中世纪版本将火和烹饪的发明归功于名为灶神圣母的女性（名称稍有变化），她在掌管人间世界的众神中处于中间阶层。在一部道家的"灶经"中——查尔德认为它产生于晚唐与宋末之间，灶神圣母或灶神娘娘声称："那些曾经茹毛饮血的人受到我的教化，他们现在已经用餐，用火加工生的东西，使它们变成熟食。"⑩这个比较有权的神记下人类的优点和缺点并每月向上天汇报。

正如查尔德指出，这种经文不太能直接反映大众信仰和活动，作为文本，它试图规定这些信仰和活动应该采取的正确形式，宁愿使之更吸引人。他举出一部晚期道家的"灶经"，这里面的女性灶神甚至变得更有神力：播种火的圣母控制了天界和地界，协调阴阳，统治神界和人域，就像西王母和其他道家主要的女神一样。查尔德指出，在通行的灶神祭祀形式中，并没有任何这种至高女神的迹象，灶神通常还是男性，查尔德提出："编纂者宣称灶神事实上就是一个很像在大众信仰中越来越重要的母性女神，以求增加其威望，从而使书中的教义更有说服力。"⑪

在这种版本中，灶神还是男性，但被看成是一个更高级的女神的化身，其神威远远超过家庭范围。但是，在民间灶神故事的传统中，似乎让人感到这一时期有一种使原初的女性权威服从于男性控制之下的需要，这一方面通过禁止女性参与祭拜仪式来达到目的⑫，另一方面则通过传统的宗法机制：让原来的女神嫁给后来任命为灶神的男神，或声称灶神是男性，而有妻子和六七个女儿的襄助。⑬查尔德辨别了两种类型的灶神传说：一种是从有利的、赞许的角度描述男性神；另一种，要么取笑灶神，要么是"突出对于这一崇拜的女性观点"⑭。

第一种类型的传说肯定了典型的儒家价值，带有一些典型的反女性的因素。在查尔德讲述的故事中，家长去世了，家庭开始争斗，农田日渐荒废，媳妇们变成饕餮，行为不轨。在绝望中，家长的兄弟画了一幅他死去兄长和妻子的画像，在忌日时候贴在厨房,告诉他那些不规矩的亲属,玉皇大帝已经任命家长为灶神,如果他们不马上改正,就要向上天报告他们的恶行。结果产生了不可思议的效果,周围家庭都乞求画家给他们画自己的灶神像。这个故事和许多民间传说以及"灶经"上的故事一样,女性的贪吃、难以克制(人类学家能马上将之解读为一种性放荡的象征,)以及媳妇的不敬行为,明显是社会失序的关键象征。另一个主题是要控制女人说话;灶神可能汇报女人的咒骂,甚至潜伏到卧室里偷听私密的交谈。⑤

在这样的版本中,灶神体现的男性权威乃上天秩序的组成部分,恶行将受到惩罚,带来厄运和短命。灶神的身份早在唐代就与司命相联系。⑥阿瑟·伍尔夫(Arthur Wolf)曾探讨说,灶神处身其中的神明的等级结构,反映了中国的官僚制度,有着等级、规则、赏罚以及腐败的倾向。祖先祭祀将中国的家庭系入一个更大的血缘群体中,它所促进的价值观念不可动摇,并且——至少在其更哲学化的形式中——它的赏罚产生于内心:一个和谐家庭的心满意足或是良心不安的痛苦。灶神体现了家庭与外在世界的一种关系,很像臣民与讨厌的、贪污的国家机构之间的关系。即使它所促进的价值本质上是儒家式和家长制的,但并非将一个家庭系入更广大的血缘群体,相反,灶神强调其独立性的意义:"独立的家庭决不与人分享同一个炉灶,甚至兄弟也是如此。"⑦

在第二种类型的传说中,灶神开始相当于一个仆人、一个废物、饕餮或腐败的官。在许多这样的故事中,一个有道德原则的坚定妇女让恶棍完蛋而把他变成一个微贱的神(这种神能因受贿赂被哄骗而失职。在这里,供奉甜点不表示尊敬而是迎合神的道德缺陷)。在另一些故事里,严酷顽固的男灶神下决心惩罚一些犯了小过的人,而一个级别更高的女神搭救了这些人。还有一个故事,说的是玉皇大帝的女儿爱上了一个厨子,最后,玉皇大帝勉强接受而让女婿当了灶神。天女和仆人似的丈夫住在地上,她看到人们生活得那么悲惨,每当她从天上的家回来,都试图带回食物帮助他们。这个故事说明了迎接新年的那些传统习俗——清扫房屋、做豆腐、切肉、杀鸡、做面点——这些步骤表明天女回家探亲,哄骗父亲,拖延不走好聚集充足的食物带给她凡间的朋友。㊽

这是一个以慷慨对抗贫困的故事,它的重点不在于家中的宴席,而在于给人送食物。这的确与传达家长制精神的更为常见的故事形成对比——后者强调以家庭之内的紧缩经济和自我克制来预防贫困。尽管我同意查尔德所说,灶神故事似乎表达了反映女性需要的观点而不是男性的,但在这个特别的例子里,我认为故事传达的冲动超出了性别。中国人的新年是这样一种时期:在这时,日常的当务之急和谨慎小心被放到一边,在新年的头两天,没有人工作,没有人节省、精打细算或穿旧衣服,每个人都休息,穿上新衣,在力所能及的情况下吃好,多吃,不考虑未来。他们拜访朋友、邻居和亲戚,互送礼物(装在红包里的小数目的钱)。总之,这两天要过上像他们平时所想象的那种日子,男人和女人都一样。

家族血脉的延续:棺材和床

在儒家非宗教的理解中,祖先并不直接介入生者的事物,关系是单边的:生者努力尊奉他们的祖先,表达对赐予他们生活的感恩。朱熹描述了在外出和回家时如何告祭祖先,如何把特殊的事情如订婚、生子或中榜、提升、降级告知祖先。一个更常见的观点是祖先乃能动的神灵,他渴望尽可能多的后代的崇拜。精英和大众的观念都认为祖先与所有生育的礼密切相关,也与有关死亡的礼密切相关。将死亡作为诞生的一种形式似乎是荒诞的,但是在一个祖先崇拜的社会里,身体的死亡是祖先诞生的第一个阶段。㊾

盛放祖先牌位的正房是最适合盛放死者秽物的地方。当家人确定一个人快要死了,就把他放在一张特制的床上,移到大厅靠近祭坛处，然后站在床边直到病人咽下最后一口气。㊿哀悼的第一个阶段发生在大厅里：家中妇女义务性号啕大哭，尸体的清洗和着装，亲戚朋友的第一轮吊唁。尸体移到屋外礼规定的特定区域，或在前院或在屋子旁边，供装殓仪式和正式的吊唁。

这是一个漫长的、复杂的、有高度可变性的礼仪程序的第一阶段，礼仪结束时一个祖先即告诞生，在这时，死者的灵魂归了灵位。虽然新儒家正统观念宣称死后身体归于虚无，但在普通人的信念中，死者的遗骸有着巨大的能量。他们不是像鬼神那样有意识地干涉人的事物㉛，相反，他们作为自然能量的、风水的导体起作用。"在坟墓里的祖先与其后代有一种强有力的、相应而生的关系。祖先遗体在自然环境中得到适当安置直接影响生者在世的成功失败。"㉜在儒家意识形态里，家庙通过死者把一家人系入世系和五伦的道德秩序世界中，这是一个伸展于帝国全境的统一空间的世界。用风水的术语说，家庙通过死者将一家人系入当地自然力量的环境中，人们能操控这一自然力量使之有利于自己，而牺牲其他人的利益。在儒家意识形态里，单个家庭的福利要贡献于整个家族的福利，用风水的术语说，祖先的能力只对直系后代有益。由于自然力量被想象为一种有限的利益，一个家庭的运气遂成了另一个家庭的损失；一个墓地的安置可能使亲戚之间相互损害。

祖先的生成是中国人的一个中心关切，相应地，生育后代以延续香火也是一样。在婚礼中，祠堂有着突出的中心位置。在儿子结婚的情形中，订婚时主人要将婚约㉝拿到祠堂上。在新郎把新娘从她父母家带到自己家的那一天，主人首先要向祖先报告。新娘到达，举行喜宴，年轻夫妇度过新婚之夜，第二天，她正式拜见公婆和家里长辈。婚礼结束的仪式在第三天举行，这时主人在祠堂里将她引见给祖先。㉞在两个家庭之间有一种有意思的不对称关系：新娘家里的主人也给祖先呈上聘礼和婚书，在新娘离家之前的那天向他们报告。然而，当新郎拜访他的岳父母——在新娘拜过他的祖先之后的那天，他只是对这个家庭表示敬意，而并

116

不引见给这家的祖先。㉕他的家庭得到了一个新成员,而他新娘的家庭则失去了一个成员。

经典上说婚姻以阐明男性与女性之间的差别促进社会道德。正如司马光提出的:"男帅女,女从男,夫妇之义由此始。"㉖女性的从属关系不仅仅表现在行为上,而且表现在空间术语上:新郎把新娘娶回家,然后,领她入洞房,领她进大厅,等等。新娘的依附性因其丧失方向感而增强:她发现自己在一个满是陌生人的新家,再也不知道回去的路。

尽管儒家哲学家在任何时候从未忽视以婚礼强化性别等级㉗,但他们所理解的夫妇之道——用儒家的话来说——乃是相互之间的责任和尊重。他们提倡只能用善意和尊敬对待新妇,而且他们强调新妇到家之后公婆款待她的礼节。尽管哲学家重视协调融洽和以身作则,而实际上家长们却通常更愿意使用强制,并没有意识到纠正这一态度的道德必要性。㉘在实际上,权威经常被解释为专制,当新妇一踏进门槛,她就被迫接受在新家族中的低下从属位置。在帝国时期,婚礼可能包括乱哄哄的戏弄,甚至有些残酷——像一部反映 20 世纪 80 年代北京近郊一场农民婚礼的电影上那样,在婚礼上,要向年轻夫妇宣读一长串男方家族祖先和长辈的名字,每念一个名字,新娘就被推倒在地行跪拜大礼。㉙

在民间礼俗的许多实例中,祝愿新婚夫妇幸福、多子与强化男性权威一样重要。一部与司马光的礼书大概同时代的宋朝文献《东京梦华录》,描写了当时京城开封的婚礼习俗,其中,司马光从中发现重大意义的新郎导引和新娘跟从,转变成一种更加嬉闹和平等主义的版本。把新娘安置到新房之后,新郎必须在大厅里骑跨在高凳上,媒人和新娘的女亲戚轮流进酒,挑战似的让他爬下来。最后,他的岳母召唤他,他从高凳上下来,去接他的新娘。"婿于床前请新妇出,二家各出彩缎绾一同心结,谓之牵巾,男挂于笏,女搭于手,男倒行出,面皆相向,至家庙前参拜毕,**女复倒行扶入房讲拜**。男女各争先后,对拜毕就床,女向左,男向右坐,妇女以金钱彩果散掷,谓之撒帐。男左女右,留少头发,二家出匹缎、钗子、木梳、头须之类,谓之合髻。然后用两盏以彩结连之,互饮一盏,谓之交杯。……然后掩帐讫。"⑩

然后,新婚夫妇要成婚。在一般人的理解中,新房的核心特征应该是床。《家礼》描写了如何为新婚夫妇准备共进第一餐的房间,包括席子、桌子、扶手和餐具,还有"卺",由一个劈开的葫芦作成,象征多子多孙。⑪但是《家礼》没有提到床(可能是因为大多数人还睡在席子上),尽管它对于成婚并不特别隐讳,还建议在婚宴之后,新郎进新房,"脱服烛出(婿脱服,妇从者受之,妇脱服,婿从者受之)"。⑫

在后来的婚姻代表物中,床——孩子在其中孕育和出生——的重要性越来越明显了。至少在近代,婚床是新娘嫁妆的一部分,是她自己的财产,"在婚后仍然是妻子的所有和排外的领地,她和她的孩子睡在那里,而她的丈夫只能作为客人进来"⑬。《鲁班经》向我们表明,在一个富裕的家庭,婚床是一件多么奢华的家具,它的制作与安装有多少讲究。它讲了制作三种床的方法:"大床"、"凉床"、"藤床"。床不仅仅是用来睡觉的,也是女人能倚靠并放松的地方——单独和丈夫或孩子或家里其他女人在一起,就如同男人在书房里靠在椅子上,不仅在上面休息还能读书、弹琴、下棋、饮茶或缝纫。

婚床是"大床";在《鲁班经》的插图上,一对已婚夫妇站在床边⑭,床是矩形的,铺建在一个有嵌板、帐子和门的台子上,像一个屋中之屋(见图8)。尺寸是可变的,但是内门"切忌一尺大"。⑮瑞廷比克注意到,在整个部件中,出于宇宙论考虑而规定尺寸,这是唯一一个明确的例子——这是对床作为孕育后裔之地的重要象征意义的适当认可。在制作床的说明之后,紧接着是一长串安置床和挂帐子的吉日。床一般抵着后墙放置,所以床的放置多少是固定的。但从上古以来的医书主张,生产不仅要选吉日,而且床的朝向要适宜。⑯

《清俗》展示一幅新婚夫妇坐在床上,女仆服侍他们用葫芦做成的婚杯饮酒的场面。睡房（the bed alcove）的折叠门上绘着大桃子，这是一种多产的象征（见图20）。同一幅画表现了一个刚刚生产过的妇女，靠着被垛坐在床上，有一个女仆（或可能是奶妈）坐在旁边抱着孩子（见图21）。

生孩子被普遍认为是危险和污秽的事情。在现代，人们把生孩子的秽物看做与死亡的秽物差不多同样的强有力，古代医书中的记载表明，人们认为生产既有威力又有破坏性——这一理解有着内在的模糊性。一个将死的人要把他从平时的床上移开，安放在灵位旁而死。但是生育和分娩要严格地与灵位分隔。从中国房屋的平面图上可以明显看出卧室决不能与安置灵位的房间相通。[67]医书表明，可能直到唐代，临产的妇女要移出正房去生产，在秽物清除以前一直要在外面住一个月。在上古，妇女不在床上生产，而是蹲坐在可以吸收血的草垫上，草垫事后要烧掉，要清除秽物以及垃圾。[68]到帝国晚期，妇女不再在房外生产，秽物容纳于产妇的房中。不同地方的生产的风俗变化很大，在一些地区，妇女仍然在地上的草垫上生产，在另一些地方，妇女在自己的床上生产。生产之后要有一段时间的隔离，一般是一个月。这种隔离按中国的说法有两种解释，一种是卧室仍然有污染，意味着有受污染的危险；一种表示在这一时期母亲与婴孩格外脆弱，易受外界传染而需要保护。[69]

清代长江下游城市中等家庭的风俗，正如《清俗》中描写的一样，怀孕的妇女在她的床上生产，床上铺上大量的吸收性强的纸。有一个产婆在旁护理，只有出现严重问题需要特殊药剂处方时才叫医生。《清俗》没有提到秽物的忌讳，而是像当时代大多数医书所主张的那样：母亲身体虚弱需要细心照顾。生产之后，她靠在被垛上，以免挪动引起出血。在生产中她如果没有大量失血，可以在五六天之后躺下，但一般是一个星期之后。在这段时间里，她不能没人照顾：她的奶妈或其他有经验的老妇人要一直看护着她，给她吃营养丰富的食物和煎药。她被隔离在房子里并不意味着防止秽物泄露，而意味着受到高度保护和关照。[70]

内部的分界：标示道德秩序

家庭关系由代际、年龄和性别之间的层级关系构成——权力关系不断地通过称呼、行为举止以及空间加以表达；家庭空间正是以这种方式划分和分配，就此不同的家庭成员或他们的仆人在房屋内必须间隔开来。

等级差别对于中国社会秩序有根本性意义，对居于高位的男女要绝对尊敬与顺从。然而，居于高位者待下也要体谅和关爱，以使权威不至变质为暴力。通过谦恭和体谅的日常社会规范培养家族成员之间的适当情感。朱熹在介绍司马光写的家庭礼节的小书时，解释道："此乃家居平日之事，所以正伦理笃恩爱者，其本皆在于此。"⑪

朱熹将司马光《书仪》的有关内容加进《家礼》的第一部分，讲的不是仪式而是家庭日常生活程序，它关心的仅仅是生活之中的人伦关系。他描述了以家长居室为中心的家庭生活：儿子和媳妇要早早地起床，洗漱穿衣，天一亮他们就要向父母问早安。⑫等父母起床，儿媳妇为他们准备早餐，儿子奉上药。然后年轻的夫妇开始他们一天的劳作。晚上，他们要到父母的房间问晚安。一天里无论何时"居闲无事则侍于父母舅姑之所"。如果父母派给儿子差事，当做完之后必须回来报告。当他离家和回家的时候他必须向父母报告。"凡为人子者出必告，反必面，有宾客不敢坐于正厅（有宾客坐于书院，无书院则坐于厅之旁侧）。升降不敢由东阶，上下马不敢当厅，凡事不敢自拟于其父。"⑬

正如前面提到的，祭祖祠堂两边的台阶是意义重大的要素。在举行典礼期间，所有的家庭成员依次拾级而上走到灵位前，又依次走下台阶到庭院中。男人走东阶，女人走西阶。台阶的使用与其外观同样重要。地位低的人一般要等老人进屋时才能登上台阶与地位高的人站在同一水平线上，而且他们在地位高的人面前不能坐着，也不能当着尊长的面上下马。从不将自己与尊长同

94 技术与性别——晚期帝制中国的权力经纬

120

第一部分　建筑一种传统：中国社会空间的释义　**95**

图8 女人的卧室(《清俗》A:114—115)。"大床"构成了卧房中的卧房；床又宽又长。窗边的梳妆台上是一面圆镜和一个多层抽屉的梳妆盒，里面装着珠宝和化妆品，还有一把牙刷、一个发带、一个茶壶和茶杯。右边有一个脸盆架，床的入口边有一个衣架。它左边的壁橱上着锁，里面是装着女人衣物的箱子。

列。斯特沃特·约翰斯通(Stewart Johnston)在研究宋朝苏州士大夫庭院之沿革的论著中,曾论及,人们在院子之间的台阶上下,高出的台面扩大了由梁柱、屋顶和门构成的高度,产生一种令人起敬畏之感的效果。⁷⁴房屋主人优越的社会地位通过体验或具体的视觉效果传达给进门的外人。⁷⁵在住宅建筑中,房屋坐落于夯实的地基或砖砌平台之上,其高度与其社会地位成正比,要有数级台阶通向大厅,而厨房、厕所、贮物房就在地平面上建造或者稍高出地面以防雨水。⁷⁶

楼层和屋顶的高度进一步表示着特定房屋在家居建筑群中的重要性。在一些地区如安徽的明代房屋中,高层是房屋的尊贵部分,在规划设计上往往与低层很不同。弗兰西斯·何素描写了云南的一座房屋,祖先灵位在上层中间朝南的屋子里,其余的居住区都在楼下。⁷⁷按照风水来说,保证屋顶有合适的相对高度切关于保证适当的家庭人伦关系。《鲁班经》的第一部分——乃元代作品,清楚地阐明了这一感应术内在的等级原则:"家庙不比寻常人家,子弟贤否,都在此处种秀。又且寝堂及厅两廊至三门,只可步步高,儿孙方有尊卑,毋小欺大之故,做者深详记之。"⁷⁸

并不只有屋顶才能影响正当的家族人伦关系,在《鲁班经》中,第三部分的简短韵文是关于布局和选宅的,所示规则经类书和历书的转载而为人熟知(见图11),同时也反映了对钱财、健康、子嗣、女德的关心,这些韵文反复地谈到家庭和睦。一家有两门则"父子没慈恩"、"大小自相凌","厅屋两头有屋横,吹祸起纷纷";"路如牛尾不相和,父子相离真未免"。⁷⁹

家庭人伦等级明确地寓于房屋空间的分配之中。在一所数家男系亲属同居的房屋中,每对夫妇都有自己的卧房(准许的空间),这在大多数情况下是一所与孩子们共有的单间房,这是女人的空间而非丈夫的空间,丈夫白天不应该在这里活动,也不是每天晚上都在这里。⁸⁰在富裕的家庭里,一对夫妇可能有好几间房屋甚至一整排房屋。身为尊长的夫妇往往住风水最好的房子,位

第一部分 建筑一种传统:中国社会空间的释义 97

于朝南的水平方向,而不在垂直线上。在较小的家里,家长夫妇的房间毗邻盛放祖先灵位的大厅,一般在其东边。儿子的房间将按照资历安排。㉛同样的规则也适用于住在一起的已婚的非直系亲属,如叔伯与堂兄弟。

虽然中国法律只允许一个男人有一个合法妻子,也是行礼时的助手,但一般允许纳妾,在帝国晚期,不但在富人中甚至在一些地区的农民中纳妾也是普遍的。在这样的情况下,每个妇女有按照资历分配的单独的房间㉜,小孩子睡在母亲的房间,一旦开始长大就要搬出去,和兄弟或堂兄弟(姐妹)合住一间房。仆人住的房屋要么在最远的后院,要么在屋前的房间,这两处的风水都不吉利。在给仆人分配房间时要特别考虑将男女分开,在《清俗》描写的商人住宅中,女仆的房间在后院的厨房上方,这是她们私人领域:她们将自己的衣服、工具和其他物品放在睡觉的房间,她们能在里面上锁。结婚的夫妇住在一起,未婚男仆的房子则在主房的外面。㉝

当孩子出生或老人去世,人们按照家族中的等级地位改变其在家居空间中的位置。当父母去世或分家,一般会再次分配房间。詹尼勒斯(The Janellis)在研究韩国祖先崇拜的人类学著作中,记录了已婚夫妇在家庭生活周期中,其空间位置的变化:长子和妻子婚后在"对面房"成家立业,当他们继承了家长位置,就搬进"内室",当他们引退将家长位置让给他们的长子,老夫妇就搬进"外室"。㉞在韩国,小儿子无遗产继承权,而老人则要引退。在中国虽说长子是礼上的后嗣,世系通过他而延续,但儿子们可平等继承家产。虽然只要大家庭仍然存在,父亲就保持礼上的家长地位,但到了六七十岁,一个儿子将替他管理家庭事务。㉟在其他情况下,儿子们可能怂恿父亲或寡居的母亲分家好能建立独立的家庭。正统儒家反对在父亲去世之前分家,并主张在父亲去世之后大家庭还能继续在一起生活。不过他们认识到,儿子之间的摩擦可能使一家人别无选择,正如一个宋代人所说:"兄弟义居,固世之美事。"㊱

支配分家的原则是共同的财产即祖传财物在各支系之间应该得到平等分配。这样，每个儿子都得到均等的一份，但如果一个儿子去世留下他自己的四个儿子，每一个将得到他父亲应该得到的四分之一。到帝国晚期，习俗和法律规则都发生很大变化㉘，首先，财产要列成清单，然后被分为相等或公平的部分，文件由一个值得信任的第三者签署，然后儿子们取走自己的那一部分份额。㉘

最重要的家庭财产之一就是住房。研究帝制中国社会与经济的历史学家还没能专门研究有关分房的文献材料，甚至民族学学者如麦荣·柯亨(Myron Cohen)也不能提供长时段的有关证据，从而详细追溯一座房屋数代分配和再分配的历史。大卫·魏克菲尔德(David Wakefield)在一部比较不同地区的分家现象的研究著作中——这部著作以日本民族志调查以及遗嘱和其他法律文件为基本材料，提供了关于晚清和民国时期有意思的具体信息。通过比较中国北方与台湾的材料，魏克菲尔德推断说，这两个在其他方面非常不同的地区，在分家上却极其相似，而且富人与穷人家也有相似的分家原则。

在制订财产分配中，基本的原理是将住房平均地分给每一支系。㉘理想上，每一家所分应该包括卧室、客房、单独的院子、厨房、猪舍、厕所。在只有一个院子的住宅里，兄弟中的每一个人将平等享有院子周围的便利设施，如果可能，院子里的土地不分家。长子占有最好的房间，也就是供放祖先灵位大厅的东面房间。如果院落也不得不分家，每个兄弟将占据自己住房前面的部分，边界线由墙、槽沟或者其他的建筑物表示，而像水井或打谷场则由大家共享。

因为长子是礼规定的后嗣，他负责照看供放祖先灵位的大厅。如果兄弟们继续在同一院落里生活，这就成为共同的财产。如果他们搬走无法和长子一起进行日常祭祀，他们就要建造自己的祠堂。有时一个家族历经数代共同居住，在祖屋基础上不断增加房屋容纳新增的人口。㉘但是分家标志着法律所有权的转让，因而所有者有权卖掉所分住房，可以理解，中国的家庭不愿意与陌生人共有他们的生活空间，所以许多分家文书规定不许将所得住房卖给外人。[91]

对女性的压制

在帝制中国晚期，所有社会阶层都认为，妇女的幽居以及在家内外使男女分隔不仅仅是"敬"的标志，而是维持社会公共道德的核心因素。空间和社会的分隔表达了一种分界的教义，这一教义可以回溯到古典时代。这种学说不是简单地规定女性的附属地位，而是表示男女之间有着同等的尊严（即使不是指同等的权威），可以相反相成。男人与女人控制着不同的领域，不得互相侵入。女性的领地是家"内"（尽管我们应该谨防假设中国的"家庭生活"与西方的意思相同），男性的领地是家"外"，二者是互补的，因而"男不言内，女不言外"[92]。儒家的经书如《礼记》既强调妻子的尊严与权威也强调顺从与谦恭，正如曼素恩（Susan Mann）指出，仔细阅读《礼记》，"将理解到它强调的是特性与差别，而不是等级、统治或服从"[93]。然而，更普遍的观念将女性描绘为是社会秩序潜在的分裂因素，用分界的教义为压制和控制正名。

中国的家庭是一个充满紧张和冲突的盒子，被父权秩序这个沉重的盖子压制着。威胁中国父系家庭之结构的裂痕产生于父子之间与兄弟之间，这是在五伦中最受尊崇的两种关系。哲人如袁采（1140—1195）认识到父系家庭的发展周期，将自然产生同族间的紧张关系，这些紧张关系可能由小事引发，如一个儿子的孩子在另一个儿子的住处捣乱，或一个兄弟在家庭事务上偷懒。如果父亲偏爱一个儿子，或怀疑财产分配不公，兄弟之间的冲突就在所难免。袁采也喜欢把女人看成麻烦的根源："凡人之家有子弟及妇女，好传递言语……一家之中乖变生矣。"[94]他不只将这一点归咎于女性品质的固有缺陷而更归咎于这样的事实：在以男性家庭为中心的婚姻中，妇女对于共同体的成员并无自然的亲情,而现在她们却要把他们的利益视之如己。袁采建议丈夫不要理睬妻子对兄弟们的意见。

然而,袁采对这一问题的现实主义看法令人吃惊,大多世俗之见都将家庭纠纷归罪于女人。无论是儒家的道德说教还是民间谚语,都把妻子描写成闲言碎语的麻烦制造者,一心挑动原本感情深笃的兄弟发生冲突,她们是家庭不睦的根源,应受到家长的严厉控制。惧内的丈夫与嫉妒的妻子是道德说教的小册子和民间文学中常见的主题。⑯更有甚者,民间佛教将妇女描写成污秽和劣等的存在,她们能指望的最好的拯救就是转生为男子。在帝国晚期占主流的是认为妇女应该受到男性的严厉限制与控制,以免丧失家庭体面、发生社会与道德混乱。

由宋代新儒学哲学家详细阐说、并以空间关系加以明确表示的分界教义逐渐变成了社会所有阶层尊奉的正统观念。在帝国晚期,中国所有的住宅,无论贫富,都给妇女划分出单独的空间。男人应该在外活动,他们进入内室是受到控制的。司马光曾详细教导如何区分男女界限以及两界之间如何交流,这些内容包括在《家礼》之中:

> 凡为宫室,必辨内外,深宫固门。内外不共井,不共浴堂,不共厕。男治外事,女治内事;男子昼无故不处私室,妇人无故不窥中门,有故出中门必拥蔽其面;男子夜行以烛。男仆非有缮修及有大故,亦必以袖遮其面。女仆无故不出中门,有故出中门亦必拥蔽其面。铃下苍头,但主通内外之言,傅致内外之物,毋得辄升堂室、入庖厨。⑯

袁采曾提及这一段话,并评论说:"治家之法此过半矣。"⑰帝制中国晚期的所有家庭,即使地位卑下,也遵守严格的屋内隔离的准则。男孩和女孩与母亲一起居住,但司马光说男孩到十岁时必须搬出内室时,他是在描述一般的实际情形。⑱司马光讲的是一个内室坐落在院落后部的大宅子,里门把内室与房屋其他部分分开。在许多大宅子里，内室是坐落于后院的一个独立建筑，也可能是正房的一部分，但有朝向后面的一个单独的入口。《清俗》上说，在南方城市的商人家里，通过一道门帘可进入妇女的住处，但是到晚上，则要关上双面门并上锁。

　　在有些住宅里，每一对已婚夫妇占有住宅主体部分的一间房子或一套房子，他们在那里休息和存放物品。但在白天，男人要出去或在书房，妇女要到厨房或织房去。在穷人家的小屋里，当男客占着唯一的起居室，可能用悬挂在厨房门上的帘子划出内室的界限。[99]男人在白天不能待在屋里，但是在北方严寒的冬天屋外没有工作可做，每个人都待在屋里取暖。在20世纪30年代早期的北京郊区，那里大部分住宅都有三间房（主房盛放祖先灵位，一边一个带炕的卧房）。考纳（Korner）发现，在冬天严寒的日子里，男人待在右卧房，女人待在左卧房。[100]晚上，已婚男人进里间在妻子的房间睡觉，但是，他们要在早上离开，并避免与其他女性亲戚的任何不必要的接触。逗留内室的男人不是君子，很可能没有好结果。清代小说《红楼梦》的主角宝玉，因为与女性亲戚在一起消磨时日，完全不理外务，他那野心勃勃的父亲认为他是个没指望的人。

　　进餐本来是一家人聚在一起的时机，但甚至在相对随便的家庭，如《清俗》中描写的家庭，也不会允许男女混坐。在12或13岁以前，男孩与女孩在同一张桌子上吃饭，桌边坐着父亲、他的孩子、妻子和他未婚的姐妹，都是自家人。一旦男孩到了青春期，他们必须单独另坐。媳妇不可能和公公在同一桌上吃饭，妻子不能和她的叔伯同坐。通常，男人在外屋一起进餐，女人在自己的住处一起进餐。司马光只允许家长夫妇一同进餐，他们在一张单独的桌子边首先落座，然后，家中其余的男人坐在一张桌子上，女人坐在另一张桌子上，按年龄排列。小孩也坐在一张单独的桌子上，男孩在右边，女孩在左边，也按年龄排列。[101]

　　尽管一家人在节日、聚会时能在家中聚在一起，但其他体面的社会活动都是同性别之间的社交。高彦颐（Dorothy Ko）论证道,一个公务繁忙的官员,与妻子生活在同一屋檐下,但妻子可能几乎是单独一人生活。即使她也有活跃的社会生活,也几乎毫无例外地是与女性来往。一个中国的民族学学者在20世纪20年代曾这样描述广东的情形:"在农村,男人与女人之间没有社交活动。中国人的风俗和伦理教导讲究的是,除非是一家人,否则男女要尽可能地分开;甚至同一阶层的男性与女性也不可能一起参加聚会、宴会或庆典。在进行拜访、致以祝贺和慰问时,也是男人对男人,女人对女人。"⑩至少在明清时代的上等和中等阶层,这一行为模式已经十分明确,正如我们从史料、小说或类书的礼节部分所看到的那样。

男人与女人的工作是严格区分的,理想状况是上层阶级的男性从事学术或入仕,下层阶级的男性当农民、手工业者或商人。女性负责做饭、照顾孩子和老人、纺织和做衣服。一般来说,她们工作的空间位置强化了女性和男性的隔离,也把她们和可能导致不和的邻里之间的闲谈乐趣隔开了。而正如我在第二、第三部分所示,尽管这些工作全都应该在家里做,从而标出男女之别,但女性的工作被说成是生产对于外部世界十分重要的社会与物质成果,从而将女性紧密地联系到政治之中。并不是所有正派的女性都一直隐居,妻子有事出门也是许可的。对于农妇来说,有时在家外劳作并不稀罕。在许多地区,尽管缠脚不便,她们在农忙季节在田里帮工,一些特定的农活如采茶、采棉一般都由妇女承担。如果农田太远农夫中午不能回家吃饭,"他就叫妻子或女儿把饭连同碗和筷子用竹篮子带来"⑩。靠近房子或在院子里的许多农活都是由妇女干,如谷物的去壳、碾磨。由于院子不够大,必须在户外织布、洗衣,去市场或汲水都是把妇女带出墙外的必须做的事情。

在原则上,上层阶级的妇女也应劳作,她们或者坐在织机旁或者管理厨房的事。但是,在帝国晚期,许多富裕家庭的妇女做的最多的生产性工作是一点刺绣。《清俗》告诉我们,在富裕的家庭,夫人并不亲自给家里人做衣服,但有些夫人把制作手工艺品或刺绣作为业余爱好。⁽¹⁰⁴⁾一幅插图表明，一个富裕的商人家庭的内室，是一个雅致的休息之所，具备所有舒适物品（见图8）。夫人的卧室放有一个精致的大床、一个梳妆台、桌子和椅子以及带有脸盆毛巾的脸盆架。她配有梳妆物品、镜子和针线盒，墙上还可能挂着乐器。在一间单独的壁橱里，可能是上锁的，堆放着她的衣柜、珠宝盒和家用物品。有关普通妇女住房的描述常常提到的家具和陈设还包括火盆、灯、茶具和药具。⁽¹⁰⁵⁾

已婚妇人的房间在内室的低层，上层有女儿的卧室，房间的小窗子遮着窗帘以防窥视，去上面一层要走楼梯。地面是刨光的木板，入口是一个两扇门。地面上铺有席子、地毯，有桌子、椅子、凳子。门打开着，而编织成的帘子悬挂在里侧。顶层的前部建有露台，这是由梁柱支起的一个大阳台，三面围着木头或竹子做的栏杆，高架的遮阳篷遮挡阳光，形成荫凉以避酷暑（见图9）。这些阳台当做家庭的起居室，晚上女人在那里绣花或做别的事，家里的男人和她们在一起，消闲休息。中秋节一家人聚在露台上赏月，女孩子们的七夕节也在这里过，这个晚上，当牛郎和织女在天上相会时，要摆上供奉的果品和糕点，而女孩子在这时祈祷请求上天赐予灵巧（或者是用针乞巧）。在穷人家，不得不把供奉摆在院子里。⁽¹⁰⁶⁾

《清俗》插图中的露台看起来很像佛教的祭坛。妇女和低层人民尤其虔敬佛教。至少从宋代起，女性特别受观音吸引，观音是一个仁慈的女神，怀孕或无子的女人向她企求保护和帮助。尽管一般的佛教教义认为妇女本质上不洁，因而不能立刻得到拯救，但是能投胎转世最终允许进入天堂的允诺，以及通过辛苦劳作和虔诚信仰提升人的精神地位的可能性，使得佛教成了逃避儒家桎梏的胜地。

在某些时代，士大夫积极地参与佛教，有时粗通佛教的哲学和象征符号被认为是有修养的标志；而在另一些时代，他们对佛教则保持一种冷淡的距离。⁽¹⁰⁷⁾但是，即使在这时，他们也并不禁止自己的母亲、妻子或女儿信奉佛教。伊沛霞曾引用一位宋代夫人

134

图9　露台(《清俗》A:132—133)。这是家中妇女放松休息的地方,男人也经常参加。遮阳篷遮挡阳光并兜住吹来的风,阵阵清风送来栏杆边花草的芬芳。左边的供桌是供佛的,两边挂着对联。能瞥见屋子后部的一张大床:这间屋子可能是女儿的闺房。屋子后的小桌子是张书桌,有书、砚台、滴水器、毛笔和一个笔架,即文人"四友"。似乎在清代甚至是商人家的女儿也受教育。

的墓志铭（由男人所写），其中描写了儒家与佛教之间一种实用性的相互补充，例如，一个严厉而教条的男人可能被妻子说服而把仁慈和正义调和起来，为适应具体情境而变通抽象原则，并增加了对人的同情。由于这样的妻子能用得体而有益的方式规劝丈夫，会得到士大夫的赞美。伊沛霞（Ebrey）也指出，男人赞赏妻子的虔诚，因为它使女人变得宁静，能体面地容忍妾，忍受物质生活的艰苦，安慰遭受厄运打击而不安的丈夫，这很有利于家庭和睦这一男性儒家的目的。[108]

相应于女人卧室的绅士的空间是书房，在这里他能从公务中隐退，安静地消磨时光，邀请亲密的朋友，表达他个人的兴趣。不像其他的男性空间，书房并不是一定要大家公用的。正如书房的名称所暗示，一个用大部分时间读书的受教育男子在那里从事专门活动——它是学者的工作场所，正如田地是农民的工作场所，只不过它有四壁而已。这里不但是绅士工作的地方，也是一个庇护所，就像维多利亚官邸中的吸烟室一样，住宅中的女人一般不跟着他（除了可能来沏茶），吵闹的小孩也要离开。如果他不合适待在内室，这里也可能是他的流放之地。

书房或者是一间屋子，或者是一座单独的建筑，一般位于大厅后面，这里是更加私人性的区域。理想的书房，窗外应有一所花园（见图10），沉思自然、观看草木以及风穿过竹子的飒飒之声带来了心灵的安宁和文学创作的灵感。理想中，学者的身旁应满是善本图书和有品位的物什，正是在书房里，优雅的男性审美风格得以最好的展现。几乎所有的物品都被界定为男性的而非女性所用："文人四友"（笔、架、墨、砚）、书架、书桌、书法、珍贵的古代青铜器，以及摆在主要位置的榻（正如床摆在女人房间的主要位置）。鉴赏家的著作详细地探讨了关于这些绅士派头的物品的品位高下，而那些被认为是女人和仆人的物品则忽略不计，诸如碗橱、钱柜或其他装衣服的箱柜。[109]甚至悬挂在书房墙上的乐器也与女性使用的不同。[110]

因为书房是士大夫地位的象征，也是教养和优雅男性气质的

第一部分　建筑一种传统:中国社会空间的释义　**107**

图10　书房(《清俗》A:97)。这是一间商人住宅中的书房,可能因此它朝向的是一座永久性的假山,而不是更容易搬运的盆景,官员更喜欢种植盆景,可以从一个任所搬到另一个任所。这个书房是后院中的一间单独的屋子,具有田园风格而装饰简朴。书桌朝向假山,后面有一张悬挂帘子的卧榻。除了桌子上的文人"四友",唯一其他的装饰品看来是墙上的书法和书箱。另一张插图(同上:A:98)表现的是一间装饰更加豪华的书房,它是主要建筑的一部分,中心装饰品是一个大卧榻,上面带着矮桌,朋友可以围坐在那里一起读书。卧榻后的墙上是一幅山水画和对联,旁边墙上挂着一支长笛、一把二胡和琵琶。

象征,换言之即"文"的象征,"文"既表示文字上的技巧也表示社会行为上的技巧,所以,任何一个谋求社会地位上升的人都要给自己建一个书房,并购买必要物品装饰之。早在元代,已产生指导人们消费的图书市场,其品种和版本数量在帝国晚期持续增长。柯律格(Clunas)在关于"余事"的研究中指出,有关鉴赏的作品其高明之处在于既把野心勃勃的新人引入门,同时又提醒他们书本只能教这么多,钱不能代替教养带来的内在品味,或者说不能代替真正的教育。总是有许多家庭力求文雅生活和绅士派头,这种诱饵的提供有力地刺激了文化同化形式的形成。1301 年的《居家必用事类全集》中有章题目是《文房适用》,探讨了毛笔、墨和不同品种的纸。在 16 世纪晚期范濂(1540 生)注意到硬木家具的新式样以及如何在社会上流行,他写道:"尤可怪者,如皂快偶得居止,即整一小憩,以木板装铺,庭畜盆鱼杂卉,内列细桌拂尘,号称书房,竟不知皂快所读何书也。"⑩

江南的商人告诉《清俗》的作者说:"富裕农夫的住宅包括一个客厅、一个书房和内室,和商人的住宅一样。"这就是说,他们认为商人理所当然应该有一间书房,就像他们应该有内室。⑪这是一种重要的关联:男人渴望相应于书房的社会身份,可以用来解释女人要求一种上流社会式的生活方式,即在单独的房间中幽居。男性与女性的教养或者说这些"文"的具体物质形式的传播,也相应地表现于医药理论领域。正如我在第九章中所示,在明代晚期和清代,在富庶地区,市场上生殖方面的药物和关于生育理论的书籍十分繁荣,这些书探讨性别特征以及上层男女的多育,所用术语直接关系到道德和文化教养的提升。

在内室,要给已婚妇女一间自己的屋子,她们把私人物品存放在那里。在中国,男人是祖产的继承人,如上所论,祖产是靠信任维持的公共财产,在任何时候都不能说他们对之有完全的拥有权。相反,妇女的嫁妆是由外人给予的财产,其所有权一直悬而未决。严格的儒家宣称这是共同家庭财产的一部分,当新娘一进门她就应该把嫁妆交给公婆,或至少是经过他们的同意才能使用。儒家道德主义者既然如此强调这一点,我们就此可推断大多数妇女将嫁妆看做是自己的私人财产,这主要是因为嫁妆都是她们靠自己的辛苦劳动得来的,她们自己织造上好布料给自己用,或者用它们换来的钱去买其他必需品。穷人家女子最好的嫁妆可能是些罐、盘、棉被和几件衣服。在帝国晚期,富人家女子带到夫家的嫁妆是一张材质贵重的雕床、一箱供四季穿着的衣服、珠宝、上好的衣料、银钱以及家庭用品。⑬女人把嫁妆看成是家庭财产,但不是大家庭的,而是她们自己小家庭的——属于她们自己、丈夫和孩子。⑭历史上的实际情况表明妇女愿意为小家庭的福利作贡献,这应理解为一种选择而不是义务。在《清俗》所描写的住宅里,在任何情况下,妻子都将自己的物品放在上了锁的壁橱里,甚至女仆也有自己房间的钥匙,但是男人却没有东西可锁。荒谬的是,等级秩序试图靠禁闭来控制妇女,但是在这个过程中却制造出抵制这一控制的私人空间。

把妇女禁闭在内室,一定程度上是一种控制她们性欲的方法,同时,家内男女亲属之间的接触有严格的规矩。袁采的书中有"治家"这一章,他坚决主张必须控制女仆和妾的出入,主要是怕她们可能与外人私通怀孕,然后又说孩子是男主人的,在这种情况下,私生子可能算成男主人的直系后裔。书中没有明确提出要控制妻子和女儿的性欲,但是,对于那些指望再娶好给孩子们找个妈妈的鳏夫,袁采警告说:"娶寡居之人,或是不能安其室者,亦不易制。"⑮

可以用两种方式解析女性贞操与隔离之间的关系,在这两种解释中,妇女在内室外活动有不同的含义,一种是妇女能够进行道德选择并追求德行,一种是她们天生淫荡并缺乏自我克制,所以女性的"贞操"毋宁说是在男人控制之下的收敛。

第一种立场与这样一种观点协调一致:男女有着同等的尊严与价值,女性能够像男性一样自我修养,并有能力、负责任地担当孩子的教育者。第一部指导妇女成为贤妻的书是《女诫》,作者是杰出的汉代学者班昭,然而,在漫长的世纪里,班昭"大概是以一个禁欲的寡妇而闻名于世的"⑯。晚明士人吕坤作为新儒学学者最早开始强调互补的夫妻关系,并赞成妇女受教育。他在著作中声明,他讲的不仅仅是士大夫家庭,也包括那些"胸中骤然有三五卷书"的普通人家(他指的大概不是农民而是小地主或城市商人家庭中的妇女)。⑰在18世纪,由于生活水平上升以及教育的普及,各种书籍的市场随之扩大,"热衷于合意婚姻和品行的普通人,成了家政方面著作的热心读者",这些书包括古代著作的新版本(班昭的《女诫》,一部唐代著作,以及一部由一位明朝皇帝所写的训导),以及新的作品,有些是女人写的(由她们的男性亲属出版),更多的是男性作品——"18世纪是女性训导书最繁荣的时期"。⑱

从这一观点看来——较之任何其他社会群体,这可能是高层精英(包括政治家和哲学家)的典型观点,女人的美德并非隔离的产物,而是来自她的道德品质。高彦颐研究18世纪上层妇女时,曾论道:"热爱家庭和纯洁的美德取决于女性的道德意图,即她的主观意愿,而不是她的身体位置。"⑲

在第二种意见看来——这在大众之中更加典型,内室界限之内的道德教育和礼貌举止提供不了抵制外部世界之危险的安全装置,一个女人如果身处不当之地,人们就不可能认为她有什么纯洁的意图。这一点在法律里有确实体现,清代法律档案中有这样的案例:一个家在乡下的女人被人看见与一男子同在一处比如住宅里的花园,那么,就自然可以判定她与人有不正当关系。⑳这种女性观在"家训"一类的书中最为常见,这类书在帝国晚期的小士绅中十分流行。㉑

李渔在内室花掉的时间无疑要比一个令人尊敬的家长多得多,他在《闲情偶寄》中从不曾谈及隔离妇女的必要性。而在色情小说《肉蒲团》里,李渔嘲笑了靠禁闭培养美德的观念:禁闭所做的一切就是保护女性免受诱惑,而女性即使受到最精心的抚养、最良好的教育,并小心地与世隔绝,也和所有男性一样——只能在受到充分诱惑之前保持贞洁。在任何情况下,无论男女的传统美德都只能掩饰灵魂的缺陷。严苛的儒家学者铁扉道人拒绝任何来客,把他的女儿玉香锁起来。"他家的闺门严谨,又不走去烧香,又不出来看会,长了一十六岁不曾出头露面,至于三姑六婆飞不进门。"然而,淫荡的未央生骗取铁扉道人的信任把女儿许配给了他,接着,未央生抛弃了玉香在外面放荡。这时,一个戴绿帽子的丈夫为了复仇,很容易地钻进铁扉道人的家,当上了深受信任的管家,然后他引诱了玉香,她对他的性能力十分满意,甚至和他私奔。李渔给出的正面解释是,虽说铁扉道人有学问和坚定的德行,但他对房客的苛刻使他遭到了报应。再有,就是最严厉的人也休想挡住坚决的入侵者。"这本书的奇特之处在于,粗糙简单的权老实在'铁扉'之内为了达到自己的目的采取了迂回曲折的复杂方式。……第二个出奇之处是,铁扉先生考虑到了每一种可能性,并采取了所有能想到的防范,却正好落入权老实的陷阱。"[122]

铁扉道人对尼姑和其他来客的疑虑,为儒家士绅的丈夫与父亲所共有。[123]越过界限的任何人都是可疑的,甚至仆人,如司马光曾建议,只有那些已过了生育年龄的老仆人,才能穿越内室和外室的界限,但他们还是不能随意地到处走动。在晚期帝制中国,唯一没有亲戚关系还能和男人自由相处的女人是官妓和妓女。还有些妇女由于职业原因而按期进出陌生宅院的内室,包括媒婆、女医、术士、产婆和尼姑。除媒婆外——非得通过她们才能达成婚姻(这一角色在正统礼仪中被认可),所有这些妇女——蔑称其为"六婆"——都被正统的男性学者视为对妻子女儿之德性的威胁,而且还有诈骗的嫌疑。这些妇女贩卖的物品与知识,要么不为其所需,要么是其所极力反对的:助孕药和堕胎药,宗教安慰和拯救诺言,符咒和预言。然而,体面的妇女们想要的许多草药和其他服务可能没有男人所想象的煽惑力,对这些女性来说,这些女客最大的吸引力之一,可能是她们带进来了墙外世界的消息。

上层妇女很少有机会到墙外世界去冒险。高彦颐探讨了使有些妇女可以走出围墙的各种活动：与女性亲友一起外出赏景、划船、野餐，举行宴饮和诗会，或者陪伴公务在身的丈夫到一个陌生地区长途旅行。但是，只是有特权的少数女人有这样的自由，而由于她们能到广阔的天地和奇妙的自然中去，常常被她们那些更与世隔绝的朋友所羡慕。大多数女性经历的唯一旅行就是阅读、赏画，或者是给同样被限制的女性送信。⑭

与许多社会不同的是，大多数普通妇女也得遵循淑女举止端庄的规范。在宋代，甚至穷人家的女性也要尽其所能穿着得体，随时回避男性。⑮贫寒家庭也和贵势之家一样，特别珍重自己家女性的体面，不过除了前面提到的季节性农活，他们家的女性还要定期地离家到市场上买新鲜食物，去井里打水，在河边洗衣。在这些地方穷人家的妇女能够一起聊天，说些闲言碎语。男人对此深恶痛绝——可能正如马哥瑞·沃尔夫（Margery Wolf）所说，这一场合常常对滥用权威的人起到有力的社会控制作用，比如丈夫殴打妻子，婆婆虐待儿媳。⑯

如果丈夫允许，几乎所有阶层的女性都喜欢拜庙和上香朝圣。无子嗣的妇女给王母、观音、或其他与生育有关的神祇上香。天年将尽的老年妇女，想去祈求拯救或转世来生的幸福。士绅们即使研究佛教或进庙，也都装作不屑于俗众的虔诚和随之而来的狂热，他们对女性参与这样的外出旅行怀有深深的疑虑：在戏剧、小说中，佛、道寺庙被描写成男女混杂之地，在那里最可能发生恋爱事件。⑰当女人们成群结队地上香朝拜，就算没什么坏事发生，她们也肯定全然不顾礼节，行为像个败家的野姑娘一样。一位 17 世纪的小说家写道：“这群女人如狼似犬，惊得驴子你追我赶……在她们前面已经赶出一两里地的另一群女人，说她们肠胃不舒服，想要落脚找个偏僻的地方解手；还有一些说她们来了月经，要从睡袋中抽出布夹在两腿之间；有些要给孩子喂奶，央求赶车的男人用缰绳领着她们。"⑱在帝国晚期，大多数朝圣者似乎来自低层，"肮脏、口臭、随地大小便"的人群大都由一家家男女组成，他们是去求长寿、求子、求福。但是，甚至是低层妇女也只占全部朝圣者的少数。⑫

在中国所有地方，许多乡村妇女期盼的一个外出机会，是观看村子或市镇上的演出和戏剧。市镇上的演出是庆祝土地神生日或集市开张的，由周围村庄发起、主办并有专人赞助、组织。在小一点的村子，常常为饿鬼的游魂或尊崇本村神祇而举行演出，农民与当地士绅在组织过程中相互合作。另外，在重要的节庆期间，宗族要在家庙大堂组织演出，在家庙参与演出的每一个人，将通过优美的曲调、激动人心的壮观场面和惊险的杂技——这是任何一种戏剧性表演都有的部分，熟记一个有关忠实妻子、孝顺儿子和忠诚大臣的反复锤炼的故事。市镇上演出的戏讲的是关于浪漫爱情的危险故事、超自然力、武勇之力，情节经常涉及乔装改扮的女英雄假扮士人顺利通过科考，或取得非凡的战功。一场乡村演出可能传达不同的启示，这取决于占上风的是农民还是地主的趣味。⑬从女性视角来看，虽然许多戏强化传统的儒家社会价值和性别角色，但有的则展示了关于女性角色和性别关系的另一种寓言，虽然它们提供的想象自由是有限的：一个女人只能靠假扮男人才能逃脱传统的空间界限和角色典范，却绝无男人尽孝顺儿媳之责的情节。⑬即使最大胆的女英雄也只是让观众觉得，在生活中无疑是男人更令人羡慕。

女性隔离如何影响女性关于自己的意识？高彦颐论述道，对于上层妇女而言，隔离提供了自由与尊严："在明、清时代的家族中，私人领域的最内部是女人的特权。妇女的住处藏在士绅院落中最不显眼的角落，甚至摆脱了家中男性所受的限制。在促进女性自我意识与认同的发展上，这种与世隔绝对女性文化有积极影响。女性对家庭生活的认同受到母亲与主妇的欢迎，她们为自己立志维护家庭伦理而自豪。因而，妇女并未感到规定男女之别的古老意识形态有什么不妥。"⑬高彦颐论证说，在这一时期，上层妇女"忘记"了男女有别教义的等级性质。我的看法是，更可能她们意识到这一点，但理所当然地接受之。

《清俗》中商人提供的证据——除他们描述了一种男女之间

惬意的亲昵之外，较有利于高彦颐不太正统的解释。商人们描述了一种生活秩序，其中，他们在内室度过可能是一天中最放松和愉悦的时光。早晨，当一家人梳洗完毕之后，他经常要去女人的住处喝茶、抽烟，然后，全家一起吃早餐。㉝商人们把妻子的生活描写成是与世隔绝的，但并不从道德上加以解释，也不以担心私通为由。他们所描述的穷人妇女的生活更少限制。尽管许多新儒家谴责刺绣在道德上的危险性，但商人将之看成是一种有意思、使人友好相处的活动。虽然他们也说女孩自然不能离家上学，但他们并不谴责女孩在家受教育。《清俗》中妇女幽静的住处是住宅最舒适和最不拘束的部分，这是一家人团聚的地方，是度过愉悦夜晚的地方，夏日凉爽，冬天有火炉取暖。

在中国，总是把妇女描绘成感情用事、任性、喜欢互相争吵。这是女性幽居的一个自然后果吗？女人是其他女性最坏的敌人，还是她们之间彼此视为朋友和同盟？其中关键似乎在于女人们是由出身而结合还是因婚姻而相聚——这是一种中国男性从未体验过的疏离感。道德说教性的文学作品把女人描写得喜欢吵架且自私，往往聚焦于妯娌之间的紧张关系，这种情况无疑是相当多的。

进来的新娘与她的新家事先从没有来往㉞，自己人和外来人的亲戚关系经常难处。在上层士绅家庭，新娘不太可能受到身体上的虐待，但她仍会发觉，她第一次在自家外成了一个地位卑下的、次要的成员。社会史家认为，娘家一般尽其所能为女儿准备最好的嫁妆，好让她受到夫家的尊重和善待。在穷人家，最没地位的新娘可能被当做一个不用付钱的佣人，要去干所有烦人的家务杂事。农民家的母亲教给女儿冗长的悲歌：与母亲、姨母和姐妹诀别，年轻姑娘觉得自己好像已经死去并正往地狱里掉，"婚礼过程与死亡之间的类比是明确的：新娘把自己描述得像是赴死，而婚礼的过程正如穿过黄泉——此生与来生之间的界线。她恳求受到公平对待，诉说她为家所做的贡献，但未得到应有的承认。她用的语言充满痛苦怨恨，不加拘束，她甚至咒骂媒人和未来的夫家。这样的悲歌只能在娘家唱，在去往夫家的半道上——当越过无形的边界，就必须停下来"。[135]

婚姻带来的女性之间的亲戚关系充满了结构性的难题，这一点无疑因以下的实际情况而更加恶化：幽居使这些女性只能终日相伴，几乎没有机会互相躲避和摆脱。在许多穷人家，婆婆与儿媳之间的关系，至少在生出儿子之前，就像暴君与奴隶，未嫁的小姑刻薄对待过门不久的嫂子也是很常见的。另一种摩擦是正妻与妾以及丈夫可能宠爱的女仆之间的敌对。正妻把妾或女仆打死是时常发生的案件——她们是自己内室领地的主妇，丈夫经常不能有效地加以干涉。[136] 由婚姻关系而住在一起的妇女毫不犹豫地利用家庭等级——这由家内空间的分配清楚地标明。一个新娘的希望在于未来，在于成为一个受人尊敬的妻子和母亲，并最终成为家中辈分最高的尊贵的女主人，住上最好的房间，控制着儿媳们。

然而，女性之间的关系还有另一面：女性亲属之间的关系——这在道德家的著作、笑话、谚语之中很不突出——则令人愉悦和互相友爱。高彦颐指出，在内室闺房，妇女造就了温情与友谊的强固纽带，她还证实相关的女性通常是母系亲戚，如母亲与女儿，姐妹，堂、表姐妹或其他有血缘关系的亲戚。在高彦颐研究的17世纪江南妇女作家的情形中，母女之间的诗歌所表达的不仅是温情，而且是智识和审美感受上的一种关联。同时，她承认，这一时期并没有多少妇女能受到这么好的教育，她认为很可能主要是晚期帝制中国上层士绅家庭的社会经验塑造了母女关系，正如儒家学者认为最重要的父子关系，或甚至是母子关系（同母异父的家庭）——马哥瑞·沃尔夫认为这在台湾农民妇女的生活中是最强烈的感情。[137]

在低层妇女之间，也有明显的证据表明团结一致的女性社会的存在。爱伦·朱迪（Ellen Judd）在山东所做的关于社会习俗的民族学研究证明，在母亲与已婚女儿之间有相互走访的传统；在有些情况下，新婚不久的妇女甚至回娘家生头生子。[138] 最近在湖南发现的"女书",里面的书信集令人惊异,它表明了,在相对低层的家庭中,年轻女性之间成为亲密朋友,形成如此强固的友情——她们义结金兰,住在一起,一同学习刺绣式样、合唱一首歌,她们在出嫁时别离,只能用长诗体的书信偶尔地但却充满真情地相互联系。[139]在19世纪和20世纪早期的广东,在闺房中学艺、逃避婚姻或推迟婚姻,都表明对同一空间的分享制造出女性之间持久的纽带关系。[140]

母女之间、姨母与甥女之间、同一屋檐下长大的姐妹之间、或姑表姐妹之间的关系是一种充满温情与倾心相爱的关系——这种感情由于以男性家庭为中心的婚姻的阴影而苦乐参半。只要可能,女性就会坚持这样的友谊。[141]书信是一条穿越夫家与娘家之间禁区的途径,可以邀请亲人进入自己幽居之处增进彼此珍贵的友谊。有少数妇女是多才多艺的作家,她们之间唱和的诗歌、书信已留存于世,她们能保持与其他女性作家、熟人以及亲戚的友谊。[142]普通妇女的活动范围、机会受到更大地限制,不过,礼物,特别是刺绣品的交换对巩固友情相当重要。没有多少妇女接受过正规学校教育,所以湖南发现的"女书"是个特例。尽管如此,书信在妇女生活中扮演的角色可能比我们通常所知更加重要——这使她们能与娘家和朋友们互通消息。从很早起对书信写作指南就有广泛的需求,这些内容或者单独成书出版,或者包括在家用全书之中,"包括许多书信格式:或用于双方都是女性和男性的亲戚之间,或用于三代辈分的亲戚之间,或用于朋友或商业合伙人之间⋯⋯在这些书中女性一方比之一般想象的要更加突出。"[143]在《居家必用事类全集》中,有一长段详细地说明了一个女性在给娘家亲戚、朋友、其他通信人写信时应该使用的称呼形式,在结尾处,得出结论道:"大抵文墨非妇人事,而不作为佳也。"[144]

在中国,男人和女人与家居空间有着不同的关联,相应地,也有着不同关于认同与私人关系的体验。一个男人在同一院墙内出生、成长、死去,周围是相同的男性亲族,他从不会离开父母或家，从他初懂人事起，他就知道他属于哪个家族和哪种前途。他的房屋是他生活的家，他还能随时随意在院落外活动。他生活在一种共同分享祖产的社区之中，在那里，他的忠心首先属于这一群体。一个女孩则似乎是在虚构的时间里长大，出嫁时她不得不离开出生的家，离开她所热爱和依赖的母亲、姐妹，住进一个陌生的家，和一群不认识的女人生活在一起，而她们当中的许多人可能以恶意相待。她不得不自立，直到结成同盟，并当上母亲，成为新家公认的成员。融入新家的这种结构关系使女人很少质疑现有体制，因为随着时间流逝，她们将获得权力与权威。这里存在的对于新儒学式父权制的反抗似乎取决于个人情况和财产，已婚妇女确实是丈夫家中的囚徒，但在其中她又有着丈夫没有的自由，她有完全属于自己的房子，她和孩子在那里过着安静的生活，她锁上装着自己嫁妆的箱子，完全由自己支配。

第三章　关于中国房屋的文本

书写文本

在宋代,新的精英阶层取代了过去构成统治阶级的门阀世族。获得这一新精英阶层的成员资格取决于教育,特别是儒家经典的知识。儒家思想强调教育和礼仪对提升个人道德品质的作用,并非常重视治国与齐家的一贯之道。在宋代,我们看到这一儒家哲学的再次重构(在英语学术界通常称为"新儒学"):力图把所有帝国臣民纳入一个基于家庭以及宗族的伦常关系的共同正统信仰之中。新儒学极其成功,在其后的历朝历代,新儒学成为科举考试的课程,始终控制着受教育阶层。科举考试是入仕的途径,即使官职的数量几乎固定不变,参试者的数量仍随着人口增长而持续扩大。新儒学的价值观念通过共同的人伦礼仪、当地士大夫关于道德伦理的公开宣讲、乡村私塾的启蒙读本、通行历书上的道德故事以及关于妇德的小册子,也逐渐渗透到基层社会。其原则既通过文本也通过实践而传播扩散。新儒学不赞成强制,对他们来说,礼的标准化是取代暴力强制的有效方式。①改革家居生活的礼仪是他们传播正统观念的关键策略。

中世纪的贵族通过排斥异己、通过把自己作为不同的特殊等级划分出来,以确保自己的地位。而新儒家正好相反,通过包容来施加他们的权威。他们自己原先也是"平民寒士",他们之所以能从新的"平民"阶层中崛起,不是因为血统,而是因为他们以教育上的成就赢得了品官头衔。②作为知识界精英的代表,他们把社会当做一个分等级、有阶序的连续统一体,而不是分隔的世袭阶级秩序。对于他们来说,礼的实施要有利于用一个共同目标或一套信仰使社会结合为共同体,同时重申固有的社会等级分层。礼具体表示了群体内等级和地位的差别。政治家欧阳修(1007—1072)说,以礼教导民众不仅将防止失序,而且要教导他们区别尊卑长幼,以及社会关系之伦理。③礼的正确实行要依据于儒家文本知识及其学说统系,教育提供了超越其他社会阶层获得这种知识与权威的可能。④

儒家思想把家庭生活规范作为支撑政治秩序的核心角色,因此毫不奇怪,房屋,其日常活动和居家礼仪,在新儒家传播正统观念的策略之中发挥关键性作用。正如我在前面所论述,祭祖礼仪的标准化在这一努力之中居于核心地位。⑤在帝国时期最后的二三百年中,外国观察者将中国的住房等同于祖先之神祠,而西方人通常把祖先崇拜看成是中国文化的古老特性。然而,对于较低的社会阶层来说,官方认可他们的祖先崇拜乃是一种较晚才有的特权。有人提出,在中世纪的农村,可能存在对死者的共同的村祭,而在唐代和宋代早期,受教育的平民可能在住房中把一间屋子作"影厅",在那里置放祖先的肖像。⑥然而,直到宋代,只有社会最高阶层才能得到官方允许而为祖先建造祠堂。

在宋代早期,新的受教育的精英阶层开始建立家庙,这既要分享祖先崇拜的特权以确定自己的精英地位,无疑又是由于核心性的儒家价值"孝"的观念,逻辑上可以扩大为对于祖先的尊崇。⑦11世纪政治家司马光似乎首先建议这一做法应该在文人学士之中加以普及:"君子将营宫室,先立祠堂于正寝之东。"⑧在12世纪,朱熹采取了激进得多的步骤,他的目标是把这些特权扩大到全部父系亲属群体。所以在他给司马光著作——部分收入《家礼》——所做注释中,朱熹对于因财富不等而带来的标准不一作了通融,他写道,理想上,祭祖祠堂应该有三间宽,但是,穷人家只能有一间宽的地方,甚至只能利用正房的东头。朱熹也对物质缺乏带来的其他问题作了通融，比如没有朝南的正房："在此处以及全书，**无论实际朝向**，在房间的布置上，都把正面当做南面，把背面当做北面，把左面当做东面，把右面当做西面。"⑨对方位的绝对要求由而重新表示为一套对应的形式，从而使得任何人都能遵行之。

《家礼》一开始就是对建造家庙的指导。朱熹明确指出，这一部分之所以在他的书中居先，因为它是以下全部内容的基础，这不仅是在道德与形而上学的意义上，而且是对正当行为举止之教导而言的："凡后篇所以周旋升降出入向背之曲折，亦有所据以考焉。"⑩

一旦一个家庭建立了适宜的祭祖祠堂，他们就能够遵行正确的日常礼仪和成年礼，从而牢牢地置于一套正统信仰的网络之中，并以"礼"的模式规训身体。对祖先的每日祭拜与每月供奉是家内事物，但是婚礼、冠礼和葬礼则涉及亲戚与邻居的礼仪式的参与，因而是公共的强化正统信仰的场合。所有的礼仪以家祠为中心点，通过把家祭的特权扩大于较低的土地所有者阶层，并最终通过宗亲关系扩大于普通的、没受过教育的民众，新儒家们得到前所未有的机会对普通民众生活与思想加以塑造。家祠将其成员组织进一种历史和地缘的网络，以及一套新的持久的传统之中。

所有这些礼仪活动的核心单位是夫妇，他们的角色功能是互补性的和相称性的。这在《家礼》中很清楚：男主礼从东阶而上，女主礼从西阶而上；他供奉酒，她供奉茶。即使一个男人可能有几个妾，但只有妻子作为礼规定的家族世系的成员，才能履行这些职责。每种家礼强化不同方面的等级秩序：长辈与小辈之间、兄弟妯娌之间、一夫多妻家庭的妻妾之间。（我们可能也要注意到，不像欧洲现代早期基督教的"家庭祈祷"，即使仆人与他们的主人分属不同教派，也要被迫参加。仆人在中国的家礼当中是没有份的。）当家庭祭礼的文本在中国社会传播开来，不仅仅礼仪被标准化了，而且其所体现的社会微观层级包括性别关系也被标准化了。

　　一旦不仅允许而且要求每个人都有祖先，甚至平民对于其家族起源、族谱、通过男性世系追溯的复杂的血缘关系网络也非常用心。人们归属于一个宗族如同归属于一个家庭⑪，通过这样的宗族世系，大量的普通中国人能将血统追溯至他们的始祖——或者是唐朝的英勇将军或者是宋朝的杰出学者——一种历史纽带使得今天一个马来群岛上的中国人能告诉你，他的家乡是河南省的某个县，一个半文盲的农民宣称与一个死去很久的学者是同族。⑫宗族组织是父权制的也是父系的机构，是正统信仰（根据地域而略有变化）强有力的实施者；族人参与的一年到头的宗族典礼对文化融合起到重要的作用。

　　同时，居家礼仪与礼节将人们连接进一个共同的历史中去——这一历史可回溯至伟大的道德主义者朱熹和他在宋代撰写的家庭生活指南。朱熹撰写《家礼》之时力图使之普及，文字明白晓畅，而所描述的礼易于遵行。朱熹未论及地域性的风俗或礼仪的变化，而只是简单地提供一种标准化的拜祭仪式。正如有关拜祭的内容一样，朱熹的著作也包含了许多司马光对日常礼节的指导。《家礼》原本是作为当地长官教导其治下百姓的指南来写的，到宋末，这部著作的一些版本有了插图，"最有可能的是……从另一本书改编过来，使《家礼》中关于物体和房屋布局的描写更容易了解"⑬。这一文本常常收入于宋元时期一种为更广大读者设计的参考书中，而朱熹的著作被拆散放在不同的标题下：婚礼在一部分，葬礼在另一部分；有时只有收入去掉注释的正文。

　　举例来说，一部流行的类书《居家必用事类全集》——这是一部初刻于1301年的元代著作，1560年的明代修订本流传更加广泛，其首节的题目是"朱文公童蒙须知"。这部书包括了对关于服饰、言谈、举止、清洗与清洁、读写的不同指导，既有对司马光的引用，也有对《家礼》的引用。这部书的第四卷涉及建造房屋和迁居；其中，理学家袁采坚决的、非宗教的主张与《鲁班经》中的大段描写以及分类的风水术混杂在一起。这部书还有书信和契约的范本；关于公共道德以及违德之事的部分；解梦；耕作、园艺、养蚕；茶叶泡制、饮食、医药、长寿之法；以及一个历史和地理知识的百科辞典。这一类著作的普及流行反映了一个几乎能称之为中产阶层的相对富裕家族的兴起的事实，他们对文化教养有热烈的要求，而至少部分地能从书本中得到有关基础知识。⑭他们渴望懂得行礼仪式也渴望懂得礼节。

由于对传播适当的礼于更广泛社会与地域的关切，新儒家的思想家越来越关注由"土风"和"陋俗"引起的问题。他们撰写朱熹著作的注释，或对于礼的概括性再思考，力图妥善处理这些问题，把更多的人包容于正统信仰的范围。⑮扩展正统信仰的国家措施——常常与士绅主动所为相一致、相交迭，包括关于统一礼仪的立法、建立学校、组织宣讲、旌表有殊德的臣民。将新儒家精英与普通民众之间的关系想象成直线形的控制与支配是错误的，如果说新儒家精英在创造高度的文化整合上是成功的，这恰恰是因为他们对待当地风俗、异教信仰或非正统规范的弹性。妥协折中和调节融合，一种适当的重新标签或再构造，经常胜过对抗和根除所达到的效果。对协商方式的倾向使得权威能限制和吸纳本地的民众，否则他们将与之疏离。⑯

有些作者在讲家礼时把拜祭灶神编入他们的著作——可能如伊沛霞所提示，是要阻止人们在生病和遇祸的情况下求助僧人和巫师。⑰吕坤（1536—1618）甚至急切地要使妇女也成为懂礼教的人，吕坤并不是想强迫人们穿上违背他们感受的礼教紧身衣，只是"提供了按照感情与天性在风俗与礼之间进行选择的一种谐调性基本原则"。他的弟子吕维祺（1587—1641）力图反对一般民众喜欢的让僧人超度亡灵，但他不是要求取缔而是坚持在那一天祭奉祖先。⑱

新儒家学者常常倾向于可接受的妥协折中，而不主张强制推行正统规范，而统治者则往往对运用法律权力有更大的信心。明太祖宣布婚礼应该遵守朱熹的《家礼》，而这一规定被编入明朝的法典——普通家庭更需要获得一部在这样的情况下能够参考的类书或关于礼仪的小册子。清政府也在官方编纂中给《家礼》以显著地位。因为目标不在于排除而是包容普通民众,所以并不是要求朱熹所描述的礼仪得到严格的遵行;而是说正确的道德精神是重要的,不存在佛教徒、道教徒和其他异端是重要的。[19]

我已经间接地指出,在明朝,书籍的市场扩展到受过高级教育的人们之外。书本中的观念传播得甚至更远,吸收这些信息并不需要识字。罗友枝(Evelyn Rawski)认为,到清代晚期或可能更早,"甚至文盲也生活于基本上是一种文字文化中"。受教育的行家(一个当地士绅,乡塾教师)会被邀请为婚礼或葬礼等典礼的主持者或指导者,写刚刚去世的人的灵牌,或给孩子起合适的名字。[20]

类书作为通俗读物在明清时代广泛传播,其中包括正统的行礼仪式与礼节,在同一封面下还有占星术、占卜术和造房的法术。在晚期帝制中国,印刷得最流行的书是历书,它提示来年的吉日和不吉的日子。无法清楚地说明历书传播得到底有多么广泛,但是甚至买不起的人们也肯定有抄本用,他们在做稍微重要一点的事情之前,比如出门旅行或结算一项交易,都要看历书来决定。"如果人们无法阅读其中的指导和建议,他们就简单地选择那些在其下有最多文字的日子,他们认为下面有大段文字或红字段落的日子最适于做大事。"[21] 历书还有日历,包含了很近似于类书的一系列素材;我在1977年于吉隆坡购买的一部历书包含了这些内容:新儒家的道德著作,混合了中西方医学观念的有关健康的论述,从《鲁班经》的清代版本上翻印过来的备有插图的房屋设计,以及一部英语—广东话词典。在这些著作中,正如在通俗类书中,房屋的象征意义互相交迭:儒家的礼的空间、风水师的有能量的空间以及需要符咒与护身符保护的神秘之地。

罗友枝分析了印刷书籍的传播,并论证道,在晚期帝制中国,功能性的读写能力是相对普遍的。[22]然而,我更倾向于同意詹姆士·哈耶斯(James Hayes)的主张,大多数乡下人不需要这样的书,但特别倚赖风水师、算命先生、流行宗教的复杂仪式以及正统典礼。哈耶斯研究了自20世纪初以来有关香港农村生活的文字材料,他发现,风水术、算命占卜的从业者经常出自"受尊敬的阶层","许多人显然是在业余时间涉足这类事务的学者,他们在家里或私交的范围内从事这些活动,写手抄本,出新书或给原书作注"。[23]只有受过很好教育的人们能站稳立场对混杂在人们日常生活中的真正的儒家规范和许多异教仪式与观念加以准确识别——所有这些也混融地体现于家居空间,记载于他们所赖以得到指导的文本当中。甚至在受到儒家经典训练的学者的心中,家居空间的多重"语法"也是交迭在一起的;在大多数人们的心中,它们是解不开地纠缠在一起的,正如从专家或技师的知识范围所能看到的那样——修建房屋要求助于他们的技艺。

文 本 专 家

修建房屋需要规划,也需要木匠,可能还有砖匠、风水师,还有钱财。宋代的袁采在他著名的著作《世范》中有一段关于建造规划的论述。[24]袁采清楚地说明,建造房屋是一项甚至富人家也不能轻易进行的事务。他对房主受工匠操控的描写带着那个时代的特征:

> 起造屋宇,最人家至难事。年齿长壮,世事谙历,于起造一事犹多不悉,况未更事,其不因此破家者几希。盖起造之时,必先与匠者谋。匠者惟恐主人惮费而不为,必小其规模,节其费用,主人以为力可以办,锐意为之;匠者则渐增广其规模,至数倍其费,而屋犹未及半。主人势不可辍,则举债鬻产,匠者方喜,兴作之未艾,工镪之益增。余尝劝人,起造屋宇须十数年经营,以渐为之,则屋成而家富自若。盖先议基址,或平高就下,或增卑为高,或筑墙穿池,逐年渐为之,期以十数年而后成;次议规模之高广,材木之若干,细至椽桷篱壁竹木之属,必籍其数,逐年买取,随即斫削,期以十数年而毕

备；次议瓦石之多少，皆预以余力积渐而储之，虽僦雇之费，亦不取办于仓促，故屋成而家富自若也。

袁采提到的"匠者"十有八九是木匠，因为木工被看成是建造中最重要的因素。在帝制中国晚期有些被当做是建筑师的建造专家。在与主人磋商之后，他们要画出草图、提出方案、提供一个样板或甚至一个纸制模型。一些家族是建造世家，像雷家，在17至19世纪设计了北京及周围的宫殿。大多数家居建筑不需要建筑师。主人自己可能拿出想要的房屋的图形给建造工匠，或者，他可能请求工匠按照他所羡慕的其他人家来建造。㉕

在经典和帝国晚期的类书中，木匠代表了工匠阶层标准的优点。他的技艺涵括于"巧"这个词中，在英语中相当于"craft"或"artfullness"，也具有同样的模糊性：有捣鬼的意思，也指一个灵巧、勤奋、诚实的工匠。在帝制晚期，城市里的木匠是加入行会的专业人士，他们以学徒身份学习行业技术，然后给人当雇工，直到他们付得起参加行会的费用并开一个铺面。但是在乡村，木匠似乎一直是项副业，他们甚至没有全套的工具。瑞廷比克引用1850年的一个文献，其中说，在乡村主人不得不提供所有的工具和材料。作者说，这样一来，建造样式就十分单调，但确保了最后完工的质量。虽然，最穷的农家只能在家人或邻居的帮助下自己盖房，但似乎甚至在小规模的工程中，比如在1790年一个茅草盖顶的三间大的房子，也会定期地雇请木匠。㉖

袁采有关盖房事项的说明纯粹是非宗教的，与受教育精英的代表人物相称，并省略了风水的提示或在屋主与工人之间可能出现的紧张。但是瑞廷比克通过查阅关于建造的原始材料表明，木匠、砖瓦匠所需的纯粹的技术性知识是与法术、礼仪融合在一起的（见图11）。与官方建筑相关联的礼仪是很少的，但是在民间建筑中，几乎每一阶段都需要从宇宙观上加以考虑，都需要举行仪式。木匠、风水师、屋主经常处于冲突之中，每一方都试图以不同方式利用宇宙力量。受儒家教育的绅士可能暗示要忽视法术，但

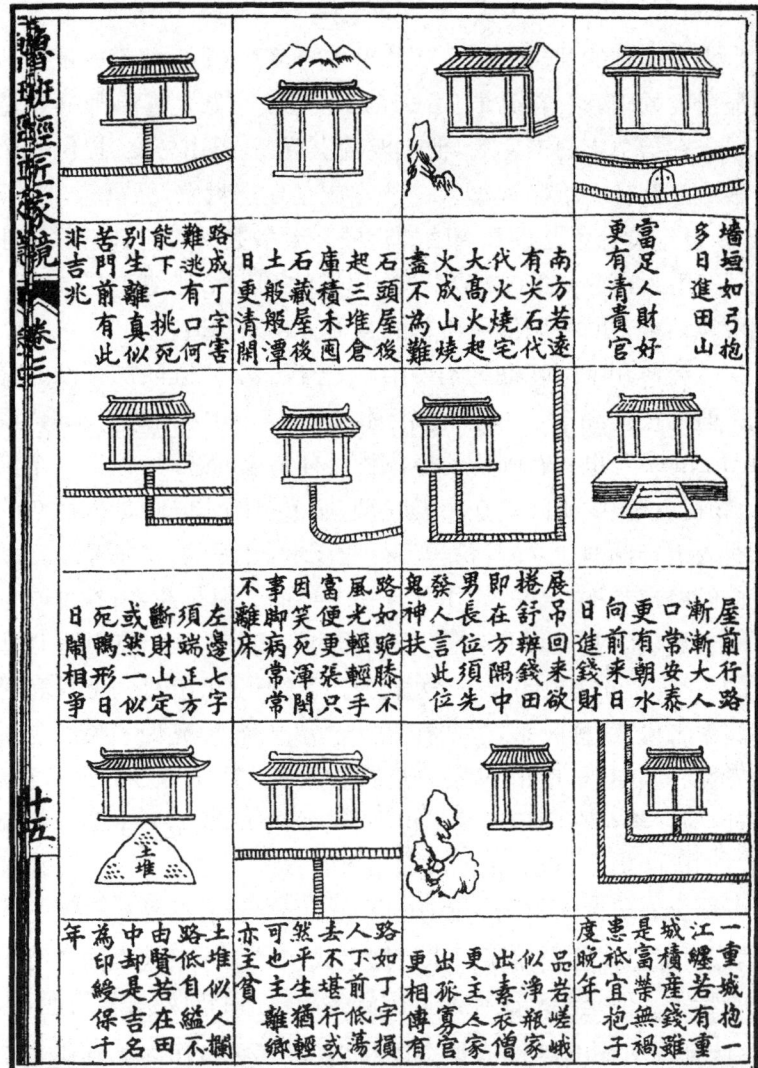

第一部分 建筑一种传统：中国社会空间的释义 **127**

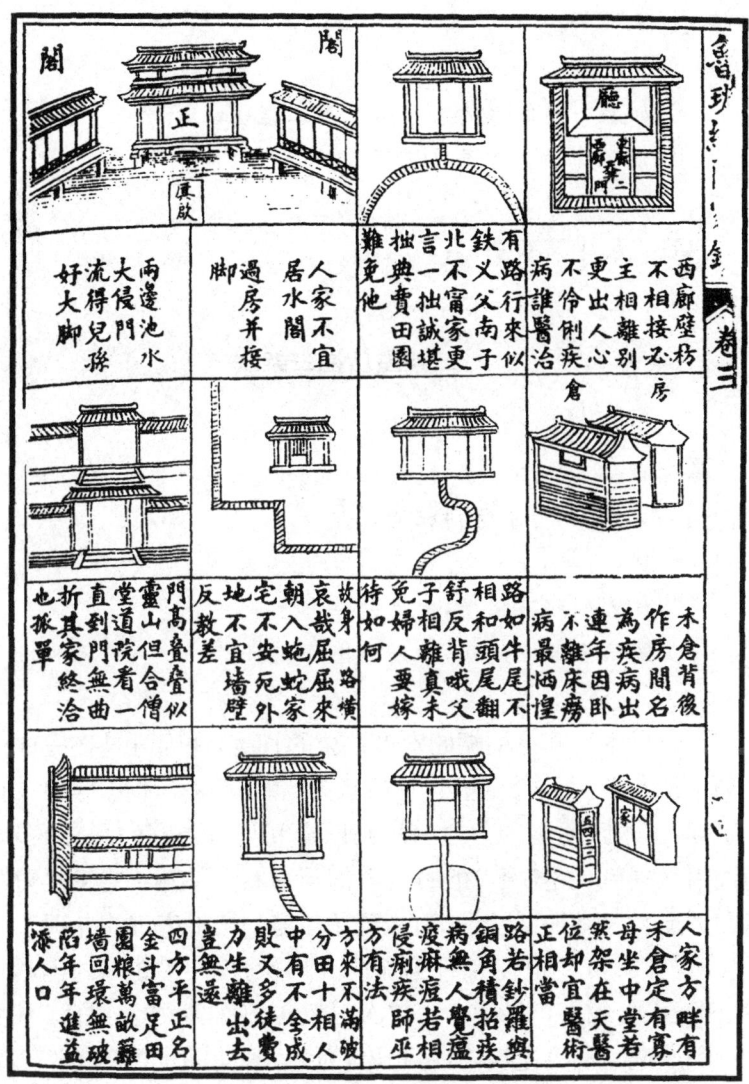

图 11 吉利与不吉利的建筑形式。《鲁班经》中的一页图表，表示吉利和不吉利的建筑形式(《绘图鲁班经》3/14b—15a)。

是通俗类书与历书把袁采的建议放在关于建造的一系列条目之中，其中，实质性的技术与法术不可分地杂糅一处。《万宝全书》中有这样的例子：

> 如果一间住人的屋子省了第二根柱，
> 毗连的那间将难以居住。

《鲁班经》中又有一例：

三架屋后拖三架法

> 造此小屋者，切不可高大。凡步柱只可高一丈零一寸，栋柱高一丈二尺一寸，段深五尺六寸，间阔一丈一尺一寸，次间一丈零一寸，此法则相称也。
>
> 诗曰：
> 凡人创造三架屋，般尺须寻吉上量。
> 阔狭高低依此法，后来必出好儿郎。[27]

当一个木匠计算门楣的宽度或梁的长度，他同时是在完成一系列宇宙论意义上的度量。一般认为，鲁班，这个木匠行的守护神，发明了木匠的规则。这一规则以吉利与不吉利的尺寸表示。前面引文提到的"相称"指的是全部尺寸都合吉利："寿"、"财"、"福"、"禄"，木匠一定要知道从开始盖房到挂上床帘的各项工序的吉日与凶日，要记住各种工序的先后次序。例如《家宝全集》（扬州石成金编纂，于1707年首次出版）中说："竖柱上梁后，方可砌周围墙壁。不可先筑墙，后起屋，为之'困'字兆，主不吉。"[28]

房屋构造的某些部分具有礼仪上或法术上的特别重要性，包括大门和内门、主建筑四角的大柱、床、正梁或顶梁。用法术的术语来说，顶梁表示住在屋子里的一家人的运气。只能在一个特定的吉日上顶梁；房主要准备和焚烧驱邪符，给工人们准备庆功的食物：如面饼、烟、酒。这些食物一方面表示庆祝顺利完工，同时房主也把这当做是对工人的贿赂以防止他们在这个节骨眼上施巫术。影响家庭命运的有魔法的物品或符咒可能藏身于屋子的某些部位，通常藏在墙里或门楣里，或塞进屋檐里，但最可能的地点是顶梁[29]：

一片破瓦一断锯
藏在梁头合缝处
夫丧妻嫁子抛离……

双钱正梁左右分
寿财福禄正丰盈
夫荣子贵妻封赠
代代儿孙挂绿衣[30]

一旦房屋完工，要写一种特殊的护符，贴在顶梁上，然后，祭坛落成，土地神和灶神"请上尊位"[31]。

由于木匠能用他们掌握的深奥知识在房屋建造的过程中于任何一点上影响雇主一家的命运，他们之间的关系充满了不信任。《鲁班经》的头两个部分将木匠表现为以技艺自豪的诚实的手艺人；而最后一部分（明显是在晚明时代加进去的另一本书的内容）是从雇主的观点写的，关注于预防或压制巫术。18世纪的《家宝全集》解释道："大抵匠人作魔，多半由于主人太俭约、太琐碎所致。予以为四五日一次肉食，断不可少，再加以和颜美语，知彼饥寒，待彼长厚，则匠人未有不尽心于我矣。"[32]

《鲁班经》最后一章建议，虽然对工人已经做到了慷慨大方，但仍然要力求万全。提出在上屋顶梁的仪式中要向工人展示和着狗血的酒，以确保"自作自当，主人无伤"[33]。

建房的地点是由会看风水的人选择的。[34]一些风水师专门看房屋，有的专管修坟，而有的专管挖井。斐彻望（Feuchtwang）和其他学者研究中国南部农村的风水,发觉雇主将风水师看成是有文化的精英阶层,台湾在今天还用称呼老师和学者的"先生"来称呼风水师。㉟真正的精英确实不把职业风水师当做是同等地位的人,但是当地士绅常被没文化的邻居请来看风水。哈耶斯发现,在20世纪70年代的香港:"在我们地区开业的风水师分成两个部分:一种是广受欢迎的来自外地的著名的巡游者,一种是当地人,经常是教师和较低的当地士绅出身。后者做这一行完全出于兴趣和要做点什么事的需要,自然,也包括出于互惠和责任而答应亲友的请求。"情况似乎与晚期帝制时期十分相似,那时,一些科举落第的人可能靠学术专长当一个风水师以谋生。㊱

不是所有的相关于建造房屋的专家都有真正的书本知识,但他们的知识和技巧经常乞灵于文字的权威,在中国,并非所有类型的专门技艺都是如此,这可能与技艺的性别分工有关。例如,纺织的技术,在帝制晚期经常由男人操持,但是在传统上被认为是女性的工作,传授这一技术不用参考任何书本权威。但是,涉及设计与建造房屋的所有专门技术都是由男性来做的。木匠个人经常不识字,而每个店铺都有一部破烂的手抄本《鲁班经》,他们干活时的尺寸全部由木匠法则上的法数所规定。㊲事实上,建造房屋的每一阶段都由一次书写活动标志,从选宅看风水,到标记和砍削椽子,再到最后写贴在屋顶梁上的符咒——标志着完工。这一"巫术—宇宙观"的文本,就像新儒家的道德和历史的文本一样,交织进房屋的空间结构之中。

在前面的章节中体现得很明显,儒家或新儒家的思想和实践活动——我为方便起见概括地称为"正统",并不是一牢固整体。撇开历史上的变化与地区性的差异,我发现在儒家思想中区分三种线索或观点是很有帮助的。第一种的典型代表是皇帝和为他服务的士大夫;当元朝皇帝在法典中加入朱熹所制的"婚礼仪式",当清代前期的皇帝批准乡村举行公开的道德宣讲,或者当一个地方长官试图提出规章以改革当地葬礼,他们是以这一信念在行动：国家及其机构在改革社会上发挥积极的全能作用。推到极端，则意味着在统治者和"民"之间唯一必要的媒介就是在职的官员。而这一极端的解释是很少的，来自当地士绅的帮助至少是经常受欢迎的。

在宋代晚期的新儒家哲学家及其思想继承者中，第二种观点是主要的。他们反抗国家干涉主义，令人联想到当代美国的许多社会思想学派，如社群主义者，这些思想家认为，个人的自我修养和家庭伦理的践履是社会改良的关键所在。不能把这一姿态理解为是要从社会中抽离出去：道德的自我修养使得其人发挥榜样和领导作用，以组织当地社会并通过如宗族这样的社会组织——他们在其中乃是关键人物——传播正统信念。这些思想家从未否定国家权威，但是他们感到其作用应该有所限制。

这两种观点都对人性采取了相当宽容的看法，就这一看法来说，教育远比强制更有成效，能培养出足以信赖的负责任并高尚的道德行为者。妇女的道德天性决不低于男性，以"妇道"精心教育女儿，她们能成为能干的妻子、丈夫合适的助手以及孩子们智慧的母亲。正如我们将在有关"妇工"的章节中看到的，赞成这一观点的人常常宣称国家的政治秩序植根于内室；妇女管理家庭、抚养孩子或纺织的日常活动对于社会作出了关键性的贡献，使她们的家庭与院墙外的世界牢固地连接在一起，并将之整合进国家秩序之中。从这个观点来看，妇女的隔离赋予之以尊严与责任，标志着活动领域的互补性区分，而不是抵御外界诱惑的屏障。

第三种观点更少宽容而更多强制性：它并不怎么关注家庭、社会和国家之间的连接，而是将家庭层面的严厉的家长控制看成是一个有秩序的社会的关键。个人只有被控制并远离诱惑才能是有道德的。妇女天生有道德缺陷，精神上低于男性，不能抵制诱惑；隔离对于确保家庭体面是必要的。然而，在内室的围墙之内，女人们之间不仅互相争斗，而且在本来友爱的兄弟之间挑起事端，她们对社会秩序造成的威胁只能靠隔离来转换。妇女必须劳作以保证家庭的日常秩序，但是她们不能成为受到信任的管理者；是父家长而不是他的妻子能对每件财政事务加以监控。这一观点在诸如族规的著作中是普遍的，在晚期帝制中国，家规族规在低等士绅中十分普及。

儒家或新儒家的这三种思想与实践方式并不是绝对的，人们一般都认为国家、当地士绅与家庭在维持社会秩序上都发挥作用，即使不同的人对这些力量之间的平衡可能有不同的看法。不同的社会群体对于女性隔离的意义与作用可能有不同的观点，但并不是绝对单一的：一个男性可能绝对信任他的母亲，同时又坚持认为只有最严格的控制才能制止儿媳妇的蠢行。自然地，甚至最仁慈的男家长或女家长也在日常的家庭管理中感受着信任与强制之间的紧张。房屋，作为一个物质性的结构，具有两方面的功能，既是一个教育的空间，又是一套具体的实施控制的界限。

在宋代，新儒家官员—哲学家——他们热切地向全社会传播正当的风俗——编纂的家礼中的有关论述，系统地阐明了可以称之为原型或理想的中国房屋的许多特征。通过印刷品和专家建议，在明清两代，这些著作之中的布局设计与行为原理逐渐成为正统。同时，较少正统性的宇宙论信仰——可以追溯至唐甚至汉，载于《鲁班经》和风水书中——也普遍化，通常印在大量出版流通的类书和历书里，和礼书有同一张封面。甚至不识字的人也熟知这些礼书和风水书的要旨，熟知其互相交叠的空间语法和生活处境的景象。随着关于房屋应该是怎样的文本规定的广泛传播，其物质性结构越来越有效地将普通民众整合进一个"正统"的网络之中——被体验为家庭日常秩序。除了规模、质量上的巨大差异，以及个性化的布局设计、地区风格的不同，到帝制晚期，中国房屋体现了一套共同的价值原理、世界景观，为中华帝国广大领土上所有阶层的民众所共享。

许多当代的社会科学家论述了默识的、物化的知识在铸造文化整合上的重要性。中国人敏锐地意识到身体习惯塑造心理模式的能力："孝、友的美德不是任何人设想的品质，不可能不依靠将之符号化并强固化的礼仪而得到培养。"⑧ 以新儒家的观点，礼

(行礼仪式、礼节或适当举止)是达至个人修养和社会改良的关键。新儒家的秩序为低等级的、没受过什么教育的民众提供了加入令人尊敬的阶层的机会——通过在每个家庭内运作的、家长管辖下的一个等级和层级交叉的体系,用上层社会式的规则行使家庭权威。

妇女的隔离——新儒家以之为道德秩序之栋梁,似乎对于低阶层或没什么财产的男人具有特别的吸引力。首先,这是一个可以企及的体面的标志,其次是因为它所赋予的家庭权威。想说明在中古时代的中国农民或其他普通民众之中,妇女的隔离实行到什么程度,那是不可能的。人们普遍认为唐代的贵族妇女是相对自由的(她们不仅能够拥有土地,而且还骑马、玩马球),但当普通民众越来越多地被吸纳进新儒家正统规范之中,女性隔离的制度似乎变得更加广泛和更加成体系了。

尽管唐代贵族妇女有着大多数 19 世纪和 20 世纪的中国妇女都没有的活动自由,但是将女性隔离的发展定义为一个简单的线形趋势还是有些不妥。宋代的道德主义者急切地坚持女性隔离的重要性(也坚持禁止妇女拥有个人财产的必要性),可以将之看成是他们察觉到社会失序的威胁而作出的反应,这种失序的危险来自这一时期迅速的城市化、中产阶层的不断繁荣、等级界限的模糊,无疑还有诸多妇女参与商业管理以及其他不适宜的活动。相似的情形在中国历史上多次复发,每当这时,正如田居康(Tien Ju-Kang)、曼素恩(Susan Mann)、凯瑟林·卡里兹(Katherine Carlitz)等人所论述的,关于社会动荡或男性美德失堕的焦虑就投射到女性身上。在诸如蒙古入侵、明朝覆亡或被西方列强战败的灾难过后,即使在城市里苛守道德也盛行一时。但是在几十年的和平之后,经济恢复,城市再度繁荣,体面妇女就从隔离中偷偷溜出,有些是拼命寻找工作机会的低层妇女;有些是家庭商务中的帮手,在丈夫外出采购时接管丝绸铺子或药房。还有的妇女有钱去上香,坐船旅行,还出入公共场合展示自己。这样的堕落情形必将引发关于女性美德的道德主义言论的涨潮,那些希望确保体面的人家，那些想把女儿嫁给更高阶层的人家，或是那些不许儿子下娶的人家，必定严肃地对待之。

在宋以后的时期，就有关的城市人口来说，新儒家道德主义者所拥护的女性隔离以及其他的家庭等级体制，逐渐地从精英阶层扩大于所有社会阶层。然而，体面人家以为必要的严格程度，可能反复波动。㊴在乡村地区，同样有着正统规范向每一社会阶层的渗透，但是，我推测，当地官员对扑灭"淫"俗的特别关注，导致其辖下的男性更加固守儒家的戒律清规，这就使得在乡村地区，女性隔离文化的发展呈不断上升之势，而不是来回摆动的。㊵

隔离所强加的重负在穷人家可能更加苛刻，在那里，女性几乎没有可以退隐的空间，而除了家，男人也不能控制其生活的其他地方——然而，即使在这种状况下，我们也不应该假定隔离对于女性来说，始终意味着压迫：对于她们当中的很多人，正如对于她们的男人们一样，这是表明体面和为家庭增光的一种负担得起的方式。在更富有、更有文化的家庭，深闺内室生活则带来相当可观的道德和社会报酬。女性由于其幽居生活，有时被认为具有道德上的纯洁性，以及超过男性的对事物的透彻看法。她们作为教育者的作用和她们对于正统规范的贡献极为重要。同时，特定的妇女（但不是全部）有着相当的自由，可以在那些我们现在认为对形成自我意识十分重要的领域中活动，如管理家庭财政或作出生育决定，这些活动不仅影响她们自己的生活而且影响了她们嫁入的父系家族的发展。在第六和第九章，我将以更长的篇幅讨论这些课题，我将探讨妻子和丈夫的角色之间被规定的与真实的互补性，以及在中国父权制不同形式的结构之中，与性别层级一样重要的女性之间的层级。

当评价晚期帝制中国的女性隔离的意义时，我们应该记住不能把它翻译成一个简单的性别上的对立：女性被控制、男性是自由的。家长的控制和族规意味着，帝制晚期的中国男性几乎不存在当代西方人意义上的"自由"。男性的自我认同深深地嵌入父系家族之中，在某种意义上，一个男性的原初身份是公共性的，正如他们对于祖传财产的权力一样。只有通过娶妻，一个男人才获得对于私人空间或私人财产的权力。在中国，妻子对于家庭来说是外人，通常被描述成没有真正的忠心，她的自私自利威胁着家庭的和谐。一方面，隔离制度使得家庭能包容和控制这一威胁；在另一方面，隔离制度也构造了得以滋生种种对严厉父权秩序之背离的空间。

新婚夫妇有他们自己的房间。因为女人整天在屋里，而男人整天要在屋外活动，居室就是新娘自己的屋子，在她的控制之下。在屋子里，摆放着她的床，她的孩子在那里孕育出生，还有壁橱或箱子，里面锁着她的私人财产。这笔资金她可能用于个人需要或给她的丈夫和孩子用，她也可能用它帮助娘家亲戚，或投资于某项商业；这是一笔在她个人控制之下的财产，她能把它留给自己的孩子，无论男孩还是女孩，不像祖传财产，是由所有男性后嗣平分。而且，如果她把自己的嫁妆借给丈夫或他的家族，就能对这一父系家族有所控制。新儒家道德主义者一再敦促贤妻无条件地把所有嫁妆贡献给丈夫家长直接控制之下的共同家庭资产。但是，女人们对此坚决拒绝。她们继续把持她们的嫁妆，即使她们不能用之暗中颠覆父系家族的权力等级，但私人财产的存在似乎已经是一种相当大的补偿。

女性隔离制度使男性得以控制妻子的生育，以确保儿子的合法性，从男性视角来看，他的子嗣不只是他们自己的孩子而更是家族的共同后嗣。它也使得家庭地位更高的妇女能控制地位较低的妇女。同时，隔离给予妻子——这个家族的外来者——一个准私人空间，她在这里维持着一种不同的、具有潜在颠覆性的自治和控制形式，她能得到娘家亲人而不是夫家姻亲的忠实关爱，从中获得鼓舞和支持。

除了形象化地表示她给夫家传宗接代的婚床，女人还保留着上锁的箱子，这代表着对于父系家族一体的抗拒。居住在男方的家中、包办的婚姻，与女性隔离制度相配合，把一个妇女从她娘家的树干上扯下来，使她屈从于以男性为中心的一群陌生人的控制之下。但是，这种控制从来都不完全，对于男人来说，妻子的隔离既是不安的来源也是信心的来源。

　　在帝制晚期的中国，"家庭生活"的意义与工业化的西方社会有着颇具意味的差异，这正是因为房屋并非一个独立的私人性领域，而是与社会和国家相贯通构成了一个政治与道德的连续统一体。在整个第二部分和第三部分，我论述了把女性隔离理解为尊严的保持还是压迫，这关系到如何解析一个妇女对于深闺外世界的贡献，这些贡献可能是物质性的，例如织物，可用于交税、赚钱、或当做家庭之间互相交换的订婚礼物和嫁妆；她们的贡献也可能是社会性的，生下后代或成为训练有素的主妇；而当一个妻子支持和帮助丈夫渡过难关，或当一个母亲以美德教育她的儿子和女儿，她们的贡献可能是道德意义上的。深闺内院与广大的世界相隔离，但并不是相隔绝的：界限的重要性在于它既不是固定的又不是不可渗透的。

第二部分

妇女的工作:
织出社会结构中的新图案

男性与女性的差异不仅仅表现为他们各自所占的空间领域，而且表现为他们所完成的工作。①在前现代中国中，工作对于规定性别角色的意义被大大忽视了；然而，只有重视"妇工"以及其历史变化，我们才可能理解"家庭生活"或性别差异的中国式性质和意义。

在中国，妇女的工作传统上被规定为纺织；闺中不是依赖、附属性的，而是进行重要的生产活动的地点，将家庭与整个国家组织联结在一起。直到宋代，无论是简单的织物，还是价值昂贵的有图案的织物，凡有关纺织的技术和经营上的技巧，都被认为是女性的知识领域。然而，纺织品生产的商业化和专业化持续发展的趋势是以宋代为开端的，新的劳动分工使女性对这一经济部门真实、明显的贡献不断地边缘化。这一过程是缓慢、复杂和不平直的，但是，到明代后期，所有的纺织业除了必要的生活用品，基本上变成了一种男性从事的职业。对于女性来说，丧失了作为主要生产者的地位，丧失了拥有重要技术领域之知识和技巧的地位，这意味着什么？

超越对于妇女生产能力的简单的量化评价，或者对其工作的精确经济价值的评价，而将生产体制的变化和性别角色上的变化联系起来，这是很有必要的。必须认真考虑到在中国社会不同种类的织物具有的象征意义，这与其市场价值一样重要。在中国，妇女的工作传统上等同于织布，这一物品特别地富有象征性价值。②在全世界各地，布料的制造与人类生活和繁殖，与使社会得以再生产的家庭和社区之间的交换、与国家和臣民之间的义务，有着不同的联系。衣服标志着社会地位和性别的差异，一些纺织品传达着归属性的价值或共同的社会身份的感觉，比如皇袍，在数个世纪中从一个统治者传给另一个统治者，这是王权的标志，使一个男人变成一个统治者,而且具体表达着整个国家的历史的意义;又如从母亲传到女儿的婚礼服,在一个父权文化中描绘出女性的系谱。纺织业的商业化打破了生产者与消费者之间私人的或礼的联系,日益使技巧去神秘化,使生产者的角色贬值。我在这里将论证,在中国,作为纺织品生产者的妇女,其所担负的财政义务的历史变化,对于女性地位的变化具有特别重要的意义,它打破了公认的妇女与国家之间物质上的互相依赖关系,因此给女性角色之典范的修正铺平了道路:强调各种形式的生育而不重视我们认为是生产性的工作。

作为女性工作的精髓部分,纺织品制造乃是中国妇术之核心,这是一套生产布料的规范,也是一套制造女性特质的规范。罗格·福瑞德兰德(Roger Friedland)和阿·弗·罗博森(A. F. Robertson)注意到:"工作提供身份意识和提供餐桌上的面包是一样重要的,进入商品和劳动力市场,既表明你想要什么也表明你是谁。虽然按经济学家的典型思路,将假设工作乃是无效用的,与休闲或收入交替换位而已,但是,工作实际上包含了其他的效用:从一种身份的表达(我是一个金属业工人)到相关的成就(我是一个优秀的金属业工人)、社会价值(成为一个金属业工人是好事,或工作是好事)、性别(对于男人来说做一个金属业工人是好事)或声望(当一个金属业工人比当一个售货员好)。"③工作提供的身份意识并不总是肯定的,当然,我们也不能用我们以为是自然的职业、知识、生产能力的等级,去理解在其他社会中工作的意义。但在每个人类社会中,工作(或非工作)在社会角色与社会等级的构建中都是一个基本因素,对于性别和阶级也同样如此。

那么,为什么妇女的工作既被研究晚期帝制中国的经济史家所忽视,也被研究性别问题的女性主义者所忽视呢?除了我自己的工作之外,就我所知只有一篇短篇论文是关注中华帝国长时段的经济发展如何影响妇女的问题。④在大约1000至1800年的时段内,中国经历了一个长时期的经济上的精细化和增长,其标志是城市化、商业增长、大规模市场的发展、所有生产部门复杂的和新的劳动分工，这在纺织品生产领域可能是最显著的。在这一时段的中国，纺织品是仅次于谷类食品的最重要的日常物品。考虑到纺织业对于推动欧洲工业革命的重要性，我们就不会惊讶于带有各种意识形态色彩的经济史家和技术史家都在推敲中国纺织业发展的性质与暗含的意义。⑤他们已经论证了在市场结构和生产关系上、在积累和投资上、在技术和劳动生产率上的种种变化。随着市场扩大，生产总量增长，而竞争随之激烈。商人资本巩固了对于乡村纺织品生产的控制，在城市工场制造的织物比例增长，雇佣劳动力的规模随之扩大。

正如在原始工业化(proto-industrialization)的其他情形下⑥，在这一时期的全部过程中，甚至在19世纪末当西方式的工厂引进之后，家庭生产仍在中国的纺织业中处于核心地位。经济史家认识到妇女与男人一样从事这种家庭纺织业，而历史学家还没有做到的是，精确地考察这一时期纺织业中的劳动的性别分工在家庭内是如何发生变化的。由于纺织品生产在中国原本被看成是一个女性的生产领域，在其中男人最多起到辅助作用，所以以上疏忽似乎是严重的。

这一疏忽并不限于经济史家。女性主义历史学家对这一变化成型的阶段投入了相当的关注，他们注意到宋代(960—1279)对于中国女性来说，是一个转折点，他们指出，在宋代开始了财产与继承法、宗族关系组织、礼仪规则、精英与大众文化的理想与角色范型的变化，这些变化在以后的世纪里不断深化细化，使得女性的自主性减少并加强了她们对男性的依附。一些学者注意到，描述妇女越来越依据其母性或对于婚姻的忠贞，而排斥了其他社会角色。除了一两个例外⑦，女性主义学者迄今为止对于前现代中国的作为生产者的妇女几乎没什么关注，她们也没有根据财产法、医药或道德小册子的记载，探讨在这一领域的变化如何改变或加强性别关系的变化。⑧

对妇女参与生产活动的忽视可能部分地由理论、方法论上的偏好所造成。在当代中国许多关于"妇女问题"的基本分析是从马克思主义—女性主义的视角书写的,而在美国关于帝制中国的女性研究之思潮与更具唯心主义色彩的文化史趋势相符合。⑨第二个起作用的因素在于学术工作的性别划分:中国大多数经济史家是男性,据我所知,没人采取女性主义的研究视角。⑩当他们意识到载于逸闻笔记中的妇女劳作的重要性,他们所真正关心的是其他的分析层面,而并没有弄清楚关于女性生产性角色的历史变化范型——这一研究能使女性主义历史学家将这些发现与自己的工作结合起来。第三个密切相关的原因在于,女性劳作的意义被家庭生产在中国的持久的重要性所遮蔽,这是一个总是被提到但并未得到充分探究的事实。数个世纪来家庭始终是生产的基本单位,而在这个"单位"中基本的成分、劳动分工、技巧的掌控、管理的权力或收入的权力可能发生了激烈的变化。⑪如果我们敲开中国家庭的外壳,能揭示什么样的历史过程呢?

社会史家和经济史家逐渐解构中国家庭的原因之一可能在于被高彦颐称为中国历史的"五四视角"的持久影响。在19世纪晚期和20世纪早期,外国观察者和中国改革者制造了一系列有问题的中国图景,不适当地将之在每一方面与西方相比,包括如何对待女性,她们被描绘为父权制无助的牺牲者,被禁闭、没文化,因缠足而无能力从事生产劳动(一定这么说并非完全没有理由)。这一权威性的中国图景——将"闺中"描绘成一个总是与公共的经济和政治世界隔断的依赖性领域——不是将之呈现为一种历史环境的产物,而是以之为"传统"。⑫

事实上,中国妇女通过她们的劳作而与经济的、政治的世界相连为整体,这有很长的传统。然而,她们对于国家、社会秩序、家庭财政的物质贡献之真实的、显而易见的作用,在晚期帝制时期发生着意味深长的重大变化——正如男性劳作的性质与意义的变化一样。在西方,家庭与工作场所的分离,以及所导致的家庭领域(不支付工资的、生育的、女性的)与公共领域(付工资的、生产性的、男性的)的区分——恩格斯将资本主义社会女性的从

第二部分　妇女的工作：织出社会结构中的新图案　143

属地位归咎于之，源自与原始工业化以及其后的真正工业化相适应的一系列复杂的生产范型之变化。在中国，开始于宋代的经济的扩大与精细化也带来了意义重大的、在某些方面与这一过程相平行的性别角色的再构成。到了帝制时代末期，中国妇女不再被说成是能对物质生产作出重大的独立的贡献，即使她们中的大多数继续为生产性任务辛苦劳作。这与劳动性别分工的古典公式（"男耕女织"）相比，是一个戏剧性的变化，后者认为对于维持人类生存和良好秩序的国家来说，妇女的劳作与男性的一样关键。

181

尽管人们可能设想这一朝向依附性的转移正有利于父权的控制，但是许多晚期帝国的政治家和哲学家却痛惜甚至力图逆转他们所察觉的"妇工"的衰落。

这一部分的第一章讨论"妇工"的规范性表达以及纺织在中国的政治、社会和象征性意义，最后对宋代以前的纺织生产加以说明——那时它无疑还是一个女性的专业领域。第五章是对经济史的一种尝试，我论证了开端于宋代直至清代的纺织业的商业化、扩大化、专门化的复杂进程，以及所导致的新的劳动分工，在这一过程中，妇女的贡献是逐渐边缘化的。在第六章，我探讨了新的劳动分工，以及新的加之于女性与男性劳作的意义，在一个表面上是新儒家式的社会中，如何影响了性别角色的再构成。

第四章　权力的结构
——妇女工作的规范意义

"妇工"的观念：妇女作为臣民

在中国，古典的性别分工浓缩于"男耕女织"这句话中。粮食与织物生产的增长同样被视为普通民众福利和国家力量之本：自从公元前5世纪的政治哲学家首次表述之，并由赋税体系将之制度化，两千多年以来，这一信念一直是中国的治国术的核心。在早期的文献中，"织"表示了织物生产的全过程；妇女对织布的全部过程负责任。在这个意义上我们就是我们所做的一切，为妇之道在早期帝制中国由织布定义：除了鲜见的意外，织工即限定于妇女，妇女即限定为织工。尽管男人主外而女人主内，二者都同等地被看成是生产性的社会成员。

然而，如许多谚语形容的理想，"男耕女织"这一说法在其普遍性丧失之后仍然持续存在了很长时间。在宋代前期，纺织品生产仍然被看做是一个纯粹的女性领域；至晚明或清代早期，这一领域已在男性的控制之下，而不再自动地被视为与女性一体——的确，一个历史学家在写到19世纪南方新式丝织工业雇佣女性工人时，认为这是中国纺织业的"女性化"[①]。

除了关系到提高织物产量的田野劳动，在中国，妇女原本负责了织布的每个步骤：从养蚕、缫丝到纺织和成衣，但这绝不是一种普遍性的、自然性的劳动分工，在有些文化中，是男子纺织或裁剪,而女人在田间劳动。②因此,有必要去解释为什么在古代中国纺织品生产是女人的工作,并考察在数个世纪里再生产这一劳动分工的财政体系。

在早期中国,标志性别差异的一个重要方面是"妇工"这一范畴,这是每一阶层的妇女都被要求从事的劳作。妇工是女性四种品质之一——其他是妇德、妇言和妇行——这是汉代著名的女学者班昭在她的《女诫》中规定的。③"妇工"之"工"是三个同音字中的一个：第一个是表示任何一种无论男女之工作的常用字；第二个的字面意思是"美德"或"价值"；米切尔·卡特耶尔(Michel Cartier)认为,中国早期政治哲学家使用这一术语表达了他们的这一观点：妇女所织之布不仅仅满足了基本的需要,而且有利于潜在的剩余价值的产生。我对此有所补充：这并非任意一种剩余价值,在早期和整个中国历史上,能转化为个人收益的那种剩余价值,被视为使社会破裂的因素而遭到轻蔑和猜忌,不仅儒家道德主义者如此,而且从政治的绝大多数方面来说,也是如此。"工"作为"技巧"被疑为这种破坏性的剩余价值的来源——这种事情对于上等人来说是贬低身份的。但是妇女劳作所带来的这种剩余价值则是有功的,因为它被认为是转化为赋税的支付而非私人收益。正如曼素恩在讲到帝制晚期时指出："对一个妇女来说……适合她身份的手工劳动从来不是贬低。"④"妇工"之"工"的第三种含义包括了"丝绸"或"织物"的意味,事实上,"妇工"通常被定义为织物的生产,基本上是纺与织的过程,但也包括了缝纫和刺绣。

并没有相应的"男工"的概念,在政府工作的精英男性和在田野劳动的农夫,他们互补配合满足了社会的基本需要；他们之所从事被视为"本"。对男性劳作的另两种形式即"工"、"商"的看法,是相当矛盾的：尽管它们被认为对于社会基础来说是必要的,但由于它们诱使农夫脱离事农,又趋向于制造财富分化,则被轻视为次要的或甚至是寄生的,即"末"业。"妇工"则是中间的范畴,既是本业又是技巧。⑤

在早期中国，养蚕、缫丝、纺织的基本工作都在春天和早夏进行，这与农活的忙季是冲突的。⑥卡特耶尔认为，对于限定劳动的性别分工——纺织业分配给女性，农业分配给男性，这是一个重要因素。而卡特耶尔的论述并未解释为什么一开始农活被认为是属于男性的而非属于女性的；可能这关系到畜力犁的使用，古迪（Goody）在描述非洲犁文化与锄文化的对比中曾提到这一点。⑦不论造成劳动性别分工的背景如何，它为早期父权制社会组织的形成提供了动力，卡特耶尔指出：因为女人不从事农活，她们就没有对于土地的权利，土地按着单一的男性谱系而传承。⑧

尽管妇女在屋里做工，但她们在那里织造的布通过财政体系将她们与国家连接起来。保拉·吉·史密斯（Paul J. Smith）在研究宋代财政政策对四川影响的论著的导论中论述道，由于财政史聚焦于社会结构与经济政策之间的关系，从而聚焦于国家的权力运作，因此能作为整个社会的一个多棱镜。⑨关于在中国税收政策与性别意识形态之间的关系可以引起很大的争论。

布是施加于民众的国家权力的一个关键性象征符号。在早期帝国的眼中，男子与他的妻子同样贡献于社会秩序的再生产。"男耕女织"：基本的赋税单位是农夫一家，其所纳税从周朝直到16世纪晚期的一条鞭法改革，既包括男人耕种的粮食又包括女子所造织物，总的来说，具有相同的价值。⑩非农业的家庭也以相类的原则纳税。地主家庭的妇女也织布纳税，而在不允许换成现金的时期，自己不织布的城市居民家庭不得不买布缴税。赋税体系因而强制造成了一种普遍的劳动的性别分工，其中，所有阶层的妇女织布于"内"，而男人在外耕种谷物和桑麻。所以，国家再分配的经济要求维持了一个分立的女性生产部门，并凸显出女性对于家庭经济以及对于履行国家义务所作贡献的重要性。

织物对于中国国家运作机制来说是基础性的。约从东周直到晚明的两千多年间（大约公元前700年至公元1580年），每个家庭有义务交纳布、纱线和谷物，政府需要大量的布匹供给军队。早先征收大麻和苎麻，但在元代棉布代替之作为赋税并供日常家用。国家也大量地需要丝织品：皇室用以制造显示威仪的礼服，政府用以支付官员和军队，缓和经济困难，奖赏忠节之士，从藏地购买马匹，收买当前敌对的北方游牧民族，或炫示东南亚的附庸国君主。

从农民家庭征收的丝纱由皇家工场制成绸、缎、织锦。直到晚明，每年征收数百万匹布，而由国家直接再行分配，其后中间商在分发销售中发挥了主要作用。甚至在1581年的一条鞭法以现金支付赋税之后，国家仍继续征收布匹，而且是直到此时的最大的布匹消费者，但是，到这一时期，作为布匹生产者的妇女与作为消费者的国家之间的象征意义的联系被打破了。

布 与 社 会

妇女织的布也把家庭连接进社会之中。屋子的围墙把"我们"和"他们"分开，但是在闺中织造的布料却使家庭与邻居、血亲、姻亲联系起来。织物对于社会纽带的铸造和加固是一个关键性要素。以布为礼对于大多数典礼和社会交换来说都是必不可少的，而讲礼节的书和通行的类书更使之通行⑪，其作用在婚礼中特别突出。婚礼是家庭间的联合，上好的布料是新郎家给新娘家的礼物之一；婚姻也是一次转变，一位汉代哲学家说："故设嫁娶之礼者，重人伦，庶继嗣也。"⑫父母亲一代丧失了生育的能力，但他们常常难以放弃对新夫妇的其他形式的权力支配，婆婆对新娘的虐待是代际之间斗争的经典范例，但新娘能指望靠着嫁妆以求善待。在某一时期，嫁妆是从娘家财产中拿出的土地和奴仆；在更普遍的情况下，嫁妆包括了衣服、珠宝、棉被和家居用品以及大量的布料。穷人家的女子通常有的嫁妆只是她们自己织的布料（或用她们织布赚的钱购买的物品）。

在整个中国历史上，年轻女子都为她们的嫁妆辛勤劳作。12世纪的学者洪迈曾记载，一名21岁的姑娘未婚而死，她的陪葬是她为自己织的嫁妆：33匹稀纹丝、70匹平织丝、大约50米粗丝。⑬一个新娘织造和接受的布料既是嫁妆又是婚姻资产,是一种有钱的象征,是一般都在新娘掌控之下的女性财产。洪迈讲了一个故事,一个屠狗的皈依了佛教想改行,他的妻子告诉他,她还有几匹布料可以用来充当开个新买卖的资金。⑭在上层社会,布料可能更多地用来做上好的被子和衣服,这些嫁妆令新郎的母亲和姐妹吃惊、慑服。与穷人家女子装在嫁妆箱中适于销售的布料一样,上层妇女的嫁妆也是建立新娘较高地位和赢得尊敬的手段。⑮

织物也在另一些表示重大转折的礼仪上扮演重要角色。在死后,老人赢得了他们已经丧失的对于孩子们的权力,获得了祖先的地位,家族世系又向前延展了一代。与婚礼一样,葬礼在申明、重新协调等级关系方面,在培养失去亲人的家庭与其所处社会的联系方面,都发挥重要作用。服饰在葬礼和服丧中是一个必备的角色。中国人不以黑色作为丧亡的标志,而使用未染色和白色的布料。在服丧的第一阶段,穿的是最粗糙的、未经剪裁的和不加修饰的大麻布。在稍后的服丧期,柔软一些的平纹布替换了麻布,衣服边有修饰。汉代的《礼记》上说,在服丧后期,可以穿着葛、藤布,但大多数人可能换上苎麻布,或稍后换上棉布。服丧的级别和相应的变化,以及丧服的次序决定于服丧者与死者的亲疏程度及其相互地位。这样,丧服使社会网络的等级成为可见的。⑯

至此,我强调了布的社会与政治价值,但它也表示直接的金钱价值。在早期中国,布被当做交换的媒介,以及标准的流通货。在较晚的时代,在许多地方市场中,布继续作为常见的交换媒介,当货币短缺或价值变化不定时,布匹再度成为流通物。我前面已提到,妇女能够把她们作为嫁妆的布料转换成现金;她们织机的产品也能为她们的家庭带来现金收入。

妇女的纺织不仅生产有价值的物品,而且也培养德性。纺织的学习教导着基本的妇德如勤奋、节俭、有条理和自律。在古代早期,出身高贵的女孩从八九岁学习纺织,其时,她们的兄弟开始读书和服兵役。《礼记》中说:(妻子)"当于夫,以成丝麻布帛之事"⑰。虽然上层家庭早已在市场上买布以供需要,但父亲仍然训诫女儿学习纺织以懂得尊敬下层人民的辛苦劳作,织麻布以习得节俭的美德。亲自进行纺织的道德价值得到明确的阐述,比如,在1607年出版的类书《便用学海群玉》中有一系列仿照宋代《耕织图》的木版图画,表现一个上层家庭的妇女在一起纺织有图案的丝织品,最后一幅画描绘的是她们把织物呈献给祖父母供他们选做来年衣裳(见图24)。这并不是当时代乡村士绅生活的现实性写照(到这时,他们更愿意购买有图案的丝织品而不是在家里织造),而主要在于喻示妇女美德和妇女的劳作对社会秩序的维持。⑱

最后,我要涉及在中国织物的哲学意义和它所提供的暗喻。像房屋一样,布料也是人类的表征符号。在中国思想中,衣服使人兽相区别,在人群中,衣服使统治者与被统治者相区别:"贵者垂衣裳,煌煌山龙,以治天下。贱者裋褐枲裳,冬以御寒,夏以蔽体,以自别于禽兽。"⑲在中国的尊严和体面的观念中,衣服是个基本要素,赤裸的身体既不美丽也不是色情的。⑳传说是黄帝发明了服装以代替兽皮和鸟羽,"作衣以象天"。关于养蚕,古代的儒家哲学家荀子说道:"功被天下,为万世文。礼乐以成,贵贱以分。养老长幼,待之而后存。"㉑衣服是文明的标志。它不仅区别等级提供修饰,它还通过世系、老人的赡养、孩子的培育,以及性别之间适当的差别和互补,与人类社会的再生产密切相关。

在中国传统思想中,纺织品的制造提供了一些关于社会秩序和思想规范的最基本的隐喻。解开纠葛、理顺、整平和组合的纺纱过程,又长又粗的经线无限伸长,织进的纬线形成规则的图案,这一切提供了许多暗喻,中国人用之理解世界。17世纪的宋应星指出:治国之"治"与"治丝"之"治"是一个字,乱世之"乱"同于"乱丝"之"乱","经书"之"经"同于"经线"之"经",议论之"论"同于"丝线"之"纶"。㉒这些道德之线织就了中国文明。

在尝试着给出源自纺织术语的比喻用法的范围之后,我举一个例子,即关于"经"这一词的一些共同用法,如《辞源》所列,其主要意思是"经线"。这一意思引申为主要的方向或指导性原则。"经"意味着宇宙观上、礼仪上很重要的城市的南北轴心,它也用于针灸册子或气循环于身体的经络。它表示代代相传的经书,将一代又一代人织入知识的传统之中。这一词的引申义暗示规律性和规则,正如相传为左丘明所撰的《左传》所说:"礼是经治国家之术。"它也指循环的规律性,最通常的如调节女性健康的月经周期。

中古时代的劳动分工和女性工作的价值

直到宋代,纺织品的生产主要有四种类型:(1)农民家庭,主要依赖家庭劳动;(2)乡村或城市的大贵族家庭,主妇组织由家庭成员、仆人和雇佣的女工进行的生产;(3)国家工场,由官员管理,使用终身或临时征募的男女工匠;(4)各种城市作坊。国家工场和城市作坊拥有复杂的织机或花机,可以完成奇特的织法和图案(缎子、织锦、绸子或罗纱)。[23]他们在生产高价值的纺织品——绝大多数是复杂的丝织品时,实行专业分工;他们并不自己生产原料,而是从缴纳赋税中获得或在市场上购买。农民和地主庄园上的农民家庭自己生产原料,既有丝也有植物纤维(北方出产麻,南方出产上好的苎麻),农民家庭用之在便宜简单的织机上织成粗朴的织物;地主庄园上的农户常常拥有花机以及简单的织机,也生产复杂的丝织品(见图12)。[24]

直到宋代,粮食和布匹的再分配几乎是国家的绝对特权,征税体系要求各地的所有农民生产粮食、纱线、纺织品以纳税,地方征税的变化有助于重新划定纺织品生产及其专业化的地图。直到宋代,北方地区征收丝、麻,南方省份主要是苎麻和其他韧性纤维(bast-fibers)。[25]但是由于10世纪时养蚕地区沦陷于游牧民族的统治之下,国家于是扶植长江下游地区养蚕业的发展,包括提供知识技术和贷款以资鼓励、以征收丝织品的重税进行强制。[26]对于个别家庭来说,如果他们生活在交纳丝税的地区,他们不可能不生产丝织品,或者,对于单个家庭、整个村子甚至整个地区来说,也不可能像明清时代的许多地方那样,放弃生活必需品的生产,专门从事商品生产,而到市场上购买食物。

第二部分　妇女的工作：织出社会结构中的新图案　**151**

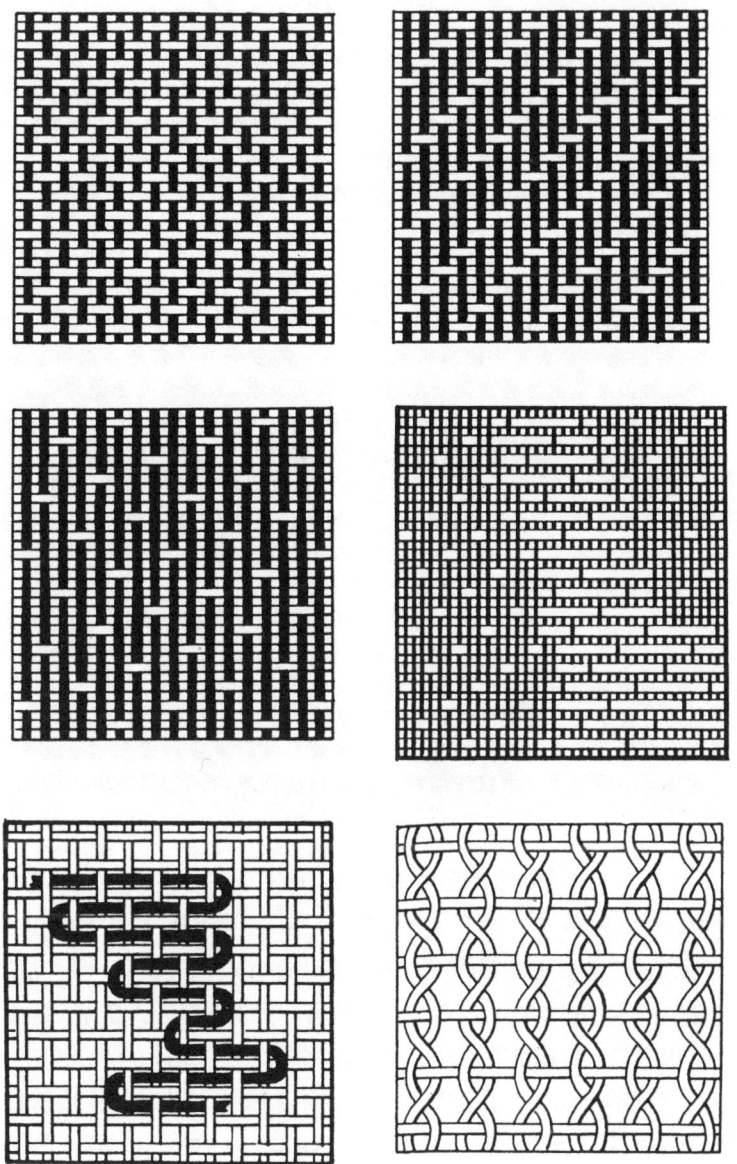

图 12　编织法（复制 Burnham 1981：6，7，32—33，62—63，14；得到皇家安大略博物馆的许可）。

左图上：平纹（tabby）：编联规律或织法以两组经纱（ends）和两组纬纱（picks）为一个单位，其中每一组经纱从上面穿过一组纬纱，再从下面穿过一组纬纱。

编结点由一组经纱穿过连续的纬纱而构成。

右图上：斜纹（twill）：编联规律或织法以三组以上的经纱和三组以上的纬纱为单位，其中每一组经纱从上面穿过毗邻的两组以上的纬纱；再从下面穿过一组以上的纬纱，或者从下面穿过毗邻的两组以上的纬纱，再从上面穿过一组以上的纬纱。编结点由一组经纱和连续的纬纱组成，并形成对角线。

左图中：缎纹（satin）：编联规律或织法以五组以上的经纱和数量相等或多一倍的纬纱为单位。每组经纱或者从上面穿过四组以上毗邻的纬纱，再从下面穿过一组纬纱，或者从下面穿过四组以上的毗邻纬纱，再从上面穿过一组纬纱。编结点由两组以上经纱和连续的纬纱组成，并分布得不太突出以形成平滑的表面。

右图中：花缎（damask）：这是一种以一组经线和一组纬线组成的自成图案的织法，图案由形成对比的编织规则构成。其古典的样式是可以两面穿的，形成对比的图案是由经线和同一织物的纬面而织就，通常做成普通的缎子。大多数花缎是用一组上好的、密集的经纱织就的不对称的织物，织出一个有光泽的经面和一个厚实的、间隔更宽的纬面，纬线部分形成的表面较黯淡。

左图下：织锦（brocade）：这是一个并无精确指称的通用术语，它用于指任何图案繁复的织物，扩大到任何有编织图案的织物，尤其是那种加了金、银线的图案。这个图显示了织锦技术的一种简单形式，以一组锦纬按需要时前时后地穿过平纹质料的露出的开口。

右图下：罗纱（guaze）：罗纱是由一种古老而又普遍的用经线与纬线相交织的方法织就的，在概念上与三种基本的编织规则（平纹、斜纹和缎纹）是不同的。罗纱的编织由经线在一段一段的纬线间扭转而构成。若用最简单的织机，在编织的过程中用手扭曲经线即能织成罗纱。若用更复杂的设备，称为绞经的经线端能穿过称为固定端的纬线端。固定端与绞经复杂地扭合可造成许多种不同花样。不同的罗纱编织法能结合起来织成图案，再有，罗纱编织法能与另一种编织法——一般是绢——相结合使用。

男性农民被赋税所迫种植桑麻，但是在中古时代他们并不从事纱线或布料的生产，那是妇女的工作。以下的设备是必需的：每个家庭需要有基本的平台织机（flat loom）（如图 13），用以织出交税的布料，也用来生产生活必需品。如果在家里养蚕，就需要盘、垫以及屋子或棚子以供养蚕，还要有用来缫丝的卷轴（reel），以及一个纺锤轴车（spindle wheel）用以将生丝卷、绕、扭、合而制成纱线（yarn）。纺锤轴车也能用以纺麻和苎麻。这种设备几乎完全是用便宜的原料（普通的木料、竹子、麻绳）制成的，能在家里制作、维修，或从乡村木匠那里买到。但是，农民家庭没有资金和空间供养一台织造复杂织物的精制织机（即使农妇可能在附近地主庄园上的某个家庭里用这种织机工作）。[27]

第二部分 妇女的工作:织出社会结构中的新图案 153

图13 一架简易的织机[《天工开物》1637年明代原版的插图(Sung 1966:57)]。描绘的织机是一架腰机,就是说,经线的拉力是由固定在织工腰间带子上的绳子维持的。腰机普遍用于家庭纺织,因为它占地小;其他的简易织机有着更笨重的木制框架。请注意17世纪的宋应星选择了一个男人在织机上工作。在1313年王祯的《农书》关于纺织的部分,同样的织机被画成典型的棉织机(一个妇女在织机上工作)。

除了设备,在大多数农家限制丝织品产量的因素还可能是他们的生丝产量;在这一时期,农家不购买额外的蚕茧、生丝或粗棉用于加工,他们也不雇佣额外的劳动力。尽管抽丝、沤麻期间劳动极其繁重,但大部分纺织工作能全年进行。

一个熟练的工人只用一个纺锤就能从植物纤维中造出上好的纱,当然有纺锤轴车的话可以干得更快。能用同样的纺锤轴车缲丝或绞丝,所以几乎每一家都有必要的资金制造高质量的纱线。不管他们选择的做法要用多少时间,以及他们打算织造何种布料。交税的布料一定要符合确定的标准,家用的则不必。

丝的织造比韧性纤维要花更多的时间,大概一匹需要 8 到 16 天,后者两天一匹,根据织机是否有脚踏、织工是否熟练而有所不同。西汉的《九章算术》曾举一例,据说"一个善于纺织的妇女"按她熟练和疲倦的程度,每天能织 2.5 到 5 尺。以 40 尺一匹的标准,这意味着一个熟练的织工织造一匹绢大概要花 8 到 16 天。时代稍晚的《算经》也表示,平均每天的纺织速度在 3 到 5 米。一首东汉歌曲讲的是一个士绅的小妾即使四天织成了一匹布也要挨责骂。唐代诗人王建在《当窗织》中讲述一个穷人家的女子为富人纺织,被逼着要在两天之内织出一匹半布料,这大概是植物纤维织的布(麻布)。从宋代以来,随着纱线市场的扩大和织机技术的改良,平织的速度大大提高。盛(Sheng)就宋代家庭织机纺织速度曾举出一个轶事性的例证:可能三天织成一匹绢。㉘

寻找有关数字去计算不同时期的织物价值,可不是件容易的事。据《九章算术》记载,在汉代早期(公元前 1 世纪),一斤生丝的价值在 240 至 345 钱之间;一匹绢的价值(如果按照赋税标准则以斤计量)在 512 钱或者比低质量的生丝高两倍多。麻布的价值每匹只有 125 钱。㉙

这些市场价值显示出,农妇贡献了赋税的一半,还时常以她们生产的纺织品赚取收入。㉚ 与宋以后相比,当地和长途的贸易都不发达,但是仍存在某种农家生产的纺织品的市场。植物纤维的纺织品(除了最好的苎麻)比丝织品便宜,并更易运输,但只有当地市场。㉛而丝织品则被运往全中国以及国外：农妇在她们的简易织机上生产的轻软、昂贵的绢各地都需要。它们不仅被当做普遍认可的流通品使用，而且是上层社会服装的基本原料。㉜

尽管有罕见的和极贵重的奢侈性织物，但大部分富有人家的日常服装还是由绢制成，上好的外衣经常由绣花的、手绘的或装饰以美丽丝边的普通丝织品制成。㉝在棉花引进之前，在稍低档的奢侈品市场，绢没有竞争者。官员及其家庭的需要部分地由国家分配的税布提供，但也有当地的和跨地区的丝织品市场。在宋代以前，典型的养蚕区在北方，黄河流域的农家普遍制造绢。㉞对于丝织品的需求在全中国都很大，尤其是南方朝廷的奢侈宫廷，在南方其价格是相当高的。文献记载，在南方养蚕的家庭得到很大的收益，官员努力促进南方丝织品生产，鼓励南方的士兵从北方的养蚕区找有手艺的妻子。㉟但是直至游牧民族入侵北方，引发了始于 10 世纪早期的向南方移民的大潮，南方的养蚕业一直发展缓慢；而仅仅一个世纪之后，南宋就能够对长江下游地区征收最重的丝税。整个这一时期，对农家制造的普通丝织品的市场需求似乎总是超过供给。

上层妇女也在城里的府邸和乡下庄园从事纺织品生产，这经常带来利润。城里的贵妇从事纺织似乎在汉至唐代是最显著的㊱；其后，她们的位置明显地被不断增长的私人作坊所取代。但在一些地区，至少到明朝，乡下庄园或士绅家庭仍然继续进行纺织品生产。与小农不同，庄园能担负相当大的投资购买结构复杂的织机（图 14），因而能制造比绢价值更高的美丽的丝织品，尽管不是最上等的——那都由城市工场和作坊里的专业织工织造。㊲他们也安排充足的劳动力和设备以组织高效率的活动：一组妇女缫丝，同时，其他人在织机上工作；或纺纱工准备苎麻纱供应正在工作的织工。地主庄园在自己的田里生产纺织用的原料，但可能也乐于在当地市场购买用得上的多余生丝或纱线，以保证他们的昂贵织机能全年开动。

尽管关于明代以前庄园生产如何组织的文献材料不多，但在

图14　花机[《耕织图》,1696年(康熙年间)版]。搭建一台花机需要一间高大宽敞的屋子,花机用以织造华丽的丝布。这里展示的织机位于一个富裕家庭闺中的棚子里,坐在织机上进行操作的织工和一个年轻人都是女性。诗歌的第三行"心手暗相应"描写的是编织复杂的图案。

优秀绘画和专门著作中还是经常有对此的描述,如著名的《耕织图》。㊳女主人是主管,她的丈夫组织那些比他社会等级低的人们进行劳作,他的妻子则在纺织工作上发挥管理技术,而她的下属(妾或仆人)则使出手艺。纺织就是这样加强了家内的社会等级。技艺娴熟或善于创造的妇女能极大地增加家庭财富,即使家里原本就富有。

五世纪的《西京杂记》记述说:"霍光妻遗淳于衍蒲桃锦二十四匹,散花绫二十五匹。绫出巨鹿陈宝光家,宝光妻传其法。霍显(霍光之妻)召入其第,使作之。机用一百二十镊㊴,六十日成一匹,匹直万钱。"㊵可以大致估量一下这一奇巧技艺是何等价值:按照大约同时的《九章算术》记载,织一匹普通的绢可能要花8 到 16 天,价值超过 500 钱。霍光的同僚,张安世将军更加富有,据班固和班昭所著《汉书》记载,他的妻子亲自纺织,管理 700 个仆人织造纺织品出卖,为家庭富裕做出了极大的贡献。㊶

甚至在汉代,并不是许多庄园都有这么大的生产规模,到宋代早期,只有皇家能与之相比。在许多乡村庄园,主妇主管着其他家内妇女组成的少量劳动力(妾、女儿、儿媳妇和仆人),还雇用一些或许来自附近村庄的"织女"。陈敷撰于 1149 年的《农书》描写了长江下游地区乡村的景况,其中有一章讲养蚕。陈计算了十口之家养十架蚕所得产量和利润。全部的产量算做 31.2 匹绢,按时价值 3000 公斤米,这超过了全年全家所需口粮。㊷在这些更大的家庭中妇女承担了所有的纺织工作,小女孩或男孩坐在花楼(tower)中控制图案的改变(见图 14)㊸,无论在城里还是乡下,庄园的丝织品生产都是女性的领域,由家庭主妇进行组织,小男孩可能参与,但没有男人在其中指挥。㊹

晚至宋代,即使在最城市化和丝织业最先进的四川、长江下游地区,由花机织造的高级织物仅仅占全部产量的 4%。㊺价值最高的丝织品是由国家工场织造的,在城市的私人作坊中也逐渐增长。直到南宋覆灭,最复杂高级的织机和技术最高的织工大部分在四川和北方的丝织业中心。从远古时代起中国国家就力图控制奢侈织物的生产和使用；禁止奢侈的法律（经常被无视）规定不同等级有资格穿着的织物、颜色和装饰。国家经营的工厂制造最精美和价值最高的丝织品，这些工场由官员管理以征收的纱线或生丝为原材料，国家手工工场使用的织机和许多其他设备由技术高超的木匠建造，专业化而昂贵。由薛景石所著、序言写于1264年的关于织机制造的手册《梓人遗制》，描述了花机子（drawlooms）、立机子（standing loom）、罗机子（gauze looms）和布卧机子（combination loom）等不同织机的构造，它清楚地记载了建造织机的高昂价格，维修所需的技术，装配织机用以纺织的复杂过程。另一部更晚出的文献记载说，一台花机需要用一千八百个水磨竹棍为零件而组成。㊻

国家手工工场按照生产的不同阶段（织纫、组绶、轴线、练染）分成不同的作坊，并相应地将劳动力分工。在不同的时代，劳动力或是由不自由的世袭工匠和妇女组成，或是征募来的自由工匠。由于文献不足很难知道关于劳动的性别分工的更多情况，我们只知道织工既有男性也有女性（在更晚近的时代，女性经常限定于缫丝和绕线工作）。文献提到工匠即男工，也提到女工，例如《宋史》记载，当宋太宗关闭设在四川成都的国家丝织工场，在967至984年之间，有58名女织工被遣散。㊼我们难以确定是否每个部分的工作都由一名男性工头（"作头"或"都匠"）管理，但宋朝是这么规定的。在国家工场里，所有工人无论男女，生活和工作的条件都很艰苦。㊽这一组织生产的方式根本上不同于农民和地主庄园上的生产：首先，它依靠外来的原料和劳动力；第二，生产过程由专业化工人分组承担；第三，大部分的劳动力是男性，管理者也是男性。

在国家手工工场里，绝大部分生丝来自税收，但私人作坊不得不在市场上购买生丝或纱线。早在帝国时代之前，四川就以最重要的养蚕区而闻名，在中国中古时代，成都的国家工场在最上等织锦的生产上处于实际的垄断地位，爱奢侈的南方朝廷的君主是他们最好的消费者。㊾有意思的是，直到宋代，绝大多数成都工场其生丝原料并不来自税收,而是直接来自当地农民的生产,他们或多或少地放弃了纺织而专门从事养蚕和缫丝(见图19)。在10世纪80年代,当宋太宗关闭了成都的丝织工场,或转移至首都,或改为生产供应军队的粗布,这不仅使上万技艺娴熟的工人失业,而且使成都乡村的生丝生产者陷于贫困,以致在10世纪90年代,爆发了一场激烈的反抗。⑤

原本集中于成都和首都周围的国家工场,到宋代在许多城市里建立起来。㊿但是在成都盆地之外,乡村不可能完全专门生产生丝和纱线,而由于私人城市作坊不得不购买原料,所以经常有这些产品的市场。私人作坊从家庭式的直到个别拥有超过国家工场的织机的大企业,规模不等。唐代一个富有的专门生产线纹外衣(lined garments)的商人,他的作坊有五百架织机,超过了宋代首都的皇家工场,那里有四百架织机。㊿童书业在他的手工业历史通论中,推测大多数宋代以前的私人作坊是非常小的,主要依赖家庭成员和一两个雇佣的工人。自从体面的妇女只能在她们自己的或一些其他家庭的闺房工作,城市作坊的雇佣工人几乎一直是男性,而许多工匠是在为国家服役时学到手艺。㊿总的来说:在宋末以前,除了很小比例之外,所有的纺织品是农家和地主庄园家里的妇女织造的简朴织物,不仅劳动力是女性,乡村纺织品生产整个是一个女性的领域,其中,技术知识,连同生产责任都由妇女控制、管理,而且,尽管女性生产的大部分织物是简朴的,但它们不仅是生活必需品,而且具有被认可的很高的价值:可用作赋税,纱线和绢又是有市场价值的商品。㊿农民家和庄园家庭里的妇女制造了大批用于日常穿着的低价布料,以及流通中的高价布料的主要部分。

第五章　经济增长与劳动分工的变化

财富、时尚与一个新的精英阶层：宋代丝织业的变化

妇女纺织工作的范围与价值受到宋代产生的一系列因素的影响，至少在一开始，并非所有因素都是不利的。养蚕业和丝织业向新的地区传播，以至大量的妇女开始参与高价的纺织品的生产。商业和繁荣的增长，以及城市人口的增长促进了对丝织品的需要，这不仅因为有更多的人们能负担丝织品的消费，也是由于不能亲自纺织的城市居民不得不购买绢来缴税。外族入侵的持续威胁和维持庞大军队的需要，宋代的赋税沉重并不断增加，这意味着妇女必须辛苦劳作才能交上赋税，农民家庭的劳动力有限，投资节省劳动力的设备也受到限制，在这种情况下，生产任何适于销售的多余产品就成了一个真正的挑战。

在南宋，国家付出极大的努力鼓励南方地区的养蚕业发展。但是直到被契丹然后是蒙古侵占之前，北方的养蚕业无论在丝的产量还是在加工技术的复杂程度上，一直远远地先进于南方。在宋代，出现了帮助官员促进农民养蚕业的各种著述并十分流行，但发生变化的真正契机是1127年北方的沦丧，北方的农民和工匠大量向长江流域及其以南移民，南宋建都于杭州。随着皇家手工工场和无数私人作坊生产的华贵丝织品以满足文人士绅和富裕商人家庭不断增长的需求，杭州和其他长江下游地区的城市成

为一个地区性的最终是全国的经济核心,包买生丝加工成行销整个帝国的高质量商品。

当城市作坊生产的高级丝织品的供应增长,对于生丝的需求也随之增长。同时,有一些证据表明时尚的变化影响了上层社会对农家能够生产的普通绢的需求。从汉代至宋代以前,最引人注目的纺织品是色彩繁复的织锦,上面有令人联想起波斯风格的图案:凤凰、神话中的动物、大串的紫色葡萄。这一时代的上层社会喜爱织锦、刺绣和浓彩,这是等级的标志。随着文士阶层牢固地控制了不断精密化的官僚机构,随着生活水平较高的富裕的城市人口的增多,对于华贵丝织品的整个需求在宋代增长并发生变化。但是,时尚的变化影响了这一需求的表达方式。迪特·库恩(Dieter Kuhn)指出,宋代文士表明其作为新精英阶层之合法性的一种方式是建立物质文化的新时尚,拒绝唐、五代贵族华丽繁复、异域风情的趣味,取而代之以一种内敛的、对我们来说是明确的中国式的精致文雅,这种风格表现于纺织品,也同样表现于瓷器或绘画。①通常来说,朴素的产品往往需要大大增加生产过程的复杂性。

两个近期挖掘的宋代晚期墓葬向我们表明在趣味上发生了怎样的变化。②学者周禹(Zhou Yu——音译)(1222—1261)的陪葬有一套完整的丝制服装,包括长袍、短袍、加衬和不加衬的袍子、短上衣、裤子、鞋、长袜、内衣和帽子,其中百分之四十五都是罗纱做的。黄笙(Huang Sheng——音译)(1226—1243),是地方长官赵与君(Zhao Yujun——音译)的妻子,葬于一个三人组的墓中,她的丈夫在中间,妾在丈夫的左边,只有她的墓葬完整无缺地保存下来。在她的墓葬中发现了354件织物,包括201件衣服(从官袍到手帕,甚至有一件丝制的保持清洁的餐巾),其中百分之五十六的织物都是罗纱。罗纱的流行似乎符合于宋代文士对精致而含蓄的材质的偏爱。在两个墓葬中都没发现浓重彩饰的镶边(唐代富人的典型风格),而轻纱取代了绢成为基本的服装面料。

无论是朴素的还是华丽的罗纱,都需要双织轴纺机(a double warp beam),即使农家有丝织原料,这也并非是他们用得起的工具。地主庄园家当然能用得起,库恩曾描述过一幅南宋卷轴,上面绘着乡村庄园的妇女在罗机上纺织,可能正在织造有图案的罗纱。③但是在宋代,占全部产量二十分之一的高级织物的大部分(绸缎、织锦、各种罗纱)是由国家工场和迅速增长的城市私人作坊生产的,在那里,生产由男人组织,女人只是作为辅助的工人参与其中(图15)。

图 15 牡丹花图案的锦缎(徐仲杰 1985:120)。这是一件彩色的织物,而有着相似图案的单色丝缎又是平常的了。

国家开设的工场既用征募的工人也用雇佣的工人,还雇用一些女织工。私人作坊使用家人和雇工,雇工似乎几乎都是男性。有的男人通过当学徒学得技艺,另一些是服兵役期间学会手艺,他们或是在军队或是在皇家工场劳作,织造高级丝料是他们可能习得的技艺之一。④寻找工作的手艺人聚集于公共场合,在桥边或庙旁一群群地站着,等待被挑选,工作一般由行会首领分配。

年轻的工匠受雇为学徒并得到训练,而工头通常是长期雇佣的,其他的工人则是临时工。⑤中国的风俗习惯不允许妇女抛头露面和男人竞争,或者每几天与不同的陌生男人们一起工作,加之,如果一名妇女有幼小的孩子,任何人都不可能想要雇用她。(当时关于家庭纺织品生产的插图,描绘了与哺养孩子不可分的劳动过程:如妇女在纺丝时抽出工夫喂养婴儿,或初学走路的孩子在织机旁玩耍。)而且,男人比妇女更有可能不断地学习、训练专业技术以适应高级丝织品市场的竞争需要。总言之,数量不断增长的城市男性获得了纺织品生产的专业技术,但在这一阶段,城市妇女在高级纺织业中却无足轻重,除非她们的家庭开设作坊。

元代晚期的轶事"织工对"描写了杭州地区一个村子里的作坊:

余僦居钱塘之相安里,有饶于财者,率居工以织,每夜至二鼓,一唱众和,其声欢然,盖织工也。……旦过其处,见老屋将压,杼机四五具,南北向列,工十数人,手提足蹴,皆苍然无神色。进工问之曰:余观若所为,其劳也亦甚矣,而乐何也?工对曰……吾业虽贱,日佣为钱二百缗,吾衣食于主人,而以日之所入养吾父母妻子。⑥

其时,乡村妇女仍然又生产生丝又生产绢(在庄园家还生产高级丝织品),但是对于生丝和纱线的需求在增长,这促进了在宋代以前的成都曾产生过的初始性劳动分工,乡村的养蚕业者专门为城市作坊生产生丝,并放弃了丝织业。盛(Sheng)认为,宋代农家纺织业者力图提高丝料的产量,靠生产很像罗纱的开织绢在高级丝织品市场上进行竞争,但即使确实如此,元朝政府将交纳布料改为只交纳生丝和纱线,必然促使许多农村家庭不再织绢而集中于养蚕和缫丝。⑦

数项技术革新在宋元时代的传播,必然使得养蚕的农家增加,并可能提高他们的生丝产量,这包括更好的养蚕方法和几种能提高丝线质量或加快缫丝速度的缫丝方法。⑧在没有技师的社会里,直接进行生产的工人最有可能思考技术改进和创新。在谈到汉代和汉代以前的技术发明时,迪特·库恩指出:"纺锤轴车和脚踏织机是在女工中发明的,因为只有她们既有工作经验又有技术上的技巧可以选择必要且实际的方法。在宋代,妇女也主管缫丝,显然正是她们促进了缫丝方法的改进"(图 18)。许文美(Xu Wenmei——音译)这个宋代妇女在技术革新上——如果不能算作发明的话——有重要作用,她是诗人、官员秦观(1049—1100)的妻子,秦观于 1090 年或之前撰写了《蚕书》,这部书是描述、记载宋代丝织业技术改进和革新的主要文献之一。篇幅较短仅有十段:一半讨论缫丝,另一半讨论蚕桑设备和机械。其细节精确,且描述了山东地区的织法,秦观认为其优于南方的织法。在序言中,他指出他的知识来自他的妻子,他们于 1067 年结婚,他的妻子自小在山东学习到这些知识技术。⑨

在养蚕和缫丝上的一些技术改进花费较大或需要人手,可能只在庄园才能用上,只有更富有的人家才有财力维持一个恒温的蚕室。在宋代迅速普及的便宜简单的脚踏缫丝车,其速度是手动的两倍半,但不能像更复杂也更慢的机械那样绞扭丝线。组织缫丝的最有效率的方法是五名女工一组使用两架缫丝车,最穷的人家不可能负担得起这种劳动力组合和资金投入。⑩从当时关于缫丝的描述中,库恩得出结论:主要是更富裕的农家能从生丝市场的增长中获益,但又补充说,即使最好的方法也需要集中更多的劳力和更多的时间,而为了适应更急迫的需求,只好制造更低水准的丝料,在大约 1300 年以后情况尤其如此。有几种简单便宜但有效率的滚筒缫车(roller reels)不需要联合作业,所以适合于农家使用。尽管甚至早在宋元就有买卖蚕茧的小型市场,但无论什么质量的缫好的丝线价钱都要高得多,所以许多农家专门从事缫丝也是很可能的。⑪

总言之,经宋元时代,养蚕业传播到新的地区。为适应新的税收政策,以及城市作坊对纱线不断增长的需求,许多农妇从事养蚕、纺纱,而随着时尚变化以及税收和市场需求的降低,许多人必然放弃绢的织造。

棉织品的繁荣

许多农家放弃缓慢、辛苦的丝织业，甚至同时放弃要求严格的养蚕业，其另一重要原因是棉布的出现，这是一种轻柔的上好布料，冬天温暖夏天凉爽，而织一匹布只需要一架简易的织机和仅仅一天时间。⑫

在边远地区种植棉花已有数个世纪，在中古时代，越南北部东京（Tonkin）或云南制造的四季适用的棉布是价格高昂的奇珍。赵冈（Chao Kang——音译）论证说，中亚地区一年生的棉花，一般通过甘肃和陕西输入并种植，就像其他从西域引进的作物一样（葡萄、胡桃、苜蓿、豌豆），但几个世纪以来都因首都西安的巨大丝织业阻挡而不能进入国内。南方终年生的棉花种植逐渐传播到广东、海南和福建，可以设想，随着棉花种植向北方传播进入热带以外的地区，由终年生的品种将发展出一年生的品种。到12世纪，棉花可能已经在长江下游种植，并在元代到达了淮河流域和四川。一年生的棉花是非常有适应性的，它们在多种土壤和气候条件下都能生长，在适应环境的过程中棉丝的长度和棉绒的质量也得到改进，棉花产量的增长使得传播更加顺利，棉布的质量不断提高，以致棉布成为中国原产的纺织品的竞争者。⑬

从宋代以来，有关经济的文献中经常提到棉花，但是棉纺业是在元以后建立起来并迅速发展的；到明代晚期，棉花已遍布全国，每个人都穿上了棉布衣服。晚明的文献告诉我们，到万历（1573—1620）时代，河北和河南最好的土地的半数种植了棉花；在长江下游的松江地区由国家和军队开垦的两百万亩（大致相当于13万公顷）土地，超过一半以上种植了棉花，在长江下游的丘陵地带棉花的种植取代了稻米。⑭

税制再次与技术改革共同刺激了棉纺业的发展。蒙古人在经过南亚和中东时开始重视棉花的作用，由于未受到生态因素和社会因素的阻碍,他们固执地相信法令强制下的改革。他们强迫华北平原改从游牧、在有霜冻的山东半岛推行柑橘种植都遭到失败,但元朝政府推行棉花种植的政策应算是一次成功。1289年在各省建立了专门管理棉花种植的官方机构(福建,长江中下游地区),为当地农民提供技术信息和资助。国家授命编纂的农业著作如《农桑辑要》(于1273年出版)其中有关于棉花种植的详细内容。不久在1296年,棉布以与其他纺织品相比十分有利的税率并入税收体系。养蚕业受到侵略战争的严重损害,北方的情况尤其严重。元代对丝织业者的征税很重,然而丝织产量仍然不能满足国家的需要。国家鼓励棉纺业发展的动机,农民从丝织业转向棉纺业的动机(如果他们能够)是同样有力的。

棉花一旦显出用处它就变得必不可少了。棉布坚固、耐用、便宜,在冬天比苎麻布、麻布都暖和,由棉布制成的加衬的外衣与丝织品一样暖和又比之便宜得多,夏天穿着吸汗、凉爽,制作精良、轻软的布料染色丰富,并能通过砑光而具有接近丝绸的光泽。

明代政府一年耗用一千五百万到两千万匹棉布,因此继续通过税收体制促进棉花种植。⑮1365年发布的法令,要求五亩(大致三分之一公顷)以上财产的农家有种植棉花的义务。但由于土壤不适合,农民不懂得必要的种植技术,这一法令难以实行。这一法令很快被另一诏令代替,即所有农民交纳的赋税必须有一部分棉花,也能以相当配额的谷物代替。⑯朝廷与国家的需求不以晚明的税制改革而减少,但私人业主在购进和流通布匹上发挥的作用得到提高,织布业持续发展、增长为帝国最大的行业。到晚明,在中国的每一个角落,都生长着棉花,都能织布,宋应星在1637年写道:"织机十室必有,不必具图。"⑰

然而,棉花的种植要比加工传播的快得多,产生较早的影响是造成了地域性的劳动分工。棉纺业的地域化,大体上与纺织品生产的分化和商业化是平行发展的,与此同时,农业也不断地专门化,不从事农业产生而是靠手艺和贸易为生的人口增加了。实物税逐渐开始以各种复杂的方式改兑为现金税,最终1581年的一条鞭法改革废除了所有的实物税。妇女放弃纺织而另图有利行当的趋势由而强化,相反地,如果其地家庭纺织比谷物种植更有利可图,丈夫也将和妻子女儿一起在织机旁劳作。

棉花生产的地域性分工使长江下游作为中国制造业中心的地位得到加强,并使北方诸省下降为不发达的外缘地区,出口原材料并进口成品。大商人控制了生产的每一阶段,他们包买原棉,在当地市场发送给农妇纺织,在城里的作坊染色、砑光,然后行销到全国。棉产品的散作体制(putting-out)不同于沿着都市周围兴起的丝织业的散作体制,因为其产品相对低廉,不太需要专业化的技巧,在技术上也只需少量的资金投入。[18]

如果不是一个被人称为黄道婆的妇女,那么,元朝政府将不可能推行棉花种植,据记载,这位妇女将压籽、弹棉、纺纱的全部设备与技术从海南引进到中国内地。棉布的织造似乎没有问题:传统的织机完全是适用的,气候的湿润程度也适于纺制棉纱。但在 13 世纪末以前,中国尚无有效技术能弄干净生棉,以准备粗纱并将之纺成棉纱,黄道婆则解决了这一难题。在她去世后,黄道婆成了棉业的保护神,人们为她建祠,尊之为"第一个棉花栽培者"。直到今天,她仍是儿歌中的女英雄。黄道婆出生于 1245年,在 50 岁时她把棉花栽种和加工的全部技术过程从海南引进松江地区,就在今天的上海郊区。我们不太清楚黄道婆是出生于海南还是在孩童时离开松江到海南,但可以确定的是,正如 14 世纪的学者、作家陶宗仪在其简短传记中所载,这个中年妇女完全靠自己将一个贫穷的地方发展成繁荣的棉花种植和纺织中心。[19]除去棉籽的轧棉机,疏解、松散棉花纤维的弹棉技术,使一个妇女同时能纺好几束棉线的多锭脚踏纺车(the multiple-spindle treadle-operated wheel),都是由黄道婆在 13 世纪 90 年代晚期引进松江。[20]

被认为是由黄道婆引进的轧棉机比滚筒(roller)的速度快好几倍,也更经济实用。一种大型的三人用的轧棉机于 1290 年至 1313 年间发明,但能架在桌上由两人使用的更小的轧棉机从一开始就很常用,而由一个人操作的轧棉机至清代仍在广泛使用。㉑棉花不像韧性纤维那样需要严格的纺制,因为粗纱必须从近处填进以控制厚度所以仅需要一台较小的纺锤轴车就够了。除了能同时纺多束线,纺锤轴车与那些纺丝纱和麻纱的纺车差不多是一样的。便宜的木制三锭脚踏纺车迅速地成为一种日常设施,在一个工作日能纺四到六两重的棉线(库恩说,中国棉纺的精密程度直到18世纪60年代,英国也无法与之相比㉒)。在织布之前,单束棉线必须加倍才能制成棉纱。根据18世纪方观承关于棉花种植和纺织的专论《棉花图》的估算,一个妇女能用四天纺出供一天织布的棉纱。㉓

这一新技术的应用受到气候因素的限制,要纺制高质量的棉线需要湿润的天气,就像中国南方的整个夏天那样。尽管北方的夏天极端干燥,在这种天气条件下纺制的棉线脆弱而不均匀,但只要能有井水、河水用来灌溉,棉花就能茁壮生长,而当地对棉布的需要量也很大。于是,劳动的地域分工发展得很快,南方诸省种植棉花并拥有远远超过当地产量的加工能力,北方诸省能生产生棉但不能进行加工。商业资本抓住了这一机会:掮客和商人从北方农民那里买下生棉并运往长江下游和淮河流域,在那里通过当地市场将生棉发给农妇纺织;商人再将织成的布运回北方,在他购买生棉的同一市场上出售。很明显,北方的棉花生产者在进行交易时毫无发言权,因为他们不可能在当地加工生棉。

位于长江三角洲的松江成了中国原始工业(the proto-industrial)的心脏,这是棉布生产的中心和一个国内贸易复杂网络的中心。在明代,松江和上海地区的农妇生产品种繁多的棉产品,大部分是平布,也有图案布和斜纹布,以及运进南方内陆地区的更窄更长的布匹,还有供应西北和北京的其他特殊种类。常熟生产的布运往山东供应农民的衣服。整个长江下游地区的村子都生产棉布,据当时记载:"家之租庸,服食、器用、交际、养生、送死之费,胥由此出。"㉔

地区间的棉花贸易是巨大的,对于商人极有利,但对于种植棉花的农民和织布的农妇却远非如此。当棉布成为每个人的日常穿着时，棉花种植面积扩大，竞争增强，价格下降，但商人并不是损失者。在上海地区，当来自其他省的商人——他们通过捐客经营——每年来到当地市镇包买布料时，都被待为上宾，他们可能携带价值一万到几十万两银子的货物做买卖。而一匹平布的价钱只值 0.3 或 0.4 两银子[25]，所以每个轧棉、梳棉、纺织的农妇只能赚得一点零头。

很明显，在这一体制下，对于出卖棉花但不得不购买成品布的任何人来说都是一笔太不合算的买卖。在明代，贸易的条件这么不公平，以致长江下游各省购进北方的棉花，又把他们自己生产的棉花卖到江西和福建。徐光启*在 1639 年写道："今之吉贝（棉花）贱而布贵，南方则反是。"但在 17 世纪初，河北肃宁的农民发现夏天在地窖里可以保持湿度，在那里能够纺织棉布，于是形势迅速得以改变，徐光启补充说："数年来，肃宁一邑所出布匹，足当吾松十分之一矣；初犹莽莽，今之细密，凡与吾松之中品埒矣。"他接着说道，北方各省生产的棉布仍然只有东部的八成，而售价仅及其六到七成，然而，这对于前二十几年或三十几年完全不能生产成布的地区来说，是一个很大的成就。[26]在大约同时的嘉定地方志中已经抱怨说，北方的南布市场枯竭了，而清代早期的《棉花谱》也说，江南现在不得不从南方进口生棉而已无法从北方得到原料。[27]

随着肃宁式地窖的传播，北方农家的棉布主要自产自给。男人种棉，妻子、女儿剥棉荚，采棉桃（图 16），将之加工成棉纱，并织成能用两三年的结实的土布（图 17），"（农民）聚家之老幼，姑率其妇，母督其女，灯相对，星月横斜，犹轧轧纺车声达户外也"。[28]剩余产品就在当地的商店和市场上出售，并运往附近市镇，或装上船向更远地区发售。尽管至晚明北方的棉织品贸易已经达到了

---

* 据《辞海》徐光启条，徐光启生于 1562 年，卒于 1633 年。原书此处恐有误。——译者注

218

第二部分　妇女的工作:织出社会结构中的新图案　**171**

图16　采棉(《授衣广训》1/14b—15a)。采棉花和剥棉桃是裹了脚的女人能干的农活(还有采茶和采桑叶)。这幅画表现了一群年轻妇女辛勤劳动的场面,同时还有一个老妇人和一个小男孩在旁边帮忙,小男孩的脖子上挂着一个柳条筐,正朝上看着。

可观的比例,但每家可供销售的剩余产品仍可能是少量的。赵冈引用一个 18 世纪的直隶总督的评论说,当时那里的棉布产量比长江下游地区还多,并大量出口朝鲜,而河北、山东平原的对生棉的需求也刺激了外围地带的棉花种植以至纺织业。㉙ 然而,土布仅售很低的价钱,大概只比生棉高一点点,妇女得不到较高的现金收入。而她们所需的设备是简易的,她们不再必须买衣服穿,故不像许多南方棉纺织者那样,要受散作体制的剥削。赵冈将这一类型的棉布生产看做是一种"辅助性活动",由妇女和其他"边缘劳动力"完成。事实上,即使并没有现金收入,妇女纺织以供全家衣着对维持生活仍是十分重要的,节省了否则是不可避免的开支。但是因为这样的家庭不再指望妇女织布能换来钱,织布在他们眼中也就成了"辅助性活动"。在棉布进入市场交易的地方,正如黄宗智所论,剩余品的销售"经常帮助支撑小型家庭农庄,否则它将在人口的压力之下破产"。妇女通过纺织所赚可能足以"避免租佃或无地"。㉚ 官方肯定看到了这种贡献的好处,但是我没有发现证据表明这是否转化为对妇女劳作的一般尊重。

北方诸省直到 20 世纪,被艾斯舍·古迪(Esther Goody)称为棉布的"村舍—工匠型生产"(cottage-craftsman production)仍然持续,这可能是个独特的现象。㉛ 这就是说,农民家庭自己进行棉布织造的所有程序,拥有生产设备,并直接控有、运用原料和劳动力,他们也直接进入市场销售剩余产品。㉜ 另一方面,在经济更加发达的其他中国地区,商业的稳定发展和比较优势上的变化,影响着农民卷入棉布生产的程度,但即使商人参与,散作体制也并不必然发展。棉花种植在福建是有利可图的,但到清代大多数农民已经放弃之转而从事糖业,并出口到全国各地和海外。当地商人用来自长江下游地区的生棉兑换部分的糖,由生产食糖的农民的妻子纺织成布用于家庭穿用。当对福建的糖以及茶的需求日益增长,农妇放弃纺织就更有利了,她们买布穿,节省下时间加工他们的农田生产的糖,并照管、收摘、晒制茶叶。福建开始进口棉布,邻近的广东也是如此。19 世纪,四川和山西的农民开始在

第二部分　妇女的工作：织出社会结构中的新图案　**173**

图17　装配棉织机（setting up a cotton loom）(《授衣广训》2/18a)。这幅图画表现了妇女们日常性地运用装配复杂机械所需的技艺；她们并不仅仅是在男人已经装配好的机械上转动把手或投掷梭子。

他们的棉花地里种植鸦片。但是，鸦片不需要田间劳动，所以这些省从河北进口生棉，而不是长江下游地区的成布。河北所有农田中的五分之一到三分之一种植棉花，部分出口朝鲜。㉝

在长江下游诸省，商人的控制和散作体制是最发达的。在这里我们发现古迪所称的"村舍—劳力型生产"：商人控制了获得原材料和进入市场的渠道，尽管织布工不是每天拿到工资，不在大工场工作，但他们主要是计件支付的工人。同时，在中国的其他地方，纺织是妇女的专门工作，在长江下游原始工业化的村子里，所有的家里人在纺车和织机旁苦干，生产各种质地的棉布出口到全国各地。农民家庭被商人资本家组织起来，并受制于一种大规模生产的体系，与世界上其他地方典型的原始工业化的剥削程度相当。

棉布生产与当时同样集中于长江下游地区的高级丝织业的组织有很多相似性，但也有重大的不同。大批量生产的棉布是便宜、普通的织物，其任何生产程序都不需要特殊的技巧，任何阶段也不需要特殊而昂贵的设备，堪与织造高级丝织品的织机相比，轧、梳、纺、织全部在同一间屋子里进行。农家把平布再卖给商人，成布的附加价一大部分来自染色和砑光，这由商人在独立的城市作坊进行组织（又通过一个散作程序）。㉞

也有高级棉织物的织造，虽然通常借用丝织的名词，但工艺并没有那么复杂，尽管比织造平布花更长时间，价格也高出好几倍，但大多数都能在三或四个踏板的普通平台织机上织造。在松江附近的市镇，上20种棉布在市场上展销，包括全国有名的三梭布，皇帝用这种布料做内衣。这种布料很像罗纱，一匹值2两银，而普通平布一匹值 0.3 或 0.4 两银子。㉟在明清时代的国家工场和一些城市作坊制造了很多更高级的布，包括天鹅绒和在花机上织造的图案布。到明代末期，松江的布就像杭州和苏州的丝绸一样闻名。"俗务纺织，他技不多，而精线绫、三梭布、漆纱、剪绒毯，皆为天下第一。……百工众技与苏杭等。要之，松郡所出皆切于实用，如绫、布二物，衣被天下，虽苏、杭不及也。"㊱

第二部分 妇女的工作：织出社会结构中的新图案 175

织造高级棉织品的地区，或拥有家庭作坊的城市纺织中心附近，通常出现与丝织业相似的更进一步的劳动分工，织布的家庭从更穷的纺纱的家庭购买棉纱。一部16世纪的地方志说："穷民无本，不能成布，日卖纱数两以给食。"㊲一个世纪之后，《古今图书集成》的编纂者陈梦雷引用一个关于上海地区的文献说："纺织不止乡落，虽城中亦然。里媪晨抱纱入市，易木棉以归，明旦复抱纱以出，无顷刻闲。织者率日成一匹，有通宵不寐者。"㊳这些文献没有告诉我们工人的性别，但我们能推测出村子里的纺纱工是女人，而在城里的织户中，正如丝织户中一样，织工是男人，使用妻子和女儿纺的棉纱，当然也从外面购买。直至19世纪末这一产业没落之前，靠纺棉纱只能过上够糊口的日子。

甚至在松江附近，织布在一些村子仍然是一种女性从事的行业。康熙年间（1662—1722）的松江地方志说："至于乡村，纺织尤尚精敏，农暇之时，所出布匹，日以万计，以织助耕，红女有力焉。"㊴可以推测，农闲季节的高产量意味着男人们不用在田间忙碌时就在织机旁劳作。在其他地区的村子里，男人们也参与纺织，或部分时间或全部时间，在土地贫瘠的地方农民干脆完全放弃农耕。黄卬关于清代早期无锡地区的专论告诉我们，在无锡，"乡民食于田者惟冬三月……春月则阖户纺织，以布易米而食……及秋稍有雨泽，则机杼声又遍村落，抱布贸米以食矣；故吾邑虽遇凶年，苟他处棉花成熟，则乡民不致大困……地瘠民淳，不分男女，舍织布纺花，别无他务"㊵。无锡农民织造的有些类型的布匹（20或30尺一匹）是与当地商人交换生棉的，另一种类型（24尺一匹）用来换回大米和现金，并被商人带到淮河地区销售；在这一区域的全部产量据说至少每年几千万匹。㊶

来自上海和其他地方的清代文献显示，甚至在拥有织造高级棉织品城市作坊的地区，即使买卖交易日益复杂、竞争越来越激烈，但产品仍然主要是家庭织造的。一部康熙时代的史书提到："采办青蓝布三十万匹……此项布匹出在上海一县，民间于秋成以后，家家纺织，赖此营生。"另一早期康熙时代的文献告诉我们：

"康熙初,里中多布局,局中所雇染工、砑匠,皆江宁人,往来成群。"㊷长江下游的人口在清代稳定增长,同时,棉织业竞争日益激烈,剥削更加严酷,产品质量下降。乾隆时代(1736—1795)的上海方志说:"布……吾邑出乌泥泾、三林塘一带,紧细若绸,近来织者竞利,狭幅促度,迥殊于前,今所在有之。"㊸

随着劳动程序的日益细化,劳动力的分工也变得明显,这在松江特别典型,它是全部棉织业地区最先进的地方。但在明清晚期,南京也变成了高级丝织品和优良棉布产品的大中心(不涉及中国首都需要的所有其他奢侈手工艺品)。㊹在这些中心,能织布的家庭(这就是说,能投资得起一台织机并能定期购买棉纱的)与那些不得不卖棉纱为生的家庭相比,是有特权的。㊺缺乏资本的贫穷村民的另一生活来源是制作精致的小产品,后来风行全国。比如在万历年间(1573—1620),"松江……用尤墩布为单暑袜,极轻美,远方争来购之,故郡治西郊广开暑袜店百余家,合郡男妇皆以做袜为生,从店中给筹取值,亦便民新务"㊻。"妇女不能织者,多受市值,为之缝纫焉。"㊼

到明清晚期,我们能区分三种明显不同的农家与棉布产业的关系。第一种是维持生活的生产:在经济停滞的地区,唯一的出口是原材料,妇女没有几种可选择的生业,每家自己纺纱织布。在这些地区或者在农田种植棉花,如在河北,或者在其他作物更有利可图时,就买进生棉,如在陕西的鸦片产区;第二种,如果农妇能靠加工像糖或茶那样的商品为家庭赚来更多的收入时,她们会放弃织布而购买生活必需的布料;这两种生产体系都独立于棉布掮客(经纪商)的控制。但是在长江下游的生产中心的大都市,以至南京和广东,生棉的地区间贸易使商人得以通过一种散作体制对生产进行严密控制。随着剥削加强,在家庭之内和家庭之间的劳动分工发生了变化。在有些家庭,仍然是男人在田间耕作,女人用每天早上由掮客在乡村市场上分发的生棉进行纺织;在另一些家庭,男人放弃了耕作,代替妻子在织机旁忙碌。在最穷的不能负担织布的家庭,女人仍然参与织物生产,或者纺纱或者记件制作精美的产品，二者全都赚头很小。

明清的丝织业

随着明清晚期的商业化的强化，棉布生产遍布全中国，有着仅供维持乡下生活之用与商业化生产的地域性区分，但后者也依赖农家生产，而集中于中国经济最发达地区的郊区农村和市镇。因为棉布顺利地竞争过丝绸，它的发展在丝织业引起重大反响。在明清时代，除了长江下游的农村，乡下绢的生产几乎消失。产品显著地从普通丝织品转化为高级丝织品，几乎全部由集中于南方主要经济中心的城市和郊区作坊织造。生丝仍然由乡下农家生产，且集中于长江下游地区：在不能生产制造高级丝织品用的高质量丝线的地区，蚕丝业逐渐消失（图18）。

乡村丝织生产转产的一个原因，在于农家和庄园都曾织造的绢无法与棉布竞争，特别是在1581年以后，甚至在传统的丝织地区国家也不再对绢有任何直接需求。另一个原因是，即使在庄园，甚至具有悠久传统的作坊所制的上好丝绸，也不再能与优良棉布或南方都会高度专业化技术下的精致产品相竞争。甚至乡村生丝和纱线的生产也受到影响，因为所有最好的江南生产商更愿意使用来自当地湖州地区的生丝，其质量特别优良。

明代后期，直隶和江西仍然生产绢，并运往像杭州这样的中心市场出售，但与杭州、苏州这样的长江下游高级丝织中心里使用雇工的作坊相比，其产量无足轻重。⑱四川、广东、福建也继续生产一些家产绢，但基本上是给长江下游地区出口生丝。四川对于最高级织锦的垄断已经是过去的事了，而河北、河南和山东的丝织业也已经衰落，这部分由于战争的影响，部分由于地区经济平衡的变化。⑲

一个典型的例子是山西潞州，这里以生产绢闻名已经有几个世纪，16世纪在当地任职的吕坤就说："士绅皆著潞州绢"。然而，农家并不织造绢，而是由小镇的作坊织造，在许多乡下妇女之

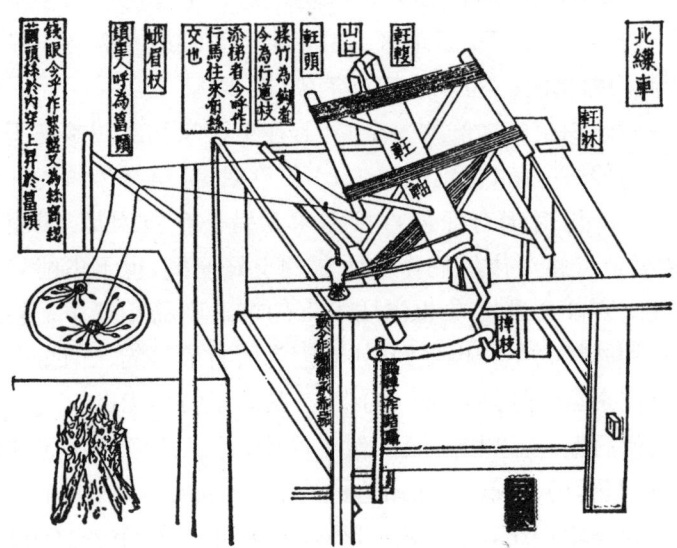

图18 南方(上图)与北方(下图)的缫丝机(明代早期王祯《农书》卷20的插图)。在14世纪,北方的丝织技术比南方先进;这里图示的北方缫丝机可以同时卷两股丝纱,而南方只能卷一股。下图中标示了机器各部分的名称,并加以解释,但并没有标明所有必要的连接部分,且显然忽视了运转轮子的踏板。上图使我们明确知道了一台缫丝机是如何实际运转的:平底锅里漂浮着蚕茧,在炉灶上加热。热水使每个蚕茧的胶质物质松开,从而能抽出单根的长纤维。从几个蚕茧中抽出的丝线通过钱眼(一枚铜钱的方形孔)汇成一团,当它们在水里一出现就被扭成一股丝纱并卷到一个卷轴上。

中,纺织技术明显失传了。"(地方长官吕坤)命令省内一些地区**没有生业的**所有成年妇女学习纺织。"(50)在吕坤任期之后,妇女从事丝织业未能延续下来。到明朝覆灭,甚至潞州的作坊也已走向没落。一部1660年的文献告诉我们:

> 窃惟臣乡山西织造潞绸,上供官府之用,下资小民之生,络丝、练丝、染色、抛梭,为工颇细,获利最微。又山邑不出桑茧,丝线取给山东、河南、北直等处。明末绸机三千余张,皆因抱牌当行,支价赔累,荡产破家。(顺治)元年至今,仅存者不过二三百张。……独苦本省衙门之取用,以及别省差官、差役织造者,一岁之中,殆无虚日,虽各请发价,而催绸有费,验绸有费,纳绸有费,所得些须,尽入狡役积书之腹,化为乌有矣。机户终岁勤苦,夜以继日,妇子供作,俱置勿论,若线若色,尽取囊中,日赔月累,其何能继?今年(顺治十七年)四月,臣乡人来言,各机户焚烧绸机,辞行碎牌,痛苦奔逃,携其赔累簿籍,欲赴京陈告。(51)

潞州丝织业的崩溃必然影响附近农民的养蚕业,也会影响四川、山东、河南和直隶的养蚕业,那些地方都给潞州卖生丝,因为这些地区的生丝除了当地市场外是不太可能有竞争力的。在有些省区内,蚕丝业技术已经消失。P.E.Will告诉我们,在陈宏谋任邻近陕西省地方长官之时,即1743年与1758年之间,除了少数地方,当地官员和士绅还在力图复兴这项遗失的技艺,这个源自周朝的当地蚕丝业传统已经完全被遗忘了。曾有一个名叫杨屾的官员用数年时间促进桑树种植,在这之后,西安于1740年成立了一个管理丝织业的官署,陈宏谋即与这个官署进行协作,据其所言,新芽种下去一两年后,就能长出桑树,一旦引进蚕卵,将养蚕技术传授给志愿的农民,难题就在于引进技术、安装机器和 229
基础设备以供生产。(52)

这些复兴蚕丝业的政策,其意图不是将陕西重建成一个国内的丝织中心,而是与当时许多人相同,打算"提高地方自给自足的能力",以使当地人民不必卖掉本来就紧缺的谷物而购买进口的布料。并希望教育农家懂得,桑树、蚕茧和生丝都是收入来源。一开始丝料在城里的作坊制造,但陈宏谋希望最终农民(大概是如吕坤所言的"没有生业的妇女")能学会重新在家里织绢。与吕坤的计划一样,陈宏谋的计划也未能在他任期之后延续,但是相似的计划在云南和贵州曾成功一时,而在远离长江下游大都会的外围地区如直隶和江西,当地家庭丝织业也继续存在着。

明清之际,甚至在有些地方,以供销售的家织绢仍然是一个有利可图的活动,但掮客卷入乡村家庭生产也日益明显。太湖周围的乡村地区靠近大的丝织中心苏州和杭州,生产全国最好的生丝,即著名的湖州丝。在杭州和苏州的作坊对生丝的需求不断扩大的情况下,出人意料的是,直到 17 世纪在湖州乡村绢的生产仍然保持其生命力。可能正是当地生产的高质量纱线保证了这些绢的竞争力。

编纂于大约 1640 年即明代灭亡前夕的《沈氏农书》,描写了湖州一个地主家庭的蚕丝业情况:

> 男耕女织,农家本务,况在本地,家家织纫;其有手段出众,夙夜赶趁者,不可料酌。其常规:妇人两名,每年织绢一百二十匹,每绢一两,平价一钱,计得银一百二十两,除应用经丝七百两,该价五十两;纬丝五百两,该价二十七两;丝钱、家伙、线蜡五两;妇人口食十两:共九十两。数实有三十两息。若自己蚕丝,利尚有浮。其为当织无疑也。但无顿本,则当丝起加一之息,绢钱则银水差加一之色,此外又有鼠窃之弊,又甚难于稽考者。若家有织妇,织与不织,总要吃饭,不算工食,自然有赢,日进分文,亦作家至计。㊾

沈描写的这个地主家购买现成的经、纬丝线进行纺织。从他给出的数字看,我们能算出绢比经线的价钱多出 50%,几乎是纬线的一倍。因为丝线可能通过中间人购买，我们能推测付给缫丝和纺纱人家的价钱实质上更少，而投资一台织机和高技术劳动的回报相对较高并可靠，尤其是在有现成资金可以不通过捐客而直接得到纱线的情况下。雇用两个女织工一年织 120 匹布带来的利润等于 30 石未脱壳的稻米，反之，雇用男人干农活则经常亏损，但沈氏认为如果想务农为生，这还是必要的。[54]

虽然沈氏宣称在他所在地区，每一家都纺织丝绸，但更穷的农家，劳动力有限，也缺乏资金购买好织机，只能满足于养蚕、缫丝，以及他们的女人受雇于地主家作坊带来的低收益。如果他们仅用家里的劳动力纺织，而设想其他的花费是相等的，每匹布的利润将是三分之一而不是四分之一两银子。如果他们又自己养蚕，每匹布的净利润将是大约 0.4 两银子或 0.4 石未脱壳的稻米（与沈氏所说士绅之家每匹值 0.25 石相比）。如果我们把沈氏的数字与陈敷所说的 12 世纪中叶长江三角洲的蚕丝业相比，我们看到，利润已经大大地下降了。陈氏说，一个十口之家，养十盘蚕，所得生丝能织 31.2 匹绢，每匹值 1.4 石未脱壳的稻米。五个世纪之后，即使利润大不如前，加上对湖州生丝的高度市场需求，对湖州一带的蚕丝业家庭来说，投资织造绢还是相当值得的。但很显然，捐客以他们自己的定价提供生丝贷款并回买布匹，这极大地减少了资金短缺人家所得的利益。

在张履祥所描写的桐乡附近地区，土地不适于畜耕，所以不得不用锄头，没人能经营 10 亩以上的田地（大约 0.6 英亩），大多数田地出租给佃客，因为人口密集所以租金高达一半谷物，女人的收入对维持生活来说是至关重要的。张氏在其论著中有一整部分特别讨论妇女的工作及其重要性，他是我所知道的唯一一个清楚表明女性对于家庭经济之贡献的农业研究者。[55]他指出，在桐乡的西村，农妇用废纱线织造粗糙的绢和普通的绢，还织造麻布；在东村，她们则在田间帮忙、护桑、养蚕、纺织。在张氏自己的村子里，女人织棉布，养蚕做丝绸。[56]

随着城市作坊和他们生产的高级丝织品数量的不断增长，对于生丝或蚕茧的市场需求也持续扩大。湖州,沈氏的家乡,出产全国最好的生丝,在万历年间(1573—1620),"尺寸之堤必树之桑……富者田连阡陌,桑麻万顷"。清代,湖州继续出口生丝,事实上,它几乎垄断了市场。在明代末期,福建、广东连同杭州、苏州的织工都依靠湖州生丝;只有潞州的织工(很快就要灭绝)从四川的郎州购买生丝。潞州只产绢,但福州生产的绸缎却在国内外销售。广东出产的细致锦缎,"粤缎之质密而匀,其色鲜华、光辉、滑泽……粤纱,金陵、苏、杭皆不及……故广纱甲于天下,缎次之"。因为南方的纱线缺乏光泽,所以福建和广东都依赖长江下游地区的生丝织造高级产品。⑰

与此同时,在湖州以及附近地区,来自织造的利润正在下降。乾隆时期(1736—1795)的一部方志说:"自此天下之务蚕者,日渐以少。"根据税收记录中的数字,比较两个世纪以来直到乾隆十二年(1747)生丝价格与相同重量的绢的价格,如表1所示,按照这一材料,在嘉靖年间,由织造所增加的价值降到300%—350%,在康熙年间,降到150%—200%,1747年,仅有55%—110%。

表1　纺织所增加的价值

	每斤生丝价格(分)	每两绢价格(分)	纺织增加价值(%)
嘉靖(1522—1566)	2	8—9	300—350
康熙(1662—1722)	3—4	10	150—200
乾隆十二年(1747)	6—8	13	50—110

这导致长江下游地区许多蚕丝业者更愿意专门养蚕或生产生丝而不是织造成品。对于许多农妇来说,高难度的蚕丝业只有不多的报酬,但是因为地少税高,农家几乎无可选择只能织造丝绸。有资本的大家族有优越性,因为他们负担得了快速缫丝的资金与劳力。⑱我已经提到,到明代末期,劳动力的组织已得到最为经济的安排,五个工人一起操作两台缫丝机。但是,正如库恩所论,甚至在大织家中,妇女也只能季节性地从事缫丝工作,所以她

们的技术不能与作坊中的专业工人相比。

虽然明清帝国的丝织作坊仍然有巨大的规模，但在当时它们只占到城市高级丝织品产量的小份额。工匠不再为国家终生服役，而是采取一种轮换制度：在明代早期，刺绣工和图案罗纱的织工必须每年服役；缂丝工、染工和普通织工三年服役一次；捻线工每四年服役一次，裁缝每五年服役一次。[59] 在剩下的时间中，他们寻找在私人作坊当雇工的机会。因为最优质的丝绸仍然由国家作坊织造，工匠的技艺对于维持私人作坊在专门技术上的水平是相当重要的，在明朝于南京建都并建立了皇家工场之后，南京的私人丝织业开始能与长江下游的城市竞争。

就私人作坊来说，城市丝织生产中生产关系发生了重大变化。在明代末期，一个城里的"织家"(loom household)拥有一台织机或数台织机，既用家内劳动力也用雇来的帮手纺织从市场上购买的生丝。和乡下的地主家不一样，城里的织机拥有者并不雇用妇女。[60] 城里的男织工是高度专业化的，但是，尽管他们拥有高超的技艺，但是比之自己在乡下按年受雇的姐妹们，他们却更少安全感——在乡下干活的妇女不管是否有活干都能吃上饭，而城里的工匠只在工作的时候才能赚到工资，而且只能受雇从事自己的专业，如果没有工作可做，他们就要挨饿。"匠有常主，计日受值，有他做，侧唤无主之匠代之，曰换找。无主者黎明立桥以待，缎工立花桥，纱工立广化寺桥，以车纺丝者曰车匠，立濂溪坊，什百成群，延颈而望，粥后散归。若机户作减，侧此靠衣食无所矣……机户出资，机工出力，相依为命久矣。"[61]

随着新的中心在福建、广东、然后是南京发展起来，丝绸买卖的竞争更加激烈，拥有资本的优越性变得更加显著，而剥削也更加强化。雇主使得到城里找工作的破产农民和有经验的纺织业工人互相争斗，但要写出晚明时期雇主与工人之间的相互依赖也能证据确凿，而在清代已没有工人能想象资源是共享的了。[62] 一部1734年的文献谈到雇工工资从日工资到计件工资的转变。[63] 与此同时，雇主通过散作制度转移越来越多的生产负担，穷人家妇女被雇来在作坊缫丝，但许多丝绸商不是自己织造丝绸，而是把他们的织机出租给从事织造的人家。这样，雇主就不必去和有斗争性的男工打交道，而职业织工的工作则由他们全家来补足。

　　一部清代晚期的著作描写了一种用湖州生丝织造的有一万七千根经线的南京绸缎："必先之以染经，经以湖丝为之；经既染，分散络工。络工，贫女也，日络三四窠（丝四片，经曰窠，百窠为一桩），得钱易米，可供一日食。"㉚接着继续说道："盖一器而工聚者，机为多，宜其细密精致，为海内所取资。"作者告诉我们，南京丝绸生产集中于西南市郊，"开机之家总会基础谓之账房，机户领机，谓之代料，织送缎，主任校其良楛，谓之雠货。小机户无甚资本，往往持账房为生"。四个缎工一组包买由账房组织的产品。从乾隆年间到晚清，在南京起码有三万台织机在生产绸缎，还不算织纱、织锦、织地毯的织机，这些产品行销全中国以至海外。

　　农村对于宋至晚明时期高级丝织品的主要贡献，在于养蚕缫丝，其主力仍然是妇女。随着新的散作制度的发展，乡村妇女再一次重新卷入高级纺织品的生产中——不是作为管理者和技艺高超的织工，而是作为辅助性工人即缫丝工和纺线工，甚至在家庭生产的范围内亦是如此。随着明代晚期散作体制的发展，苏州的丝织业扩散到像盛泽这样的周围村庄，许多村子放弃了农业生产，一家人都从事纺织，在一起劳作："贫者皆自织，令其童稚挽花，女工不事纺绩，日夕治丝，故儿女自十岁以后，皆蚤暮拮据以糊其口。"㉛

　　丝织不再是一个女性的领域：妇女的工作降低为不可缺少但又低级的缫丝纺纱，而她们的丈夫则负责织布并把产品拿到市场上去卖。这种劳动分工是一种合作互利关系，一种相互依赖，正如作坊与其雇工一样——但是这二者的内在等级关系是明确的。此外，妇女对于布料生产的贡献，以及对于销售所得收入的贡献不再清楚明确，而是被包含的。她们曾经管理生产丝织品的全过程，现在她们既不是管理者又不是织工，而只是低下的缫丝工和纺纱工。城里和乡下的"织户"，所有的工作的确是在同一屋檐下完成的，而自从宋代以来，城里作坊大部分织布工作是由男人完成。总之，在商业和家内的劳动分工中，妇女现在被限制在报酬最小、技术含量最少的工作上。既然如此，我们将不觉其意外地看到，一个现代学者在研究19世纪晚期丝织品生产的工业化时，将劳动力方面的变化描写为"丝织业的女性化"⑥。到了清代晚期，还有什么能令人想起妇女曾经制造全中国所有的丝织品呢？

第六章　妇女的工作和地位

"男耕女织"的规范至少在劳动层面上表达出夫妻之间的分工是互补性的,而非从属性的关系。然而,宋代至清代,纺织业所发生的复杂变化使妇女大体上沦为织工,她们的技术被剥夺,对纺织生产的贡献被低估、被边缘化,或者完全被纳入以男性为中心的家庭生产中。这样的变化意味着什么,可能带来怎样的后果?看起来我所描述的中国纺织业的变化及其随之发生的妇女对家庭经济贡献的变化,似乎导致了性别角色观念的转变。但是,这种物质变化是如何转化为社会意义的,还有哪些其他因素需要加以考虑?

在新的劳动分工中,妇女的经济贡献被遮蔽或被边缘化,这并非是中国独有的现象,相类似的过程也同样发生在许多其他向商品经济过渡的社会中。恩格斯在《家庭、私有制和国家的起源》中认为,在社会差别产生的过程里,伴随着生产方式和私有权的发展,妇女被限定在无工资收入的生殖活动领域内,区别于男性的为社会承认的生产活动领域。这样,妇女就丧失了其完整的社会地位而成为附属的"妻子和被保护者"。自恩格斯提出这一观点后,马克思主义和女权主义学者都已证明,在商业化和原始工业化(proto-industrialization)的压力下相应的妇女工作重要性的降低是整个世界父权制得以巩固的中心因素。但是,父权制有诸多形式,即使在一个单独的社会中也是如此。理解中国性别分工的这些变化在当时的意义,对于理解与此类似的现代早期欧洲许多地区的原始纺织业来说,似乎没有什么价值,因为其是处于殖民主义影响下的世界其他部分。① 但如果我们要从纺织业取证来澄清中国父权制社会（patriarchy or patriarchies）的性质和历史，就必须揭示中华帝国后期归于"女工"或"妇工"的复杂混乱的意义——这是以商业化和专业化的历史趋势为背景的，其间各种男人工作的意义也在发生变化，反映出新的社会等级和压力的出现。我认为在纺织生产上有三个值得考虑的方面，它们包括：专家的知识和技能的有效性，妇女工作的经济、社会和政治价值的中国式建构，织物在超越性别隔离的空间界限、联结中国社会内部和外部世界上的作用。

　　这里首先我要指出，在纺织生产中，妇女边缘化程度的显著增长和最初的特征产生于对男权的回应，后文我还会就此加以论述。如果遮蔽妇女生产对家庭经济的贡献有利于加强中国家庭的父权结构，那么儒家的理论家和父权制的立法者就会支持接受这种遮蔽，或至少不提及遮蔽的事实，而不会积极地对此进行争论。但是，实际情况并非如此，明末清初自皇帝以下的许多男性文化精英远未接受以妇女赚钱能力减弱所标明的从属地位，他们认识到这是一种不正常现象，并有可能威胁到正常的社会秩序。他们利用在私人和公共领域中的能力为重建妇女作为织工的地位做出了大量努力，并为使妇女回归织机、恢复其工作及其所暗含的尊严实施了诸种政策。当思考他们所设计的这些政策和动因时，我们面对着显然的矛盾。处于中华帝国父权制最高等级的男人们不希望妇女在家庭中的生产作用被遮蔽——他们想要重建妇女的地位，彰显其作用，并赋予这种作用以女性美德的特殊荣耀。在曼素恩的近著中，提到有关中华帝国后期对妇女为家庭财政所作出的经济贡献的广泛认可。在我看来，精英关于"女工"的话语表达出一种更加复杂的情形。在这一章中，我试图解析有关"女工"的多种记载和被压抑的声音，展示中华帝国后期社会存在的压力和各种不同的父权制与性别观念。

技能、知识和地位

前文我已描述了妇女逐步丧失其在技能和知识领域控制权的复杂过程。在宋代,丝织与纺织毫无疑义地被认定为是"女工",但对妇女于纺织生产贡献的认可却发生了变动,同样妇女技能的表现方式也发生了变化。历史学家记载了汉代妇女霍显和陈宝光妻的家庭财富。张氏(张安世妻)充分发展了他们的纺织技术②,到13世纪末黄道婆(一位棉布纺织的专家)的知识据说在长江三角洲地区转换为经济利润。③以下是明代后期的两个实例,可与早期纺织技术及其经济价值形成对比:

> 且说嘉靖年间(1522—1567*),这盛泽镇上有一人姓施名复……夫妻两口,别无男女,家中开张绸机,每年养几筐蚕儿,妻络夫织,甚好过活。……施复是个小户儿,本钱少,织得三四匹,便去上市出脱。……施复每年养蚕,大有利息,渐渐活动。……那施复一来蚕种拣得好……每筐蚕又比别家分外多缫出许多丝,照常织下的绸,拿上市去人看时,光彩润泽,都增价竞买,比往常每匹平添钱多银子。因有这些顺溜,几年间就增上三四张绸机,家中颇颇饶裕。④

> (张)毅庵祖……以酤酒为业,成化七年,值水灾……所酿酒尽败……因罢酤酒业,购机一张,织诸色纻币,备极精工,每一下机,人争鬻之,计获利当五之一。积两旬,复增一机;后增至二十余。⑤

耙梳有关纺织品的文献,我发现至宋代几乎所有记载下来的奇闻轶事(包括元代黄道婆的案例)都具有这样的特征:故事中的主角是女性,她们不是技术工匠,就是工具与加工方法的发明

---

* 据《辞海》,嘉靖为明世宗年号(1522—1566)。——译者注

者,或是老练的管理者。在许多个案中,这些妇女都具名,但未提及男人的名字。只有一个例外,这一时期在纺织品生产记录中唯一出现的男性形象是3世纪的机械师马钧,他发明了一台仅由几块踏板组成的却能制造出复杂图案的织机。⑥秦观在他的《蚕书》(1090)中讲到缫丝技术的改进,实际上是他的妻子——徐文妹(音译)提供的这方面信息。这是一个将纺织品生产的知识或技能自然联想到妇女身上的时期。在黄道婆的个案中,我们并没有确凿的证据证明这个人物的真实存在,也无法证实就是她把所有的纺织工具从海南带到松江地区(这些工具之一至少在大约一个世纪以前就已经在这里使用了)。而且应该引起注意的是,有学者(陶宗仪*)指出,一个地方棉纺织业的兴起不大可能只归于某个人的功劳,尤其是归于一个农村妇女的努力。

然而,到元代我们就发现男人正在取代妇女成为这些奇闻轶事中的主角,有时他们是匿名的工匠⑦,有时是具名的业主。施复和张毅庵的两个例子都证明了他们在纺织上的技术,这使他们的家庭发家致富;他们充当了《汉书》故事中妻妾所起的作用。施复的妻子对其事业做出了贡献,她们养蚕抽丝,可她们在历史上都没有留下名字,即使是张氏当然也不都是他自己纺的线,但我们并不知道是否他还有妻子或女儿帮助了他。从给妇女具名到隐去或忽略其名的变化是具有重大意义的,因为在中国,姓名与个人的身份和价值紧密联系在一起。⑧

至迟到宋元时期,纺织品生产仍旧被表达为女性的和主要由家庭内部支配的领域,但这种状况从宋代至清代由于纺织业的膨胀和商业化而逐步发生着变化。值得重视的是,纺织业的这一变化并未涉及任何根本的技术革新或发明;就像大多数原始工业化的情形一样,变化主要发生在市场、投资和劳动力的组织,而并非发生于技术革新方面。这里我们不再讨论男性纺织科技的更新以及大批男性科技发明的涌现,文献中对于两性科技的表达也同

---

* 陶宗仪,元末明初文学家,编有《南村辍耕录》三十卷。——译者注

样发生了变动,这些都反映出新的劳动分工的出现。如果我们把反映早期纺织品生产的绘画和雕版印刷物与宋应星《天工开物》(1637)中的图例相比较,我们就会注意到前者中根本就没有男人参加生产,而后者所有的图例中都有男人(见图13),除了那些描写养蚕和纺线的场景以外。这点很重要,因为宋应星想要描述当时手工业和制造业的最先进方法:在明末纺织业部分,他所展示的内容说明男人在生产中的地位和作用。⑨

拥有科技知识和能力并不必然转化为享有较高的社会地位和更大的自主性,即使这些技术能够生产出为社会所承认的物体。统治阶级可以对那些制造标志他们身份的奢侈品的工匠实施严格的人身控制。在商周时期,色彩艳丽的纺织品作为政治权力的象征是极为珍贵的,而知道如何生产它们的妇女却被当做奴隶加以控制。⑩很多世纪以后,蒙古人屠杀了大量中国臣民,却把所有的手工工匠都留了下来,因为他们能够制造出象征高级文明的物品,但这些工匠们沦为由国家直接控制的、世袭的、没有自由身份的匠户。⑪中华帝国后期,大多数妇女失去其先前作为纺织技术拥有者的身份意味着什么?当我们试图对这个问题做出回答时,我们肯定是把她们看做具有自由身份的人和家庭成员。我们还应该铭记,在中国思想中身体和道德是如何紧密地联系在一起的。妇女通过完成妻子的工作而实践着家庭和国家所要求的美德。当一个小女孩开始学习纺纱织布的时候,她就不仅在学习生产有用物品的技能,而且也在学习勤劳、整洁、尊重劳动、作为妻子的尊严和作为国家臣民的责任。在她生产的布料中,她的技术转变成了价值和美德。这也就是帝国后期许多社会改革家和道德家都期盼着复兴妇女的纺织技能的原因之一。⑫

女性的美德和社会秩序的维护

当妇女放弃她们固有的工作时,整个社会的结构就受到威胁。早在15世纪的作家胡居仁(1434—1484)就悲叹道,商业化和工匠活动的扩展意味着纺织现在已变成男人的工作了。[13] 在儒家经典中，对社会秩序的威胁部分地来源于基本生产落入工匠和商人手中，特别是由于无法明晰男女两性之间正当工作的界限。男织女耕是令人极度不安的事情，因为这是世界完全颠倒过来的标志。

国家的社会秩序和家庭生活构成了一个相互联系的统一体，妇女的行为关乎政治事务，虽然她们隔离于我们所讲的公共领域之外。蓝鼎元 1712 年在其流行读本《女学》的序言中表明了一种典型观点："帝国政府之基础在于民之习惯。人民正确的习惯依靠家庭井然有序的管理。其道始自妇女。"[14] "私人的"美德被视为在许多方面都有助于巩固"公共"秩序，而且对帝国后期的道德家来说，妇女的纺织工作在几个层面上与其德性结合在一起。

正如本书第四章提到的，明清流行的百科全书和农书都把纺纱织布描写为受尊重女性的日常工作，尽管现实中大多数精英家庭早已放弃了布料生产转而从市场上满足其需求。这类文献反映的一个重要方面是，家庭内部的纺织生产并不是作为商业活动存在的，而是孝行的表现——妇女劳动的产品作为温暖和精致的布料每年被用来为父母做新衣服（见图 24）。纺纱织布的工作既教给妇女两性都需要的孝道，也教给她们女性特殊的美德——勤俭。这些美德不但对穷人家是必须的，对精英家庭的正常管理也是不可缺少的[15]，其父母仍坚持劝说她们的女儿学习纺纱，目的是让她们学会尊重下等人的辛勤劳动，学会勤俭治家。18 世纪守旧的陈宏谋严厉地批评了那些被宠坏的年轻妇女，她们的孩子由保姆养大，女仆和妾替她们做针线活，"她们所要想的就是把自己打扮得更美些。一切都为她们做好了，因此她们不知米稻、丝茧。她们视金钱如粪土，视生命如草芥"[16]。政治家曾国藩（1811—1872），应对西方控制的中国保守主义运动的主要代表人物，坚持让他的女儿从厨房开始每天的生活，上午一半的时间用于纺线和麻，下午做针线活、做鞋，晚饭后以纺纱来结束节俭和富有美德的一天。[17]

中华帝国后期大多数有教养的人都将懒散视为危险，但随着财富的增长，越来越多的妇女感到闲散，因而她们受到道德的威胁。以传统眼光看，妇女懒散的征兆就是不进行纺织生产。第五章中，我给出了几个官方试图在穷困地区重建纺织业的例子，那里的妇女就不再纺织。在改革的建言中，妇女被描写为"没有工作的人"，虽然在实际中她们可能整天都辛勤劳作，或许参加耕作、手工业生产等其他经济活动，或许主持家务、养育孩子。主张改革的官员认为，妇女唯一可以称得上有价值的工作就是制造纺织品。与此形成对比的是，数量日益扩大的富裕家庭中，妻子和女儿在我们所说的闲暇时光里从事着读书、绘画或刺绣等活动。如此的闲暇生活尤其被看做是对平民阶层妇女的冲击。于是16世纪的官员吕坤就尝试在潞州恢复贫穷妇女的丝织技术，还撰写了名为《闺范》的著作，特别为平民妇女提供道德训诫。妇女的箱柜中有三五本这样的书，使她们从中受益。⑱

曼素恩在《清代的家庭手工业和国家政策》中，提出一系列关于官方为消除农村妇女的懒散及相应危险的努力实例，其途径就是鼓励她所称之为的"手工业"的发展。这里我们所涉及的"手工业"范围并不包括所有的手工业活动，而是仅指纺织品生产，特别是家庭纺织业。在那些还没有完全中国化的地区，教授中国式纺织技术被看做是文化同化的强有力方法。曼素恩引用了一个官员寄给湖北襄区的动人挽诗，其间以中国标准写道，当地的妇女（我猜想她们是非汉族的其他少数民族）不知羞耻地背叛丈夫。她们认为结几次婚都没关系，寻找新娘的家庭也不会介意这种放荡的行为。⑲引起这位官员关注的是，妇女具有了"用锄头打碎地上土块"的眼界，这深深触动了他，因为如此混同的性别范畴预示着："妻子将如同丈夫休妻一样休夫的时刻已为时不远了。"他觉得，只有桑蚕业（sericulture）能够拯救她们："我特别可怜襄区的妇女，她们无法发展其自身的专门工作，因而无法肯定其作为忠实妻子的承诺。那些没有自己工作的妇女应该从事养蚕业。无论是出身贵族还是平民家庭的妇女，都可以亲自照管桑蚕，为丈夫制衣。当妇女看到她所具有的足以供其家庭生存的力量时，她的心就变得纯净了。"⑳

清代经世文编的作者认为,在传统中国的中心地带,"妇女从事纺织的地区是文明区域,其道德水准也高于那些妇女不纺织的地区"。许多官员在任职期间,尽力将长江下游先进地区的纺织技术推广到上游更多的地方,尽管那里的当地居民有时拒绝学习这些。㉑

当地居民不都欢迎学习纺织的原因恰恰是,他们已经发展出其他可选择的更有益的谋生手段。曼素恩在另一篇文章中证实,晚清时期宁波地区不同阶层妇女所从事的家庭手工业的真正范围,包括富裕家庭的刺绣,也包括"手工织布、草编席、草编或竹编帽、油纸伞斗篷。所有这些都算是宁波地区出名的特产",也是整个东南亚和中国的特产。㉒但是,这些生产活动并不是帝国后期官方希望鼓励和促进的妇女工作的类型,因为它们在传统工艺范畴内属已衰落的领域,故而不像纺织品生产那样虽然不是基本的,但却是补充性和商业性的活动。至清代,官吏们仍然趋于把商业视做是对国家资源和人民福利的一种消耗。他们鼓励家庭纺织业和桑蚕业是出于两个原因:其一,允许妇女为其家庭生存的需要做出贡献;其二,这也就意味着这些家庭还有纳税能力。㉓

帝国后期官吏和道德家都没有忽视妇女工作的经济价值,但是他们将其简化为政治因素:得以生存下来的家庭通过纳税维系着臣民与国家之间道德的契约;同样,这也适用于他们对于男人工作的态度。他们并不反对适度繁荣,而且许多人感到适度的商业生产或贸易是合理的,甚至是令人期许的,只要这种繁荣是以坚实的生存生产为基础的。正如我在导言中提到的,清代的皇帝和官吏们为劝说平民男子脱离贸易、手工业和过分依赖商业性耕作做了一切他们所能做的,令其重归粮食的生存生产。在他们心中,以下的农业政策起了楷模作用:恢复"正常的农业生产",也就是说生存农业(subsistence farming),这不仅将为国家重建坚实的征税基础,而且也是古代统治者与臣民之间社会契约的复兴,虽然由于废除了粮食纳税制,交换的物质象征已经消失。

我看到帝国后期官方重建传统纺织业的努力,那代表着支撑社会道德秩序的性别综合体中女性的一面。传统上,夫妻双方都有纳税的责任,都是国家中活动的臣民。纺织就像耕种粮食一样在系统中起了相同的作用:它代表的不只是"妇工"的私人美德,也不只是家庭生存的基本因素,而且还是女性对所期望的公共和政治秩序的必要贡献,即使税收不再像过去那样按种类征收,织物已不再能直接偿付税款,男人和妻子的贡献不再有截然的物质差别和显然的相互补充性。

具有讽刺意味的是,就在官吏最经常举的"妇工"的典范地区——长江下游,至清代,地方经济明确地不再以自给自足的经济为基础,而是以高度发达的市场经济为主,虽然湖州一带的桑蚕区,也包括那些穷困的地方(或者有些是最穷的地方)确实还能支付赋税。类似的矛盾在棉纺业的情况中更加明显。在像福州这样地区的清代官吏,尽力劝说当地居民种植棉花和自己纺织棉布,但当地妇女还要从事更有利可图的茶叶、烟草和蔗糖的加工生产,因为这些使她们更有财力从市场上购买布料。与此同时,长江下游地区的官吏还竭力阻止棉花作物的专门化耕作,原因在于他们不希望忽视粮食生产,尽管农民告诉他们种棉花远比种稻米利润大得多。[24]

对于儒家的官吏而言,适度的自给自足比我们所称的产生财富的经济增长具有无限的优越性,因为后者要冒依靠商品经济的风险。但人们怀疑,这种观点是否在帝国后期也为平民之家所认同。确实那时候交通网还没有发展起来,放弃生存生产会使地区经济更易遭受到饥荒的侵袭。可比这更危险的是,官吏力劝当地农民停止种植那么多的棉花、蔗糖或柑橘,转而种植稻米。在晚明复杂的改革之后,从生存农业上征缴赋税并不比从其他谋生手段上征收更可靠或更容易。清代官吏经济保守主义的背后还隐藏着其他因素。正如希尔·盖茨提出的,帝国后期国家尽一切可能维护"贡纳式生产模式"(tributary mode of production),拒绝接受"小型资本主义生产模式"(petty capitalist mode of production)出现的现实，这塑造了人们的日常生活及其选择。㉕就像帝国后期的官吏，他们以长江下游地区的纺织业为范例是在故意掩饰正发生的变化——布料在如何生产、赋税在如何缴纳。由此，他们把该地区的妇女演绎成履行传统职责的形象，虽然长江下游的棉纺业已完全改变了面貌。

这个地区的桑蚕业也以同样的方式发展着，同时满足着官吏的道德期望和当地人口的物质需求。为制茧而孵化和饲养桑蚕是纺织品生产的一个领域，是剥夺妇女的纺织技术和使其边缘化的一个特例。如《天工开物》的图例中所暗示的，帝国后期通过纺织品生产的专门化和细密化，保留下一个女性的和家庭内部的权限领域。在某种意义上，各种制丝过程的分化(从养蚕、缫丝、绕纱到真正的纺织)提高了养蚕的重要性——这显然是丝织业建立的基础，而且丝线总是依其本身的性质成为值钱的商品。至晚明，长江下游的某些地区生产出上等的蚕茧，这使整个地区经济都依靠桑蚕业，能够种植桑树的旱地比稻田更有价值。张履祥写道："余里蚕桑之利，厚于稼穑，公私赖焉。蚕不稔，则公私俱困，为苦百倍。"㉖

整个家庭都参与了桑蚕生产，而妇女在孵化、照料、喂养蚕虫的过程中起到了准母亲的作用。茅盾所著短篇小说《春蚕》(1956)，生动地传达出对妇女养蚕的那种基于身体和义务的热切要求。茅盾描述了民国时期长江下游一个桑蚕之乡的出蚕季节。几个月的时间里，全家没日没夜地劳作，饲养着珍贵的"蚕宝宝"。蚕卵放在一张一张的蚕纸上从市场里买回来。妇女把这些蚕纸系在她们身上紧贴皮肤的地方，这样稳定的温度会使蚕虫更快地孵化出来。她们知道当蚕纸让人感觉搔痒的时候，孵化就开始了。于是，微小的蚕虫像"蚂蚁"一样出现在盘子上。接下来的工作就是用新鲜的桑叶喂它们，清洁蚕粪，检查和清理生病或死亡的蚕虫。

养蚕的时候，男人也非常忙碌，他们前后跑着拿来新鲜的桑叶。但妇女所起的作用是对蚕的照料、饲养、清洁的持续性关注和身体的投入，其要求就如同养育自己的孩子。妇女在孵化蚕茧中明确的母性形象与帝国后期所表达的日渐增长的妇女生育作用的中心性相匹配。（像在本书第三部分解释的，我的意思不是说中华帝国后期妇女的作用仅被限定为生物学意义上的母亲，而是说存在一种将妇女其他方面的作用也转化为生育范畴的趋势。㉗）在整个帝国后期非官方的记载中，桑蚕业继续表达为妇女的工作，而且是极具价值的工作。前文提到的张履祥在农业文献的许多作者中是一个显著的代表，他坚持认为：妻子以其生产能力和管理技术对家庭经济做出的贡献是绝对基础性的，"女工勤者，其家必兴，女工游惰，其家必落；正与男事相类。夫妇女所业，麻枲茧丝之属，勤惰所系，似于家道甚微；然勤则百务俱兴，惰则百务俱废，故曰：'家贫思贤妻，国乱思良相。'资其辅佐，势实相等也。"㉘

张氏提出，妻子是家庭经济中活跃的分担者："且如匹夫匹妇，男治田地可十亩，女养蚕可十筐，日成布可二匹，或纺棉纱八两，宁复忧讥寒乎！"㉙他还指出，一个有技术、勤奋的妻子甚至能改变家庭的命运。妇女的作用也许比这还大，他告诉我们，当地人把妻子的职责比做国家大臣的尊严和责任。这里妻子的形象也超出了《礼记》中所说的范式——"妇当于夫"。张氏也说明了，在桑蚕区不仅家庭依赖女性的技能，而且整个地方经济也是如此，包括那些以税收资助建立的公共机构。

湖州的桑蚕业事实上不是正统的生存生产活动。丝线只有一小部分是家里纺出的（在这样的个案中，经常是男人纺线，妻子和女儿抽丝、绕线）。取而代之的是，家庭桑蚕业卷进了复杂的商业链条中，它与为国家市场生产布料的苏州或杭州的纺织工场联系在一起，甚至它还被纳入了商业网中，穿越省界与通往国内和国际制造业的南京、广州联系在一起。然而，妇女仍然处于这一正统"妇工"领域的中心。国家的理论家选择强调其在维持家庭生计和偿付赋税中的地位；当他们以长江流域省份（出产的丝线特别优质）为其他地区提供榜样的时候，他们忽视了商业网给其带来的相对利益，而允许这种桑蚕业的形式在该地区繁荣起来。

第二部分 妇女的工作：织出社会结构中的新图案 **197**

在出产最优质丝线的湖州地区，桑蚕业的工作是非常艰辛的，而报酬却十分微薄。因此我们也就不会感到惊奇，在像潞州那样的边远地区，一旦热衷于推广长江流域经验的官员调任新职，就没有几家尝试坚持进行丝织生产的了。

尽管现实是明清时期的桑蚕业仅限制在几个受偏爱的地区，但对于正统的思想家来说，它仍然是传统社会秩序的一个强有力的象征，我认为这是帝国后期祭祀桑蚕女神的典礼上宫廷礼仪复兴的内在原因。㉚这个仪式是由皇后及其女宾于首都一个特殊的宫殿内照管桑蚕，其最早是在汉代随着类似的"籍田礼"（first furrow ritual）发展而来的，"籍田礼"上皇帝亲自手扶耕犁。这些仪礼的主要目的是确保整个帝国粮食和蚕茧的丰收，但我认为它们也同样关涉到道德和政治秩序的传承，象征着皇帝和臣民之间相互依赖的关系，象征着统治者对规定和支撑中国这样一个农业国的基本职业的尊重。

1530年，一位名叫夏言的官员敦促明世宗恢复桑蚕礼，这并不是因为他认为丝织生产正在衰落，而是以此方法激励妇女实践女性的美德。早期朝代一直相当规律地实行着宫廷桑蚕礼，但到宋代这个仪式就基本被废弃不用了，只在1132年和1145年曾两次短暂地尝试恢复。如果桑蚕礼的目的只是确保全国蚕丝的丰收，而考虑到宋代国家对丝织生产的大量倚重，那么这个仪式的衰落就让人难以理解了。但是如果把仪礼的废止看做是政治象征主义的实践，其意义就显现出来，这是一个丝织生产商业化的时期，还伴随着税制改革，这些都侵蚀着统治者和养蚕的农村妇女之间相互依赖的传统关系。明清时期，桑蚕礼的复兴是与官方其他批判商业化和恢复旧式经济（和政治）秩序的努力相一致的。㉛

从地方和家庭的范围来说，帝国仪礼的衰落与城市和地区中桑蚕女神神祠的兴起交迭在一起，也与家庭中在养蚕季节里设置拜祭蚕神的祭坛交迭在一起，在这些地方桑蚕业在经济中占有重要地位。我们可以推想，在这个层面上，其宗教仪礼更关注于确保好年成，而不是政治理论付诸行动的表现。18世纪末长江下游地区的丝织城市都保留着民众祭祀桑蚕女神的神祠,而且在阴历第四个月蚕卵开始孵化的时候(当地人称之为"蚕月"),人们要遵守一系列的"桑蚕禁忌"(silkworm taboos)以避免干扰这些小东西的生长:诸如禁止社交拜访、婚礼和其他庆典,就连征税也要停下来。1090年在《蚕书》中第一次提到家里给蚕神供奉的祭品,虽然这种活动可能很早就开始了,1145年《耕织图》中对此加以详细描写,以后的有关作品都模仿其记载。第一批蚕卵孵化出来之后,家里马上就要设祭坛,给蚕神供奉家禽和酒,或是形似蚕虫的特殊饭团。养蚕季节快要结束的时候,人们还要向蚕神致谢,他们把一束一束的丝悬挂在祭坛上,并烧纸钱给她(见图19)。㉜

图19 家里供奉蚕神的祭品(《耕织图》,1742年乾隆版)。在饲养桑蚕的棚子里搭建了一个临时祭坛,蚕神牌位的供桌上摆放着卷好的新丝、几炷香和几瓶花;女佣正端着一个盛满酒或茶的碟子献祭给蚕神。这比图6中描写的祭祀祖先的仪式显然要随意得多。家里的两个男人正在祭坛前祈求神灵的保佑,他们制丝的妻子也在一旁(正哄着饥饿的幼子)。这张图所描述的场景大概发生在四川西部的村庄里,在那里制丝是他们主要的收入来源。

尽管清代由皇后履行了宫廷的桑蚕仪礼,谨慎重建和苦心经营更早期的仪式,但统治者意图促进的民间工业的发展已经落后于人们的认识,使这些努力没有得到多少赞誉。保守的官吏和精英道德家们仍旧想靠拼凑像湖州桑蚕业这样所剩无几的性别传统,来为其他地区的重建活动树立楷模,可是对于大多数普通人来说,他们所理解的"妇工"及其重要性已经发生了相当大的改变。下面我将就普通男女,特别是普通夫妻,如何理解妇女的生产工作展开讨论。

妇女的工作和家庭地位

妇女生产作用的边缘化是原始工业化过程中一种典型的社会表现。但仅通过考察发生这些变化的广泛背景,是否能使我们理解它们在具体实例中是如何重塑性别角色的呢? 大卫·赫利奇(David Herlihy)认为,在欧洲中世纪的情况下,纺织业中妇女工作作用的变化并不足以解释当代妇女社会地位的降低;它们必须被置于婚姻的变化和遗产继承权实践的背景下加以理解:

> 在早期中世纪社会,妇女是尊贵的家庭成员。(贵族妇女管理财产,并履行其他重要职能。)在下层社会,妇女在许多生产过程中也起着不可缺少的作用;她们支配着布料制造业,包括像染色工艺这样的技术性操作。至中世纪中后期,妇女就失去了这些职能。官僚政治机构的发展限制了妇女的活动,虽然使其还未完全黯然失色,但其作为管理者的重要性……在经济生产中的作用都减弱了,特别是在城市中。行会控制了城市中布料的生产,妇女只有在极其特殊的情况下才能加入行会。现在男人接管了布料制造业的所有过程,包括染色。妇女的贡献局限在缫丝和洗丝这类相对无需技术的方面。到中世纪晚期,虽然丝织业一度兴起又提高了妇女的作用,她们显然比男人更灵巧,更能生产出上等的丝线,

但这是晚近的发展。妇女以其劳动和技术对家庭的贡献还是削弱了，特别是在社会的中层和城市里的作用降低了。家庭不再热衷于保留女儿的帮助。15世纪的一位佛罗伦萨的主妇，Alessandra Micinghi-Strozzi抱怨说，只要待嫁的女儿还没出嫁，家里就什么也干不了。显然她是把女儿看成包袱，而不是有用的人。

然而，赫利奇继续论述道，女儿变成包袱的主要原因在于遗产继承权和婚姻模式的变化。战争不仅减少了适龄男子的数量，而且在1200年以后出现了家庭更乐于集中财产而非平均分割财产的趋势。他们只支持长子成婚并继承家族的遗产。其他的儿子必须自己去闯世界，而且他们中的很多人结不起婚，因此嫁女儿就变成一件艰难和费钱的事。赫利奇认为，妇女对家庭生产和管理贡献的变化在中世纪重塑性别角色中只处于次要地位。㉝

中华帝国后期的情况与欧洲有所不同，我们可以发现妇女的法定地位和血缘关系实践的变化形成了一个矩阵，它构筑了妇女工作作用转变的结果。整个帝国时期，婚姻制度是通行不变的，遗产实行由儿子均享的可分继承制，因此这里并没有出现赫利奇描述的那种适龄妇女的过剩。㉞但是如果考虑到，随着宋代新精英阶层的兴起㉟，新娘家的财富变成了嫁妆，新儒家成功地剥夺了女儿的遗产继承权和进入家族世系的权力㊱，这些似乎都侵蚀着妇女的生产地位——至少是应得到报偿的生产地位——而为日益增长的强调妻子生育作用的观念提供了肥沃的土壤，妇女愈来愈成为生育者、家务管理者，而非家庭经济的发动者。我们进一步还会看到，这些条件是如何纠合在一起转化为一种认为妇女只消费不生产的观念，发展为一种至少在大众层面上的否定女儿甚或妻子价值的风气。

比如说嫁妆，在妇女仍然活跃于纺织生产的时候并不是一个负担；那时妇女不仅可以为交纳赋税做出贡献，并挣得额外的收入，而且其嫁妆的大部分也是她们自己制造的。至晚明，官方报道的残杀女婴的不幸现象使我们了解到，大多数农民家庭已无力提供嫁妆，这是与女儿不再能增加家庭收入的实际相伴而生的问题。㊲就像 15 世纪意大利的佛罗伦萨，女儿一般被看做是包袱。这种观点——女孩的无价值，也反映在中国很多的流行俗语中。

　　希尔·盖茨将纺织生产的变化视做"中国妇女商品化"（commoditization of Chinese women）的一个因素，其间父系、家长制的中国血缘体系允许男人盗用妇女在经济和生育上的劳动成果。她认为，宋代前无古人的经济增长事实上为妇女成为生产者和赚钱者提供了各种各样的机遇㊳；她由此推测道，这使人觉察出对男性控制权的威胁，而其权力是以当时新儒家的性别等级思想中嫌弃女性的严格规范为基础的，其合法化的地位又加强了以男性为中心的血统谱系对女性财产要求的控制力。同时，她注意到在由市场驱动的"小型资本主义生产模式"下操控家庭经济的合理行为，对于家族和父系来说是力争增加其收入的途径，对于贫穷之家来说就是为生存而抗争。㊴盖茨说，这些私人经济单元的利益经常和"贡纳式生产模式"下的国家利益（统治阶级从大部分的平民身上抽取赋税）发生冲突。她认为，尽管小型资本主义生产模式在整个帝国后期获得了长期的发展，再加之其具有机动性和混合性，但由于国家总是试图采取遏制它的行动，使其始终没有成为中国经济的主导。我已在导言和本章的前面给出了国家行动的相关例证。

　　虽然我对盖茨将宋代时期的经济和新儒家性别思想的产生相结合的观点感到疑虑，但她关于两种经济体系之间持续性张力的系统表述㊵有助于我拆解帝国后期对妇女生产工作的矛盾性态度。女工这个术语似乎具体表达出正反两方面的矛盾心理，本章里我始终把女工交替翻译为"妇工"和"女工"，在写作过程中我逐渐意识到二者之间的启发性差别。当然，对中文的说话者和写作者而言，这并不需要有意识地加以区别，因此就产生了显然把二者处理成一个范畴的混淆古今的做法。

我翻译成"妇工"的地方，主要是表示道德家和官员所使用的女工（是按照曼素恩和高彦颐等学者的使用方法）。他们在女性工作中看到的是一种与性别身份联系在一起和具体化于纺织生产里的道德活动。这一工作观念和我在第三章中区分的新儒家思想的前两种规范相符合，其对于人性抱有积极的态度，并将夫妻尊崇为活跃的伴侣；它也和盖茨的贡纳式生产模式相符合。这种观念暗含着妇女是国家积极的臣民，她的作用是其丈夫的必要辅助。她们所从事的工作是象征性的充满感情的织物生产，其产品就像吃的谷物一样是必须的物品；她们工作生产的商品并不具有真正直接的货币价值。这就是帝国后期的官吏何以能将不纺织的妇女描述为"没有职业"的人的原因，也是他们何以能将湖州高度商业化的桑蚕业视做正统妻子职业模范的原因。

我翻译成"女工"的地方，表达在私人家庭经济层面上的操作，是在盖茨所称的小型资本主义生产模式下市场经济的框架内。在其语境中，包括妇女所从事的所有商品生产的工作类型。这涉及手工业生产——1907年在宁波调查的文献证实了妇女以家庭为基础的劳动⑩：织席、制伞、制帽、食品加工，各种极符合我们西方手工业概念的工作，回溯那几个世纪中所有这些工作都被视做中国各个区域的商业活动（这清楚地反映在地方史和农书的记载中），但对正统儒家而言，这些又都不符合"妇工"的要求。现代学者如童书业、黄宗智和曼素恩都趋于把纺织纳入"手工业"的范畴，这样就取消了基础性和辅助性生产活动的差别。对于正统儒家经济思想来说，这是一个基本差别；但普通劳动群众的理解可能与此相异，他们认为，高度商业化和专业化分工不仅规范了纺织业、手工业和贸易，也规范了标准的男性耕作活动。当各种工作日益以工资或价格形式加以估价的时候，当劳动大众为了生存挣扎着从一种农作物或职业转向另一种的时候，那种认为工作象征着某种特殊的社会身份尊严的观念就必定逐步淡出，以至最后消失。

晚明和清代的改革派官员与道德家似乎仍坚持抱有把"女工"转化为"妇工"的期许，他们希望将其所蕴含的全部道德力量及心理暗示都发挥出来以重建一个更理想的社会秩序。但是大多数的普通人只是想通过任何一个给他们提供谋生机会的职业能够挣扎着活下来，也许他们认同我们的现代观念，将纺织看做是和其他职业一样的工作：无论家庭的女性成员是织布、晒茶、描扇，还是酿造酱油，都没什么关系，只要能挣些钱。虽然找不到与精英话语的女工价值相当的系统而通俗的表达，但我怀疑劳动家庭在日益增长的市场驱动的经济条件下，有一个因素相对于其男性亲属更强有力地影响了妇女的地位，那就是她们对家庭财政贡献的感知能力。

黄宗智注意到，中华帝国后期小农经济的商业化增加了家庭成员对生产的参与，其中也包括妇女。㊷这可能和我关于妇女劳动边缘化的讨论相矛盾，但其实又不矛盾，因为黄宗智探讨的是经济活动的因素，而我关注的是其表现。

归纳一种特定工作的职责时，我们会发现实施最后的转化过程经常是最重要的。它包括成品的计算、称重、包装和从家里运到市场；最初的加工阶段都没有如此明显地将家庭内部和外部世界联系在一起。在中国，坐在织机前的人被视做织物的制造者。蚕茧和丝线这些有价值的商品都是妇女工作的产物。也许晒茶或其他加工业和手工业品的生产同样是妇女负责这个主要的转化过程。然而，随着中华帝国后期经济商业化的发展，生产过程的分离不仅造成了新的劳动专门化分工和剥削程度的增加，而且也剥夺了妇女对多种产品的主要职责，并使女工的价值无形化。例如，当世上大部分货物都要直接兑付现金价值的时候，妇女为家庭生计所织的布料也要归结为现金形式，这样她们生产的布料就不能为家人做衣穿，而还要从市场上购买。自制布料价值的遮蔽是由赋税改革强化的，其废除了以布纳税的形式。在商业性的纺织生产中，妇女要么是新的劳动分工中最贫困的雇佣工人，要么在家庭和工场中从事辅助性工作，在那里是由男人负责纺织成品。在这个体制下,男人和女人都是被剥削和疏离的对象,但男人通常会被安排在报酬更高的工作中。从事棉线商品生产的妇女,无论是卷丝工或抽丝工,都只能得到微薄的收入。像我在先前讨论的那样,在市场经济的发展下,即使是条件稍微好一些的男性织工或纺织家庭,其情况也趋于恶化。㊸因此,许多家庭中妇女工作的价值不是以低于男性的形式被感知,就是完全被忽视,被她们的男性亲属所盗用(正如盖茨所说)。

在那些妇女仍充当着商品生产的主要负责人的个案中,其从事工作的价值似乎转换成了尊重。从事桑蚕业的妇女和织布出售的妇女得到其家庭和团体的尊重,也被官吏尊崇为具有女性美德的人。根据张履祥的记录,晚明时期桑蚕家庭中农民妻子的正面形象表明能直接为家庭挣到钱的人就会得到尊重,无论他是什么性别,虽然那时正统新儒家已将女性由原来的从属地位逐步下降到更低的社会级别。张氏所描写的桑蚕家庭中,妻子的作用被比喻为国家臣子,配偶之间被描绘为一种相互补充和相互依赖的关系。我们有兴趣了解是否从事晒茶或制造优质手工业商品的妇女也同样受到尊重。㊹

即使有报酬高的工作,已婚妇女也很难去做,她们的赚钱能力受到家庭周期阶段和其自身生育的影响。在这方面,未婚的女儿就具备很多有利之处:她们不必为家庭管理负责任,也不用照顾孩子;而且女孩子还有着敏锐的眼睛和光滑的手指,这些使她们可以从事需要手巧的工作,像刺绣。怀孕和带着小孩的妇女就无法全力投入工作,即便其家庭成员帮助她们照料孩子。对于年轻的少妇而言,她们所生孩子的未来价值在贫穷之家可以抵消其赚钱能力的不足。从更大范围看,小康之家的妇女在家庭周期的不同阶段都能更有效地与家人协作。㊺

我们所讨论的普通劳动家庭中的"女工"远多于"妇工",这是很危险的,我应该指出,即使在这些家庭里"女工"也被局限在某些保有"妇工"道德暗示的方式上。虽然在家庭的高墙之内,妇女可以从事范围广大的产生效益的工作,只要不危及其声誉,但是妇女在家外工作将降低其家庭的地位。女性的隔离是值得尊敬的基本标志和每个家庭都希望保持的传统,只有最贫困的和穷途末路的家庭才会允许其妇女出去工作。㊻

这又使我们回到空间建构的章节下所讨论的问题:内部和外部领域之间的关系是什么?"私人"和"公共"概念的现代差别是否足以理解中华帝国后期性别关系的不同形式,空间界限所标明的女性隔离在何种程度上转化为现实世界的分离?我认为,中国妇女所从事的大部分工作持续地使她们联结到外部世界,即使经过纺织生产的重组(第五章中已证实的),"妇工"仍暗含着与"女工"不同类型的联结。

联系与隔离:织物和领域的分离

恩格斯关于社会公认的工作和社会地位关系的论文构筑了马克思主义者和女权主义者对性别等级分析的范围,其谨慎地围绕"家内"和"公共"领域之间引起的等级差别展开解释。虽然这一观念已证实对理解西方社会的现代化是卓有成效的,但这些术语的使用也必然带来许多批评。一个重要的批评意见是,反对将家内和公共的概念看做是自然的范畴和价值,事实上它们起源于19世纪西方资本主义的经历,并不是所有社会都具有的自然劳动分工。这种批评暗示,我们不能假设所有社会妇女的主要角色都是负责养育孩子的母亲,而男人在外工作以养家;不是所有社会都认为生育工作是低于其他劳动形式的;也不是所有社会在以家庭为基础的工作和外部工作之间都具有明确的界限的。㊼

中国在性别空间上"内部"和"外部"的分野可能与西方家内和公共的范畴相类似,但中国的内外概念并不十分清晰,也不排除在连续统一体内部领域边界的变动。蓝鼎元提出的关于好政府的根基在于妇女处所的观点,清楚地表达了中国这一内外关系的特点。女工的成果是内闱的产品,它将妇女整合进联结内外世界的网络中去。然而,从宋代至清代,这些产品的性质和其所起的联结作用都发生了改变,结果女工的社会意义在文化精英和普通大众之间出现了分歧。

正如我在第四章中提出的,像纺织品生产活动的社会价值不能只限定在金钱的等价物上一样,我所关注的是织物在多重层面上对中国文化的传承所起的作用。安妮特·韦德纳(Annette Weiner)认为,在大洋洲社会,妇女生产的织物应该以"软货币"或"软财产"的形式来加以分析,它对一个社会的再生产所起的作用与男人生产和交换的"硬货币"或"硬财产"(像贵金属、贝壳、武器)同样重要。"在大洋洲,等级和阶层的形成取决于妇女在财富生产中的经济角色,最为重要的是根据她们在献身于历史和宇宙观的证明中所发挥的力量来确定",其方法是通过保有和给予不可剥夺的财产(如妇女生产的特殊织物和象征等级的服饰),这样,"在面对失去真实性和权威性时,就按照再生产的关系和财产"来规定男人和女人的政治领域。⑱

韦德纳的研究是对互惠交换理论的批评。她断言,如果将分析只集中于男性和"硬物品"的交换上,那么就会失去价值的基本维度。个人的死亡、变迁、时间的无情流逝都会造成真实性、权威性和延续性的丧失,而这些将威胁到社会的存在。韦德纳暗示,互惠交换的商品的一个重要价值在于它们与其所称的"不可剥夺的财产"的差异,商品要么被卖出,要么最终回到原所有者的手中。而那些"不可剥夺的财产"(传家宝、家族徽章、家庭的地产)是身份的永恒象征,它们充满着宇宙观的意义;虽然有时它们也被暂时出让,但其存在就象征着给予者身份和地位的延续。"织物可能是最具有隐喻倾向的事物,它将保有和给予的相互矛盾形象化,因为世界上的所有社会都将纺织和联结与拆解的行为联系在一起,神圣的丝线、危险的染色、机织的经线、不成形的纬线,表达着对统一和谐的渴望,以抗拒死亡、毁灭和变迁的现实。"在以性别进行劳动分工的社会里,织布划归为妇女的工作,"复杂的语义象征隐藏在性征、生物学的生殖、养育等所有物中,这些东西就像人们之间交换的实物一样,充当着社会关系再生产的物质代理

第二部分　妇女的工作:织出社会结构中的新图案

人的作用。最重要的是,织物的所有权也许还充当着如下的角色——先验的财富、向活着的人证实过去存在的历史档案、将群体或个人与祖先和神灵联系在一起的遗产和权力。"[49]

在中国的情形下,妇女纺纱织布的工作是用一种平凡、完全非神秘化的方式表现的,这在很多历史文献中我们都可以看到。纺织职业没有像木工工作那样的神圣化文本。我们不了解什么样的宇宙观或血统延续的想象融入了妇女的纺织歌曲中,因为这些歌曲并没有被记录下来。[50]我不知道中国贵重织物的谱系是否在某些阶段也包括生产它们的妇女的名字。在皇家全书的记载中可能包含有我不了解的这类信息,但由于大部分贵重纺织品都是国家的手工工场生产的,似乎不太可能有类似官服和其他贵重织物(如波利尼西亚贵妇织出的布料)的谱系。[51]然而,臣民与国家之间织物的交换和婚丧嫁娶时织物的交换足以证明,在中国面对"死亡、毁灭和变迁"时,纺织品对维系统一与和谐所起的中心作用。

我已表明,至晚明时期妇女参与"妇工"的下降引起了男性精英的极大焦虑。他们在关注妇女回归其正当工作的同时,也对由"男性工作"的减少所导致的道德和政治影响表示担忧,因为那时越来越多的男人在生存农业之外寻找就业机会。我还说明,普通大众更关心"女工"的物质结果,而非其政治寓意。不过,中国对"女工"评价的变化不能简单地理解为唯物主义的普遍法则——经济收入决定社会地位的例证。即使是普通大众对性别角色理解的变动也和妇女社会地位的丧失密切地联系在一起,当家庭的税款不再部分地以织物支付的时候,妇女就失去了其作为国家积极臣民的地位。贫穷之家的妻子不再能直接为国家或家庭的收入做出贡献时,其内闱的空间隔离就呈现出分离和依赖的新含义。

妇女生产工作的价值被遮蔽使得其生育方面的作用突现出来,在精英哲学和大众生活中皆是如此。精英和小康之家中,妻子的生育职责设想得远比生孩子本身要广泛和重要得多,这些职责会越过其内闱的高墙,连续不断地将妇女和外部的社会与政治世界明确地联系在一起。一整套生育习俗,诸如一夫多妻制,也将精英妇女及其家庭与更广阔的社会隐秘地联系在一起——通过内外妇女生育等级的相互制约。然而在贫穷之家,这样的选择权就较为稀少,对妇女而言,几乎没有机会用生产技能来弥补其生育能力,不再像从前,她们的生产能力可以转换成经济和政治价值,使她们能与家外的世界结合起来。盖茨认为,生产能力是一个降低妇女生育儿子价值的重要因素。在第三部分中,我将证明这个论点有些道理:妇女的生育价值必须放在更广阔的社会背景下来理解——即便在贫穷之家,妻子的成功也不仅仅依靠其自然的生殖能力。

尽管在中国结婚的中心目的是为了生育后代、延续香火,但夫妻也共同承担着履行仪礼的责任,以维护社会的交往和精神结构。中国妇女对共同体和家庭繁衍的古典仪礼贡献包括三个方面:子孙、衣、食。结婚必须要进行纺织品的交换,葬礼和服丧期间也必须穿着特别古老的手工织物。这些仪式延续着男性中心的儒家父系,然而就像韦德纳对大洋洲的讨论,男人却依靠女人提供的"软财富"组成仪礼本身所需要的主要随身用具。

虽然妻子对仪礼的贡献并没有随着其生产作用的变化而消失,但显得愈发无力了。妇女放弃纺织后,仍被视做家中掌管纺织品的人,因此不应夸大纺织业领域变化的影响。然而,当商品取代自制品时,织物的实际生产赋予妇女在这些仪礼中的特殊意义也就部分或全部消失了。

对仪礼中纺织品的用途问题,除了儒家经典的解释外,在祭拜仪式或礼书的记载中一定还有其他的维度,但不可思议的是,这些文献中并没有留下相关的记录。以父系之名来理解织物,长长的经线像男性的世系,而穿插其间的纬线像新娘,那么男人是如何看待藏在女人手中的权力的呢——将社会隐喻于织物中?妇女是以不同于纯粹父系的名义来理解这些社会连续性的象征的吗?对新娘来说,将父母为她准备好的织物和衣服带到新家意味着什么,这些织品是她自己做的或是和其母亲、姐妹一起绣的——用漂亮的手法表达着保有和给予的意义?艾米丽·马丁(Emily Martin)在一篇探讨两性死亡观念差异的文章中引用了一个具有启发性的人种学例子——织物联结起两代人并将死亡带来的失去转化为延续:"妇女作为性别涉入死亡实在的本质时,她们似乎是以其他方式引起葬礼的关注的,乍看她们在其间并没有地位。James Watson 记载,在整个丧礼上,育龄妇女、女儿和儿媳妇身上都穿着一件绿色的衣服,她们紧靠着尸身,把衣服上弄得污秽不堪。之后,这件衣服被放在火上净化,而后将它做成马具后皮带中间的芯儿,她们用它来背婴儿。"㊾

虽然家庭纺织业衰落了,但织物仍然是20世纪订婚信物交换的必要内容。新娘带到新家的大多数嫁妆是织品类的东西——衣服、被褥、布匹,其中很多是她们自己织的或绣的;有趣的是嫁妆中那些购买和自制的物品哪类更重要。嫁妆的核心物件必定是结婚的床,年轻妇女在其被子、枕套和床的幔帐上绣的图案(凤凰、鸳鸯、蝴蝶)象征着对婚姻与多生贵子的祈福。㊿

尽管嫁妆在许多方面体现了妻子的正统责任,但它仍构成女性财产的一种形式,是排除在正统儒家的家庭共同所有权信条之外的。家庭纺织业衰落之后,刺绣似乎在新娘的嫁妆中起到更大的作用,其增加了陪嫁的经济和个人价值。无论是织物或绣品,这些都是特别珍贵的物品,因为它们建构了新娘与其娘家的物质联系。女性的嫁妆是非支配性形式的财产;被褥、礼服、鞋、手帕也体现了女性血统的非支配性地位——只是父系的补充;嫁妆是女性亲属之间关系的联结物——超越强加在其身上的空间隔离界限,打破婚姻造成的分离。绣品向新郎家展示出新娘的女性亲属以多么高超的技术培养了她。㊾而且,这些是非常珍贵的纪念品,连接着那些可能再也不会见面的妇女。

平民为人类的生存需要生产着基本的物质财富,在这方面,女织和男耕是相辅相成的。精英创造着文化财富,在这方面,女性的刺绣和精英的写作起着类似的作用。㊿"文"表示文辞和修饰,是与修养、文雅及礼貌联系着的复杂观念的一部分。中华帝国后期男性美并不表现为外在的强壮或勇敢,而是表现为男性学者的思想、道德与身体的文雅,表现为易被大家闺秀所接受的品行。在女性正统的"文"的形式中,刺绣是身体性的训练,有时可以取代文化和道德修养的学习,有时是作为一种补充学习(对男性学者从事刺绣而言),有时是作为消遣(某些帝国后期的学者反对父母允许女儿在学习经典时刺绣)。刺绣也是对女性文雅的训练,它不像经典的学习只限于那些上层妇女,下层女性也有条件学习刺绣,即使她们不能像有仆人干粗活的上层女性那样在艺术上获得发展。

当男孩到上学的年龄被送进学堂开始学习握笔写字的方法时,女孩则开始受到穿针引线的最初训练(图25)。⑯针线活的技巧并不简单,"小女孩10岁开始练习,到16岁才能做出雅致的枕套"⑰。绣出上品需要平滑的手指,这样才不会抽丝,因此干粗活和做出精美的绣品是相互矛盾的;年轻的平民女子可以绣自己的嫁妆,但是那不能与贵妇创造的艺术品相媲美。高彦颐认为,17世纪江南刺绣具有男性绘画艺术的特点:它成为表现个人创造性的一种方式。虽然刺绣艺术的最著名代表人物是妇女,但明末清初的有些男性学者也从事刺绣。⑱

也许值得引起注意的是,晚明时刺绣服装渐趋流行,但那时精英妇女极少参与家庭所用的上等织物的生产,许多贫穷女子也不再能纺织自己的嫁妆。17世纪末,叶梦珠记录了从纺织到刺绣花样的变化。没有足够的证据证实,上层妇女穿着的袖口绣边的衣服和绣花鞋是自制还是由专业绣工做的。然而,李渔以轻蔑的口吻谈论雇佣贫穷妇女做绣工的事使我们了解到,出身高贵的妇女在必要时以其刺绣技术挣钱是可能的——就像18世纪后期的一个例证所展示的:"沈复的未婚妻芸接受绣活来支付她兄弟的学费。"晚明和清初的刺绣业,还不大可能出现像19世纪后期某些港口城市那样的商业刺激,那时为满足西方对中国刺绣的欲望,城镇里的贵妇(如宁波)辛勤劳作,露西·苏斯希尔(Lucy Soothhill)观察到,贫穷之家的妇女和女孩有时也帮忙刺绣。⑲

明代和清初的精英男子对刺绣有着相当矛盾的心理。像张履祥这样的土地均分论者提出,如何以农业耕作谋取尚可的生活,刺绣是一种干扰正常工作的轻薄之举;女人应该织布,而不是装饰它。对于小康之家而言,刺绣象征着给予妇女的闲暇生活:这使她们区别于那些手指粗糙、苦编草席的农家妇女;构成了一种象征性资本,而非物质资本;促进家庭制造与世隔绝的内闱——妇女的刺绣技术所标明的被养育的文雅物质环境。因为还没有形成精美绣品的商业市场,刺绣可以算是妇女的工作,也可以不算,"这就是清代家庭生活的特点"⑳。无疑,贵妇们在一起做针线活会促动她们以严谨的儒家不赞同的方式进行谈话和梦想。过去徽州贵妇常常将绣样折放在流行的浪漫故事《牡丹亭》的书页中,其讲述了一个非正统的才女的传说——她为真爱殉情,但死而复生,和爱人一起幸福地生活。当这些正统妇女在内闱中做针线时,她们的想象超越现实,漫游在那浪漫的美景中。㉑

吕坤和陈宏谋为那些乐于让女儿学习刺绣的父母而感到悲哀。他们认为,刺绣只是次要的学习,是不充分的道德和实践教育;应该首先教她们读书,使其从中学习道德准则。㉒而李渔却抱怨说,他那个时期的贵妇们正放弃刺绣转而搞学问,"她们只追求男人的技能,蔑视女人的工作……甚至雇老妇和穷人家的女儿来给她们的三寸金莲做鞋"㉓。

从妇女工作的视角和血缘关系看,刺绣在社会和象征意义上是具有很强生产能力的劳动。它是一种不服务于男人、家庭或群体的"女性劳动"形式,只巩固妇女间的联系。所有的女子都因婚姻离开家,和陌生人一起生活,在这一点上,最苛刻的正统形式要求她们切断和家人、朋友的联系。在这令人恐惧的人生路途上,伴随她们的是那些珍贵的刺绣——她们在母亲、姐妹、姑妈、表姊妹和外来的同龄朋友的陪伴下一起绣出的。一个普通女子也要绣出作为嫁妆带到婆家的鞋、被面,她投入这项工作的艰苦劳动和技术展示出儿媳所要具备的能力。㊹对于大多数没有文化的妇女来说,刺绣和织物的图样传达着以其他方式无法表达的爱和团结的信息,维系着有血缘关系和没有血缘关系的妇女之间的纽带——这是正统新儒家并不鼓励或至少难以认同的。[举一个极端的例子,晚清华南地区的著名妇女团体"姐妹会"(sworn sisterhoods)中,女子的主要工作是刺绣,晚上她们一起坐在其特别的家里,边刺绣,边唱歌讲故事。㊺]妇女交换的友情纪念物,如手帕、扇子、鞋,大多也都是刺绣的。㊻它们象征着内闱高墙以外的生活世界,象征着女性的关系网——超越其男性亲属强加给她们的空间界限。由此,这样的现象也就不足为怪了:七夕节的仪式上要进行穿针引线类的竞赛,而全社会的妇女都热烈地庆祝这个节日。

妇女的工作和父权制

海芮艾特·摩尔(Henrietta Moore)提出:"关于性别的文化观念不直接反映男女的社会和经济地位,尽管它们确实起源于这些条件的背景下。因为性别的陈规旧习是在一定的策略中形成和使用的——两性的个体在不同的社会环境中服务于其各自利益的发展。"㊼这一诘难不仅可以应用于我们所研究的中国社会的观念形态与物质条件的关系,而且也可应用于其他社会的学术分析。探讨中华帝国妇女工作的意义,我们必须试图解决那个时代表达与经历的关系,也需要重新认识和说明我们自己所创制的那些有关性别的陈规旧习。我认为,这在理解中华帝国后期妇女工作的作用和变化是如何适应男女关系尤其重要。

回顾前现代中国女性作用的分析,其生育方面的作用隐约呈现出比其生产作用愈大的效能。直至最近,我们对于生产劳动在前现代妇女作用的建构中的地位也极少寄予理论关注。女儿本质上只是代表未来的新娘,妻子的身份主要被直接解释为生物学意义上的母亲。然而,正如我在第三部分所要讨论的,虽然在一

第二部分 妇女的工作:织出社会结构中的新图案 213

个层面上妻子作用的这一特性是中国人意识的正确反映,但我们不禁会注意到聚焦于子宫的中国妻子的形象多么切近地反映出我们自己的文化偏见——将女性的身份理解为生物学上的生殖和影响。⑱高彦颐和其他学者都已指出,"传统"妇女的建构植根于19世纪中国和西方列强的碰撞过程中产生的对妇女形象的曲解和总体化。19世纪后期和20世纪初期,西方作家和批判崩溃中的清帝国的中国评论家都详细阐述了一个"传统"中国妇女的东方形象——被监禁于内闱的、剥夺了所有自由和真正尊严的、父系之间相互交换的无能为力的对象、裹脚造成身体畸形和父权制专治下道德畸形的生孩子的机器、被如此损害失去生产劳动能力的人,这一形象仍主导着今天许多政治家和历史学家的文辞表达和学术观点。⑲我们头脑中所带有的这种女性形象并不是中国妇女状况的真实写照,它只是当时中华民族面对历史危机时的一种表达。

　　西方对中国妻子角色的上述感受持续如此之久的一个原因,主要是与现代西方女权主义者对差异的、独占式的性别角色的同情联系在一起(尤其与性别的社会隔离相联系)。中华帝国妇女被隔离的事实使学者将局限于内闱的妇女工作形象化,因此我们假定这多多少少受到其生育活动的限制——我们自身的工业化历史经历导致我们将其与家内领域相联系。19和20世纪的中外改革家认为,一个束缚妇女双脚并剥夺她受教育权力的国家也在削弱其自身和其一半的国民。人们假定,裹脚将妇女限制于内闱并将其排除在生产劳动之外。然而,这是一种双重误解,首先,中国的女性隔离是怎样的一种情形;其次,在前工业经济社会,生产劳动是如何组织的。⑳当然,"传统中国妇女"的基本形象是在那个时期所表现的现实基础上建立的:晚清妇女与外界相隔绝,受到男性诸多形式的控制,她们裹脚,她们的经济和政治作用与先前相比,在很多情况下对其自身及周围人来说都是不明显的。

　　中华帝国后期,纺织业的变化巩固了由血缘关系和遗产与财产法律变化建构的性别角色的重塑。在第一部分,我描述了与新儒家的价值和实践相联系的妇女隔离的过程，其逐渐扩展至全社会。然而，空间隔离本身并不意味着妇女的劣等性和依赖性，隔离是转换成尊严，还是转换成压抑，部分地取决于控制中的人们如何看待人性，他们赞成哪种形式的新儒家思想；在一定程度上，这也取决于如何看待被隔离的妇女对外部世界的参与。

　　妇女工作的物质价值的被遮蔽和妇女作为家庭纳税的积极贡献者地位的丧失，为普遍接受男性主导和女性从属的思想提供了肥沃的土壤，例如"三从"（Three Obedience）在晚明和清代广泛流传；这种状况也有利于改变原有的妇女观念，使妇女的生育作用比生产作用更突出。同时，这一时期某些精英表达出一种与以往差异的观点，虽然他们仍坚持新儒家性别关系的程式——妇女和男人同样固有的尊严和夫妻之间活跃的伙伴关系的需求，但我们看到一种日渐增长的对妻子的生育而非生产作用的关注。正如我在接下来的章节中所要讨论的，这些生育作用的范围远远超出生物学意义上的生殖。贵妇对国家贡献的描述，从以往着重织机上工作的价值，逐步转变为在道德方面的价值，特别是其给予子女进入外部世界之前的道德教育的价值。

第三部分

母亲身份的意义:
生育科技及其功用

第三部分　母亲身份的意义：生育科技及其功用　**217**

　　处女姜嫄无意识地踩在天神的脚印上，因而有身孕，生下后稷(Prince Millet)。后稷出生后，他的母亲因其奇怪的来历认为这个孩子是"令人讨厌的怪胎"，于是就遗弃了他。但他获救了，长大之后教会人们种植谷物，并建立了周王朝。尽管姜嫄遗弃了她的儿子，刘向(公元前 80—前 7*)还是在其《列女传》中将她归入"母仪传"的标题下。①帝国后期，我们发现所有的纪念文集、家谱记录、书信和自传中，男人们在谈到自己时很少写到他们的父亲，但却以大量笔墨详述了他们的母亲如何与贫困和厄运抗争，教育和激励他们走上人生正途；这些儿子都将母亲刻画为"美德和苦难的象征"。然而，这里的"母亲"经常不是他们的生母，而是其父亲的正妻，他们的"正式母亲"(嫡母)。②

　　帝国后期的妇女落入了鼓吹生育者设置的陷阱，为满足父权制社会对儿子的需求而普遍成为其生物学身份的牺牲品。如果她们在婴儿期幸运地逃脱了被溺死的命运，她们在成长过程中得到的关爱和照顾也远比其兄弟要少得多。她们很小的时候就被嫁出去或被廉价地卖掉，其新家只有到她们生了儿子之后才会接纳她们。夫妻关系是不牢靠的，但母子之间的纽带却是稳固的。妇女的成功与幸福依赖其生育能力，而这又是她们自己无法控制的。就像 1960 年代在台湾曾和玛格丽·沃尔夫(Margery Wolf)一起工作过的一个村妇所说，她就是一个"被租用的子宫"。这一妇女的旧有形象中包含了很多真实情况，但却远非全部真相。③我已指出，女性角色中的母亲身份在中华帝国后期较之前期逐步表现出更为显著或独占式的地位，在接下来的章节里，我要展示这种趋势如何反映在医学和其他正统的意识形态领域里的。重

275

276

---

　　* 据《辞海》：刘向(约前 77—前 6)。——译者注

要之处在于,母性的表现形式是多样的,它并不总是与我们今天所赋予其的一系列价值和表象相一致,就像姜嫄和心爱的嫡母的例子中所暗示的那样。我还要展示中华帝国后期母亲身份的不同形式及其获得的不同技术——社会和生物学的。并不是所有的妇女都是其子宫的牺牲品,妇女能够且确实为控制其生育采取了实际行动。

在以后的章节中,我将把那些应用于制造中国理想家庭的物质和社会的技术放在生育能力和生殖理论的语境下加以理解,将其视做"生育科技"的一个系列和中国妇女科技的一个基本组成部分。也许在前现代中国谈及"生育科技"似乎有自我杜撰的图谋,因为这个术语的出现是用来描述科学试验、实验室和手术室以及涉及人工授精、药物和组织合成的现代成果的。当今我们具备使有生育能力的男女不育的技术,并正发展出我们所希望的使不育男女重新具有生育能力的技术。科技这个术语中暗含着一种蓄意和有效的控制观念。④ 当我们想到我们自己制造的所谓"自然"生育过程——通过口服避孕药、安装子宫内避孕器或体外受精的方式,我们很难想象前现代世界也拥有与此相类似的技术。但是人类的生育从来就不是"自然的":每个社会中的人们都为塑造和控制其生育过程投入了极大的努力。就像我先前提出的,如果我们把科技看做是制造特殊物质世界的技术体系,那么每个社会都拥有其自身的生育科技,其中的人们将对具有生育能力的身体和血缘结合的理解转化为实际应用于产生特定生殖目标的科技。

以现代科学标准来衡量,大多数前现代社会所采用的提高或减少其生育能力的直接干预技术至多是不可靠的。我所讲的直接技术的意思是指那些意图促进或阻止特定怀孕及其结果的方法,包括诸如性交中断或其他性爱技术、食用草药、使用祈祷或符咒。其中某些技术即使依据现代标准可能也比通常我们今天所假定的那样更有效,关于有效性问题和这类技术是否真正影响了生育率我在下文会有所讨论。在人口史学家试图解释一个社会的生育模式时,他们合理地假设影响个体和群体的"最直接的决定性因素"是社会因素,诸如婚姻惯例、结婚率(适婚人群与年龄)、雇佣奶妈的习俗、积聚家庭财富而不是分配给几个继承人的普遍偏好,这些因素较之大多数生育技术的直接干预似乎更有可能转化为真实的人口效应。

然而,真实的人口效应只是理解生育行为的一个起点。威廉·拉维利(William Lavely)和他的同事们呼吁同行汉学家关注对"人口的精神状态"(demographic mentalities)的考察,以此来拓宽其分析视域,"最终不仅要理解个体结婚生育的频率,而且要理解其为何如此"⑤。因为如果不理解其原因,也就不能完全理解其频率本身。每个社会对如下问题都有各自不同的观念:为什么要孩子、他们来自哪里、他们的父母身份怎样、理想的和实际中可达到的家庭大概是什么样子、哪些人可以合法地为其家庭做出贡献。拉维利和他的同事将这些观念形成的网络系统称做为"人口的精神状态"。"精神状态"这个术语是由年鉴学派的历史学家从途尔干的社会学理论传统中发展出来的,它主要指为整个社会所共享和接受的共同的思想方法或心理特性。对我个人而言,我更乐于使用"生育文化"(reproductive cultures)的概念。今天大多数的人类学家、社会史学家、文化史学家都不再将文化视为同质的,而把它看做是一个权力角逐和冲突变动的舞台,如同国歌一样充满争议。使用复数形式的生育文化,我的意思是要表达一种对中国社会内部不同群体的认识——这些群体拥有不同的资源、利益和身份,与此相应,他们也具有异质和矛盾的生育策略——这些又交织在一起构成某种共同的特征或状态。

人们为了得到期望的理想家庭而诉诸科技,但甚至他们自己也认为这些并不总能起作用,而我们却可以从其使用的科技中了解他们是如何认识自己的身体、家庭关系的本质、责任与愉悦的,了解他们所认为的可行性目标和可能获得的干预形式。这些科技不仅反映了群体的目标,也显现出个体用以实现其愿望和志向的不同资源。因此,更可取的做法是将一个社会的生育技术视为一个整体来看待,同等对待"有效"和"无效"的技术,假定它们都具有其意义和用途——至少在这个社会的某些成员看来是如此。

并非所有的过往社会都遗留下了供人口史学家进行有效研究的历史痕迹,这同样适用于生育文化的定性研究。就中华帝国而言,我们幸运地拥有这两类研究所需要的丰富遗产。家谱和人口统计是前者的关键性史料⑥,医学文献则是后者的重要史料。不同的学科并不总是可以交流对话,即便关注的是同一研究对象,文化史学家就经常怀疑人口学家的研究。芭芭拉·杜登(Barbara Duden)是非常典型的一位,她抱怨历史人口学的方法是以现代生物医学的身体理论将个体特征简化为群体的属性来加以解释,使一定历史与文化中的身体处于失语的状态(silence the body)。⑦

然而,就中华帝国后期的情况而言,似乎人口史学家和生育文化史学家至少暂时都认识到,他们可以从双方学科间的基本张力中受益,而不应该忽视彼此的研究成果。⑧当然不参考人口史学家正在从事的关于家庭结构的基础研究工作,而仅仅依据定性的文献建构自足的有关中华帝国后期生育行为的臆断显然是愚蠢的。我自己的研究集中于医学文献,但正统医师的著述只涉及帝国人口的有限的一部分,另外,单单从医学著述内部提供的证据判断医学理论和诊断如何转换为实际行动是很难做到的。我们对实际的家庭结构和人口模式的了解是一个必不可少的检验标准。

人口学家从历史记录中挖掘出的家庭组织就像房子的物质性外壳。在看得见的结构下面隐藏着根据设计和努力建构的看不见的建筑风格,对此我们只能朦胧地领会,而生育文化与技术的考察有利于澄清这些看不见的问题。出生、婚姻和死亡的记录组成的看得见的结构仅是暗示着所有行为的成败,暗示着进入其建构的各种技术。它们包括巫术与医学、堕胎与杀婴,包括将孩子抚养成人和给那些认为在不适当的地方出生的后代改名或易地抚养。这种建构就像房子内部所包含的，是家庭内部等级、家庭地位和好运或厄运的体现。⑨

下面的章节不会涉及构成中华帝国后期生育文化的所有因素。我主要对两个相关方面的问题感兴趣：其一，母亲的职责包括哪些内容和中国妇女是如何完成它的；其二，母亲的职责是如何被纳入更广泛的妻子的生育责任中去的。

在我们自己的社会中，喜欢将生物学和社会意义的父母身份合并起来，假定生育或提供遗传物质铸造出的父母与孩子之间的纽带比其他任何一种关系都更真实、更"自然"，而且这种纽带是成功抚育孩子的必要基础。但正如人类学家所指出的，这绝不是一种普适性的理解。⑩中国也有过关于亲生和抚育（nature - nurture）的争论，可即使在生育和母性的医学表达中，二者之间的天平也显然比当今更倾向于抚育一边，并且抚育是社会意义上的，而非生物学意义上的。中华帝国后期涉及生育和分娩的医学专业兴盛起来，但是这种医学文献却没有传达出一个父系社会所期望的对分娩的需求。第七章中我将讨论如何利用医学史的探究来说明生育文化中内在的动力和力量，思考中华帝国后期的医师在多大程度上表现或强化了正统的价值标准。第八章中我将讨论在医学文献中所包含的对身体生育能力和合法有效的生育干预的理解，讨论在中国正统妇科医学中所暗含的母亲身份的双重意义——生物学和社会的意义。接下来，我要深入探讨双重母亲身份的医学形象，看它是如何与更广泛的性别和血缘关系的社会组织相适应的。法律规定、社会实践、个人传记和文学修辞都同时表达出社会意义的母亲身份较之生物学意义上的更具有约束力和真实性。第九章的第一部分中我将探讨双重母亲身份的社会互补性，考察一般理解为服务于男人和父系生育利益的制度——一夫多妻制和领养制如何使地位高的妇女获得了社会后代的。婚姻体制允许地位高的妇女从地位低的妇女的生育成果中受益：生育孩子并不必然成为孩子的母亲，不育也并不必然成为不了母亲。至少在精英和小康之家中，母亲与孩子之间在抚养和教育过程中建立起来的纽带更为重要。

中华帝国后期的母亲身份必须放在妻子身份的范围内加以理解，因为属于妻子责任的各种不同的生育任务远远超出生产孩子本身。妻子要负责管理家庭内部事务，这并不是说只负责自家高墙里的事，而是还包括男性责任范围以外的一切事务。精英家庭中，妻子要负责孩子的抚养及其教育，要负责组织和监督家里其他所有女人的工作——女儿、儿媳、妾和女仆。执掌一家的管理意味着要确保全家人都衣食无忧，使老有所养、幼有所依，按时祭祀祖先；这还意味着要负责家庭财政，小康和精英之家经常涉及管理家庭财产、投资、支付工资和记录账目。⑪因此，妻子的责任并未局限于内室。而且，她还培养了能够成功穿越这些界限的人。一个妇女要训练自己的女儿将来成为妻子；儿子结婚后，她又要将新娘塑造成真正的儿媳；她所教育的儿子，作为其家族血统和其母亲美德的代表要进入广阔的外部世界。

然而，并不是所有中华帝国后期的妇女都会拥有妻子的身份，虽然她们中的大多数人要通过婚姻形式依附于男人。并非每个生育孩子的妇女都会成为母亲，也并非每个结婚的妇女都会成为妻子。正如社会史学家所提出的，做这样的思考是很有意义的——正室、侧室、妾、女仆这些在家庭中处于不同地位的妇女站在同一个代表性别从属关系的梯子的不同阶梯上⑫；像所有的儒家等级制度一样，这个梯子暗含的连续统一体的意义在于其本身等级的差别。诸如纳妾这样的制度强化了妇女之间的社会等级，也强化了男人之间、家庭之间的社会等级。这些制度不仅允许重新分配孩子，而且还在日常劳动分工中、在家庭空间的居住上、在最广泛意义的生育责任的不同分配上都采取了物质的形式。因此，第九章中我进行了总结性思考，全面考察了女性的生育任务和她们是如何适应于更广泛的男女互补性的观念及中国性别角色的历史塑造的。

第七章 医学史和性别史

正如我在前几章所讲的关于家内空间和新床要做得素朴的重要象征性,在中华帝国这表示期待已婚妇女生育孩子,特别表示期待早生贵子——家族血脉的继承人(见图20)。"五个儿子和两个女儿"是宋代婚礼上客人对新娘的祝福。①一般而言,一个男人对父母和祖先最大的不孝就是不能延续家族的香火。

直至宋代,对祖先的祭祀还是依照贵族的价值观念和长子为先的原则来组织的。新儒家重新归制的血缘关系的原则中,将家庭所有的支脉都包括进来,共同举行祖先的祭祀。于是,中国人口的这部分就被纳入了宋元以后稳步扩展的父系罗网中。就像费侠莉(Charlotte Furth)所谈到的,上述变化产生的一个重要影响是:它修正了父系体制,使其更具平等主义的精神,其关注的双重焦点是血统和家内的祠堂,"这使得每一个年长者都有可能成为家族世系中个人支脉上的祖先"。②在帝国后期,不能生育儿子被看做既是个人问题,也是公共问题。明朝的创立者,洪武皇帝(1368—1399*)下令,村庄应该设立祭坛抚慰那些没有后嗣的人;而且明朝的法律规定,"男人到40岁其妻还没有为他生育儿子,他就可以纳妾",虽然纳妾在其他情况下是要受到惩罚的——"用小竹棍打四十下"。③此外,不能生育儿子是休妻的一个合法理由。在这种背景下,从宋代以来的医学文献中出现日渐增长的对生育后代、生育能力、女性健康、分娩和婴儿护理的关注也就不

---

* 洪武,明太祖年号(1368—1398)。——译者注

第三部分 母亲身份的意义:生育科技及其功用 **225**

图20 "劈开的葫芦"(《清俗》A:p.382—383)。新娘和新郎正坐在洞房里的床上,床上的被褥是新娘作为嫁妆的一部分从娘家带来的。当女仆正往被劈成两半的葫芦里倒酒时,两个人都显得尴尬和羞涩,这象征着新娘将失去童贞。卧室的折叠门上有桃子的图案,是象征着多生贵子。

足为奇了,这大概反映出当时普遍存在的人口偏见。

医学专业的相关部类,包括妇科和儿科在宋代都完全建立起来了;医学专家关于分娩(产科)的研究文本也在这个时期出现。宋代的一些医师虽然一开始是按照其行业自身的延续发展出了这些专业化领域,但实际上他们的研究已经超出了对生育的直接关注(根据他们的理论,男人、女人、孩子都被赋予了不同的自然禀赋——阴、阳、气,他们将会以不同的形式经历相似的疾病,而各自需要不同的治疗),之后,这些专门化的知识和理论又被吸收进普通医学,除小儿科以外。妇科逐步集中于有关女性健康的所有方面,涉及受孕、怀孕、分娩和产后等问题,这些都完全符合我们所使用的"妇科医学"(gynecology)的术语;也有跨性别(cross-gender)范畴的,像"广嗣"(multiplying descendants)或"种子"(begetting sons),还涉及类似不育的问题④;也可能提到性医学理论的变迁。中世纪强调保精,认为精子是男性的精华,而其作为寿命的源泉却逐步淡出医典,性医学文献开始关注如何最佳地分配男女的精华以达成受孕。⑤

医学理论和大众的看法都认识到男女不育问题的存在。在医学理论中,男性的不育普遍是由于感情或性行为的过度所导致的。治疗方法包括食疗养精,控制性行为或节欲。⑥根据流行的宗教信仰,上天可能以剥夺后嗣的方法来惩罚个人或其祖先的罪孽。安·沃特纳(Ann Waltner)引证元代文献说,不育的男人即指那些"天宦",他们的无后是以神性的阉割来解释的。明代民族志的作者写道,广泛存在着对天狗的普遍信仰——天狗导致不育和婴儿的疾病,不朽的张氏用桃木箭与其作战。⑦祖祭时的疏忽冒犯了祖先、坟墓的位置不对,或者一般的缺德也会导致无后。补救的方法诸如祈祷、祭祀作法、佩带护身符、服用生育药剂,都能起作用。

然而,在以男性世系为中心组成的社会中,女性的生育能力则是最直接、最经常受到详查的。妇科和儿科医生万全(1488—1578?),在我们刚刚提到的所有领域中都是一名有声望的医师和多产的作家。⑧在他写的关于"广嗣"的几部著作之一中，包括一篇"择偶"的文章，其间他列出了如何识别能生育的妇女的普遍观念，并且根据其假定的不育原因提出了五种不适于结婚的妇女。⑨急于生育的妇女花大笔的金钱服用助孕的药剂。对生育女神的祭祀兴盛起来，大部分人都求神保佑能生儿子。⑩对男孩的偏爱清晰地表现在每一个文化层面上，从关于"种子"的医学诊断到流行的民间画像都有所表达。⑪新年的时候，农民家的墙上糊着圆圆胖胖、粉红脸蛋的男婴手捧桃子的木版年画，兴旺的家里女人们漆得油亮的柜子上也镶嵌着男孩玩耍的图案。

在中华帝国后期，杀婴是处理不想要的孩子的普通方法，回溯记载所及，女孩远比男孩更可能被杀害。⑫有大量证据表明⑬，在备感震惊的观察者笔下杀女婴的现象经常被解释为期望以此逃避嫁妆的负担。也有证据显示，在很多地区（特别是东南沿海和长江下游地区）的居民完全融入中国文化之前，杀男婴和杀女婴的现象同样存在，其目的是为了获得理想的家庭规模。⑭此外，即使在通常看重儿子价值的文化里，突发的危机也可能导致疲惫不堪的父母杀掉新生儿，而不管他是什么性别，这种事也会发生在小康之家。⑮

杀婴是应对突发性危机时最有效的控制家庭规模的方法。在其他所有方式都失败的情况下，它也是最简单安全的实施性别选择的方法。倘若我们假定这其中涉及某种非个人的家长制的确立，甚或丈夫、婆婆而非新生儿母亲自己是生育决定权的最主要的决策者，那么，杀婴就有更多的可取之处。对于家庭其他成员来说，他们可能感受到的只有道德上对残忍的顾忌或反感，但是对母亲而言，除了这些以外，也绝不仅仅是选择控制受孕的技术问题：她们不得不要经受怀孕的负担和焦虑，经受分娩的痛苦挣扎，还要遭受更多的婴儿死亡之后的极度悲伤。⑯中华帝国后期的妇女如果确实不想成为其子宫的被动受害者，她们期望的就是要尽力在怀孕的早期和痛苦较小的阶段，解决掉不必要的妊娠。中国医学，无论民间的还是学术上的都有大量可以使胎儿流产的药物,其中的几种可能还是十分有效的。⑰另外,道德作品、小说等都向我们传达出,帝国后期的男人经常担忧其妻子与那些向她们兜售此类药物的声名狼藉的妇女相伴。

透过模糊的酒杯:功效问题

即使中国人认为,他们拥有全程控制生育的有效技术,包括流产的药物,但是这些方法在个案中都确实起作用了吗?它们能有效地(足以用于)影响人口增长的趋势吗?

此刻让我们假设前一个问题的答案是肯定的。第二个问题假定我们能够区分人口的实际生育率和"自然"生育率的差别,"自然"生育率代表未更改的(unmodified)人口增殖("未更改的"是指在那个社会机构的特殊框架内,像婚姻的风俗)。这里的一个问题是,中国的人口记录使得任何确实地重建婴儿安全出生率和婴儿自然死亡率或人为的婴儿死亡率都变得极为困难,而且这些记录也无法使我们了解妊娠率,只有那些活得足够大和人们认为值得记录下来的孩子的数量。⑱这些记录一致地表现出向儿子一方的倾斜,其证明杀女婴和(或)忽视女儿是影响人口趋势的重要因素;同样证明在饥馑时期杀死的男婴(或许是为了暂时的节育)在记录中也可以得到复原。⑲

对解释中国生育曲线的总体平滑性的一个挑战是:已婚妇女所生孩子数量之少。詹姆斯·李(James Lee)展示出,与欧洲同期相比,中国妇女在18和19世纪早期的生育率是非常低的。"20岁结婚的妇女,保持一夫一妻的结合一直到45岁,平均只生5个孩子;同样情况下的欧洲妇女平均生育10个孩子……欧洲妻子的生育率在相同年龄段大约是中国妻子的两倍。"⑳这些低生育率在中国历史上并不是空前的。伊沛霞研究了宋代189对夫妻的墓志铭,发现精英人口的结婚生育率也仅稍高一点。这些妇女十几岁结婚,活到45岁未寡居,平均只有6.1个孩子活到被记录下来的年龄。㉑即使考虑到很高的婴儿死亡率、自然流产、私生和其他早产死亡的原因,在 25 年的生育期里只有 6 个孩子活下来确实是不多。

中国人口史学家不再满足于将低生育率现象只归结为杀婴——他们现在开始更认真地对待控制生育的当代文化。李和他的同事以两种方式解释了中华帝国后期生育曲线的平滑性。一是通过运用适度性行为,即是说"预防性控制"(preventive check)。[22]然而,一旦发生怀孕,显然人们认为在孩子出世前其他任何形式的干预可能都不再奏效,只有堕胎是有效地排除怀孕——控制生育的方法。其他历史学家对堕胎的效力抱有更开放的态度。[23]

几年前,巴希姆·穆萨拉姆(Basim Musallam)严厉批评了人口学家将有效的生育控制假设为西方现代性的产物。这一假设广泛流传(似乎已继而影响了当代东亚的人口学)的一个原因是,至今人们仍认为最前现代的避孕或受孕后干预方法都是无效的。穆萨拉姆、诺曼·海姆斯(Norman E. Himes)、乔治·德弗罗(George Devereux)和 安格斯·马克莱恩(Angus Mclaren)都已展示出,前现代社会对控制生育方法的熟悉程度远比我们所想象的范围要大得多,其中很多方法即使以现代科学规则衡量也是"有效的"。[24]海姆斯 1936 年的著作证实,前现代社会所运用的避孕方法的范围令人惊异,包括护身符、符咒、栓剂、灌水法、嵌入法、阴茎套和多种口服药。那个时期,他可能将口服避孕药与护身符、符咒都一起归为"迷信"的范畴,断然声称:口头上的准备均不可能有效阻止怀孕!但是,海姆斯也承认许多障碍避孕法,包括中断性交,如果不失败的话,也是有效的。穆萨拉姆关于穆斯林对待避孕的态度的研究向前迈进了一步,他提出:埃及和叙利亚在马穆鲁克和土耳其统治下时,前现代避孕技术的使用有力地影响了其人口发展模式。[25]

两个重要的方法论要点出现在穆萨拉姆的杰出研究中。首先,他涉及了功效和标准的判定问题。从人口史学家的视角来看,这一点使探寻生育控制技术是否真实有效变得极有意义,也使不重视分析那些以科学规则无法证明其功效的风俗变得有意义。藏红花真的可以导致流产吗，还是不能？我们是否需要了解中医的药理，是否需要知道中国妇女如果想要终止妊娠就自己服用含有藏红花的"红色药丸"？如果着眼于生育率，那么功效问题就很重要，但部分的功效也需要考虑在内。如果着眼于生育文化，那么有效与无效的含义就需要有差别地考虑。堕胎的动机中哪些是重要因素，是什么使其试图这样去做的呢——这里有一个相信使用此法的过程能起作用的问题。这种信心和实践如何转化为人口学的证据是我们无法预知的，但却是我们需要认真思考的。㉖

医学人类学家批判了将生物医学的功效标准应用于非生物医学疗法，因为后者的治疗过程是复杂而主观性的，与排除生物学的病原体根本不具有同等的意义。㉗也许有人争辩说，在生育控制问题上，情况是比较清楚的：要么是一个新婴孩加入了家庭，要么是没有。前现代的生育控制方法中，唯一被认定为真正有效的是杀婴；杀婴和遗弃是在其他更多的民间方法都失败的情形下，最后采取的激烈的解决方法。㉘

然而，穆萨拉姆为理解一个社会的生育模式提出了重要的一点：我们应该同等考虑那些可靠和不可靠的方法。在穆斯林法理学和中世纪中东医学及其通俗文学中，最经常提及的生育控制技术（即中断性交和阴道栓剂）在那个时期仅被看做是可能有效的，而非完全可靠的方法。㉙穆萨拉姆认为，这并不妨碍人们频繁地使用这些方法，以至其对人口发展趋势产生了重大影响。我要讨论的是，他的观点也同样适用于中华帝国后期的堕胎情况：堕胎有时有效，但并不总是有效，尽管如此，人们所使用的堕胎方法最终还是使那著名的生育曲线出现了些微的平滑性。㉚考虑到近年来被科学证明至少可以局部控制生育的前现代药物和技术数量的可观扩展，我们的确有理由对那些令人迷惑而又夸张的方法的功效保持开放的态度。这些方法包括口服避孕药、障碍避孕工具，以及各种堕胎药；甚至还包括当前医学广泛关注的心理因素如何影响受孕。㉛这样，我们就具备了坚实的实证性基础，将社会的生育技术看做是一个完整的知识宝库，而不仅是从中挑选出一些我们以为最可能有效的枝节。

穆萨拉姆的研究提出的另一个重要方法论要点是目标和动机的重建，即拉维利提出"人口的精神状态"的"原因"。"目的"的重建是微妙的，需要仔细阅读定性的史料。例如，我们如何重建一个社会对理想的和可接受的人口与资源比率的理解？穆萨拉姆强烈地提出，在重建前现代中东的限制生育的基本理论时，宗教和政治都不能脱离经济去谈。伊斯兰教教法允许在"困难时期"实行计划生育；在敌人统治时期，也要求如此。㉜穆萨拉姆认为，埃及和叙利亚在马穆鲁克统治下时，城市居民生育的决定是受其宗教观念驱使的，但对我们而言，也许显示出的主要是经济原因。上等的伊斯兰生命要求相对高质量的物质安逸，这样孩子能够有条件受教育，并适当地履行其宗教义务；它也要求平安地享有一个穆斯林的生活自由。这就是伊斯兰教教法何以敦促虔诚的穆斯林在异教统治下要牺牲孩子幸福的原因。重建"经济的"容纳量有利于说明前现代埃及和叙利亚人口的精神状态，但它需要全面考虑宗教如何规训了父母的身份及其生育中所具有的权利和必须承担的义务。

有趣的是，从晚明和清代人口文献的表面上看，中国与穆斯林具有类似的在面对物质困难或新的发展机遇时追求美好生活的愿望，特别是在江南——这一整个中国经济最发达的地区。中国国家的理论总是和理想的人口与资源的配置比例有关，总是试图通过鼓励（或强制）移民、提高农业产量的劝农措施、开发边远地区的荒地，来重新调整不均衡的情况。至1700年左右，清代皇帝和许多文官都确信已经到了无法恢复平衡的时候，人口在持续不断地增长，而已不再有相应地增加产出的任何可能。他们所倡导的解决方式是说服"不事生产的"社会成员，诸如城市商人和手工工匠归农，以促进主要谷物的耕作、阻止农业向商业化的转变，并敦促其臣民保持节约和适度的低消费形式。㉝在帝国法令与官方档案中,并未显示出统治精英以倡导小型家庭或性节制作为减缓人口增长的手段。但如果我们接受詹姆斯·李、熊秉真和李伯重的观点——中华帝国后期形成了性节制文化,那么我们就应该将其视为与官方的马尔萨斯主义的预感有关,如果是这样,它们又是如何相关的?这里,我们能否假设在家庭兴旺与国家兴旺之间存在着某种相互转化的关系?㉞

身体是什么?

芭芭拉·杜登(Barbara Duden)声称,人口统计学使一定历史与文化中的身体失语,将其简化为现代固定的形象。㉟中国人口史所描述的历史行动者似乎与我们有着在本质上相同的身体,唯一不同的是他们对其身体的运作方式更加无知。㊱前文对功效、选择和动机的讨论很大程度上是根据原因—结果和现代科学所公认的身体形象做出的。但是有必要超越这一视角,审视中国人种生物学对生育的理解,即对身体和婴孩如何被带到这个世界上——"如何"及"为什么"控制生育的"当地人的"理解。

我应该强调的是,这里我们所讨论的不是一个孤立的"中国人的"身体问题,而是一揽子不同类的问题。现象学的身体(有血有肉、有骨骼和筋腱、有心肺等器官、有神经和官能的肉体——也许与非物质性的心理、灵魂或精神相协调的,也许截然不同的身体——通过它我们存在着,也认识到我们自己还存在在这个世界上)在不同社会中的建构和组成是有差异的,即使在同一社会里,身体也是由不同的人以不同的方式理解和经历着。㊲

杜登的研究揭示出,18世纪德国地方市镇中的普通人所具有的生物学观念与我们有极大的差异,而且其生理上的经历和期盼相当令人惊异。这里仅观察一种身体功能,如月经,今天我们只将其与女性的生育联系在一起㊳:对于杜登的国民而言,月经不是与生育相联系,而是被视为健康的必要因素,因为它可以冷却或净化身体;如果出现闭经,人们更可能考虑的是这有害于患者的健康，而非生育问题；如果月经不能恢复，相类的血液溢出将减轻其恐惧，诸如流鼻血、伤口化脓；尽管男人的身体建构不需要这些规则的血液溢出，但月经并不总限于女人，也并不限于哺乳期；另外，如果妇女的月经延续至老年，人们也不会感到吃惊，当然其长寿的原因将被归结于此。相比较而言，中华帝国后期医学所讨论的身体似乎更常见、更有预见性，也更"真实"：只有育龄妇女才会行经，男人的流鼻血不会起到与月经相同的作用。但必须当心，不要让二者广泛的相似性使我们看不到其真实的差异。

杜登的研究并非专门关于其德国市镇中的人们如何理解生育的，但她的发现许多涉及艾森纳赫（Eisenach）的妇女和医师如何理解女性的身体，从医师及其主顾如何在高深的理论和民间信仰之间达成相互通融的，这些都是尝试重建艾森纳赫人的生育文化所不可缺少的内容，包括重建其对生产和生育孩子的信仰及其那个社会中不同人的生育策略。

这引发我思考，在中国，人们是如何经历其身体的。南希·斯科普—哈夫斯（Nancy Scheper—Hughes）和玛格芮特·洛克（Margaret Lock）在一篇颇具影响的文章里，具体表述了最近大量医学人类学和医学史中所采取的理论立场，其认为从社会和政治维度的抽象中，不可能理解物质性的身体及其表达。[39]现代科学思想依靠抽象的过程；它向我们呈现出在空间、时间与社会身份上显然都不稳定的"客观的"身体。[40]有判断力的学者的任务则是要去重建这个表面上与价值无涉的认识论中所固有的价值，去设想科学研究对象的主观性。

现象学的身体，那有感觉的、活着的身体在每个社会中都是同一的。但它无法与其所包含的两种深层的经历相分离，斯科普—哈夫斯和洛克称其为"社会的身体"和"身体政治"。在《自然象征》中，玛丽·道格拉斯（Mary Douglas）说，那是"善于思考的身体"，是隐喻性的社会体现；斯科普—哈夫斯和洛克辩证应用了道格拉斯的方法，分析了作为象征系统（用于竞争性和等级性的社会关系的更广阔的构架）的生物学表达及其经历。[41]至于"身体政治",他们提醒我们,个人权力、卫生保健和医学实践都依赖于手段和身份地位,依赖于布迪厄所称的社会与文化资本,也依赖于简单明了的经济多样性。[42]在中华帝国后期的情况下,医学制造出一套身体形象,影响到人们对身体的思考及如何体验其身体。宗教的、巫术的、宇宙观的信仰也制造出这些身体形象的变种或可选择的对象。并且关于血缘关系、社会关系的观念,以及活人与死人、父母与孩子、个人与家庭关系的性质都产生对病因的崇信,对建构恰当而"自然的"经历与期望的崇信,对身体的起始与终结的崇信,对谁(通常是陌生人和我们不熟悉的人)有权索要我们肉体的崇信。

权力是在对身体及其表达的解构研究中的一个关键性问题。实证主义的科学史家和医学史家关注的是人类理解和控制自然界的力量。后结构主义的科学史家和医学史家关注的是人们彼此之间施加的权力,关注的是如同自然事实似的控制力的代表,关注的是处于从属地位的人们的选择视角以及他们反抗统治的斗争。后结构主义者尖锐地意识到,"统治的主要机制是通过对身体的不自觉操控来运转的"[43],特别是通过思想的操控,通过制造有关身体的观念或"话语"。

当我尝试再现中华帝国后期妇女身体所经历、被讲述、被谈论以及所上演的不同模式时,也试图再现中国人对身体的不同理解。在感怀他们对身体形象的无穷创造力时,我也相信,所有这些创造的形成都来源于人类生命的延续和繁衍的基本物质需求:吃饭与睡觉,疼痛、疾病与死亡,性、分娩与其他任何制造能够转变为人的弱小生命。我发觉自己与当前女权主义理论的不一致之处,其不考虑物质现实在身份塑造中的作用。[44]当代性别和性批评理论否定适度的生物繁衍取决于相互矛盾的物质基础,即性欲与生殖的分离,近来避孕技术的发展使其成为可能。生物医学诊疗的高科技手段,使得我们可以将身体只看做是由言辞塑造和填充的躯壳。[45]但是,我们不能因此而以为其他社会也是以同样的方式脱离肉体的。伊莱恩·斯凯瑞(Elaine Scarry)说:"无论何种疼痛,部分地是以极为独特的方式达成的,其通过对语言的抗拒确保这种独特性。"疼痛不仅是身体抗拒语言的经历,而且是不能被忽视的经历。当有关身体的文本告知我们必须怎样做时,话语及其政治根源就在塑造我们对身体的理解上发挥出比现实更突出的作用。正如芭芭拉·杜登所做的,世界上的妇女不能脱离其外在的躯壳而存在,记住这一点很重要。我们不能奢求精确地再现中华帝国后期的身体形象和妇女与男人的感受,但我认为我们确实可以承认,生育的迫切愿望在人们日常意识的塑造中起了重要作用,而且这些未成形的感受渗透进了医学与社会的话语中,影响和指导着他们,但却不能创制或毁灭他们,甚至也不能完全包容他们。[46]

医者、正统和权力

生育医学在整个中华帝国后期日益显著地发展起来,但其建设在宋代只是以一个独特的专门领域的群体进行的,并不代表根本性的理论革新。帝国后期,关于性成熟和生育理论的基本文献的作者都提及《黄帝内经》里记载的传说中的医者——黄帝和岐伯。关于成功妊娠的理论文献的核心部分展现在6世纪的医师——孙思邈的建议中。此时写作的有关生育的文集,内容极其相似。尽管诊疗的偏好随着时间、学派或地区而有所不同,但从医者们所选择的普遍性的医学理论框架来看,他们对于生育过程的理解、对于生育疾病的基本态度没有发生重大改变。

中国的医学派别在人体的基本建构上都达成了一致的看法。中医理论主要关注的是滋养、保持身体健康与导致、扩散身体疾患的因素之间的相互作用和转化的过程。中医的人体器官——心脏、肝脏、肺、脾脏、肾脏,都不是现代西医的解剖实体。它们是在同一类生理行为的不同层面上相互联结的功能系统。每一系统与五行之一相符合,这五种类型的过程根据自然界的能量

("气")而变化,制造和消散物质,构成和转化物质。五行理论决定器官系统依次相互作用。"气"在身体中运行,保持器官系统内阴阳的平衡。生育能力取决于肾脏系统。肾脏代表五行中的水行——即凝结、液化和流动的过程;它不仅包含肾脏本身,还包括头发和牙齿在内;它形成男女两性所必需的精华,也包括尿液。㊼中医理论不将器官与生理功能和心理与感情活动以西方思想偏爱的方式分离开来。器官系统和生命物质的流通观念将身体内部的主要脏器与外在躯体的生长——皮相的表现,连接在一起,也将每一个重要器官的生理状态与心理状态——身体健康或患病的标志,连接在一起。

不同的医学流派对于哪种器官系统在身体中占支配地位可能有所分歧。他们也许对于是否要基于冷却杀伤理论(流行于南部亚热带地区适合治疗发烧的方法)进行诊疗有所分歧,或者要求重新思考发烧的因素。一个学派偏好依据身体患病的深入程度来诊断,另一个则喜欢依据主要是哪个器官受到感染来诊断。一些医生喜爱单纯依靠药物治疗,另一些则要使用针灸疗法。一部分医生强调使用温和的药物建立起身体自身的防护,另一部分医生倾向于一开始就使用猛药排除病菌。一个医生开的处方中可能总是包括人参,而另一个则以其芳香药剂的试验而著称。器官之间系统性相应的五行理论在宋元时期被极大地推广,但许多后来的医生提出反对意见,认为其过于理论化,主张更经验化的方法。然而,关于身体和生理世界如何运行的宇宙哲学模式并没有发生根本性改变,因此,医学在学术上的基本合理性也没有发生大的变动。㊽

于是从整体而言,中华帝国后期在传统妇科医学的理论和实践上是一个稳定期。尽管这里所讨论的内容涉及相当长的历史时段,但我们面对的却是一个极为相似的身体。在医生对生育的理解、对生育疾病的态度及其治疗方面,我们都没有发现重大的变化。虽然学者们对耶稣会士在晚明和清初所引进的欧洲科技的各个方面开始感兴趣,但西医对这一时期中国的妇科医学,甚

第三部分 母亲身份的意义:生育科技及其功用 237

或是中医的任何一个支派都没有产生影响。[49]没有发生任何引人注目的科技革新——如同医用镊钳的发明那样,颠覆了生育医学的平衡调节系统,威胁到既有的道德规范。医生们也没有发现神奇的草药或新的针灸针法,在妊娠的诊断上也没有大的改进,他们并未利用外来的新技术与新工具从事研究以提高其女性解剖学与试验的知识。取而代之的是,他们在既有的医学范式的框架内,努力改善其服务质量。这一时期我所感兴趣的最重要的历史变化是,正统医学活动的显著增长。随着财富分配的扩展和城市的发展,人们对医疗保健的需求增加了,医学出版物的市场拓展了(专家和读者都需要的)。

很难说正统医学有多少典型资源胜于其他医治形式,也很难就其对宋清两代之间话语的改变做出定量的估价,即便在精英阶层中做这种价值估量也是很困难的。[50]我们也不太了解这里还涉及怎样的其他选择。[51]医案中经常提及选择性实践的片断(例如,选择宗教治疗者、接生婆来医治,或者采取自行用药),但从医案的性质看,人们是在正统医学医治无效的情况下,才去选择其他的治疗方法的。术士和产婆的成功医案并非由其门徒所刊布,不幸的是,我们几乎不知道超出通俗类书和历书相关部分以外的他们日常有效的诊治。

另外,我们也无法确信正统医师实践的社会范围。医案中差不多总能交待患者的性别和年龄;有时也提供更多的社会信息,诸如病人的姓名、职业、头衔;如果是妇女,还可能包括其父亲、丈夫的姓名及官位(官员的妻子、妾),或者如果是一家的女仆,也可能交待其主人的姓名。以此为基础,费侠莉对中华帝国后期的患者作了初步调查,其结果并不令人惊讶:富者比贫者更可能多地去求医,富有的妇女即使感到微恙也要顺次求医,贫穷的妇女只是在遭受到严重疾病时才去找正统医师诊治。[52]因此,正统医师所著文本在没有排除贫者与无知阶层病人的同时,更加偏重记载对富者的治疗。

我所指的中国医学文献都是由所谓的正统医师写作的,即是说，其医术能力为有教养的精英所认同，并且他们还有着共同的社会与道德价值标准。这些医学文献包括当时最著名的医师及略次要的杰出人物的著作，其证实在生育问题的治疗中关于医生的职责达成了普遍一致的意见。我所引用的1550年至1850年间首次出版的著作，其时间跨度从晚明（徐春甫的《古今医统大全》，1556年出版的一部古今医学著作的纲要，附有注解）到1846年（方略的《尚友堂医案》）。这些医学文献包括普通医学理论与实践的著作（附有妇科部分，萧京的《轩岐救正论》、徐春甫的《古今医统大全》、徐大椿的《医略六书》）、诊断的著作（林之翰的《四诊抉微》），以及关于妇科医学的专科论著（阎纯玺的《胎产心法》、吴道源的《女科切要》、吴谦的《妇科心法要诀》）和医案集（叶天士的《临症指南医案》、程茂先的《程茂先医案》、方略的《尚友堂医案》）。

关于医学门类的概论性著作、原始素材、所参考的早期著作及从中引述的大量篇章，著者都根据自身的理论旨趣与经验加以了评述。对于专门的妇科医学著作也是如此。医学出版物的范围既包括针对同行的高度理论性的著作，也包括针对普通读者的普及性著作。然而，中华帝国后期的"医师"并非现代意义上的职业医生，其医学语言对非专业人士而言也不像现今西方那样无法理解。㊹大多数受过教育的人们都熟知中医的基本原则，至少对像《黄帝内经》那样的基础性著作略知一二。有关"繁衍后代"的著作，在很大程度上是供外行读者在家中使用的参考读物。妇科医学专家在其著作的序文中可能讲到，希望他们的作品可以帮助丈夫为妻子健康生育和从分娩中复原提供建议（图21）。㊺有些作者乐于将更多容易理解的妇科、儿科及其他专题的医学著作列入其书；这些内容经常是以诗歌的形式写成，易于记忆，其间还穿插有技术性的评论，像18世纪吴谦所著《妇科心法要诀》。

这使我思考中华帝国后期的医学知识与意识形态的问题。我所指的"正统医师"当时被人们认同为在"医"（医学）的专门技术领域内训练有素的专家，他们被赋予"医"（医师）的称号。中国早期的医者一般社会地位低下。医学理论和哲学的宇宙论甚至在汉代以前就开始了整合;不过,在那些哲学家和有文化的男人看来,治疗者的知识和医术仍然是截然不同的——回溯古代的医治者,那时他们是占卜者或萨满,带有魔力和超自然力。巫术的、萨满教的,以及各种宗教的治疗方法在中国从未消失过,但是知识的分支——"医学"却日益变得世俗化、调和化、理性化。从医者寻找到了他们自身的位置,使其专业技术领域与那些乌合之众的庸医、僧人和放荡的老妇分离开来——即是说,这些竞争者只能成为轻浮者问医的对象。⑤

图 21 分娩室(《清俗》A:"分娩"部分,3a)。刚刚分娩完的母亲正坐在床上两摞被子之间。这个姿势被认定为可以防止突发性的移动,并阻止出血。一个女仆或许奶妈正抱着新生儿。

医师获得治疗权威的一个途径是通过积累专门技能的实践经验。从《礼记》所引用的话中——"医不三世,不服其药",我们可以看到这种情况在早期王朝时代就已很普遍。这类通过学徒期的实践和理论学习获得专业知识的医师,一般称做"世医"。叶天士(叶桂,1667—1746),其父也是医师,但他幼年丧父,据说他在开设自己的诊所之前,曾跟随17位不同的医学专家学习;明代著名的医师汪机(1463—1539)和薛己(1487—1559*)二人都是从其父那里学到的技艺。㊻

对正统儒家而言,孝子的责任之一即是要给年迈的父母提供所需的医药㊼,因此,君子或书生熟知医学经典也是合乎体统的。孝道通常要求帮助生病的父母或亲属,这首先激发了学者对医学的兴趣。在医学中,原本应用于社会调节的中国政治哲学中的宇宙观原则和"仁"的价值被用于说明人体器官组织的规则;医治的"治"与统治或治理的"治"字一样。

君子的首要职责,即治学的主要目标是服务于国家,将其知识用于管理社会。然而如果由于某种原因,使得这一目标无法达成或不合时宜了,例如现行政权腐败卑劣,或士子无法获得官职,那么转而行医则被认为在道德上是合理合法的。宋代政治家范仲淹宣称,"不为良相则为良医"。元代,在蒙古异族的统治下,比以往更多的士子从医为生,以当时的政治背景看这一选择是正当的。但是,私利也在其中起了作用:参加国家科举考试的士子的数量远远超出空缺的职位,晚明和清代的情况变得更糟。所以,有那么多的士子在几次科考落第之后转而从医,也就不令人惊讶了。这种背景下出现的医师,也同样受到儒家或新儒家经典的道德熏陶,以其观点看,他们与其他书生一样都是符合正统和有价值的。㊽

这些医师主要是学者。他们所主张的医学理解,首先来自其对医学经典的深入研究和对宇宙哲学原理——主宰天、地和人体

---

* 据《辞海》,薛己即薛立斋(约1488—1558)。——译者注

运行的法则的深刻领会。他们能够治病不是因为他们是医学技术人员,而是因为他们是哲学家。宋、金、元时期,医师学者正式将五行理论系统地应用于病源学、药物的分类和治疗中。虽然在明清时期这些学者的过度理论化倾向时常受到批判,但是他们的哲学造诣仍然为树立其医学权威的地位奠定了坚实的基础。明清时期的医师学习这些医学经典以获得其立身之本,像徐大椿(1693—1771*)就声言,人们应该质疑那些只是"跳读"经典文本的人。(59)出身于这一教育背景下的医师希望以"儒医"而著称于世。

明清时期各类医师的数量激增。位于长江下游的苏州,成为中华帝国后期最耀眼的文化中心和富庶之地,吸引了大批医师和各种治疗者。现存在苏州行医的不同时期医师的记载包括:唐代3人、宋代4人、元代5人、明代88人、清代219人。不必说,还有大量以其他形式行医的竞争者——民间巫医、产婆、正骨师、僧 310
人、采药人等等。随之发生了一场争夺名分的战争:晚明的一位医师在13类治疗者中脱颖而出、扬名立万,这些治疗者囊括了从知名的、讲究医德的儒医到世医,还有那些江湖骗子、狡诈的医生、女巫医及和尚。(60)

人们感到不适时,可能去任何他们支付得起的医治者那里问诊;他们有可能马上聘请几个医生,也可能一个接一个地解雇这些医生,同时这些也无法阻止他们献祭祈祷和购买魔幻药剂。然而,僧人、算命先生、女药贩子、产婆所提供的宇宙观和疗法与有知识的医师是完全不同类的。尽管那时儒医和世医之间的分歧是普遍存在的,但他们对人体运行的基本哲学却有着共同的理解,也使用相同的诊断技术和治疗方法,而且其身份都是有教养的男性。人们通常以为,儒医与世医的竞争在塑造晚明和清初的医学论辩及确立其发展方向方面都起到根本性作用,然而赵媛玲(音译)认为,二者之间的差别被夸大了,其实划分医师所属类别

---

* 据《辞海》:徐大椿(1693—1772)。——译者注

的界限极不清晰。�51

在帝国后期的历史进程中,世医和儒医之间诉诸医学权威的较量是交替上升的。这并不意味着世医放弃了他们的活动范围,而是说明试图加入医师阶层的外来者数量的激增,他们也在创立着自家的医学谱系。�52 同时,任何希望建立一个城市富有主顾群的医生都可能强调其对学术权威的诉求(其中包括发表对经典文献的学术讨论、收集杰出学者为其著作所写的序文、为其医案的写作培养优美的文笔)。考虑到日益增长的对医生教育背景的普遍重视,以及对是否具有共同知识和价值观念的看重——决定医生的社会地位,我们可以说医学走上了"专业化"道路。随着医生队伍的扩大,医学出版物的范围与数量和医生之间交流的密度都在增加,他们收集医学著作、相互通信、编辑彼此的医案或文章、写作褒贬彼此著作的评论。�53 此外,一般公众的医学兴趣也在增长。有文化的人能够阅读医学原著,而供平民阅读的医学初级读本也很普遍——当时很多著名医师用通俗语言撰写的,像吴谦的《妇科心法要诀》以七言诗——流行歌谣的典型文体写成。在家庭百科和历书的保健部分里,也利用了简单化的医学知识。这是帝国后期精英阶层将其价值观念传布于教育水平较低的社会群体的另一条路径。�54

显然,无论帝国后期公众对医学多么着迷,当时最博学和最富经验的医师的权威性也无法与今天的美国医生相比。对于同等文化程度的人来说,医学的专门知识和语言,甚而技术的熟练性,都不那么艰深难懂。每个有文化的男人都能阅读医学文本,理解认识身体的潜在模式;大多数社会成员都具备基本的医学知识,许多人家还配备有药箱。开药方是受人敬仰的复杂技能,它就像脑外科手术一样是不能从日常经验中转化来的。人们受到的教育和专业领域之间在语言、知识及技能上联系的紧密性,意味着有文化的主顾可以与其聘请的医师或多或少对等地讨论病情、质疑医生的理解,解聘他,或更改他制定的治疗方案。帝国后期,许多医师都觉得自己的权威性被削弱了,这恰恰是由于作为医学权威所要求的经验为病人和从医者共享的普遍学识水平所淹没。病人的争辩是不受尊重的，很多医师都为其患者的任性和无知而感到痛惜，这说明病人经常不服从医生的指令。⑥

医案：谁的声音？

在正统医家眼中，妇女是声名狼藉而不可信赖的病人：她们情绪化、愚昧，还爱抱怨医生。我们可能以为，对病妇与带着病孩的母亲来说，宗教、巫术的治疗者或接生婆的宇宙观比蕴含在正统医学中的、压制情感的儒家主张更有吸引力。⑥但实际上，她们可能向任何人求医。精英阶层的妇女经常聘请正统医师，关于他们会诊的原因和结果，我们可以在帝国后期兴盛起来的医案类研究中发现大量的信息资源。

正统医学公认，为女患者诊断是较为困难的，因为社会习俗严格限制医师和病人之间直接的身体接触。12世纪的药理学家寇宗奭，最早写出了关于给良家妇女诊断所涉及的特殊问题的著述。这些妇女不能让陌生男子见到她们的面容，切脉只能通过悬丝诊脉，问诊也很费力，更不能指导她们服药。⑥事实上，寇氏哀叹道，四诊法中的两个已被或多或少地排除掉了，"望"是不可能的，"切"也很困难，这样就只剩下"问"和"闻"可用。在帝国后期的妇科文献中，这种抱怨甚至成了标题。其中谈到，即便是问诊法用起来也非易事，因其不得不通过一个中间人——病妇的丈夫、父亲或仆人来进行。然而，在我所研究的帝国后期的医案中，对所有病妇的切脉过程都是标准的、毫无异议的，而且其他细节也表明并没有拒绝提供信息的情况。虽然病人的家属不支持医师亲自观望女子的面色或闻其气息，但却乐于为医生作必要的描述。

中华帝国后期检查身体的程序与我们今天所熟悉的截然不同。通常医生并不触摸病人的额头试其体温，也不对其肢体或躯体进行触诊，不用听诊，更不会在我们身体的任何出孔刺探什么。

其检查的目的也不同。中国"病"的观念与我们现代疾病的观念不相符合。中国的疾病观念认为，尽管人们疾病产生的根源是相似的，但由于疾病感染的具体情形和病人体格的差异，使得疾病在每个病人身上的表现都有所不同；随着时间的变化，疾病在不同病人身上的发展情况也不同。因此，诊断必须首先识别一种疾病在当时的具体表现形式——辨症。为达此目的，对病人情况全面的记述和病史的了解就是必需的了。

检查身体的手法因学派和时期的差异而有所不同，但诊断基本上是依靠包括所有官能在内的四诊法做出的。医生在进行诊脉（"切"）这个复杂程序时，还要"望"——观察病人的气色，"闻"——听病人的喘息（嗅其口臭、体臭等气味），"问"——询问病人所感到的症状。

确诊（决定病症的具体表现类型）不仅依赖医生的感知能力，还依赖其与病人及其家属的交流能力。诊断大师张介宾（1563—1640）⑱总结出 10 个问题，依次包括：感觉冷还是热；是否出汗；头和躯体感觉如何；排泄怎样；食欲怎样；胸口感觉如何；听觉怎样；是否感觉口渴；脉象和气色如何；最后是"气"和"口味"怎样（与药的性质或病人要求的药方的"口味"相配）。前 8 个问题是医生需要问病人的类目。从中医生了解到一些表面现象——怕冷、嗜酒、疼痛、失眠、发热周期、腹泻的频率，其说明患者疾病的表现形式，所有这些信息加上脉象的具体分析和其他征兆为诊断和治疗提供了基础。理想的诊治非一次能完成，最好分几次进行，医生需要考察疾病对治疗的反应如何，决定是否需要矫正先前的诊断，调整在疾病进展的不同阶段适宜采取的治疗方案。一份完整的病例就是一部真正的历史，它记录下病人的身份、导致疾病发作的原因（包括求助于非正统的宗教治疗、符咒、采药人、"老妇"），每次会诊的症状、随后的诊断和处方，直至治愈时的情况，病例中还经常包含病人康复后几年的记录。

中国最早的病例记录可以追溯到两千年前，但直至宋代，完整的病例仍然极其罕见，到明代才出现了医案收集类的研究。从

16世纪开始,医案类研究兴盛起来。医师生前自己收集并刊布其医案集,或死后由其门徒及敬慕者出版。热病专家叶天士,拒绝在生前出版其任何医案;他的门徒在其死后30年才编辑出版了他的医案研究。医师收集的医案可能只包括他自己处理的病例(其个人医术的证明);对于专科医学的理论家而言,可能会搜集先前著名医师的医案(其相当中肯的诊断内容打动了他)。另有作者编写了几个世纪以来的杰出医案的概略。一些医案编著者主张,医案收集的数量应该削减,只应包含每种病症及治疗的一两个实例或特别疑难的病例;另一些人则更偏爱广泛收集的医案而非简明式的。清代御医治疗的医案系统地记载于官方档案中,这使得按照编年的形式和病人的等级汇编清宫的全部主要病例成为可能。⑩

显然在医案类研究刚刚兴起时,就开始探讨如何更好地记录病例了,它建议医师在每个病例的开头记下病人的姓名、年龄、等级、职业和出生地。⑪或许当时的诊断通常会记载下这些信息,或许只是为了开列出与病人财力相当的账单,但不幸的是,在出版的医案中这类信息总是不全,经常只有部分内容。妇女的病例里,一般会记录其婚姻状况(未婚的女儿、合法的妻子、妾、侍女、寡妇)。从生育行为的角度考察,妇科医案集具备一种优势,它们所提供的这些社会指标常常包含大多数人口统计材料中完全缺乏的信息;最终,它们可能有助于我们应对巨大的挑战——复原出中国人口记录体制所模糊的真实的婴儿出生率和死亡率。例如,如果一位妇女因妊娠或暂时性不孕来求医,那么我们就将了解到在此之前她经历过多少次生育、多少次流产或死产。希望终止妊娠的妇女,其病例中就会描述到她因若干年中若干次的怀孕而被搞得精疲力竭。因不育而焦虑的妇女,在病例中可能会抱怨其婚后若干年或前次生产后若干年中均未受孕。我们需要这种定性的信息来更清晰地了解真实的受孕率和生育率,了解妇女所认为理想的与可承受的生育率。⑪

我们已经通过文字性叙述的医案走进了中国医生和病人的

经历，我们还不十分清楚当时医生是如何选择、排列或改撰病人所提供的信息的，以及他的判断在多大程度上会影响到病人的表达。但诊断的文本和病例给人的印象是，医师认可病人所述是可靠和中肯的。⑫张介宾的"十问"似乎设计得可以确保不会遗漏任何信息，而排除了病人可能会主动说明的不相关信息的类目。

中国的医学文本——医案，与那些更抽象的医学理论著作或诊断原则一起，为我们提供了对原理上的规定和人们的真实行为之间进行比较研究的良机。大量的医案向我们展示出现实生活中的女人和男人真实的感受和所作所为，使我们得以洞察正统医学的复杂性及其如何被解释和运用的。医案是由男性作者建构的，况且，医生和女患者会诊时所发生的情形当然会影响到双方表达的方式。然而，医案中并未压制妇女的声音，而是使我们有机会洞察她们的信仰和行动。医案还揭示出，精英男子的正统信仰中那些有趣的、意料之外的细微差别。

第八章　生育医学与繁衍的双重性

希腊医学传统（沿用至今）认为，性别差异主要存在于生殖方式和功能的对比中，由此而产生第二性征。女性的健康、体质、行为通常很明确地与她们的子宫联系在一起，男性则没有如子宫那样独特的解剖学器官。虽然男性可以检查女性的子宫，却无法体验其感受，因此男性医生所获得的职业理解是客观而非主观的。在希腊医学中就已经出现了这样的问题：这些间接经验是否足够了呢？男性医生是否需求教于妇女以获得对其经历和疾病的真实的移情式理解呢？[1]

中医在为妇女医治时，不需要面对理解女性身体的问题，因为性别差异在他们那里已被设想为程度差异而非本质差异的问题。中国医学的身体观念不是解剖学的，而是功能性和过程性的。中国医学思想以阴阳的相对支配地位来解释男女差别，它认为男性身体主要由男性的生命活力——阳气来支配，女性身体由其相应的女性活力——阴气来支配。在帝国后期的文本中经常讲到，女性身体的运行由阴气所产生的物质形式——血来支配，而男性身体的运行则由非物质的能量形式——"气"来支配。但是男人也有血，女人也有"气"。男女两性的差别并非本质上截然分立的类别，而更可能是一个连续统一体。多数妇女比男人具备更多的阴性特征，同时个体在成长和成熟期阶段比衰老期具有更多的阳气，因此基于其年龄和健康的变化，她们在这个连续统一体中会处于不同的地位。

生育的医学理论

　　医学圣典《黄帝内经》中记载了性的成熟过程,此后,有关两性的描述都大致相同,尽管实际上男性的成熟期比女性要晚两年。青春期标志着两性的生育能力,其归因于肾脏系统的充分发育:"女子七岁肾气盛,齿更发长;二七而天癸至,任脉通,太冲脉盛②,月事以时下,故有子;……丈夫八岁肾气实,发长齿更;二八肾气盛,天癸至,精气溢泻,阴阳和,故能有子。"③

　　《黄帝内经》中还描述了性成熟的累进过程和肾脏系统的同步衰退,这表现在生殖系统、头发、牙齿——这些肾脏系统的外在特征上。在此未提及生殖器,而且只将其看成如乳房那样的第二性征,不像我们现在当做重要的性征。在讨论生殖特征时,子宫也未被提及,只是在谈到怀孕和分娩时出现——胎儿成长和出生的器官。子宫对女性及其体质的主要特征而言,并非是一个可以代表整体的局部器官。

　　帝国后期的医学主张,夫妻双方都要达到足够成熟时再生育。尽管年轻女孩14岁、男孩16岁时就分别达到生育的年龄,但宋代医师陈自明认为,女性最好20岁后生孩子,而男性应等到30岁,因为此时他的阳气稳固,年少时的兴奋已经过去了。陈氏强调,早育会危害女性的内脏器官。节制是生育的关键:防止劳累过度;控制情绪和节制房事。怀孕是男女精髓在子宫里的结合;是否能够成功受孕,取决于双方的总体健康状况及其精子和卵子的质量,也依靠性交的时间和双方是否同时达到高潮。性交最好是在女性生育能力最强的时期,特别是在她月经结束后的那个星期内最好。关于决定胎儿性别的因素,有几种相互矛盾的医学理论。有些人认为,在女性月经结束后的奇数日子里所怀的孩子会是男孩,偶数日子里就是女孩。另一些人则认为,孩子的性别取决于伴侣双方的精髓进入结合的次序:谁将另一方的元素包裹在自身中发育起来,孩子的性别就随同谁。④

在中医的理解里,胎儿的成长过程大体相似,生育出的人也类似。对此的简明描述,在中华帝国后期的妇科医学著述和通俗百科及历书的医学部分中都可以找到。胎儿经过十个月的发育逐渐成形,从怀孕的那一刻起它便拥有了弥散状的生的"灵魂"(灵)。第一个月,它只有一滴露珠大小;第二、三、四个月里它逐渐成长,到第五个月它就确定是男是女了;第八个月的时候,四肢完全形成,还长出了头发;第九个月,初具五官;第十个月,孩子就准备出生了。⑤

怀孕的最初阶段,公认是很难作出明确诊断的。医学著述表明,为了确定其他可能出现的症状,诊脉是必要的。经闭发出广泛不适的信号,但未找到当今西方所提及的与停经相联系的可能预示着孕早期的各种症状,诸如乳房的肿胀或柔软。尽管晨吐是很多怀孕妇女经历过的或重或轻的问题,但医学文献里并未将之记载为可能怀孕的征兆。⑥

我不会在此大量赘述妊娠的连续阶段中脉搏的特征,因为脉搏的医学术语是非常技术性的,很难将之翻译成英语。18世纪的医师林之翰,在他关于诊断方法的评论文章中征引了各种观点,其中之一宣称能够辨识一两个月的怀孕;而大多数权威预期,最多能辨识三五个月的怀孕,而后才能辨识是男孩还是女孩,是否是双胞胎,或是"假孕"。医生在孕早期的诊断上出错或误诊由其他原因导致的经闭是可以理解的,例如病妇的丈夫不能足够清晰准确地描述病人的症状,就常常造成错误的发生。⑦以下一个医案中,一位医术娴熟的医师成功地通过脉象诊断出病人怀孕四个月了:"一妇人年二十七,月经不行已三月矣。或疑经闭,命予脉之。脉数冲和,尺部滑疾,谓非轻病乃妊子也。令服芎归汤,腹中微动,为有孕。越数月后,果产一子。"⑧

普遍使用的怀孕测试法有三种:芎归糖浆是其中一种,另一种常用的是佛手散,第三种是硝药散。这些都是温和的药剂,含有补血和适度促进血液循环的药物成分。⑨使用这类方法来测试的妇女,假如没有怀孕,那么就会来月经;假如没有来月经,或者腹部有轻微的动静，那就有可能表明她怀孕了。医生可能会做这样一个测试以证实其诊断，妇女也可以很便利地从草药医生或药剂师手中得到一种上述药物进行自我检测。

一定要确保胎儿的稳定和平静。各种各样的因素都可能会干扰胎儿的稳定：或许不能从母亲那里获得足够的营养，或许由于母亲身体与情绪上的不适而受到影响。动胎气总是急需解决的问题。在一些极端的例子里，其结果可能会造成胎死腹中或流产。医学文献将之区分为早期自然流产（可能未加注意）、后期自然流产和早产。文献中指称诱发流产的两种通用术语是："取胎"或"下胎"。

流产的正统应用

考虑到帝国后期医师所受的教育中儒家与新儒家的道德价值观占支配地位，因此他们只有在女病人的父亲、丈夫或其他男性权威人物在场的情况下才能为女病人诊治，当我几年前开始研究帝国后期对流产和生育控制的医学态度时，我就设想那些不希望怀孕和生产的女性将不得不隐藏自己的想法，这种反主流文化的女性文化是由麦克拉伦（Mclaren）提出的。⑩但我发现了一些极为不同的东西，即医学文献虽然反对各种形式的杀生，但还是一直将母亲的健康放诸胎儿之上；另外，对于妇女为保障承担母亲身份应有的责任而控制连续生育的问题，在有关女性健康和生育的医学理论中表现出明显的意见分歧。

医学文献，尤其是医案研究集中显示，医术高明的医师在母亲健康受到威胁时可能会采取流产的方式，但他们会尽可能地避免发生这种情况。但当医者缺乏必要的医术与医德来保全两条人命时，他们一般会将情形通告给其他医师。徐大椿举出下面的例子，在此例中他和一个江湖庸医都开了流产的处方，效果却是天壤之别：

第三部分 母亲身份的意义：生育科技及其功用 251

　　大中丞许慎微公,向令金坛时,夫人胎漏,医治不止。公欲因其势遂令下之,议于余。余令服佛手散,以为可安即安,不可安即下,顺其自然而已。既服,公忧疑不决。女科医者,检方以进。用牛膝一两,乃令酒煎服。⑪公遂信而服之,胎果下。余时有从母之戚未及知此,知而驰至,则闻盈庭皆桂麝气。盖因胞衣不下,女医⑫又进香桂散矣⑬,血遂暴下,如大河决,不可复止。急煎独参汤未成而卒。⑭公哀伤痛无已,记之以为世戒。⑮

　　我们注意到这个医案中,丈夫要求流产,徐氏毫无异议地就开了堕胎药。另一个叫程茂先的医师以文字记载证实,其因担忧妻子的健康而试图终止她的怀孕。可见当时已婚妇女通过丈夫与医生交流是很普遍的,我猜测这类病例中夫妻双方都赞同流产是进行堕胎必需的前提。其他很多医案中,比如处理因妇女自行流产而伤己的问题,也主要是涉及妇女用药是否得到其家庭的同意而出具有关证明。

　　除非妇女的身体健康受到严重威胁,医术高明的医师一般不轻易开堕胎药,因为流产像早产一样,也象征着一个自然过程的中断。故此可以确定地说,流产也肯定有损于健康。正如医师薛己所说:"小产重于大产,盖大产如栗熟自脱,小产如生采,破其皮壳,断其根蒂也,但人往往轻忽,死者多矣。"⑯但是当继续妊娠意味着明显严重危及孕妇健康时,流产就是两害相权取其轻的做法。程茂先写道:

　　余内子,体素孱弱,生育多胎,而小产数次,且一受孕,便恶阻不堪,闻谷气则呕,日用诸果品、杂物而已。至六七月上,始觉稍定,以故一产一虚,其来非一日矣。因而不敢再望生育。年至四旬,经事忽过期一两日,恐其是孕,即用通经药二三剂,绝无响应,由斯不敢再进,姑俟之以待将来,既而果系妊娠。三月上,经事忽尔大行,意谓其孱弱之躯,不能复孕，而小产必矣。正惧其坐蓐艰难，若果小产，不幸而幸，且势必又不能安，莫若以桃仁、红花⑰、玄胡、归尾破血之剂而逐之，服药一剂而经止矣。予大惊愕曰：'用此药而经反止，岂有命之儿，不易驱逐耶？'……然而胎与不胎，且治病为急，乃用参术大补之剂，调理半月，渐渐而安，十月足，乃得一子，三儿汉标是也。⑱

有趣的是，在程茂先妻子的医案中，胎儿被认为是上天注定让它活下来的，正是这个命运安排的显现决定了接下来的医治。尽管有很多医案是医师在妊娠危及孕妇生命时开出流产药方，但记载下来的更多的是江湖庸医和二流大夫，或者怀孕妇女自己，试图实施流产失败以后，由正规医师通过高超的诊断和用药保住母子二人的医案。在这些医案中，同僚误诊会受到尖锐的批评，但显然，妇女出于健康原因自己终止妊娠却不会受到责备。⑲

帝国后期对杀生的痛恨和认为中断自然过程是有害的理论结合起来，使很多正统医师在有一线生机挽救母子的情形下，都不愿意终止妊娠。⑳但是，母亲的健康相对胎儿的生命而言，占有明显优势地位。而且，如果妇女健康受到月经不调或经闭威胁的话，医生就会毫不犹豫地开出众所周知的导致流产的活血药。

到目前为止，我们所了解的中华帝国后期人工流产最普遍的方法是口服药。㉑现代世界人工流产的大多方法都是专门从外部侵入身体的技术，包括刮宫或吸宫。㉒虽然古代和现代这两种形式的流产都存在潜在的危险性，但二者却有着现象上的显著差别。使用利器伸进妇女的子宫直到血和其他物质流出，这时很难否定流产技术使用的明确目的性。用药物、针灸和按摩等流产方法，其目的的解释带有更大的模糊性。孕早期流产时，口服堕胎药可能被贴上其他标签——甚或就被认定为"怀孕测试"㉓与"通经剂"。这类药叫通经药（"使月经来潮的药"），在中医妇科的诊治中扮演了重要角色。

调经、生育和健康：女人的双重形象

中医思想视男性身体由男性生命能量——阳气所支配，女性身体由女性物质——阴气——血的物化形式所支配。最基本的自然周期是女性血液每月的循环和更新。月经期间，陈腐肮脏的废血流出，新鲜而滋养的新血开始再生。月经期象征生育；紧接月经结束后的几天提供最佳的受孕机会。那么，从早期医学经典文献到现代，发现月经规律是女性健康诊断的关键也就毫不令人惊奇了。月经规律——调经，被认为是在整个生育年龄中女性健康的关键，月经不调会使任何有能力诊治的妇女立刻问病于医师或巫医。

至帝国后期，几乎每部妇科医学著作都是从调经篇开始的（图 22）。徐春甫在《调经论》的开篇就引证了《黄帝内经》中关于生育成熟的内容，他写道：

> 岐伯曰：女子二七而天癸至，任脉通，太冲脉盛，月事以时下，则有子。盖任主胞胎通以阴道之泰也。冲为血海，盛则气血俱盛也。妇人肾气全盛，冲任周流。如月之亏盈，应期行止，而有常度，曰调遇交合，则有子矣。否则三五错踪，皆所谓不调也。不调则百病亦生，甚至不治。孕暇言乎。经曰二阳之病，发心脾，有不得隐曲。女子不月，其传为风消，其传为息贲者，死不治。况心属阳，而主血，脾裹血以行气。若月经不通，未必不由心事不[]。思虑伤脾，有所劳倦。谷气不输，肺金失养肾水，无滋经血。津液日以枯涸，以致三五不调，渐至绝闭。虚损内热，骨蒸劳瘵之证作，而卒于难治也。㉔

月经规律是精神和身体健康与协调的标志，当然是怀孕的先决条件，但这无法脱离女性身体的总体健康状况。月经不调不仅

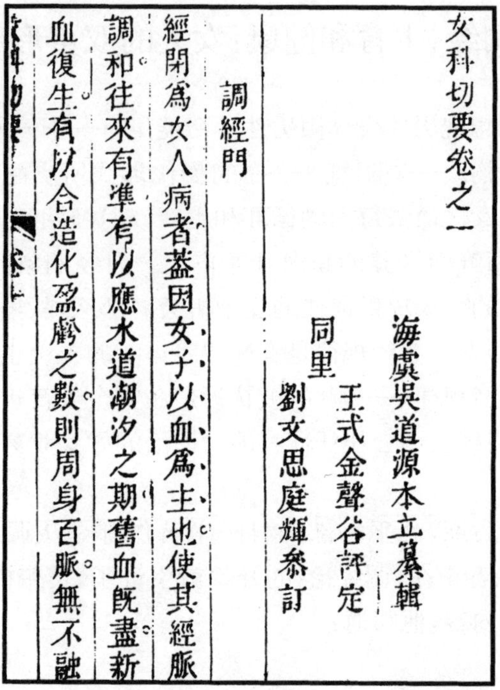

254 技术与性别——晚期帝制中国的权力经纬

> 女科切要卷之一
> 　　海虞吴道源本立纂辑
> 　　同里　王式金声谷评定
> 　　　　　刘文思庭辉叅订
> 調經門
> 經閉為女人病者蓋因女子以血為主也使其經脈調和往來有準有以應水道潮汐之期舊血既盡新血復生有以合造化盈虧之數則周身百脈無不融

图22 关于调经的文本。1773年吴道源所著《女科切要》的第1页。这部分系"调经门",是组成该书七部分的第一部分。其中第一句话写道:"经闭为女人病者,蓋因女子以血为主也。"

直接威胁到生育的可能性,而且从给女性的整体健康和生存造成的危险而言,生育还只是需要考虑的次要内容。像堕胎和流产一样,经闭也是对自然过程的危险的阻断。假如女性希望自己健康强壮,生育力良好,而且可以自己喂养孩子,那么她一定要仔细照顾自己的月经规律,因为一旦月经规律稍有差错她就会变得虚弱,有时会导致致命的疾病。㉕

　　月经规律有双重的象征意义。一方面,它象征着女性的生育能力,孕育生命(生)或产生生命(产)的能力;另一方面,也是同等重要的,它象征着女性的健康和强壮,情绪的均衡与控制,成功养育生命和教育孩子的能力(养)。在个体怀孕的医案中,母亲的生命比胎儿的生命更为重要。医学理论倡导未孕妇女密切关注月经循环的每一个细节，任何不调都要立刻寻求医治。㉖任何自然循环过程的中断都被认为是潜在的致命危险。

月经不调有很多因素，表现形式也千变万化，包括提前或推迟，流量过少和过多，非正常的浓度或颜色，以及闭经。㉗在一本清朝流传甚广的有关女性健康的著作里，以便于记忆的短诗形式，仅在停经或者"月经堵塞"（经闭）的 篇目下记载的变化情况就有：(1)血液凝滞，因受寒而引起的血停滞在子宫（此文认为这种情况易与怀孕早期的闭经相混淆）；(2)血量不足，与情绪压抑有关，也常归因于致命的消耗性疾病；(3)血液干涸，是由于纵欲过度或怀孕过多，会产生消瘦、咳嗽和"骨蒸"的现象；(4)由长期咳嗽或慢性肺病导致的闭经；(5)间歇性闭经，与绝经有关；㉘(6)年轻处女的断续闭经，无须焦虑，除非是因为气血的根本不足引起的；(7)尼姑、未婚女子或寡妇的闭经，因为其情绪沮丧有损于肝脏和脾脏系统。㉙

闭经本身也象征着身体内部的根本性不平衡。一些无知的医生试图用一些简单的"通经药"来治疗诸如此类的疾病，使经血流出，但这很可能会导致长期的病患。医术高明的医师会忽略表面现象而追根溯源来医治。㉚考虑到医学理论阐述月经不调与内脏系统的根本疾病密切相关，归因于气血不足，并常常导致慢性而非致命的疾病，那么我们也就不会惊讶于中国妇女如此关注月经循环，一旦发现任何不调就立刻求医问药了。

在程茂先妻子的医案中，对月经关注得更早一些，她的月经才迟了两天就开始焦虑。这是一个"可能怀孕"的经典病例：她立刻吃了点"通经药"；当两服药没起作用后，她无可奈何地认为自己一定是怀孕了，拒绝再吃药。如同那些跟卡罗尔·布朗（Carole Browner）一起工作的现代哥伦比亚人一样，程妻一旦证实了已经怀孕，即使害怕——因健康原因，也立刻接受了这个事实。㉛

尽管医术高明的医师讨论各种令妇女苦恼的闭经现象时，会从阴阳平衡和器官损耗这些复杂的病源学入手，但普通行医者和病人还是主要倾向从"经闭"的现象出发，立刻诉诸"活血"或"散淤"的药，其中很多药被公认会导致流产。徐春甫所引述的一篇文章，较早讨论了经闭"转化"（转）的方式。徐氏在分析的开端引证了《黄帝内经》，认为月经不调作为基本的"两阳疾病"，是脾脏系统最主要的表现。接着，他举例说明了源于基本问题的几个连续的严重阶段，认为根据病人的体质或情绪，疾病的发展过程可能具有不同的路径。尽管徐氏谈到经闭"转化"为不同的形式，但他并不因此就认为这种现象是源于自身的。有学识的医生总是要探寻更深层次的原因，而不仅仅归因于自然循环的基本功能紊乱。他一定要将经闭的特定情形作为症状网络关系的表现之一，从而辨明内里病因，据此对症下药。

徐氏写道，经闭作为身体衰弱的先导原因，有时甚至会导致致命的疾病；我们可以在其所主张的相互关联的思想层面上，扩展经闭的重要性——将其视为疾病传播的媒介：无论如何，经闭不是主要原因，而是次要原因。医术高明的医师在诊治经闭时，会忽略表面症状而医治内里病灶，但是他们也会迅速处理经闭所标明的对血液循环的损害，换句话说就是将经闭作为次要原因诊治。妇女停经很可能主要解释为贫血的原因，很多医术不高明或者没有医德的医生就会赞同这点并据此医治。但是治疗选择的部分原因在于所使用语词上，即传统上将各种经闭的医案都划归于"经闭"这一共同的门类下。

医学经典中用于描述经闭的有几个术语，主要是"月事"（每月一次的事情）或者"经"（循环），"不来"（不能顺利出来）或者"不通"（不能顺畅），"经闭"（循环阻塞）。所有这些术语都用的是很普通的词汇，作者都没打算通过精确的定义在技术层面上证实其合法性。最后那个术语，"经闭"，似乎是用得最多的，几乎每一部医学经典里有关妇科疾病都设有这一门类。它比"不来"或者"无经"（没有月经）这些更中性化的术语用得更普遍。经验丰富且医术高明的医师显然将这种称法作为一种方便的方式，涵盖了很多复杂的病情；实际上"闭塞"是他们诊断中出现得最少的情况。经闭很可能反映了阴阳平衡和血液再生的深层次问题,显示中心器官的功能不良影响了其他方面的运转。然而我们认为这可能是血液循环受到影响,以如下两种基本方式表现:要么它减损和(或者)日渐干涸,要么不顺畅或者堵塞。这些情况的任何一种都不仅影响月经流程,而且也会影响身体能量和营养的循环。医师的首要任务就是恢复血液的健康循环。一旦解决了这个问题,就可以解决更深层次的问题,通过一系列药物治疗,直至身体完全恢复健康。

然而同时,经闭的观念恰好是危险的。中国流行的健康观念赋予循环(通)的概念以非常重要的地位。健康的人,或有轻微慢性病的人,都会考虑平衡的重要性,补充营养和再滋补,吃补药或者相应的其他药物。自然循环的任何阻断都被认为是急性而严重的症状,需要立刻医治。重要体液的循环堵塞是非常危险的。如果"气"堵塞不畅,那么死亡会即将来临,如果"血"循环不畅,那么接下来很快"气"就会发生阻障;缺少汗液如同便秘或憋尿一样也被医师和常人认为是严重的症状。今天西方人和中国人一样常常将中医处方"温和渐进"的功效和西药猛烈快速的功效进行对比,这样的刻画是现代观念建构的结果,可能只是因为西药对症状明显的疾病诊治得比中药效果明显一些的原因。"猛药"在帝国后期如同其他地方一样受欢迎;医生使他的病人通便、呕吐和发汗就被认为是有效果。放血的欧式风格不是帝国后期宝典的内容,活血药才是"妇科疾病"的普遍处方。名医会反对庸医治表不治里的欺骗和无知。然而,将经闭作为重要循环的"堵塞"而且因此根据大多数病人的理解来医治:她们认为堵塞是问题,而非症状。很多医治者也是这样随意的态度。因此也就不奇怪,各种医者都普遍用药使月经来潮,恢复这个重要的循环。

中医确知孕期头三个月出现自然流产并非不同寻常的事,"唯一月堕胎,人皆不知有胎,但谓不孕,不知其已受孕而坠也——'暗产'。"[32]然而如果妇女因月经推迟而焦虑不安,服药希望恢复月经规律，那么就可能服用了孕妇禁忌的一些药。徐大椿记述了几个医案，妇女为经闭焦虑不安，被医术不高或医德不良的医生用药性极强的破血药医治。其中的一个医案是一个15岁的女孩由母亲带来求诊，她已经初潮而后又停止了，徐氏告诉其母月经会随着时间的推移自然恢复的，但他补充说，"如欲药之，宜固先天真气，使水升火降，则五脏自和，而脉通行矣。"㉝在经闭的条目下还记录了另一个医案：

> 一妇人月事不行，寒热往来，口干颊赤，饮食少进，至暮间咳二三声。㉞诸医皆用虻虫、水蛭、干漆、硇砂、芫青、红娘子、没药、血竭之类。㉟惟余不然，曰：古方虽有此法，奈病人服之必脐腹发痛，饮食不甘，乃命止药。……亦不用虻虫等有毒之药。如用之则月经纵来，小溲反闭，他症生焉。凡精血不足者，宜补之以味，大忌有毒之药，性偏气悍，而致夭枉多矣。㊱

像徐氏这样医术高明且医德高尚的医师可能只是少数，而很多妇女为其经期焦虑的时候别无选择，或者根本就请不起大夫，她们只得从药剂师手里拿到药或现成的调经处方。㊲

很多用来治疗月经不调的药属于加强或滋养气血之类的药，或者补充气血不足；其中最普遍的药是"当归"和"白芍"——用来补血，"人参"和"白术"——用来补气。但引人注目的是，治疗经闭的许多处方都用了大量活血散淤、药性猛烈的药，其中很多被明确认定会导致流产。包括桃仁、红花、牛膝、水蛭、虻虫、干漆；所有这些都被明确认为药性强烈，要谨慎使用：

> 桃仁苏木诸药乃破瘀行血之峻剂也。但妇人经水不通有二。一由风寒冷湿，客搏冲任，致血气凝滞不通者，则宜用前药宣利之。若血海干枯，无经可行者，则当纯补脾、肝、肾三经以滋生化之源，此治虚之道也。㊳

第三部分 母亲身份的意义：生育科技及其功用 259

有趣的是在吴谦流传甚广、韵味十足的妇科论著中,较早提及的治疗经闭的处方里,并不包括任何已知的会导致流产的药物,除了一些尼姑、处女和寡妇的病例——她们被假定为不可能怀孕的情况。其他一些含有大量治疗经闭处方的医学经典中,包括几种孕妇禁用的药。比如 20 世纪早期的《女科秘诀大全》,在几个因寒气导致经闭的治愈处方中包括牛膝,在大多数治疗血行不畅的处方中包含红花。而且,在测试是否怀孕的一个章节里,引证了叶大师所建议的含有当归和川芎的无害处方,如果妇女怀孕的话,这会使其腹部有轻微的活动,反之则未怀孕；如果第一剂药服后没有反应,就可以煎制红花服用。现代从中国各地收集来的广为流传的治疗因血淤导致经闭的处方中,包括桃仁、红花、牛虻、水蛭和牛膝。[39]

从医者认识到,孕早期的经闭和月经阻塞很容易混淆,然而,妇女不必为了获得药性强的调经剂而秘密地地下求医,她们可以请最有名望的医生,极易为其开出孕妇禁用的药物。

费侠莉评论道,调经在生理上的模糊性意味着"不可言喻的流产要求,因此相对是无可指责的"[40]。我进一步认为,月经规律是女人理想状态的象征,月经不调则背离了这个规范,是自然过程的危险中断。调整月经不仅隐藏着反社会行为的手段,它也是采取积极措施维持常态,按规范行事,达到理想标准——包括有主动地获得健康和被动地进行生育。月经规律象征着繁殖生命的能力(生),同样重要的是,它也象征养育生命和成功抚育孩子的能力(养)。医学史料显示,正统妇科医学为帝国后期的精英妇女提供了一种被认可的控制生育的技术,它当然提供的并非是全部的生育自由权力,而只是调整的策略空间,要饰演母亲或社会母亲的角色或许要付出巨大的代价——一部不停生育的机器或生物意义上的母亲。

第九章 生育的等级制度

中华帝国后期的正统医学,无论暂时性的还是长期性的,都明确地将妇女的健康放在胎儿的生命之上。当时的法律也同样规定:说服别人或实施流产都不是犯罪。因为腹中的胎儿,法律会赋予某些人一些特权(被判死罪的孕妇产后才可被处决)。然而,任何生命在法律上的价值都并非是绝对的,它取决于人的年龄、地位以及性别的等级差别。在这些等级体系中,母亲的地位高于孩子(包括出生和未出生的),因此母亲的生命比孩子更有价值,并且其堕胎的权力也得到法律的认可。① 如果把对流产的宽容态度与随后要谈论的女性角色的其他论述相联系,特别是考虑其中与婚姻有关的律令条例的话,我们会发现所有这些记载给当时的妇女提供了一整套技巧和策略,使她们能够运用其生物性的母亲身份游刃于其社会性的母亲身份中。

生育医学理论和关于流产的法律条文显示出对女性的宽容与理解,这使人容易得出如下结论:中华帝国后期,精英男性的正统生育文化给予妇女以生育的自由和尊严,而且通常男人是女人的赡养者。但是对诸如婚姻法等制度做进一步考察之后,我们就会发现:只有在医学理论中,妇女之间才没有显著的等级差异。生育政策的灵活性仅限于上流社会的妇女,它依靠充分利用女性等级内部的不平等。女性不平等的内在反映的是男性的不平等,我稍后会回到这些等级制度上,但首先我想仔细考察一下孩子或即将出世的孩子在中华帝国后期究竟意味着什么。一方面,人们渴望拥有孩子,另一方面,这些孩子又任人处置。同妇女一样,孩子只是地位的象征。他们是复杂权力斗争游戏中的棋子,每个成年参与者都有各自不同的赌注,而每个孩子也都具有不同的价值。

孩子:有限的福祉

苏拉密斯·泡特(Sulamith Potter)认为,中国文化不是以孩子为中心的,也就是说,孩子并非是成年人出于天性所渴望拥有的,"孩子看来是解决成年问题的方案,而中国人向来把这些问题看得很重",即生儿育女的目的是为了家族血脉的延续,以及赡养年迈的父母。关于生育的决策并非是夫妇双方私人的事情,而是家族的事务,公婆的意见也许比年轻夫妇自己的看法更有分量。②虽然泡特所写的是当代中国,但她的描述同样适用于中华帝国后期的社会,那时孩子同样属于整个家族,而不仅是夫妇双方。这里涉及如此之多的人和如此之多的相互冲突的因素,因此可以想象关于孩子的许多决定是很难做出的。我们也常常为中国人在一个好母亲或好家长身上所寄予的希望而震惊不已。

让我们回到后稷的母亲姜嫄这一事例中:姜嫄遗弃了她的孩子,因为她受孕的方式使其认为这个孩子是不祥的预兆。汉朝作家刘向将她视做"母仪":当孩子威胁到她所在的团体时,便毅然抛弃了他。"必要时,弃婴也是母亲对孩子所承担的众多职责之一……抛弃不吉利的孩子不仅是合理的,而且也是孝顺的责任。"在中国的古代社会,孩子并不被视做具有自身生存权利的个体,他们只是"连接祖先和后代的连续统一体或生命网络中的一个结点而已",一个错置的结点也许会削弱整个网络。"因此孩子出生的受欢迎程度,取决于他对整个家族延续的贡献,特别是对父系家族的贡献……这样,关于生育的决策显然就建立在能否维持或提高整个家族社会地位的考虑之上。"③几个世纪以来,正像决定孩子是否受欢迎的考虑因素一样,父系家族归制的界线以及它对家族成员的控制程度一直在变化,但却始终坚持着一个基本观念,即家族能够也应该可以判别孩子是否合意。

当家庭声望受到质疑时,地位高的男人主要负责制订家规,而依靠资深的女家长来维持家庭秩序(她们可以直接进入卧室去执行)。中华帝国后期,生育的权力取决于家庭的资源以及夫妻在家族中的地位。兄弟和堂兄弟在同一屋檐下生活,有证据表明拥有多少个孩子取决于夫妇与家族中长辈关系的亲疏。通常长子是家族的继承人,会成为一家之长,因此拥有最多的孩子;而可怜的堂兄弟也许一个孩子都没有,直到他们有能力搬出去独立生活,并建立自己的家庭。在家族内部,家庭之间的贫富差别也很明显,正如史蒂文·郝瑞(Stevan Harrell)所说,"富人生孩子"部分因为他们拥有足够的资源供养得起孩子,部分因为他们能优先挑选生育能力强的年轻女性。④ 穷人孩子少,祖先也少,不仅是因为他们养不起更多的孩子,也因为像其祖先一样,孩子恰恰是丈夫地位的象征——这一象征标识着丈夫在父系与家族中的等级地位。

338 当家庭荣誉没有受到威胁时,婆婆——作为一家的主妇,她掌管着全家的膳食和财政——是生育决策的关键人物。她可能考虑到此时家里供不起再添一张嘴,或者相反,她急切地盼望着长孙的出世。对于一家的主妇而言,媳妇的第一个孩子的出生是件喜忧参半的事。她因此成了祖母,这是中国亲属关系中最令人开心的角色;但此时也意味着不可逆转的权力更替:权力将从她的手中转移到儿媳手中。同床共枕、生育孩子常常会以一种新的方式拉近夫妻间的关系,增进彼此之间的感情和尊重(这一亲密的纽带是在包办婚姻中逐渐建立起来的)。此前,年轻男子的感情一直倾注在母亲身上,而当男人成婚以后,妻子变成他们最亲密的人,于是婆婆对儿媳的严厉掌控常常就带有某种嫉妒的意味。⑤ 在最初数年,才子叶绍袁(1588—1648*)的母亲冯氏不允许他和新婚妻子沈宜修(1590—1635)同床,这可能是出于对年轻女

---

* 据《辞海》:叶绍袁(1589—1648)。——译者注

子健康的考虑：沈结婚时才14岁，有医学常识的人认为分娩对这个年龄的女孩是危险的。沈和丈夫的第一个孩子没有活过5年，但此后的12个孩子都活到了登名入谱的年龄。⑥

在帝国后期的文化传统里，婚礼通常是新娘开始其新生活的重要仪式。其间，她从娘家被正式送到婆家，在那里她给新父母敬酒，参加家庙的祭拜活动，并和新婚丈夫度过洞房花烛夜。一般，这就意味着她与娘家联系的割断。一到婆家，新媳妇就同丈夫一起到家庙祭祖，而且被期待着如同侍奉自己父母般地侍奉公婆。然而，完全融入新家还要靠生育儿子。因为儿子是地位的重要象征，生不出儿子的新媳妇就可能被遣送回娘家。婆家人可能会把新媳妇当做佣人来对待，但一旦其生了儿子，事情就会改观：她被公认具有了在内闱中照料婴儿的责任，也拥有了延续家族血脉的能力。

玛格丽·沃尔夫(Margery Wolf)解释说，生育为新娘开启了一扇门——通过构筑自己的"母系家庭"来建立其权力地位，并提供了以此来对抗婆婆的手段。⑦但是，正像长孙的出世对婆婆而言喜忧参半一样，第一个孩子的出世对新娘来说也是一样。一些年轻女子异常恐惧，她们觉得第一个孩子的出生可能是关闭了一扇门——从此同娘家的关系彻底断绝了，也最后丧失了其自主权。从广州到山东的广大地区的风俗习惯确认，并非是婚姻，而是第一个孩子的降生，才真正标志着新娘从一个家庭迁移到另一个家庭。婚后，新媳妇定期回娘家，或长或短地住一段日子；当临产或生了孩子之后，她便要永久地住在婆家。在很多地区，常见一些年轻媳妇想方设法地推迟生育，她们拒绝与丈夫同房，或一旦怀孕就尽力堕胎。⑧

影响父母生育决策的不仅涉及家庭现有的物质条件与社会环境，一些超自然的因素也经常起到重要作用。在中国古代，三胞胎被认为是不祥的，如同那些畸形儿一样应当被杀掉。与父母中的某一方同一月份出生的、或在火炉边怀上的孩子，都被认为会给家人带来不幸；生于五月五的孩子，长大后会是整个家庭的破坏者。⑨帝国后期,在何时何地怀孕和生产会给家庭带来霉运,人们对此都耳熟能详。尽管儒家在整个历史过程中都在不遗余力地破除这种迷信,或者至少以新的方式重新进行表达——这些信仰违背了自然法则,是不合逻辑的结果,但是其中的某些信仰依然持续至今。⑩实际上,许多诸如此类的信仰转化为自然禁令,融入帝国后期的生育医学文献中:雷雨中孕育的孩子长大后不仅会谋害和蓄意伤害他人,据说对其智力或体质也有不利的影响。⑪

综合上面所说的各种因素,女人为了家族利益,也许会在他人怂恿之下或是自己主动去控制生育。对于是否要这个孩子,她也许会有自己的考虑。首先,她要考虑其在家庭中身份地位的社会因素;其次,她要考虑自己的健康:如果体质虚弱,生产对她而言可能很危险;医学文集中包括使妇女绝育的药方,生产对于服用过这类药物的妇女是致命的。尽管这种绝育药方并非常见,但因其导致不孕的药性而被视做是极其危险的。⑫医学理论将分娩表达为消耗生命能量的活动,即便不通过医学权威,妇女通常也十分了解分娩的危险性,了解反复怀孕会使人筋疲力尽并加速衰老,因此有时生孩子实际上是她们在绝望中的铤而走险。散文家归有光(1506—1571*),在回忆他母亲周氏时写道:26岁时她开始生育,承受了巨大的痛苦,10年间她总共生了7个孩子,此后就再也不想生了。最后,一个密友给了她一副含有一对蜗牛的绝育药。不幸的是,服药后周氏就失声了,不久便死去了。⑬更多的女性只是希望在特定时期内避孕,而非彻底绝育。熊秉真依据医学论著和民间逸事提供的证据认为,帝国后期至少在迅速扩展的城镇中已形成了大规模的堕胎药市场。⑭

中华帝国后期,堕胎并不违法,但它是一个罪过。在佛教徒的观点中,堕胎和溺婴都是杀生;如果可能,其他人都有道义上的责任来阻止这些事情的发生。在著名的《功过歌》一类的道德书里,列出了罪恶和美德的条目——至明代广为流传,阻止他人溺

---

* 据《辞海》:归有光(1507—1571)。——译者注

婴或堕胎都是功德百倍的事情。⑮但这一时期的佛家经典中,也把生孩子看做是一种罪孽,一种玷污宇宙的形式:"生孩子会玷污天地,洗涤血染的衣裙会冒犯河神。"⑯

例如,从欧大年(Daniel Overmyer)翻译的佛学著作里可以看出,在论述婚姻和生育时,这些经典把妻子看做是不幸和顺从的牺牲品,而这所有的不幸都根源于父权社会——其不幸是罪有应得,因为作为女人,她的存在就是前世罪过的化身。"女人嫁给男人后,她全部的生命便由这个男人控制,所有的欢乐和痛苦都来自于他";"如果达不到婆婆的要求,她就永远不能回娘家。此时,她不由地想起父母所受的苦,想着何时才能回报他们的恩情。""婚后,她必然要遭受生产的痛苦,她无法避免因流血冒犯太阳、月亮和星星所要承受的罪孽"。佛学著作中残酷地写道:"现在我要更具体地跟你谈论女性生产时受的苦。"逐月地描述怀孕期间的种种不适、焦虑和危险之后,这些著作又描绘了10种难产的症状,其中每一种都是因过去所犯的罪过而得到的因果报应。⑰

"宝卷"中的贞洁烈妇是一位叫刘向或刘香的年轻女子,如同当时其他女佛教徒一样,她成功地在婚姻中保持了贞洁。在"宝卷"中,最后的结论是儿子应该在母亲死后替她超度,以此来回报母亲生前所承受的痛苦。⑱欧大年指出,完全有理由推测,这些小册子会使当时一些女性质疑婚姻本身,甚至是生孩子的意义。19世纪晚期和20世纪初期,这类"宝卷"流行于广州地区女子的闺房中。这个时期,该地区一些穷苦家庭经常推迟结婚,某些村庄中的独生女家庭甚至可以依风俗而终身不嫁。⑲许多这样的年轻女子通过缫丝挣钱,马乔里·托普莉(Marjorie Topley)报道了这样一个事例:一个年轻女子先是推迟婚期,而后又永久性地取消了婚礼;她用自己的积蓄为未婚夫纳妾,并令其代为主持家务,为丈夫和她自己生养孩子。⑳只有在较近的这些事例中,才可以建立起女性皈依佛教和独身生活之间的稳固联系吗?早在宋代,我们就可以注意到妇女对投身佛教的热衷,"历史记录着重表达出,13世纪以来妇女在流行教派中的存在和(与男性)平等的地位"㉑。我们很想了

解,整个帝国时期佛教对肉欲的危险性以及和生育相联系的玷污与罪孽的强调是否影响了当时女性对待性和生育的态度。㉒

天性、养育和母子间的纽带

怀孕和生育给予妇女欢乐和母性的满足,但她们却要为此而耗尽精力,承受玷污、痛苦、疾病和罪孽。难道不付出这些代价就不能成为母亲吗?倘若可以,那么母亲与孩子之间的纽带会因此受到多大程度的影响呢?

有关天性和养育的详尽讨论,我们可以在论述收养孩子的大部分作品里找到。安·沃特娜(Ann Waltner)对于收养制度和家族构成的研究表明,许多争论中的核心点都来源于父系的社会组织。祖先们会接受一个没有其养父气血的孩子的供奉吗?当从外系收养的孩子开始掌管祖传的财产时,我们能指望其对家族怀有忠诚吗?㉓尽管这些关于人性和人伦之间关系的争论,大多数是从男性角度出发的,但其也有助于我们理解中华帝国后期母子间纽带的建构。

我们首先从自然血亲理论谈起。帝国后期,关于身体遗传的观念是多样化的。㉔当时的生育医学理论承认,胚胎来源于男性和女性的物质精华,通过怀孕期由母亲的血液滋养。血属"阴",是生理上"气"这种能量的物化形式。有些人应用古典的阴阳理论推论说,在婴儿的形成上,父亲以能量的形式贡献了"气",而母亲则以物质的形式提供了"气";母亲赋予孩子以肉体和骨头,父亲则给予了孩子灵魂和智慧。另一些人认为,骨头本质上来自男性,肉体来自女性。㉕有些人相信,父亲的精子决定孩子的长相,所以同父异母的孩子长得很像,而同母异父的孩子却长得不像。有些人坚持说,父亲的"气"只能通过男性血脉传递;另一些人却认为,女儿也可以像儿子一样传递父亲的"气"。㉖

"气"是联系家庭男性之间,以及祖先与后代之间的天然纽带——坟墓安葬地的"风水"就是先辈的祖先向活着的后代传递

"气"的有效途径。在中华帝国后期,为什么收养旁系旁姓的子嗣不合法,一个重要原因就是只有同一父系的成员才享有同样的"气"。那些相信"气"也可以通过女儿传递的人们就有足够理由解释,为什么兄弟没有子嗣,就可以过继姊妹的儿子。㉗

父子之间的天然联系是"气",在性交中的某一时刻通过父亲的精液实现传递。㉘母子之间的天然联系(这里不讨论有关收养过继的争论,因为它只与父系血统相关)非常复杂,需要更多的时间来建立。首先在性交过程中,她要提供卵子;然后在十月怀胎过程中她要用自己的血液来滋养腹中的胎儿;孩子生下后如果以母乳喂养,还有助于孩子体格的形成(见图23)。㉙这些过程逐渐建立了母亲与孩子之间血肉的、食物的和职责的联系,这种依赖关系非常不同于父子之间"气"的瞬时传递。

尽管受孕瞬间所传递的"气"是父子间天然血缘关系的基本要素,通过它们保持了祖先和后代之间的联系,但大多数正统学者认为,可以通过后天的教养和教育的方式来取代这些天然联系,从而在没有生物关系的人之间创建真正的血缘纽带。朱熹认为,忠诚比遗传的"气"更为重要,做一个儿子应该做的事才算是真正的儿子,即使在祖先的眼中也是如此。可以通过适当的培养实现人的转变。正如孟子所说,像对待儿子一样地对待他,才能使他成为你真正的儿子。在这个语境下,《诗经》中的一首诗常为人们所反复引证:

螟蛉有子,蜾蠃负之,教诲尔子,式榖似之。

即是说,黄蜂像对待自己的孩子那样对待螟蛾的幼虫,于是它们长大后就变得像黄蜂一样。同样的道理,皇帝或将军通过收养孩子来确保这些孩子对他们的忠诚。唯一的问题就是在养育过程中,可能会产生真挚、亲密感情的错置。例如,收养的孩子,尤其当他已经继承了遗产,即使他与收养他的家庭没有相同的姓氏,他也可能希望参加家庭的祭祀活动。㉚

图 23 "第一次蚕眠"[《耕织图》,明代版本,1462 年(Franke 1913,图 60)]。在蚕棚里,一位妇女正给小孩喂奶,另一位坐在那儿做针线活儿;图片后方的架子上摆放着蚕箔,里面是休眠的蚕虫。

这一点如何运用到母子之间的关系上呢？在怀孕和哺乳期间,通过母子营养物质的传递,母亲促成了孩子体格的形成。㉛但这一点是如何必不可少,又是如何不被超越的呢？中华帝国的精英生育文化表达了这样的信念,即母亲最重要的贡献是"教育"孩子,通过道德价值观念的灌输使孩子从生物体上的人转变为社会意义的人。正是基于这一点塑造出了慈爱和敬重的最真实的母子关系。"许多(宋朝)作家暗示,衡量女性伟大与否的真正标准就是看她们如何教育自己的孩子",在明清两代关于妇女是否应该受教育的争论中,检验的标准总是要看教育能否使她们成为更优秀的母亲。㉜良母会教孩子如何做到知书达理,如何恰当地为人处世;她不仅在孩子上学前在家里教他阅读简单的经典,还要为他们解释经典中所蕴涵的道德启示,最重要的是,她要逐步地灌输给孩子道德目的感和坚定的决心,激励他们追求荣誉的雄心。

中华帝国后期，人们愈加认识到母亲作为正式教育者的重要性。儒家哲人孟子之母的故事，是歌颂她正直的美德而非博学；但是，宋元两代的名人传记中常常赞扬其母传授孩子以儒家经典；明朝政府"通过授予学者官员的母亲和妻子荣誉头衔，正式承认了妇女对男子教育所做的贡献"。㉝这一点似乎已成惯例，即那些有成就的男子通常将他们的成就归因于母亲的献身、智慧和道德的影响。㉞在他们成长和受教育的过程中，父亲很少起到直接的作用，正是他们的母亲扮演着"黄蜂"的角色。

然而，如果就此认为在"自然意义"和"文化意义"上，母亲充当的角色是分离且截然不同的话，那肯定就错了。调经的医学理论通过器官系统与气、血、经脉的循环观念将母亲的生育能力和智慧联系起来。这些理论认为，身体与精神并无明显区别，最内部的身体器官与人的毛发和指甲相连，眼睛和耳朵则呈现了这些命脉的外部特征；每一器官的生理状况都与它相应的情绪状况相关，而这些情绪状况则表明了器官的健康或疾病。生物意义上的良母，其生育能力不仅取决于她的自然禀赋，也与她的行为品性有关；社会意义上的良母，需要精力充沛、坚忍刚毅和沉着冷静的品质，而获得这些品质要求她对本能情感的自觉控制力——根源于其内部器官的平衡状态。

同样，中国人思想中，将对婴儿身体的哺育过程视为母亲照料子女的职责范围之一，这些职责是一系列累积起来的殷切关怀，随着孩子的成长，其目标逐渐从物质层面转移至精神层面。男子对母亲的爱戴，不仅出于生病时她们对身体的照顾，也出于她们教会儿子明辨是非。由教育所创制的纽带同受孕、妊娠和哺乳形成的身体关系一样牢固有效，后者是物质性因素的传递，而抚养和教育所需的却是"身体（也包括思想）结构的感受与品行"的传递；这些"有机地体现着"母亲在孩子成人过程中所发挥的作用。㉟中国人也意识到以上两者之间的紧密关联性。杜佑（735—812）在其百科全书式的著作《通典》中写道，收养的孩子尽管其四肢受之于生母，但其毛发和肌肤却是在养母的抚育下长成的。颜之推（531—

591)在《颜氏家训》里宣称:"孔子云:'少成若天性,习惯如自然'。"㊱

中华帝国后期,教育、道德和思想上的培养是男性社会成功的关键;相比之下,身体上的强壮和勇猛已经变得无关紧要了。因此,很容易理解为何当时的精英男性将理想的母亲典范塑造为一个教育者,是以给予孩子正当道德抚育为象征的,而不是那些分娩、哺乳或换尿布的母亲形象。

这里我将从路易·波若陶瓦(Lucie Borotová)分析的一部18世纪的小说开始,以一个美丽的文学典例描绘出中华帝国后期身体和社会意义上的双重母亲形象。对于"双重"和"平行"的观念,在中国思想和美学表达中有着悠久的历史,这使成对的事物或表达形式通过回应、补充和对比获得其完整的角色特征和意义。㊲ Borotová在研究了小说中成对角色的表现手法之后指出,不同于西方后浪漫主义传统中的双重性,在那里"一个人会被理解成两个人"[最有名的例子可能是哲基尔医生(Dr. Jekyll)和海德先生(Mr. Hyde)],而在中国小说里,则是"两个人会被理解为一个人"㊳。她以中国古典小说《歧路灯》中的一对双重角色为例,进行了讨论。作者李绿园在小说中频繁地使用了双重角色,在每个个案中一个人物出身高贵,另一个则是平民。

一对非常突出的双重角色是平凡的主人公谭绍闻的妻子孔慧娘和他的妾冰梅。孔"高,椭圆形的脸",而冰"丰满,圆圆的脸"。冰梅是作为奴婢来到谭家的,被谭诱奸后生下一个男孩;而后,谭又娶了童养媳孔。孔对谭的放荡悲痛不已,这使她病倒了,并因此失去了生育能力。然而,孔非常疼爱冰梅的孩子,孩子也喜欢孔甚至超过了他的生母。孔弥留之际,在病榻前对伤心的冰梅强调,一定要让孩子受教育并参加科考。正如波若陶瓦所指出的那样,母亲工作上的分工使社会意义的母亲角色成为可能,其主要职责是给孩子提供一个良好的成长和受教育的环境,使他们保持自身的纯洁,脱离来自其亲生母亲的被玷污的性征,以及中国世俗文化中有关"胎儿中毒"的说法;这些消极方面的负担,连同母亲要履行的一些其他物质方面的责任，都需要生物意义的母亲角色来承担。

孔慧娘和冰梅这一对双重角色不仅仅是一个文学意象。我将说明，调经的医学观念中所固有的模糊性和对健康与生育关系的表现方式，实际上为母亲角色的倍增开辟了道路；我还会说明，诸如收养或纳妾这些生育的社会性手段，使双重的母亲角色得以实现。

帝国后期的妇科医学文献中，主要谈及富裕阶层女性的健康问题，其中不仅提供了对女性生育的双重理解和应如何表达这种理解的内容，而且还对不同阶层女性的生育能力进行了明确区分。在其笔下，出身高贵的妇女被表达为身体虚弱、生育能力先天不足、分娩时可能遭受巨大痛苦的女性；农妇则天生多产，分娩时没有任何麻烦——婴儿的出世如同"瓜熟蒂落"一般顺利。㊴中华帝国后期，精英阶层所崇尚的完美女性形象是，近乎病态的纤细和暗示着性发育尚不成熟的娇柔。㊵这种身体外形非常适合做社会意义上的母亲，社会所期待的就是她们身上的道德纯洁、敏感和文雅的特征；但对于生物意义上的母亲，则需要另一种体形，她们要强健，不会受有碍妊娠的不良情绪的影响。有钱人家的侍女和妾大体都来自那些身强力壮、生育能力强的低等阶层。

母性角色的倍增：妻、妾和侍女

在一夫多妻制和收养制中，我们找到了文学作品和医学文献所塑造的那些双重母亲形象的具体表达。收养制不仅赋予精英妇女占有下层社会妇女的子孙的权力，而且如同男性一样，这也巩固了女性的社会等级制度。中华帝国后期的精英阶层中，母亲身份的不确定性既基于家庭之间的等级差异，也基于一夫多妻家庭内部女性之间的等级差别。当我们阅读中国的家族记载及有关讨论时，如果假设所有女性都平等地附属于男权中心的等级制度，而且除了杀婴以外，妇女个人根本无法控制她们的生育模式,那么我们所看到的材料就是对"作为子宫的女人"这一老套观点的证实。但是如果我们从妇女等级制度的视角出发,再次阅读关于婚姻形式和收养制度的材料,那么就会出现另一幅画面。㊶

在法律上,中华帝国后期是一夫一妻制社会:无论社会地位的高低,一个男人只能有一个法定正式的妻子(妻)。合法的婚姻通常发生于社会地位相类的家庭之间。合法的妻子会随身带来一份嫁妆,然后履行正式的婚礼仪式,其间新娘同新婚丈夫一起供奉夫家的祖先。新娘在内室中要占据主卧室或主厢房。她作为丈夫的伴侣参加所有的祭祖仪式,并且还要负责管理家务。她是其丈夫承认的所有儿女的唯一合法的或正式的母亲(嫡母),包括亲生的与收养的孩子;而这些孩子应该像对待生母一样尊崇她,在她死后为其服丧。妻子在法律上加入丈夫的家系之后,便承担起对丈夫所有亲属服丧的义务,与此同时,她对自己娘家的相应职责就降低到一定程度。丈夫对妻子的亲属也承担有服丧的义务(尽管程度要低)。婚后,妻子可以保留她原来的姓氏,其亲属进入丈夫的姻亲关系网,他们仍然保持着对新娘幸福的极大关注和责任。㊷

妻子不孕可能(但不一定)导致夫妻离婚,但这种情形下,多数男人都希望再娶一个女人而不是离婚。㊸如果丈夫 40 岁还没有子嗣,法律上并不鼓励他和元配离婚并切断那些因婚姻而建立起来的关系,而是鼓励他再去娶一个女人(妾)。严格说来,除非没有子嗣,否则纳妾是不合法的,而且一个男人至多只能纳一个妾。而实际上,有钱的男人一生中可能会娶好几个年轻貌美的妾。她们当中有的出身贫寒,给人家做小的原因在于家里需要钱或者不能为她们出嫁准备一份体面的嫁妆;她们中有的人从小就被卖做妓女或歌妓;有时男人会将其侍女或歌妓送给别人做妾。㊹对于第一种女子,男人给她家送一些相应价值的礼物(或者直接给钱)。对于第二种女子,男人会从雇主手里为她赎身,通常还会给她一些珠宝首饰和上等的衣料,但这种做法根本不同于法定订婚礼中家庭之间的礼物互赠。妾进入男主人家是没有仪式的,她不能拜见祖先,也不能参与祭祖仪式。她被安置在家族之外单独的一处住所居住或者在家内的后宅混居,在所有事务上她都要听从于主人正妻的安排。纳妾的交易一旦完成,妾的娘家对于男主人而言便不复存在了,而且主人有权给她随意改名。只有生了儿子后,妾才会享有较少的为主人亲属服丧的权力。但即使生了儿子,妾的主人和主妇也不会为她服丧。[45]

侍女一般是从其他人家、顾主手里,或风月场所或妓院直接买来的。买卖的条款如何解释有着很大的不同,但交易时的价钱通常像一纸契约,使买主有权享受其一段时期的服侍,之后依据条款,主人要给侍女找到婆家。最低层的侍女在厨房干粗活,而最高层的侍女则贴身侍候某个男人或女人。一个家庭可以拥有多少个侍女没有法律限制。尽管对于君子而言,最好避免和侍女睡觉——实际上,因为男人要像父亲般地去安排侍女的婚姻,使得这样的交媾带有乱伦的意味——但它并不违法,而且男人们也经常这样做。

法律承认男人和妾所生的孩子,男人死后,这些孩子有祭祀供奉他们的义务;妾的儿子和妻的儿子一样拥有遗产继承权。男人同侍女有了孩子,是否承认这个孩子的合法地位则取决于男人。如果侍女为主人生了儿子,而且主人决定承认这个孩子,那么侍女就有可能升格为妾。所有为丈夫承认的孩子,在法律上也是他妻子的孩子。对于妾而言,生了儿子并不能保证其社会意义上的母亲身份。相反,生物意义上的母亲身份既没有带给她成为母亲的仪礼,也没有带给她作为母亲的合法地位。也许有人会惊讶于那么多的妾,如同小说中的虚构人物冰梅一样,冷静地看着女主人盗取她们亲生骨肉的爱。无论如何,生了一个儿子会给妾以更稳固的家庭地位。她不会再被送走或被卖掉,因为现在她已成为家族的成员之一(非常卑下的),服丧的义务与她相连。现在,她死后已经有人为她供奉祭品了。[46]然而无论妾生养了多少儿子,她都不能成为正当的妻子。法律条文严格禁止将妾升为妻,或将妻降为妾。鲁比·沃森(Rubie Watson)指出,妾的身份卑下,就像侍女一样,是不同于法定妻子阶层的人的。㊼

尽管妾的儿子也会供奉其亡故的生母,但从某种意义上而言,他真正的母亲是他父亲的妻子,即他的"嫡母"。当作为妾的生母和作为妻的嫡母都在世时,依据她们不同的身份,儿子行事上要区别对待。当过了蹒跚学步的阶段后,他要花很多时间陪嫡母。因为担心出身卑贱的生母"污染"了孩子的品性,中华帝国后期的家教非常强调妻对妾所生养的儿子进行教育的重要性。㊽不可低估这些嫡母和儿子间的情感力量。"使顾炎武(1613—1682)成为忠诚爱国者的女人,使汪辉祖(1730—1807)想以之为自己全集命名的女人,以及欲使梁济(1859—1918)以他的成功来回报的女人,[都是]他们的'嫡母'。"㊾

涉及遗传的医学理论,以及家庭的传统伦理道德都支持一夫多妻制,并且认为妻子有天经地义的理由来平等对待丈夫所有的孩子。而实际上,很多女性都非常偏爱她们的亲生骨肉。一个有着自己亲生骨肉的妻子非常憎恨"对手"的孩子,根本没有兴趣教育他们,帮助他们发展,尽管这种"渎职"行为常常受到道德家的谴责。虽然承受着很大的负面压力,仍有许多孩子保留着对他们生母的强烈感情。然而,他们却找不到社会能认可的方式来表达这种感情。19世纪晚期,福建总督许应骙的生母是他父亲的妾。生母去世时,他要求母亲的灵柩跟正妻一样从房子正门抬出去,然而所有的亲戚都认为,这既不符合传统,也不合情理。他的嫡母指出,总督的显赫地位并不能改变他生母的地位:"即使你是龙胎,也是从狗肚子里爬出来的。"㊿

在对一夫多妻制的修正解释中,我不愿离题太远以显示妻子是明确欢迎这种制度的,或者她们感到自己是这种制度中的真正女主人。实际上,就妻子而言,妾和侍女代表着三重威胁:首先,为吸引男人的注意,妻子要与她们竞争,特别在性上要与她们争宠;其次,妾或侍女会影响她对家庭内务的管理:受宠的妾可能会不尊重她,或者怂恿男人挥霍家产;最后,妾或侍女对她的亲生骨肉也是个威胁,一旦分家,她的儿子不得不与其他女人的儿子一起分享家产。

妻子的妒忌心是整个中华帝国后期男性作家感兴趣的题材,这个话题始于宋代。随着当时有钱纳妾的男子急剧增多,纳妾的风气首先在宋朝的上流社会风行开来。因为妻与妾的关系如同主仆关系,所以嫉妒心经常以非常粗暴的形式表现出来。"[宋朝]一些妻子的传记中,把她们描述得平和、有耐心,甚至很少殴打妾和侍女——这实际上暗示了妻子这样的忍耐是罕见的。"事实上,当时有很多将妾殴打致死的事例,尤其是当妾怀孕时,会在她们生产前卖掉她们,或者送走她们的孩子,甚或直接杀婴。㉛正如伊沛霞指出的那样,严酷的性别隔离,使丈夫无力保护他们所喜爱的那些地位低微的女子。明朝一个医案记载了一次试图毒死怀孕侍女的阴谋:"吕仓洲治经历哈散侍人,病喘不得卧,众作肺受风邪治之。吕诊之,气口盛于人迎一倍,厥阴弦动而疾,两尺俱短而离经,因告之曰:病盖得之毒药动血,致胎死不下,奔迫而上冲,非风寒作喘也。乃用催生汤加芎归,煮二三升服之,夜半果下一死胎,喘即止。哈散密嘱曰:病妾诚有怀,以室人见嫉,故药去之,众所不知也,众惭而去。"㉜

除非妻子不能生育,真正的君子都会坚持一夫一妻——尽管从某种程度而言,妾是地位的象征。但无论色欲还是虚荣心的缘故,很多有教养的男人都不能节制欲望,并像他们所蔑视的暴发户一样纵情声色。㉝在这些一夫多妻制的实例中,弥漫着一种犯罪的快感,却并没有尽孝的义务,这补偿了那些被污蔑的男人以及被无情嘲弄的妻子。无疑,女性激情的赤裸呈现使男性不安和无助,一部分原因是他们缺乏情感和欲望的自控,从而首先导致女性之间的直接竞争,另一部分原因是他们试图控制局面的努力常常失败。高彦颐使我们注意到,中华帝国后期的男性文人对小青表现出了极大的同情——小青是一个很有天分的女诗人,却被一高官懦弱的儿子纳为了妾。主人的妻子对她的天分妒火中烧,将她流放到西湖中一个小岛上;在岛上,她的存在被忽视,仅有一个忠诚的闺中好友偶尔去探访她,她将其短暂而悲惨的一生都致力于诗歌创作,结集为《牡丹亭》。男人们发现小青气质动人,而且有着高贵的风度。但在高彦颐研究的女性文人中,很少有人同情她的遭遇,她们宁愿将其雄辩的才华应用到《牡丹亭》中女主角杜丽娘的生活和性格上。杜丽娘也是一位天分极高的女子,但她是妻而非妾。因为高彦颐所研究的杰出女性,都是妻或者将会成为妻子的女子,那么就毫不奇怪这些女子为什么极少将同情"浪费"在妾身上了。[54]

中国的一夫多妻制和收养的政策,一直被从男性的角度进行解释。对于延续家族血统,以及保证其中男性这一特殊成员的存在,这些方式的确非常有效。父系家族可以利用它们来提高其整体威望——比如,一个大家族可以利用收养的政策,使其每个男性成员都有真正或指定的继承人。但另一方面,这些做法会突出社会差异。残杀女婴和一夫多妻制,可能不会让所有男性都能找到婚姻伴侣。通过提高妇女和被收养的孩子的社会地位,一夫多妻制和收养制进一步提高了精英家庭的声望。[55]但有一点较少为人所注意:这样的做法同时也使那些原本地位卑微的孩子有可能进入女性的特权阶层中,从而提高了妻子的威望。

现有证据显示,在中华帝国后期,妻子为使其丈夫和她们自己拥有继承人,扮演着非常活跃的角色。若没有儿子,妻子会劝服丈夫去纳妾,甚至可能会亲自为他挑选女人。[56]作为妻子美德的体现,这样的事例被男性大加赞扬,这也使我们看到了这些女性逆来顺受的天性。但我们也不能忽视这样的事实:这种行为也给无子女的妇女以希望,使她们有可能成为一个孩子的嫡母。对于没生养儿子的妻子来说,收养别人的儿子和为丈夫纳妾总比离婚与无子更可取。收养一个孩子显然对丈夫和妻子都有利[57],而纳妾也会给没有儿子的妻子带来好处。

这种处理方法不仅发生在妇女无子的情况下,而且也为其他一些个人或家族的利益层面服务。如同订婚仪式中两个家庭交换孩子,女人在收养了密友的女儿之后会增进她们之间的感情。[58]道德家把纳妾仅仅看做是血脉延续的正当手段,因此他们描述的那些劝服丈夫纳妾的贤妻都是生不出儿子的女人。但在有了一两个孩子以后,也许生育对她们来说太痛苦了,也许她们在妊娠期间感染了疾病,也许她们想把全部精力都投入到家务中,有的妇女就不想再生育了。无论是宗教原因还是仅出于个人的嫌恶,有的妇女希望避免房事。[59]在这些情形下,她们可能会建议丈夫去娶一个妾。在传记、随笔和医学著作中寻找这样的案例可能很有趣。因为在我们看来,一夫多妻制对于所有牵涉的女性来说,都是耻辱而不可忍受的,所以我们乐于将文学作品中女性的嫉妒形象看做是一夫多妻制下的真实图景,并有意掩盖了道德家们所描绘的一群妇女在一位贤明女主人的组织下安心工作的场面。但当妻子看到,她们的主要角色并非是丈夫的爱人,而是统治内闱的女家长时,她们就可能意识到纳妾制度对于她们以及丈夫来说都是有益的。

妻子的角色

按照《礼记》和被援引了几个世纪的那些道德经典的说法,妻子应该是"妇当于夫"。婚姻的一般目的就是使整个家族后继有人,并能把对祖先的崇敬延续下来;更世俗的目的是使家庭事务能够正常运转——男主外而女主内。现在我要讨论,在哪些方面母亲身份适合妻子的角色,那些不同的女性职责是如何一方面有助于社会等级的划分,另一方面又有助于性别的角色分工的。

假定将妻子的责任分成两大类:繁衍后代和管理家庭事务。按照中国人的理解,第一类职责包括延续过去和创造未来,祭祀祖先和赡养父母是延续过去(图24),繁衍后代是创造未来。其中,创造未来包括生孩子、哺乳和养育他们,并使外来的新成员能够融入进大家族之中。妻子要把女儿训练成未来的贤妻良母,把儿子培育成未来的家族继承人,使他们成为家族威望的代表。儿子结婚后,她要使新媳妇尽快融入进新家族;丈夫纳了妾或者雇佣了侍女,她也要训练她们。妻子"生产"出来的这些人,不仅要受到整个家族的内部评估,还要受到家族外部的考察,而那些家族外的人也许将是评价她教育子女成功与否的最终法官。

图24 赡养父母[出自1607年《便用学海隽玉》的系列养蚕图例,为《耕织图》所效仿;莱顿汉学研究院复本,由库恩首次出版(1976:367)]。家里的少妇将其织出的上好丝绸呈送给祖父母,请他们挑选做冬衣的料子。主妇,即大儿媳,负责照料公婆的日常需要,也负责组织家庭的布帛生产。

有趣的是,繁衍过程中生孩子这唯一纯粹的生物因素,却可以被妻子成功地回避掉。有钱的大家族,可以通过收养、纳妾或让下等阶层的妇女来代替家庭主妇生孩子,并且这丝毫不会影响主妇作为妻子或母亲的地位。她也可以让妾、侍女或者奶妈来照顾孩子,她只负责教育他们。主妇是女儿言行举止的榜样,她监督女孩们去裹脚,让她们学习诸如缝纫和刺绣之类的"妇工"(图25)。主妇有文化(这一点在中华帝国后期变得越加可能),便可教孩子读书写字。孩子在七八岁入学或请塾师之前,他们从母亲的品行和书信中学到了其人生的第一课。主妇的责任包括要养育孩子,要教育和塑造孩子的性格,这些都远远超出侍女和多数妾的能力范围。

在祭祖或管理家庭内务上,侍女不可能替代妻子的职责。妻子的社会地位与丈夫平等,在典礼仪式上亦是如此,而其他女人却并非如此。在仪式复杂的祭祖活动中,妻子同丈夫、女儿同儿子一起出席;同丈夫一样,妻子每天要在家庭祭坛上为先祖供奉祭品,表达敬意。在上述活动中没有妾和侍女的角色——她们的婚礼没有正式的仪式,结婚后也没有资格去祭拜祖先。侍女生了儿子可能被升为妾而不是妻,宋朝的法典对此解释说:"妻子负责家庭的事务和祭祀祖先……而侍女,即使是自由身,又怎能有资格承担妻子的重要职责呢?"如果一个男人不幸丧偶,中华帝国后期的道德舆论也认为他应该续弦再娶,即使顾及继母和孩子之间可能会出现问题;而此时的妾依然不能替代妻子的位置。"[妻子]主要的职责是照顾父母,管理家庭,祭奠祖先和繁衍[香火],如果根据妻子这些职责的重要程度来分析男人丧偶之后家庭的处境,那么他再娶就是必要的。"⑩

虽然在艰苦的岁月里,精英家族中的妻子要卷起衣袖亲自干活,但在家庭经济的管理中,她们的德行和智慧远比身体力行更重要。富有家庭的侍女和妾,负责清洁卫生、烹饪、服侍、养蚕或织布;而贤妻要组织安排好所有这些活动,同时还要计算家庭的日常收支、管理账目、做出各种经济决策。这些主妇还经常投资商业、买卖田地、应付佃农。如果不从男女之间性别差异的角度去理解妻子的角色,而仅将女性隔离简单地视做是对妇女身体界限的规训,那么上面的活动似乎都是对这种隔离的侵害。但实际上妻子的法定职责已越过内阃的高墙将其与外部世界相连,因为女性角色几乎填补了所有男性角色没有覆盖的领域。

360

受过良好教育的君子通常都去关注学问,管理公共事务。作为国家公仆,他在远离家园的地方任职;作为居家的学者,他要专心读书,而不像商人那样关注琐碎的金钱事务。作为丈夫的合适伴侣,妻子要代丈夫处理家庭事务,让他专注于那些标明其阶级和地位的工作。李夫人(1104—1177)的丈夫完全集中精力于官府的公务上,"'从不过问家用储备。'而李夫人将管理家产作为自

图 25 刺绣的年轻女子（《清俗》A：338—339）。《清俗》的前两页图例，展示了塾师指导男孩子练习书写儒家课文时的情景。

己的职责，她购买田产，沿溪建房。有一次，一个农民背了一袋米进院，李夫人的丈夫看到后非常惊讶，因为他既不知道这个农民是谁，也不知道他背的是什么。李夫人就笑着说，'这是我们的雇工。'"在叶绍袁和沈宜修的婚姻里，叶长时间背井离乡在外求学；因家里的一块地可能会让他家破产，叶与家族中的其他家庭就这块地发生了争执，但他对家里的经济状况一无所知。沈宜修掌管

家里的钱财,叶在日记中写道:"所有关于钱的交易都由我妻子处理。"�51

社会期望妻子智慧而仁慈,能够和谐有效地管理家务。丈夫代表了其家庭在整个家族等级中的地位,作为主妇,妻子要维持家族内部不同群体妇女之间等级差别的正常秩序,其间包括地位高的家庭成员(女儿和儿媳),也包括不同等级的仆人(妾和侍女)。她的压力可能会非常大:除了可能折磨着她的嫉妒情绪之外,一夫多妻制意味着年轻的贵妇也许要去服侍一个粗俗的农妇,因为那是她的婆婆。难怪明末和清代的文人坚持说,治国先要齐家。政府和家庭之间的对比分析是贴切的,因为社会一直要求女主人能够和谐有效地管理男权社会中这一极易引发矛盾的国家的缩影——家庭。�52

随着经济的商业化,男性间的差异——奴仆和自由人之间,学者、商人和农民之间,富人和穷人之间——界限越来越模糊、身份变化愈快。越来越多的家庭渴望显达,希望孩子能受到良好的教育并参加科举考试,能够购买良田,建立家族的血统联盟,收集奇珍异宝,聚敛妇女。然而,精英男子的理想是拥有那些金钱买不到的品质——博学且坚定的道德意志,他们以其自身的儒雅和自控力这些素养而区别于他人。�53 君子的标志是通过"文"(教育和文化习得的)而获得的——然而,相对于欧洲的骑士贵族而言,这种标志似乎是高尚而空洞的理想,但由此认为"文"是建立在某种中性框架内的修饰或精神品质,并且与身体毫不相干却是大错特错了。身体的实践——如何站立、如此站立时应该如何感觉、什么时候移动、向谁移动——是获得仪礼能力和理解的基础,也影响着伦理道德的习得、知识的学习,同样是中华帝国后期君子的其他标志。

其肌肤之下的身体内部器官的结构,同样也影响着君子品质的形成。在中国社会的父权结构中,因为生子是孝道的体现,所以君子都要能生多产。医学文献中认为,能够节制欲望、控制房事的男性生育能力比较强;能够同时达到性高潮的夫妻,妊娠过程中细心照顾妻子的丈夫，生育能力比较强。对节制性事，以及生育期间与伴侣积极合作的强调，也许使人觉得理想的精英家庭应该是一夫一妻。然而饶有趣味的是，相应的理想女性的形象却是分裂的。母亲身份的双重形象，不仅为一夫多妻制的婚姻提供了充分的理论解释，也为如下做法提供了医学辩护，即通过提高妇女和孩子的社会地位来强化社会各阶层的差异。

将医学文献、婚姻法和其他记载中所表达的理想精英妇女的形象拼凑在一起，我们就会发现女性之间基本也是靠"文"——所培养的品质而彼此区分的，这也决定其是否能够成为丈夫的合适伴侣。对于后嗣的需求使得男人也非常关注女性的生育能力，以及她们作为母亲的素质。然而，作为精英妇女，生育是她母性角色中最不重要的部分：母子之间感情纽带的中心在于抚育的过程之中。为了教导好孩子，母亲的智慧和品德修养十分关键，而这些品质需要她们身体力行才能获得。这些美德深深根植于女性身体的内部，拥有它们不是肤浅的成就。自控和冷静不仅有助于她解决家庭问题，而且能渗透进她的五脏六腑之中，提高其生育能力。一夫多妻的家族里，精英妇女作为妻子的角色涵盖并扩大了其作为母亲的角色。她可以不受自身生育能力的支配，因为她可以利用各种技巧来操控完成其母亲的角色任务。但她们仍然困扰于子宫的运转，不断地为月经的规律耗费精力，所有这些都是作为母亲和妻子角色能力的标志。

精英妇女的理想形象与下等妇女形成了鲜明对比。下等妇女的生育能力天生就很强，但不能自觉地控制其感情。精英阶层中，女人比男人劣等的表现之一就是，前者相对缺少感情的自控力——而一夫多妻的家庭需要竭尽全力保持这种自控力。缺少自控力是低等阶层和低等性别的象征。精英妇女缺乏自控力与她们优雅的神经衰弱症有关，但在下等阶层中，强壮的体格和坚定的意志才是影响她们自控力的原因。农民的孩子身强体壮，风吹日晒和泥土的气息使他们肌肉结实，不至于神经紊乱，而家境好的孩子一直在承受着这样的折磨。让孩子成年前接受道德教育(包括使身体发育得匀称细致),这是文雅父母的责任。㊺农民欲望强烈,他们旺盛的生殖力令人羡慕,但部分是因为他们没有受过教育,所以才会有如此强的欲望。而为什么年轻的女子被带进一夫多妻的家庭中做妾为仆,医学上解释说:她们的体质适宜生产,但不适合扮演社会意义上的母亲或妻子。对于这些年轻的妇女,她们自然的生育能力极其重要,因为它直接决定了她们在家族中的地位。

富人攫取了如此之多的穷人家妇女,也许我们会认为,相对而言,贫穷男子没什么机会满足他们强烈的性欲。现在还不知道富裕家族中纳妾的比例和劳动阶层中独身男子的数量,这些数据在不同时期不尽相同。伊沛霞描述过宋朝的情况,纳妾在当时的文人和贵族之家已司空见惯。㊻高彦颐指出,17世纪的江南,在士大夫和商绅之中比较盛行纳妾。20世纪上半叶,在珠江三角洲地区,纳妾是可以被接受的,虽说妾通常象征着财富和地位,但有些贫穷的农民也会跟风逐流地娶一个妾;但在北方农村,即使因妻子不孕去纳妾也是不能被接受的。㊼我怀疑帝国后期纳妾并非如当时的书中所描写得那样普遍,因为没有足够的女子供应。但是妻妾成群是社会地位的象征,而这一地位可以用金钱买到(不像教育的优雅或显赫的祖先这些其他的象征)。可能在社会地位较高的家族中盛行纳妾;但与此同时,这样的风气也增加了文人学者的焦虑不安和矛盾情绪,因为他们知道一旦财富地位改变,他们的女儿就可能沦为别人的妾。

同时,很多贫困男性娶不起亲,而那些勉强娶了妻的又很少能雇得起女仆、纳得起妾。穷人的妻子对自己的生育处境毫无选择,如果没有儿子,其他本分工作如何出色,她的生活都可能由此毁灭。中华帝国后期,社会竞争日益残酷,个人的地位很不牢固。"经济模式越发商品化,市场就越加活跃,因此失去或获得土地、牲畜和其他生产资料就越加容易。出卖劳动力是穷人最后的诉求,是维持或获得家产的唯一希望,因此多生育劳动力——无论是使用或出卖——就是女人的本分工作。"㊽在整个帝国后期,妻子的生产作用在很大程度上被遮蔽了，所以她的成功只能靠母亲角色的完成与否来评判。穷人没有受教育的强烈愿望，与精英家庭相比，他们对于母亲身份的理解更关注物质利益的层面。学者们起初可能认为正是母亲的教导和鼓励，才使孟子成功通过考试；但是，无论熟练的农夫还是专业的漆器雕刻师，都深爱着他们的母亲，并因她们的辛勤抚育而敬重她们，尽管母亲没有传授给他们手艺技巧。在这一社会层面上，男女的性别分工是严格区分而非彼此关联的，而且妇女的生育能力直接决定着女性的荣辱成败。

在这一部分中，我已经讨论了一系列生育科技，它们使中华帝国后期的妇女可以控制或让渡自身的生育。此时，无论以从医者和医学出版物的数量，还是从求医者和读者的社会范围来考察，生育医学都是一门发展极其迅速的学科。医师以医学技术指导男人和女人来提高他们的生育能力，提供为社会所接受的解决方法——处理不需要或令人怀疑的妊娠。自然生育力和调经的理论构成了帝国后期妇科医学的核心部分，其内容特别有趣，因为其暗示出母性角色的双重性，并依此证明通过一夫多妻制占有下层妇女的孩子是正当的。我所描述的那些生育技巧，并不是对所有妇女或家庭都有利。它们只能使地位高的妇女保持高位，却不能帮助她们提高社会地位。它们可以帮助富人掠夺穷人，帮助一夫多妻家庭中地位高的妇女剥削弱势女性。在孩子是地位象征的世界里，这些技巧在宏观和微观层面上强化了社会的不平等。

在中华帝国后期，"母亲"的角色显然不是唯一和不可分割的。这个时期，由于父权日益被视做社会和道德的基石，女性形象中母亲角色的标志性强调实际上是对这种意识形态的自然回应。然而，妇女的社会地位和自然生育能力的差异，使她们各自以不同的方式经历了母亲的身份。妇女的社会地位影响着她作为女儿、妻子、仆人的经历，也影响到她作为婆婆或奶奶的角色。尽管这里我只是叙述了母亲身份如何为妻子的地位所调整，但要想全面了解中华帝国后期的母亲身份，我们需要考虑到这一角色其实是女性生命周期中所经历的最重要的阶段。⑱

在与父亲的身份、男性生育能力以及理想的男性形象相互比较的过程中，我探讨了如何理解母亲的身份、女性生育能力和理想的女性形象，男性精英对此也有所阐述。首先，我们应该注意到在帝国后期的性别理论中，男性精英处在社会金字塔的最顶端，而女性精英处于下层男女之上。在这里，对感情和欲望的控制是评判女性的标准，它取决于她们所受的德育和智育的培养。智力、道德、体质的成长过程，使地位高的男女受到文明的熏陶，即获得了"文"。这些后天习得的品质可以与人的天性融合在一起，所以从社会下层家庭收养的孩子，如果精英贵族想让这个孩子得到认可，教育便可以帮助他融入新的血缘关系之中。尽管精英男性自己达到完全的"文"这一文雅品质的机会有限，但他们意识到妻子必须受到足够的教育才能胜任她们的角色：参与祭祖活动、管理家庭事务、充当儿子社会意义上的母亲。在传授儿子"文"之精髓的过程中，精英妇女所扮演的母亲角色比其他任何人都重要，儿子因此应该适时地感谢其母亲。在父权制社会，精英妇女并不是为父系对儿子需求所驱动的消极承受者——中华帝国后期的生育理想和生育科技赋予她们为人所尊崇的"贤妻良母"的形象（这一角色中生物意义上的生育能力只起着相当次要的作用），同时也在地位和性别的等级制度体系中给她们以保证，使她们与家庭中的女仆或穷人家的贫贱之妻截然不同。

结语　妇女科技与文明

这本书的核心讨论了两个方面的问题：其一，科技作为文化表达的一种形式，在意识形态的创建和流播过程中起到关键作用；其二，科技的发展表明妇女在整个历史过程中的作用并非处于边缘地位而是其中不可缺少的部分。

从这一视角来看，科技自身是跨文化（transcultural）的动力，是自主变化的力量，它可以阻碍或促进"文化"与社会制度的演进，因而将科技看做是一个物质与思想截然分立的领域并无裨益。我认同埃利亚斯（Elias）、芒福德（Mumford）和马克思的观点，他们假定科技是文化，它制造主体并产生意义，同样也制造客体并主宰其本质。

如同其他类型的文化表达，科技表达的形式与内涵既相互区别又联结为一个整体。形式极少能够涵盖所有内容，但二者之间形成的张力对于文化史和经济史来说则同样具有重要意义。科技在社会实践中渗透进物质技术的因素，故而在其表达实体生产意义的同时，也表达出生产者身份的意义。科技以物质的形式彰显出某些差别的维度：男耕女织；男主外，女主内；劳心者治人，劳力者治于人；以农业为受业之本，手工业则诱使人浪费。科技变化所导致的社会压力要求这些复杂而又相互制约的差异模式进行重构或重组。同时，科技也是文化稳定性的强有力支柱，它所创制的物质形式具体体现出社会共享的价值和信仰，并将人们通过日常生活实践连接进社会的正统。

科技只有在产生社会分裂或认识上分歧的时候，才会引人注目或发挥作用。虽然科技变化所产生的能量是自然分化的结果，但它也可能会被人类社会成功地包容或疏导。科技中所蕴涵的有助于社会持续发展或聚合的力量并不比有利于革命性变革的力量弱，而且人们也要求对此作出充分而细致的解释。

至宋代，文化精英已经取代世袭的贵族政权成为中国的统治阶级，他们发展出一套新式的礼（civility），维持了几个世纪。人口的增长、经济的转型、战争和侵略，都有可能导致中华帝国后期的分裂而无法利用科技所产生的能量。虽然许多中国人都不断感受到文明毁灭的恐惧，但事实证明其文明始终保持着强大的生命力和灵活性，足以吸收那些科技变化所释放的能量，尽管在这一过程中很多主要的关系进行了关键性的重构，其中包括国家与国民关系的重构，也包括性别作用的重要方面。科技在以下这些过程中都起到了分化和聚合的双重作用：例如，科技可能有助于生产关系的转换，但它作为传统生存空间的聚合媒介的传布又可以包容由于工作性质变化所导致的压力。再如，新儒家思想在中国国民中影响力的广泛增长，使得妇女和男子一样共同服从于其礼制所规定的价值与实践的原则，而这在很大程度上取决于其道德和社会的准则转变为物质形式和身体实践的能力。科技这种知识的具体表达形式在本质上是多义（polysemic）和多变（flexible）的，因此它可能比文辞更具有达成此转变的效力。

为读者所熟悉的"传统"中国妇女形象是：被隔绝于男权社会之外的、父权制下的附属牺牲品，他们可能对本书所宣称的观点感到荒谬——"妇女科技"也能够说明中华帝国后期社会遭遇到挑战的复杂过程。然而，传统形象是对中国人家庭生活本质的误解，是对中国人思想的内部和外部世界联结的误解。性别在中华帝国后期的社会结构中和其他任何社会一样，是一个基本的组织原则。核心的社会纽带是夫妻关系，理想地表现为一种积极的合伙人关系。其间，妻子通过在家内的工作对家庭自身和外部世界做出物质的、社会的、道德的贡献。我以妇女的物质活动和经历为起点，分析了一套规训妇女地位和作用的科技——妇女科技，它包括空间科技、生产科技和生育科技。这些不仅展现出在中华帝国后期妻子贡献的本质和范围是如何变迁的，而且还揭示了对妻子作用的理解和表达是如何改变的。这些变化再次表现了在特定社会群体中性别和地位的关系，也标明和传达了群体之间差异的新形式。

中国的社会理论并不区分公共领域（public sphere）与私人领域（private sphere），但明确地将家庭一方面视为政治和道德联合体的末端，另一方面则视为国家的末端。而妇女就是这样通过她们的贡献和行动把自身紧密地关联到国家政治当中——秩序井然的国家根植于家庭内部。因此我们很容易看到，这里所考察的三个系列的科技何以既规训了妇女的生活，又为中国特殊的礼制奠定了基础。

文明和礼的概念都与中文术语"文"的意义相符。所谓"文"可指教养、举止、文采及写作的文本。在本书的每个部分都突出地描绘了"文"所包含的内容：在第一部分，"文"与标志着男子进入精英阶层的苦读和妇女日渐增长的涉入文化领域的活动联系在一起；在第二部分，"文"与"妇工"的优雅举止，与男性的文学成就和女性的修辞技巧的并行发展联系在一起；在第三部分，"文"则与两性作为理想父母的身体体质和道德天分联系在一起，是相对于农民凭自然繁衍的粗放型健康状况和行为方式而言的。正如我在第九章所讨论的，中华帝国后期的社会持有这样一种观点，即认为决定人所属的社会集团的根本性因素是后天教育，而非出身。就像个人可以通过学习和自我熏陶——"修"来提高自己，获得道德和思想上"文"的特征，通过教育——"教"就可以使外行人获得必要的文化素养而成为内行人。

自我熏陶和教育并不只意味着书本的教与学。师生关系更类似于师徒关系，其表现为一个心理、身体和道德难以分离的交织的教导过程，通过此过程学生获得了新的身份。在中国占支配地位的关于人性的观点认为，通过"教"野蛮人能够被吸纳为中国人，来自其他村庄的新娘能够成为其丈夫家族血统的忠实成员，

371

养子能够成为真正的儿子，农民的子弟也能获得知识和社会地位成为国家的功臣。在新儒家的正统思想中还存在着另一种截然相反的观点，即认为人的出身在很大程度上决定其本质，或者认为两性之间无可改变的生物差别决定其道德的价值。但是，当我们期待精英以后天学习高于出身的观念诉诸政权的建构时，我们发现在中华帝国后期占统治地位的新儒家意识形态是以精英知识界对教育——"教"的笃信而著称的。

这种社会哲学的开放性是国家和贵族精英在选拔人才中获得广泛支持的关键所在。以西方的进步标准看，我们可能会说恰恰是在中国文明进程的这一成功之处埋下了未来失败的种子。"文"之教养的吸引力和对物质的贪欲一样巨大，二者都可以通过努力而达到。因此，诸如商人并不去谋求建设自身独立的政治利益集团，而是建立自己的学堂，构筑家庭内部——特别是妻子和女儿的奢侈生活模式，为儿子聘请塾师施以古典教育。这种社会哲学包含的策略是社会的弹性发展——每个人的地位都是变动不居的，后经南宋精英知识界发展为社会各阶层都乐于信奉的观念。据此人们相信，即使是穷人也有其祖先，他的妻子和当地地主的妻子一样享有同等的女性尊严的空间实践权；而且在理论上，即使是农夫的孩子，如果他刻苦攻读也能有机会成为国家的臣子。上述价值观念在人们头脑中的不断强化使得皇帝们确信，他们可以通过教化而非高压手段来宣传其政策，这样帝国就能够由一个人员日趋精简的机构来管理其行政事务（虽然这一管理并不总是有效的）。

中国的礼——"文"及其获得的过程都完全植根于物质目的和身体的经验，因此我们西方"科技"的范畴是理解它们的重要视角。我在导言中已经指出，中国人留下了极为丰富的科技遗产，其间不仅包括实物，而且还包括关于技术事物的文字性和插图式的记载材料。这反映了强调恰当工作形式重要性的古典观念，也与道德和身体习惯有密切关系的信念紧密相连。我强调文字性和物质性"文本"（texts）之间的相互依赖性，它们都证实了占支配地位的观念转化为物质表达的多种途径，诸如空间的形式与实践、工作的模式、对月经周期的理解。我也证实了分析体系性科技及其之间相互作用的重要性，正如人们所要传达的信息本身可能是相互差异、各有侧重、限定范围，甚至彼此矛盾的，因而人们就可以选择话语的其他形式为"实践"的弹性创造空间。换句话说，我所使用的妇女科技的概念是一种将各种素材纳入新模式的组织史料的方法，它为我们提供了一种看待性别及其在社会秩序中地位的新视角，也同时提供了超越单纯文字性文本的方式。

　　探讨意识形态的物质形式可以增进我们对性别和社会差别的历史变迁的理解。这里所讨论的发生在三个领域中的科技变化是复杂的，而且在很多情形下是相互抵触，甚至是充满内在矛盾的。它们无法像我们所期待的那样讲述一个清晰的线性历史（linear story）——妇女在中华帝国后期的地位是如何改变的。在这项妇女科技的研究中，所出现的不同的性别观念表明了不同社会集团之间的分歧和集团内部不同正统派别的分歧。前文我已描述过各种中国正统思想交织在一起的状态，就像织锦上的图案一样，一处是一种颜色的丝线占主导地位，而在别处则换成另一种颜色。

　　正统新儒家的一种派别得以被认定为"占支配地位的"意识形态，原因在于它表达了潜在的精英知识系统诉诸权力的信念，也表达了为教化大众的许多国家政策。这一派别的思想强调地位和价值取决于"文"的展现、扩散、尊崇和修养的程度，在理论上这是可以通过学习、自我熏陶和正当的行为获取的。这些活动和品质并不只限定在男人身上，妇女也同样受到"文"之程度的规定。事实上，妇女不但能够自己获得此类美德，而且这样的做法还可以使她们的家庭受到尊敬，即使她们出身于穷困和卑贱之家。物质实践在取得这种成果中起了重要作用，例如妇女可以通过仔细观察所有将其与外界或男性相隔离的原则来获得共同体的尊重。

　　回溯到《礼记》中的古典性别形象，这一"占统治地位的"意识形态表达了夫妻间在道德和物质上的伴侣关系。正如我所讨论的，这种观念也关系到"妇工"，关系到礼的责任和父母的资格，它显现出具有"文"之特质的妇女在其封闭的家庭内部对国家做出的积极贡献；作为伴侣，她们所履行的职责对丈夫来说也并非是可有可无的辅助性工作，而是必要的补充。在帝国后期，由于妇女参与生产劳动的性质的改变，女人职责的地位也随之变化了，不再强调其纺织工作的生产作用，却进一步渲染逐步归为妻子义务的生育责任的复杂性和重要性。

虽然这一派儒家的正统观念宣称，道德的文雅对所有人来说都是可以达到的，但事实上这是由社会机构和实践来裁夺的，它们不通过阶层划分而是通过将其纳入有机结构的建设来强化"文"的社会等级。以养育子女为例，孩子的出世是产生物质实体的生物过程的结果，但养育他们则是一个使其转变为社会的人的文化过程。可能存在没有生育的母亲，也可能存在生育后未做成母亲的母亲。在中华帝国后期，一夫多妻制和收养制的社会实践使地位高的家庭有条件占有地位卑贱家庭的多产人口。同时，生育医学和性格形成理论都与收养采纳的正当形式有关，其说明要根据道德和体质卓有成效地结合来加以选择，即具有良好修养、操守的贵妇和身体强壮、能生养而道德欠发达的农民女儿的结合。

人们可以通过后天的努力获得"文"的特征，但这只能在一定限度内实现。作为结合体的孩子的降生并不能消弭社会阶层的界限，反而会强化这一差别。社会等级低下的家庭之所以被选择有条件地进入社会上层，并不是由于其子女或自身在社会上真正取得了进展，而是由于女儿成了上层家庭的妾，从而使其娘家获得了亲家的地位。如果她们不这样做，就无法改变其家庭的身份，但是妾无论在夫家多么受欢迎也绝不可能得到如嫁给同阶层人的那种合法妻子的地位。真正社会地位的提升在妾的子女身上才会反映出来。他们得益于其父之妻的最初照顾，得益于这位社会母亲的"文"的教导（当然这种教导之后来自正规教育），才得以进入上层社会。然而,他们亲生母亲家不会从中得到任何好处,因为这些子孙已经不再属于他们的血统;甚至孩子的母亲也极少从中受益,因为她们对子女的索求是非常微小的。这种交换带给妾的娘家的报偿是直接和物质性的:他们卸除了抚养女儿和为其筹措嫁妆的负担,而且他们还可以在把女儿交给人家时得到一笔钱。

在早期不同的物质领域,我们看到一种类似的情况:庄园家庭雇用地方农民的女儿在自家织布机上做工。这些女子给其家庭带来一部分收入,并且在女主人的指导下提高了自身的纺织技术。女主人在文化上的优越性使其用头脑而非双手赢得了工作中的权威地位,组织手下的劳动力——那些农民的女儿进行生产。精英的文雅和农民的力量在这种情形下结合起来,制造出上乘的布料和有能力的织工。从意识形态的视角看,家内的秩序井然,成为特定女性"文"之特质的和谐王国。布料和刺绣就像身体健康、受到良好教育的孩子一样是不同阶层和品质的妇女有效结合的物质象征,她们为外部世界提供了必需品。

儒家正统思想中,"文"的特征所标明的思想和道德状态,在许多方面等级差别比性别差别更为显著。上层男性和女性的共同理想都是获得外在身体上的、思想上的和道德上的"文"之特性,这使他们能够在各自单独的领域内相互合作。显著的差别并不在于男性和女性之间,而在于有教养(cultivated)和无教养(uncultivated)之间。我已提出,根据妻子远比生养孩子的母亲更重要这一原则,爱护有教养的女子代表了一派新儒家的理念和实践,而这在仕宦阶层和某些精英及有进取心的家庭中特别流行。从明末清初日益发展起来的妇女初级读本和塾师市场,以及我们看到的像《清俗》中所描写的商人自豪而愉悦地谈论着他们文雅的妻子和女儿们的技艺。这些暗示出社会中有不少积极向上的家庭尊重妇女,给女儿提供与儿子同等的受正规教育的机会,并对她们有"文"的诉求。

"文"的性质本来就是复杂和分散的,在社会意识形态层面它是最终的目标，而在现实生活中它至多只是断续或部分的经历。即使在那些承认妇女潜在美德的家庭，也经常会出现厌恶妇女价值的情形。我们看到，中华帝国后期父系的实践和价值观在向社会各阶层稳步扩展。前文我已描述了平民的房屋在空间上是如何体现新儒家的礼节的，强烈的等级和秩序感恰好反映在屋顶的高度上。妇女住所的分配在空间上反映了其内部的分化和女性的等级，但它本身并没有任何道德上劣等的暗示，而只是给人们一种感受——由新儒家道德的另一派信仰演生而成的强硬的家长制。家长要应对混乱、放荡和恶习对家庭造成的任何方面的威胁，他履行着掌控家庭秩序的职责，避免灾难的降临。

正如我已讨论过的，这派新儒家反复强调妇女是道德低劣者和社会的附属品，并掩盖妇女在纺织业和其他生产活动上的价值。原因在于他们没有注意到夫妻之间协作的观念，也没有注意到妇女育子的能力在其繁衍后代职责中的地位。而且，妇女具有道德劣根性的观念也暗示着执行严格的隔离措施是维护家庭荣誉所必需的，同样也表示家内暗藏着道德的威胁。他们把新娘看做是代表不忠的外来者，把妇女设想为对家庭团结的真正威胁，即由于妇女导致兄弟和父子之间的敌视，也不可避免地造成父系家长制（patriarchy）和分家的结果。这派儒家还认为，多妻制的家庭中女性内部的等级表达出一种不和谐，她们所做出的贡献不但不会给整个家庭带来财富，还会成为一种破坏性力量。他们重新认定所有妇女正式的工作任务，如纺织，这些本来被视做对家庭有利的协作，在他们那里变成了代表家内因孩子而起的嫉妒和竞争的战场，最终会吞噬和毁灭整个家庭。毫无疑问，这是塑造性别形象思想中一个重要的具有些许讽刺意味的派别，其观点可能为更多的家庭所接受，甚至超过那些以新儒家传统中宽大为怀和平等主义为原则的家庭数量，当然，我们应该意识到它也极少以完全纯粹的形式表现出来。

在精英或有抱负的家庭中，男性和女性的优越地位经常是与无形的品质——"文"的特性联系在一起的：自我控制力、道德的纯洁度、谙熟为人处事之道。这与低层次、没教养的道德和品行形成对比。中华帝国后期，随着下层民众生活的商业化和竞争趋势的加剧，人们在现实和表达中都日趋突出那些看得见摸得着的、物质性因素的重要性，如女工和生育儿子的价值，这不仅决定了妇女在家庭和社会上的地位，也被规定为妇女这一性别更普遍性的意义。到明末，在只有极少成员和资源的普通穷人家，妇女虽然不再能生产出家庭纳税的一半货物，但流行的商业竞争对这样的家庭意味着妇女物质上的贡献增大了他们在竞争中生存下来的可能。我已证明，这种纺织生产的变化有利于家内与外部世界的隔绝，有利于强化女性的依赖性和隔离性原则。低估妇女劳动的价值并不是帝国后期"贫穷文化"的普遍特征，因为妻子仍然被认为是对家庭收入做出重大贡献的人，她们甚至被描述为家庭的"首辅大臣"。

然而，更为普遍的是，妇女对家庭经济的贡献经常被边缘化，其结果是妻子的主要任务转向生育。一个好妻子要给丈夫带来儿子——香火的继承人、农场或商铺的额外帮手、年老时的依靠。"儿子"是生物和社会的产物，但在穷人家母亲能为儿子的实际教育所做的努力比文雅之家要少得多；而且一夫多妻的家庭本身就开销很大，精英妻子获得的资源尽可满足其自然多产，而对穷人妻子这是不可能得到的条件。于是，穷人家妻子的任务经常就简化为生育孩子，这里我们看到"传统"中国妇女形象的出现，她的价值不是其自身可以掌控的，而取决于她生育儿子的能力。

但是，我们无法假设某一派儒家思想在穷人中比在富人中更多地决定了妇女的价值。在中国，也有农村社会拒绝把妻子不育认定为离婚或纳妾的合理理由，唯物主义者则主张女人和男人一样都能达到"文"的程度并在家庭中得到地位。明末和清代，社会上下层之间变化的机动性很高，而且竞争不局限于经济领域。对最贫穷的家庭来说，母亲没有能力让儿子受到良好的教育，但她们可以在花费低廉的层面上为家庭争取地位和尊严，比如举办仪式的能力、勤俭治家、恪守孝道、严格教育子女（使女儿成为合格的儿媳)。严守男女授受不亲的原则和保持女性的操守使穷人家无需花钱就能得到社会和国家的尊重,即使只用一个门帘把两性相隔,也是令人欣赏的做法;朝廷会授予贞节寡妇以荣誉,事实上,这是公众所认同的道德文雅的表现形式。

在这项研究中,我已使用文献探索了物质活动和经历的多义性。这种唯物主义方法指出和阐明在不同的儒家传统派别和不同的表达与经历中存在的各种矛盾。此时我们可能会问,是否这种情形也投射在当代女权主义者所关注的反抗男权社会或反主流文化的问题中。尤其值得注意的是,显然中华帝国后期最慈善的性别理论在本质上也是父权制的。而我的方法特别适于揭示妇女被整合进社会秩序的机制,以及她们为何不仅是作为意识形态的客体,而且是作为主动的参与者被整合进去的。我的方法还更清晰地描绘出妇女是作为占统治地位的文化的代言者形象,而不是作为颠覆者的形象。虽然我也展现了一些女性对男性制度的反抗或颠覆的实例,但这只是为了说明问题的复杂性。比如,第二章中提到的关于婚姻的悲叹;再如,一些堕胎的情况,尽管我已讨论过其原因包括基于健康和生育的中国理论、母性的建立、调经的需要,抑或就是直接流产造成的。我在书中也谈到一些反抗的物质性实体,例如嫁妆、箱柜、佛教祭坛、绣品等都可能成为女性反抗父权制价值的标志。然而,即使新娘希望保有对嫁妆的控制权——把箱子妥善锁藏在自己的房间里,这也仅是对父权制一个层面的反抗行动。新娘拒绝父系把所有家庭财富都纳入家产并由其掌控的要求,而确认了自身代表丈夫和孩子管理家庭财政的支配权。在我所引用的另一些范例中,作为女性文化标志和工具的物质实体对男性文化来说并非是可选择的或挑战性的,而只是一种补充形式,即如果没有男性中心的文化,这些女性文化也就不起作用了。例如,女性世系是以交换不同织物螺纹塑造的绣品来标识和维系的,但在正统话语中并未提及男性世系是以经线织入整个结构的。我的意图是强调如此之"弱化"(muted)的文化表达是怎样通过物质世界集中反映出来的。

中华帝国后期，不同层次的思想是相互结合在一起的，像精英阶层的意识形态在其系统中不仅为大多数妇女也为男子树立了精神支柱，并且是基于长期效应非即时性眼光而设定的。绝望的儿媳总有一天自己也要变成婆婆，对严父不满的儿子最终也会成为家长。新娘可能形式上诅咒父母把自己推进地狱般的新郎家，但等到她当了祖母的时候也将成为传统家庭价值标准的老练承办者。历史学家正在考察中国人是如何经历和描绘其生命周期的不同阶段的，当然这仍需要更多细微的关于性别与身份的解释。然而，帝国后期社会中的一些成员——没有子嗣的人（未婚或未纳妾）不能真正完成其生命周期，他们总是处于社会的边缘。婚姻使女人和男人都走上完成其生命周期的道路，并赋予其履行使命的力量。

单独从科技领域审视性别与历史的关系，虽然很重要，但并不能揭示其中所有的复杂性和细微差别，各种分化的表达和不同的经历维度组成了性别的作用。在中华帝国后期的情形下，普遍老套的"传统"中国妇女形象是孤立于社会之外、经济上处于从属地位、无涉于生产、无法控制自身生育的人。从这种视角看，既然女性的生产和生育技术无足轻重，那么与外界隔绝的家庭内部空间的产生就成为界定妇女作用与地位的关键性问题。对家庭内部空间的分析确实可以阐明复杂的家庭层次和由礼的责任所塑造的家内生活。然而，当我们考虑到其他物质经验领域时，我们就不得不限制对空间隔绝重要性的解释。在中国妇女工作的历史上，我们看到其经济上的依赖性和孤立性并非是古老的传统。如果我们注意到，古典主义认为男人和妻子在生产中的作用是互补的，那么性别的空间维度就可以理解，而妇女的生产流程是被置于内部与外部世界之间的联结地位上加以诠释的。对纺织生产的集中分析展现出，妇女的工作原本就不仅将其自身与共同体相连，而且还与国家相连。与经济的拓展和多样化相适应，女性工作的组织及其评价发生了改变，同样男性工作的意义和重要性也发生了改变。尽管在一些女性特质的精英表达中，"妇工"仍然保持着原有的重要性,但生育在妻子责任的界定中已愈加占据重要地位。仔细观察中国生育科技及其协作形式,我们就会发现比分娩本身更多的内容。在精英妇女利用的生育科技中,我们看到文献上大量关于等级和身份的阶层表达,这些为我们了解家内空间的分配和女工的组织提供了线索。任何一个领域的研究都可能既完善又限定了对其他领域的认识,这一科技领域的研究也是如此,它为理解性别与其他社会阶层的复杂历史嬗和增加了新的厚度、予以新的界定,而这些恰恰是巩固中华帝国后期意识形态延续性的基础。

如果要理解科技是如何塑造出一个社会的特性的,那么我们就需要研究科技领域的重要技术系列(sets)。如果我们还想鉴别和分析科技领域所表现的过去社会中最为重要的特征,那么就必须经常超越我们自身应用于建构社会和技术的急功近利的现代观念。这里我已经说明,对于妇女科技研究而言,产生妇女和性别观念的技术系列是理解社会如何为其观念提供物质形式的具有创造性的新途径。绝大多数的传统妇女史将妇女视做边缘角色,视做消费者,而非创造者。然而,我展现出妇女科技绝不是处于边缘地位:这里所讨论的三个维度上的物质存在的历史发展及其相互作用在营造中国文明的特性方面处于中心地位。在有关妇女观念的形成过程中,大体上这三个系列的科技都导致了关于社会关系和社会身份观念的产生,这就要求我们重新思考那些应用于中国的概念的意义,诸如家庭生活(domesticity)、母亲身份(motherhood)、女人味(femininity)、男子气(masculinity)。我们也不得不重新思考"生产"活动的意义,重新思考如商品、效率这类术语的社会适用性,因为它们用于表达有关经济和道德价值的方式与我们截然不同。我们由此会进一步思考知识和社会行为的本质,而它们是根植于外在身体和物质环境所产生的思想和道德行为中的。

我在本书中已展现出,妇女科技在诺伯特·埃利亚斯所称的中国的"文明化进程"中所起的关键作用,我还坚信这一研究视角也能有效地应用于其他领域——不仅可以用来考察其他社会的妇女科技问题,而且也许会形成对男性科技(androtechnics)的研究,即分析男性性别建构中科技的作用。正如女性主义历史学家所揭示的那样,性别研究对于理解任何社会的社会组织和知识的制造都是必要的途径。妇女科技的概念要求我们把性别的身体经历作为一个系统来研究,其关注点在于物质基础能够说明不同派别的表达或话语之间的明显矛盾;它将社会观念植根于物质经验中,将文化生产与实体生产联系起来;在这一过程里,妇女被整合进通常仍视为的男性世界中。

注 释

导 言

① 全书中的术语一般采用阳性形式，如 craftsmen，kinsmen，man，等等，因为在中文语境中，这些词指的是男性。

② 我将我的研究限定在19世纪以前，在19世纪，中国承受着来自西方的经济、政治和文化观念的巨大冲击。清朝尽管虚弱，但一直延续到1911年，其时，整个帝国时代结束。

③ 制作食品和烹调无疑也应包括在内，但我对发现足够的可靠信息没有什么把握，尤其是关于男女在烹调上各自的作用。Francoise Sabban 研究中国的饮食史和食品制作史，她告诉我她发现了有关一些时代的很少的史料，提供了关于烹调上性别分工的明确信息。

④ 在中国，农业耕作被声称为是男性的活动。在撒哈拉以南的大部分非洲地区，农耕是妇女的工作，即使在邻近地区如东南亚与日本，像移植稻子和收获也经常被看成主要是妇女的工作，与这些地方相比，中国妇女参与田间劳动受到极大的限制。当一个作为男性精英成员的士大夫看到妇女在田间耕作，他会认为这很不正常，简直是一个社会与道德失序的意味深长的象征。所以，虽然妇女实际上分担着从摘棉、采茶到收割谷物的所有田间劳动，但无论是有关农耕的文献还是画面总是掩饰了妇女的角色。人们通常断言，中国妇女因为裹脚而不能进行户外的劳作，而事实上，裹脚之限制活动远没有我们想象的那么严重，妇女至少是断续地分担除水稻种植外的所有田间劳动。

⑤《礼记》(*Book of Rite*)，Kuhn 译，1988:20。

⑥ Staudenmaier 1990:725；Scott1989:690；有关科技如何成为一种西方优越性的象征以及帝国主义的合理依据的分析，参见 Adas1989。

⑦ 像 Singer 等(1954—1978)或 Gille（1978b）所做的百科全书式的研究，提供了大量的关于非西方社会中科技的无历史的图景，它们被想当然地认为是停滞的，并就此讨论其中原因。

⑧ 关于天文学作为应用数学，请参看李约瑟和王铃 1959；工程机械作为应用物理学，请参看李约瑟和王铃 1966；炼金术作为应用化学（这个观点遭到 Nathan Sivin 的强烈批评），请参看李约瑟、侯平伟（Ho Ping-Yv—音译）和鲁贵珍 1976；农业技术作为应用植物学，请参看白馥兰 1984。我于 1973—1984 年间在剑桥的李约瑟东亚科学史图书馆工作（现在改名为李约瑟研究院），直到现在我仍然参与《中国的科学与文明》的研究项目，我与这里的许多同事共同将这一研究继续推进。

⑨ 事实上，李约瑟关于指南针是从中国传入西方的宣称只是一个推断，中国的木版印刷是否就是古腾堡活字印刷的直接灵感也并不清楚。但是，即使这些论断的准确性接连成为问题，也不失为对培根观点的精彩的活用。

⑩ 参见例如 Pinch 和 Bijker1987，关于"封闭"以及停滞迹象之研究的利益。

⑪ 科学和技术史家、社会学家、哲学家目前已认识到，当再现不同种类的知识、推理和技艺时，最好分别考虑这两个领域；但是，关于二者关系更普遍的观点仍然是技术乃是应用科学。

⑫ Gille(1978b)在"闭锁系统"(blocked system)这一题目之下列出中国、伊斯兰世界和前哥伦布时期的美洲。伊斯兰世界的形象最明确地受到东方主义者性别比较的影响，它一般被描述成希腊学问的消极贮藏室，而不是一个有许多杰出的学术中心、积极推进学术发展的地方。在许多研究中，摩尔式西班牙的重新征服被表述为伊斯兰世界与基督教欧洲文化之间发生对抗的自然结果，前者是消极的、奢靡的、女人气的，天生不可能从希腊罗马的丰富遗产中得到真正的益处；而后者则是男性的、侵略性的、质疑性的（如 Crow 1985；Mokyr 1990）。

⑬ Staudenmaier1990：724。

⑭ Clifford1988：220。

⑮ 在同代人中，Greens 提供了围绕着非资本主义的价值和意愿，而重构一个世界的范例。

⑯ Finley 1973：147，重点为作者所加。

⑰ Lemonnier 1993a：7。

⑱ Mauss[1935]1979.这一方法使非语言交流与口头交流进入民族方法学的研究之中,并进入目前有关语境的语言人类学研究。

⑲ Leroi-Gourhan 将其两卷本的关于交流的研究命名为《姿势与言语》;第一部分是《科技与语言》,第二部分是《记忆与韵律》(1964—1965)。在如 Haudricourt,Bernot,Barrau,Cresswell 等学者的著作中,在与法国"国家科学研究中心"的"技术与文化"研究组有联系的年轻一代民族学者的著作中,技术研究经常与语言和象征符号实践相结合(如 Haudricourt 87;Koechlin et al.1987;Lemonnier 1992,1993b;《技术与文化》杂志)。我自己也当了几年法国研究小组的成员,不幸的是我没有学到进行语言分析的能力。

⑳ Lemonnier 认为将科技与物质文化和文化分析相结合的研究趋势不只肇端于法国。他关注到独立于法国传统的民族考古学家和"后过程"(postprocessual)考古学家的工作,以及几个母语是英语的人种学家的工作(Ingold 1988;Reynolds and Scott 1987;Sillitoe 1988)。

㉑ 可能是因为许多研究机构的主要定向在于研究而非教学,法国学者通常较少受到典型的英语学术界的学科分界的束缚,在英语学术界,历史学、人类学、社会学和其他人类科学的目标与方法皆有清晰的界定。但马克·布洛赫(Marc Bloch)和吕西安·费弗尔(Lucien Febvre)创建跨学科杂志《年鉴》,在培养这一氛围上起了至关重要的作用。

㉒ 布罗代尔(Braudel)1992:1:333。

㉓ 同上:430,435,重点为作者所加。

㉔ Goody 将读写能力作为控制技术来加以研究,对于探索科技的思想维度,其所造成的心态,以及其产生社会分层的特定形式或政治组织的作用,也提出了有益的方法(J.Goody 1986,1987)。

㉕ Sigaut 1985.

㉖ Marcel Mauss 将技术描述为"是一种有效用、有传统的行为(它在此点上与一种法术、宗教或符号行为并无不同),为行动者感觉是机械的、物理的、物理—化学的……并以眼前的这一目标进行探索。"[(1935)1979:104]Lemonnier 更愿意将科技的与法术的或宗教的相区分,他把技术限定为这一过程:"根据当时物理世界通行的科学规则,导向真正的问题转化。"(1992:5)——但这就使能构成科技的领域和我们判断其功效性的标准都大大狭窄了。对于我的研究目的来说,Mauss 提出的关于物质世界之构成及其转化的理解是更适用的。

㉗ Cowan 1983;Hayden 1986. Staudenmaier 评论说,科技史学会(the Society for the History of Technology)将1984年度的Dexter奖颁发给Cowan这本并不涉及工厂体系或军事发明而研究"家庭领域"之科技的著作,这简直令人吃惊。但从那时起,性别研究对专业旗手的《科技与文化》(*Technology and Culture*)的影响仍然是有限的:在1984—1990年间有7篇相关文章(Staudenmaier 1990:723)。

㉘ Ong 1987；Strathern 1992。

㉙ Keightley 用的术语来自 Franklin 1990。

㉚ Keightley 1987:102；又参见 Keightley 1989。

㉛ 参见 Van der Leeuw 1993 关于新石器时代陶器制作所表现出的选择性。作为一个启发性概念的"技术选择"(technological choice),参见 Wagner 1995 and Lemonnier 1993b。其中的论文研究了表现在技术选择范围内的技术性问题处理和文化含义之间的相互作用,研究范围一直从新石器时代的陶器制作到革命性的地下铁系统设计——只在少数几个例子里,选择是一种有意识的群体决定。

㉜ Bayly 1986:309,312,314。

㉝ 同上,Bean 1989。

㉞ Bayly 1986:314。

㉟ 在日本四百万农民家庭中,大多数都只用部分时间在农田上耕作,而其收入主要来自工业或白领工作。另外,尽管西方式食品如面包已十分普及,但在日本民族的食谱上大米这一项从不会减少。在1993年底的乌拉圭关贸总协定最后一轮谈判中,日本不顾国内的强烈反对,被迫给进口大米打开了大门——其实只是门缝。1994年3月,日本政府允许国外制造商(澳大利亚、印度、泰国和美国)首次在一年一度的东京食品博览会上展出大米。

㊱ 几乎所有的农民都拥有一整套昂贵的农业机器,平均每公顷投入的化学肥料超过1吨,大约是美国的10倍。这样的办法之所以可行全靠高额的政府补贴。在1977年,一个日本经济学家计算,投入大米生产的能量总计是大米自身食物能量的3倍。1987年在日本与美国之间所做比较表明,每公顷的产量相同(都超过6公顷),但在日本大米生产的花费是美国的11倍以上,大米价格几乎是劳动生产力的7倍,美国的一个工人每小时生产大米大约2.5吨,日本的数字仅106公斤(Bray 1986:7,1994；Tweeten et al. 1993)。

㊲ "在调查问卷上,10个日本人里面超过7个说他们更喜欢哪怕是价格更高的国产大米。但在事先不知情的口味测试中,10个里面有6个说不出日本

产的与国外进口的有什么差别。"(Guardian Weekly,1994,3,13)我在 1994 年 10 月访问日本,正好是大米收获之后。在大百货商店地下室食品厅里,专门卖高级食品(或在市场顶头),来自十几个著名大米产地的大米正以高价出售。在种类和产地多样化上能与之相比的只有茶、咖啡、酒——大广告牌上写着"新大米在这里!"这使我想起"新产的博若莱葡萄酒到了"的活动。同时,在稍逊色的街区里便宜的食品出售摊上,挂着横幅宣称他们的食品用的是"百分之百的日本米"。

㊳ 在介绍当今日本有关保护小规模大米农业的争论中,经济学家 Kenji Ozawa 提出,稻田在预防洪水和保持"传统的"日本风景上的环境重要性(1993)。Yamaji 和 Ito 也提出许多"文化的、情感的和环境的因素"影响着日本是否应该打开它的大米市场(1993:363)。Ohnuki-Tierney 探讨了大米在建构日本身份认同上的作用(1993)。

㊴ 参见 Bray 1986:214—216 简短介绍有关日本"耕地原教旨主义"的文献。关于田园景象在日本传统建构中的重要性,参见 Goto Imamura 1993 J. Robertson 1991。

㊵ Will 1994。关于宋代,见导言注释 49。

㊶ 如 Elvin 1973 关于"内卷"(involution),P.Huang 1990"关于没有发展的增长"(growth without development)。

㊷ 英国议会体系允许政治精英的成员(财产拥有者)增进本阶层的自身利益,他们声称他们总体上有利于国家。在中国,尽管大多数占据官职的文人来自士绅家庭(也就是说,其主要收入来自地租),但当他们当官之后,他们被要求代表国家及其人民的利益而不是自身群体的利益。这经常导致地方官与当地士绅的矛盾,也是地方官何以不能在家乡任职、不能在一个地方任职太长的一个原因。对中国精英阶层的成员来说,原型性的道德两难是忠孝难全。

㊸ 这些巨变带来大规模的残杀和混乱。在 12、13 世纪,蒙古人使北中国大片农耕区人口锐减,他们试图把这里变成牧场,但并没有成功。四川本是中国最富庶、人口最多的省份,但在导致明朝于 1644 年灭亡的一系列战争中,在清王朝巩固的过程中,四川几乎夷为平地。这种大灾难的后果不只是物质上的,随明朝灭亡和清朝征服而产生的、知识阶层的精神探索和质疑特别深刻,最终造成了一种新的批判性的学术,质疑史书的含义并重新定义学问的社会效用。

㊹ 在大约 8 世纪以前,北方大平原一直是中国政治、经济和文化的中心;

对于北方人来说,南方是外夷,一个流放之地。到中唐,长江稻米产地的丰富潜力在国家财政核算中开始占据中心地位(李伯重 1990;Lamouroux 1995)。

㊺ 在唐宋时期,中国的人口可能已经有大约 110,000,000(Hartwell 1982)。在蒙古入侵时期,人口锐减,但在明代又再次恢复,到 1700 年代,人口可能达到 150,000,000。在 1700 年至 1850 年间,人口增长到 430,000,000。这三个数字表示出相当适度的 7‰的增长率(Ho 1959)。但是尽管长时期的人口增长率是较低的,但人地比率的上下变动更加迅速,一方面入侵、战争、起义和自然灾害经常使农耕区锐减,而新领土或生态龛位(ecological niches)的占领与发展又使人口增长得到平衡(Rawski 1972;Bray 1984;Perdue 1987)。到了 18 世纪初,人多地少的压力似乎不再是地区性的,也不能由国内移民或增进土地利用率来得以解决。在皇帝和他的文职大臣们心中,人口压力已经造成食物供给上的不能无视的威胁。国家的反应并不是限制家庭规模,或推进持续的农业革新。取而代之的是重申"正确"的农耕方式,强调节俭,阻止劳动力从土地上流失而从事"寄生性"的职业(Will 1994)。

㊻ 例如,随着 1126 年北中国沦丧于女真人之手,对南方农业开始有了相当大的需求;事实上,宋朝朝廷撤离到南方,以及无数北方难民来到南方,带来了南方农业生产和丝绸生产的巨大发展,似乎每人的平均产量和总产量都提高了(关于南宋的"绿色革命",见 Elvin 1973;Bray 1984:597)。Will(1994)声称,以目前的知识水平,不可能明确说明发生于 16 世纪到 19 世纪的经济增长仅仅是量的意义上的,还是也有意义重大的质变。在农业的情况中,Perkins(1969)论证说,在大约 1800 年以前,尽管农民每人产量并没有提高,但中国的农业产量能跟上人口增长,而 Elvin(1973)则以更悲观的方式来看这一平衡,认为当更多的劳动力被吸收,每人的产量是下降的。而其他学者已经举出实例,甚至在公认的中国农业体系的高度劳动力密集型框架内,技术改进仍然降低对劳动力的需求或提高其生产效率。例如,我曾论证,在帝制晚期,水资源管理、肥料使用和种植培养上的技术改进节省了农民田间劳动的时间,为乡村小商品生产的发展提供了自然基础(Bray 1986)。

㊼ 在宋代以前,中国经济主要是非商业化的,并以地区性流通为特征——除了赋税品的流动。鉴于直至整个清代中国地方经济高度地域性和非整体性的特点,地方性循环或变化不能当然地作为说明总体经济的典型(施坚雅 Skinner 1985)。但是尽管有地方性或总体性的阻厄和倒退,长期性的商业化趋势仍然是帝制晚期的特征。商品农作物和其他产品的跨地区市场自宋代以来

迅速发展，国内市场也是如此。参见第五章有关棉布贸易发展的内容，这是一个说明地区间经济依赖如何发展的很好例证。

㊽ 我十分感谢 Frank Perlin，他使我注意到提取模式对于理解社会构成的重要性；我在第二部分对妇女与纺织的分析很大程度上应归功于这一观点。

㊾ 据 Paul J.Smith(1991)的研究，宋代前期是唯一一个例外。因为政府要面对极端的军事上的威胁，这一时期的政府官员探索史无前例的增加税收的方法。宋朝施行了一定程度上的经济激进主义政策，这至少在 19 世纪晚期以前都是绝无仅有的。国家直接（通过国家企业和垄断）和间接地（通过对商业活动的税收）参与了正在萌芽状态的商品经济。宋代的财政专家在官僚系统中处于精英地位，他们精心策划了一个复杂和有力的专门化财政机构的网络，管制不断增长的国家商业活动部分。商业税使国家税收不断增长，并榨取经济。新经济政策于 1068 年至 1085 年间实行，"扩大了国家对新地区和新产业的控制，直接挑战了为国外和国内贸易利润而经营的私人商品手工业，这都是为了资助侵略性的新的领土扩张政策和国家防卫。"(Smith 1991：9)举例来说，四川的产茶业在 1074 年转为国家垄断，所得用来购买藏地的战马。但是，这些政策内含了破产的内在原因：对农民的严酷剥削，国家对中间商和代理商的依赖不断增长，它不可避免地走向失败。通过发展商业税基础而增加国家税收的战略在宋代中期被废除，在这之后，它的名声始终不佳，在正统新儒家那里尤甚。

㊿ Will 1994.当官员试图改变所辖地区的农业时，他们通常不得不与实用主义的原则相调和。实现理想的乡村经济模式的计划，比如据说是周朝实行的耕作体系，想来要做巨大的让步，最后废弃一旁，长官会发觉当地气候严酷、土地贫瘠而多山，当地地主不合作，而当地农民则令人信服地证明他们自己的耕作体系更适用。Perdue 1987 就此给出很好的解释。

(51) Eivin 1973.

(52) 李约瑟把中国没能发生工业和科学革命归咎于他所称的"官僚政治封建主义"。在中国本土，直到最近以前，马克思主义正统派一直要求学者按照"资本主义萌芽"来解释帝制中国晚期经济史上的复杂性与矛盾性——"资本主义萌芽"在封建中国的不利环境下窒息了（见 Brook，将出）。随着最近教条主义紧身衣的松绑，令人兴奋的作品开始面世——Brook（将出）和 Wong（将出）引用了一些例子。Hill Gates 提出了一种有趣的与马克思主义不同的方法，这种方法把性别关系置于分析的中心。Gates 以此论证道，于帝制中国晚期，在她所称"纳贡"和小的资本主义生产模式之间有一种持续的辩证关系。Gates 指出，尽管在这几个世纪的过程中，中国经济确实发生变化，以至以家庭为基础的、小规模的、商业化的经济活动十分显著，应被视为一种生产模式，但因为国家反复地力图包容之，使商业部分仍然不能支配经济。然而，相纠葛的商业规则以有趣的方式强化了社会组织国家意识形态的一定方面，尤其是家族模式和性别关系。

㊾ 我已经提到了施坚雅(Skinner)，Smith，Perdue，Will等人的西文著作，但还有很多其他作品。Will(1994)对于清帝国的农业话语与它所转化成的实效之间的关系，曾提出一个特别好的论点。他就这一关系得出了两个要点。首先，促进农业改进的帝国法令不能转化为一个连贯的、有中心组织的运动；其执行依靠当地官员的个人努力，因而在范围和为期上都是有限的。第二，在农业上正如在其他许多领域，中国统治者传统上排斥强制与威压，总是试图通过教育和说服来达到目的；说服总是失败，这在意料之中。

㊿ 这一社会契约在清代地方官员双月一次的关于"圣谕"的演讲中得到最直接的表达——地方官员本该在他所管辖的所有乡村中组织这一活动。"圣谕"由康熙帝于1670年发布，这是他登基的第九年，当时他只有十六岁。"圣谕"包含十六句格言，每句七字，从其发布到清朝结束，"被公认为是最简练、最有权威的儒家意识形态宣言。"(Mair 1985：325)第四、五、十四句格言与"正确农业"及其社会目标有关："一重农桑以足衣食"、"一尚节俭以惜财用"、"一完钱粮以省催科"(同上：325—326)。为了达到教化的目的，"圣谕"被无数学者和文职大臣详细阐发；又加上图画，还有用文言文和当地土语撰写的诗歌和注释，补充了令人动情的美德与恶行的故事以使内容更好理解。Mair 认为，即使大多数普通民众熟悉这些演讲或读物所传达的信息，但他们虽然不得不听却很少主动地阅读之，"无论出于责任，为了娱乐，还是为了教诲"(同上：358)。

㉕ 从公元前二世纪流传下来的农书中有关于这些方法的片段记载，贾思勰在533—544年间写成的《齐民要术》中对这些方法有详细的描述。

㉖ Bray 1984：587—597.

㉗ 李伯重 1990；Lamouroux 1995。

㉘ Elvin 1973；Bray 1984：477—510.豆饼是碾磨大豆制作酱油或豆腐时的副产品，富含纤维，做成大圆盘状；榨取各种植物油也能产生可以用做肥料的块状物。另一种普遍使用的肥料是石灰状的。一块豆饼显然足够一家农田的秧苗用了(Bray 1984：289—298)。

㉙ Bray 1986：113. 在长江三角洲部分地区已经形成一种米、丝和鱼的自然

循环经济系统。在稻田之间的堤岸上种植桑树,桑叶用来喂养蚕,蚕的排泄物用做稻田的肥料。在秧苗移种后不久就在稻田里放进鱼苗,用蚕蛹喂鱼,鱼也吃害虫的幼虫,这就保护了秧苗。男人照管桑树、种稻、养鱼;女人养蚕、抽丝。在其他长江流域,夏季稻和冬麦轮种。在 17 世纪,更南的亚热带地区种植双季稻、一年三季的油菜、靛蓝、大麦、甜薯。剩余的大米输出到广州(Bray 1984:509)。

⑥ 在宋代以后,北方成了经济发展停滞地区,农民耕作方法也成了定式(Buck 1937)。直到 20 世纪早期,资本主义工业进入当地城市,情况才开始发生变化(P.Huang 1985)。至唐代晚期,科举考试确立,标志着中国门阀政治的衰落。经济中心向长江流域的转移意味着对北方平原土地的控制不再是特别有利可图的事。

⑥ 关于农民幸福的官方话语常常是赞成"生财"的。但是 Will 以为,如果把这样一种表达解释成数量上、累积性的增长或个人消费的增长,那就错了。"这仅仅意味着财富的生产对于维持总的平衡是必不可少的,但绝不是使每个个人(或每个家庭单位)更加富裕的浮士德式野心。"(1994:881)不用说,农民在这样的事情上经常和国家政府不能完全一致,他们不会在够活过歉收年的剩余和能改变生活方式的剩余之间作出区分,他们也不会在"基本"和商业作物之间划等线。通常,商业作物或家庭制造业的专门化为经济生存甚至是发财致富提供了最好的机会。商业作物在大多数地区都能作为副业而培植,但是如果买米比种稻更合算,农民通常会把地都种上经济作物(Bray 1986:131)。国家一般都试图阻止或至少是控制这样的趋势而赞成自给自足,担心放弃粮食生产而转向糖、茶、橘、棉的地区是给灾难铺平了道路。毛主义的政策把所有耕地转成种植粮食,这对于许多古代官员来说实在是很亲切的。

⑥ Connerton 1989:72—104.

⑥ 福柯在他早年的工作中明确宣称他并不致力于历史解释,因此就这点责难他是要慎重的。

⑥ 对马克思主义经济化约论的批评,与对弗洛伊德心理化约论的批评是相继的,这在埃利亚斯《文明的进程》中有所表现[(1939) 1982]。

⑥ 例如,贵族公馆内的生活方式取决于仆人群,这些仆人是不可见的,他们生活在贵族生活的后面,即使与主人在同一空间时他们也不突出。在拜访中,贵族只在意自己的同类,其他的要么太粗俗不算数(资产阶级),要么还不是真正的人(仆人)——因而缺乏任何与我们所想象的私人空间有关的地方。一

个贵族妇女在男仆面前能一点不尴尬地脱掉衣服,然而,这个态度所反映的伦理密码对于资产阶级的心灵来说是不道德的。贵族按照一种行为在他们自己群体内产生的效果来判断其合理性,资产阶级则将自己的道德和感受扩展到社会下层。从这点可以看出:资产阶级划出的他们自己与仆人之间的界限,无论是空间上的还是行为上的,可渗透性都大得多。

⑯ Chartier 的批评见于埃利亚斯[1933]1985:xxiv。埃利亚斯看传播的问题见 1982:2:229—336。

⑰ 关于正统观念与正统实践之间的关系,见伊沛霞(Ebrey)1991b,Watson and Rawski 1988;关于道德意义的著作,见 Cartier 1984。

⑱ 在关于新儒学及其社会渗透的大量论著中,见 K.C.Liu 1990 关于正统道德观念;Elman and Woodside 关于科举系统及其影响;伊沛霞(1991b,1991d) and Watson and Rawski 1988 关于不同类型的礼;Watson and Ebrey 1991 and Birge 1992 关于婚姻与妇女地位;Johnson, Nathan and Rawski 关于正统信念与大众文化的适应。

⑲ Mahias 1989:5。

⑳ 由公元前 5 世纪的哲学家孔子所表达,由他的后继者如公元前 3、4 世纪的思想家孟子和荀子加以详细阐发,在公元前 100 年由西汉王朝确立为国家正统。

㉑ Cartier 1984:278,304 关于劳作的意识形态,Keightley 1989 关于政治隐喻。

㉒ Cartier 1984:304。

㉓ 例如,《考工记》被收于大约公元前 140 年的经书《周礼》中,它用词简洁而不能说含义模糊,记载了一套早于汉代的手工艺。在许多校订本中,都引用由南宋学者林希逸写于大约 1235 年的注释本,以及由著名经学家、数学家、天文学家戴震在 1746 年写成的有考据的插图本。

㉔ Bray 1984:47。

㉕ Ruitenbeek (1986,1993) Clunas。

㉖ 自然会有装饰的倾向。在这些木版画中,做工的人们满脸微笑,穿着整洁,愉快地聊着天,他们额头上的汗被竹制格子窗吹送来的风吹凉了。

㉗ 杜甫对无产者的同情使他成为早期共产党政权下最受欢迎的古典诗人。

㉘ Blake 1994:680。

第一部分　建筑一种传统：中国社会空间的释义

① 第一段引文是 De Groot 翻译的《礼记》片段(1892—1910:2:372)；他的译文比 Legge 更精确，第二段引文仍出自 Legge(1885:1:369)。《礼记》据说是孔子亲自编纂的礼仪的汇编；虽然现在的《礼记》成书于公元前 1 世纪，但其中部分可追溯至公元前 5 世纪孔子在世之时。这些文化神话大量出现于汉代的哲学著作之中，如《韩非子》——这是一部可上溯至公元前 3 世纪早期的政治哲学著作，以及《淮南子》——这是一部编纂于公元前 120 年左右的道家无为哲学的汇编。第三段引文出自《淮南子》(Robinet 所引,1993:161)。

② 汉娜·阿伦特(Hannah Arendt)在《人的境况》(*The Human Condition*)(1958)一书中，探讨了古希腊城市共和国"Oikos"与"polis"领域之间的空间区分所具体表现的阶级与性别区分。她指出，对于一个自由人(男)，一个公民来说，他自己的前门标志着两种生存模式之间的通道；当他进家门之后，他撇开了政治性，在家里，个人之间的互动不是平等的，而是具有严格的父权家长制层级。妇女和奴隶不能在公共领域活动。Richardson 在对现代 Costa Rica 的研究中，发现仍然存在着这一空间上的二分法，通过观察一个地方的气味、颜色、感觉等等，Richardson 得出这样的结论："在商厦"的体验可以用"cultura"这一概念表达，指得体正式的行为方式，这与"vivo"即"在市场"的体验形成对照，后者表示灵活、迅速、敏捷的行为方式(1982)。关于欧洲文化逐渐划分工作场合与家庭之界限的历史过程，关于隐私的产生，参看 Aries 与 Duby1985—1987。

③ (Boyd 1962:48)将这一点归因于他所说的"直接性和功能的明晰性"。但我的看法是，这关系到中国人的道德感以及不同领域之间的行为统一性。在中国，甚至清真寺和犹太教堂也具有同样的本土——实际上是家庭式的风格。

④ 参看 Ardener 所编论集中的有关文章，特别是 Ardener, Hirschon, Khalib-Chahidi, Sciama 和 Wright，我在后文中将引用后者文章。Moore 1986 是以女性主义观点研究空间意义的另一个范例。

⑤ Sciama 1981:93.

⑥ 见 Ko 1994 和曼素恩(Mann)1991。

⑦ Hsu 1948；Cohen 1976；M.Wolf 1968。

⑧ Ruitenbeek 1993:4.

⑨ Geomancy 是"风水"或"地理"最常见的英文译名，在中国，"风水"指的是在一种风景地形中选宅以建房或造墓的技术。有些学者如 Bennett 和

Schipper 更愿意用 siting,因为在欧洲 geomancy 指的是一种用一把沙土预测未来的法术。我和 Feuchtwang,Ruitenbeek 一样,使用 geomancy 一词。

⑩ Ruitenbeek 1993:62,重点为作者所加。

⑪ 布迪厄将房屋看成是养成惯习的关键机制,在这一场所,符号关系编码于日常生活之中,并作为行为的物化形式而自然化(1977,1990)。房屋教导着默识的知识,吉登斯(Giddens)称之为"实践性的"(practical)以与不得要领的自觉意识(discursive consciousness)相对(1984:7)。我在研究中国的家居空间和空间活动时,采用了福柯有关空间如何反映意识形态并打上其烙印的分析(1979)。因为我对历史过程感兴趣——与福柯不同,我也采用了马克思主义者 Lefebvre 关于空间产生的研究(1974)。对于 Lefebvre 来说,空间既是社会关系的产物,又生产了社会关系,必须理解为物质基础与意识形态的上层建筑的直接附属物。他关心如何理解和从思想上再现既与权力有关又与历史变化有关的空间。和 Raymond Williams 关于科技文化的著作一样,Lefebvre 力求打破霸权概念,以阐明在一个特定的社会中,残余的、主流的和新的再现之间的互动。社会空间的产生应被当做一个历史性的过程,以这一特定观点,我试图阐述一种意识形态再生产和演变的过程,其中,分歧对立的空间再现逐渐相互协调,整合为一个具有多重意义的形式,而为不断扩大的社会领域所共同接受。

⑫ 克里福·吉尔兹(Clifford Geertz)首先提出了作为文本的文化概念,将文化看做是一种多层次的文献,既能被本地人也能被外来者用许多不同的方式加以解读(Greetz 1973)。Henrietta Moore 在对肯尼亚 Marakwet 的研究中,将家居空间作为一种"文化文本"来分析,主要关注其中随着 Marakwet 合入民族经济而发生的性别角色转换。正如 Moore 所指出:"将空间当做一种文本,不是就其客观的真实的社会与经济状况而言的,而是指对真实状况的意识形态再现"(1986:152)。

⑬ Bourdieu 1990:56.

第一章 房屋的形式和涵意

① 另外两伦是指君臣和朋友。

② Bennett 1978:2. Ruitenbeek 注意到选房屋宅地似乎早于选坟墓宅地(1993:36)。

③ Feuchtwang(1974:16)探讨了在宋代新儒学哲学家的影响下,风水术如何得到了详细阐发,他们当中的许多人写了关于气的论著;又参见 Bennett

1978。能用风水术造福于当地社会,比如当地庙宇或宝塔的选宅(Feuchtwang 1974:2;Schipper 1982:35),但是风水最常用于竞争性的目的:"要阻止村子里的人把他的房子盖得过高;要阻止他建造可能带来威胁的门和窗;而他要想法争取。"(Freedman1969:14)Baker 曾详细描述了一个人们为风水斗争的事例(1979:appendix II)。

④ 参见 Dardess 1989,研究 16、17 世纪的对江西省太和(音译)镇周围不同地带(居所、田野、野地)的文人式理解。虽然研究视野限制于士绅阶层的男性成员,但这是丰富的、具有启发性的历史研究——而法国人类学家如 Condomina 曾经把这里作为地方社会进行了民族学研究。

⑤ Patricia Ebrey 将《朱子家礼》译为英文,并研究了它的流传和影响。对于我来说,她的译本和研究乃是不可缺少的,尤其可贵的是,她细致地研究了书写文本与实际实行之间的关系。她翻译的宋代新儒学文本如《家礼》和袁采的《世范》,很可能变成标准(伊沛霞 1991d,1984),所以我直接引用她的译文而不是自己翻译。

⑥ 在许多社会中,都以发式的变化标志从未成年人到成年人。在中国,女孩子用绶带在头两边把头发扎起来,成年后,则梳成发髻;男孩子的头发上没有遮盖,成年后则要带上冠。在士绅家庭,要举行成年礼,由近亲家庭的同性长辈主持,他负责指导他或她以正确的行为方式行事。

⑦ 伊沛霞 1991b:105。

⑧ 关于晚清和 20 世纪早期宗教与礼仪的西方著作(e.g.,De Groot 1892—1910)以及民族学著作(e.g.,Hsu 1948;Cohen 1976;M.Wolf 1968)为研究正统文本和一般礼仪规范提供了重要的补充,对于中国房屋的法术方面也是一样。

⑨ 参看 Ruitenbeek 1986,对《鲁班经》在当代台湾的应用的说明。

⑩ 这些内容最晚可能产生于明代(Ruitenbeek 1993:139—140)。

⑪ 第一段引文出自 Hanan 为李渔的色情小说《肉蒲团》的英译本写的导言(1990:v,vi);第二段引文出自他写的李渔的传记(Hanan 1988:59)。

⑫ Peterson 1979:32;Rawski 1985:13;关于明末清初"文人"盛行之状况。

⑬ 不幸的是,这一作品早已消失(Hanan 1988:vii;Hanan 在这本书的一章中提到李渔对房屋和园林的热情,引文出自第 29 页)。

⑭ Ruitenbeek 1993:30 关于对于建筑的新的关注;Clunas 1991 详细研究了晚明时代有关鉴赏著作的出现以及意义,集中于《长物志》。

⑮《闲情偶记》8,2a;除非特别说明,有关译文皆出自我与 Alison Sau-chu

Yeung 的共同努力,她友善地提醒我注意这部书对于我的研究十分有用。李渔的贫穷是相对的,他未能取得官职,而主要依赖别人的赞助和送礼;同时,他通过写作按当时代的标准赚取了可观的收入,还开了一个店卖书和他自己设计的高级信纸。他有一大家子人,相当重要的原因是在这些年里,他的资助人送给他两个小妾(Hanan 1988:8)。

⑯ 日本在德川幕府统治时期不许外国人进入,也禁止日本人去国外旅行。长崎的港口是唯一一个允许外国商人踏上日本土地的地方。本书序言指出,无论在哪里,日本都切断了曾与中国唐朝有过的那种密切的文化联系。日本曾与宋朝、元朝和前期明朝仍保持来往,因为在那时,日本人曾渴望得到有关中国的信息(Shinzoku kibun A:8)。

⑰ 《清俗》(Shinzoku kibun) A:13。我使用了《清俗》的两个版本,分别以 A(原本的复制本)与 B(在当代日本通行的评注本,详细情况请参见参考文献部分)表示。我的翻译得到了 Mayumi Matsumoto 的极大帮助。《清俗》的序言谈论了与中川忠英配合的中国人和日本人的专业技艺,有关信息补充于 B 2:156。

⑱ 中国和日本的书籍的装订是将足够长度的纸折叠成风琴页状,然后在一边缝合;一折算成一页。

⑲ 其内容也并不突出儒家思想。其中有 18 双页的内容开始讲宗庙的祖先祭祀、墓祭与家祭,然后是城隍、土地神、天后(裁缝的始祖神)的公共性祭祀以及庙戏,最后是关帝祭祀(战神)。天后与关帝数世纪以来已经是官方性神祇,很像在西方基督教会驯化了冬季和春季的节庆,使之服务于自己的目的。参见 Watson 1985 关于天后信仰的正祀化,和 Brook 1993:279,288—293 关于关帝祭祀。

⑳ 直到明代,似乎最好的家具是由易腐烂的上漆的软木制造的,而那时的一些硬木家具留存至今,变得很时髦。中国南方地区生产上好的硬木,但最高级的木料出产于东南亚地区;开始于明代的开放贸易政策促使硬木家具的时尚迅速流行(王世襄 1991:导言)。大多数鉴赏家和历史学家都认为明代和清代早期是中国家具的黄金时期,到晚清逐渐流行更加华丽的风格,现在许多专家认为这是一种退化,而在当时西方国家对之则有很高需求。关于中国家具请参见 Kates 1948;Ecke 1962;Clunas 1988;王世襄 1991;许文(Xu Wen—音译)1991。

㉑ 尽管也有个别学者特别关注到精英建筑固有权力的维度(如 Thilo 1977;Johnston 1983),中华人民共和国建国之后出版的有关建筑的著作也常常

提及出身、剥削和控制的问题。

㉒ 刘敦桢 1980；Knapp 1986；李约瑟 1971；Ruitenbeek 1993。

㉓ Knapp 1986：图 19. 1.13；张仲一等 1957。不幸的是大多数这些老房子已经拆掉而建起了现代建筑，但是，在徽州（这里在明代时期是个富裕的商业中心，支撑着一大群古老而著名的士绅家族），许多好房子留存到了今天，其中的一些仍然保留着明代家具（Huang Yilong，私人通信 1995）。在 16 世纪，徽州的家具匠闻名全国，许多人在像苏州这样的南方城市，甚至在首都北京开业（王世襄 1991：14）。

㉔《营造法式》是 1103 年出版的一部供官方使用的建筑指导（Glahn 1982）。

㉕《清俗》中的平面设计图在技术细节上例外地呈现出每根柱子连同台阶、门窗的准确位置，以及每一空间的名称。

㉖ Knapp 1986：21。

㉗ 在地中海和西亚的穆斯林社会情形的确如此，有人可能推测这一传统来自更古老的北非庭院建筑和地中海地区的罗马式庄园住宅。Antoine Abdel Nour 认为，在中世纪叙利亚指称家庭住宅的术语"dar"，基本上指的是一个由朝向内的建筑围绕的"天堂的"庭院，而没有向外的正面，是封闭的阿拉伯父系家庭的具体表现（1979：82—83）。在同一卷中，Roberto 进行进一步的分析，论述了中世纪阿拉伯镇子的整个结构都是封闭式的，而不是使所有受珍视和有价值之物公开化，在这里，将陌生人挡在街道的白墙之外，禁止他们入内。中国的房屋与城市布局的确与之有着明显的相似性，可能与类似的父系家族认同观念有关。有人猜测在北中国用天井来称呼庭院可能是受到蒙古的影响。

㉘ 这与欧洲的房屋结构和屋顶构架十分不同，屋顶的弯曲度能灵活变化，也能适应不平坦的地形（Knapp 1986：图 71.3.36 展示了北方与南方对比性的房屋结构；图 76. 3.44 展示了一个建筑在斜坡上的房子）。Knapp 指出，在家居建筑中，承重的是砖墙或夯筑的地基，认为有木制的承重结构是错误的，即使宫殿和庙宇也是如此，这是一个普遍性的特征。

㉙ 房屋的大小也以间数计算，但规模由基本的模数决定，即支撑屋顶的支架的交叉部分。建筑所有主要的木料都合于这一模数的标准比例，而按照建筑的等级有所变化。1103 年的《营造法式》相较于 1734 年的官方用指导手册《工程做法则例》，造屋的基本尺寸要稍微小一点（Glahn 1982；S.Liang 1984：15）。

㉚ 刘敦桢 1980：105—110。

㉛ Dardess 1989:306。《清俗》告诉我们,在富裕的人家有小洗澡房,位于后院靠近厕所,厨房与水井也在后院(图7)。穷人即农民和做工的,他们自己家没有洗澡间,但常去公共浴室,或者就花点钱买热水——大概是穷人家妇女的买卖——好好洗洗(A:134,161)。按照《礼记》,在古代中国,官员要求每五天洗一个热水澡,每三天洗一次发。洗浴的香料乃是中古早期一件精妙的艺术品,药浴也是普遍的。王焘752年《外台秘要》,其中有一章讲洗浴和化妆用品,包括五种洗发的和八种洗浴皂。首次见诸记载的公共浴室是宋代杭州的,大的公共浴室逐渐成为城市生活的显著特征。厕所也同样如此,出土的汉代冥器表明厕所建在猪圈上面,还有一个楼梯。最早提到厕所的书是590年的《颜氏家训》,其中指出禁止用有字的纸上厕所。

㉜ Clunas 1988:45,51;也参见王世襄1991:24—28和图版。《清俗》的第九章讲招待客人,其中有一幅晚宴的插图,客人都落座在小桌子边上。《便民图纂》(16页)中种稻图系的最后一幅,表现的是一场庆祝收获的宴席,地主款待雇工和佃户,他们坐在一张长桌子边,宴席已经接近尾声,每个人都喝醉了,有些人在唱歌,有些人跳舞,有些人耍把戏,有个男人无法端起他的酒。在上流社会的晚宴上,客人们坐在椅子上;而在乡村的秋收筵席上,则用的是长凳。以下将探讨不同坐法的社会意义。

㉝ 参见刘敦桢1980:83图45。

㉞ 西北疏松土质地区的窑洞受到有关建筑研究学者的很多关注(Knapp 1986:31—39专门研究窑洞,还有几幅精美的插图)。窑洞是一种活着的传统:自1949年以来仍大量修缮或修建窑洞建筑。受到同样关注的另一类中国建筑形式只有客家人的"客家土楼"(刘敦桢1980:152;Boyd 1962;Knapp 1986:45)。

㉟ Ruitenbeek 1993:8。

㊱ Metailie等人1980:15。中国的宇宙观关心的是能量的盛衰消长以及转换的模式(pattern),而不是其本质和差异。五行(水,木,火,土,金)不表示独特的和不可替代的元素,就像在希腊思想中一样,而是独特转化模式的序列。例如,水相关于事物凝缩和向下运动的模式,火相关于事物发散与向上运动的模式。所有的自然现象(包括人类)其存在的历程就是五行的有顺序的转化循环,而五行更是用来表示特别现象之特性的。

㊲ 参见李约瑟等人1971:65和刘敦桢1980:67论述了石材使用的限制。屋檐对于房屋的美感是非常重要的,以至李渔为不能负担大窗和悬垂式屋檐的

穷学者特意发明了便宜的"可调节的屋檐"(《闲情偶记》8.6a-b)。

㊳ 这一扼要的论述依据 Ruitenbeek 1993:7—15。关于建筑用木的其他讨论包括童书业 1981 关于工艺和木材贸易的研究,以及李约瑟等人 1993:14。

㊴ 刘敦桢 1980:89;《五杂俎》谈到了北方弯曲的木料,Ruitenbeek 译本 1993:14。

㊵《八宅造福周书》1:4b, Ruitenbeek 译本 1993:38。Feuchtwang(1974:142—143)探讨了地点选择上吉利与美的相同相和,指出描绘好地点的形容词"秀"和"美"的重要性。他说,风水的考虑甚至要融入空间体验的最通行的标准,"影响风景与运气真正的实感"。

㊶ 东南地区客家人的"客家土楼"是个例外,见 n.34。

㊷ 李约瑟对比了中国建筑景观的横向延展与西方首先呈现于哥特式教堂的垂直高耸的建筑景观,他认为西方式直冲云霄的风格与神学对超越性的强调有关,而中国建筑与周围景观的融合则表现着精神的无所不在的观念。Lefebvre(1974)与之相比,则将高耸入云的哥特式建筑风格解释为男性生殖崇拜的侵略性的具体表现。

㊸《闲情偶记》8.1b。

㊹ 关于整洁可弥补空间的促狭,参见同上:8.2a。引用的司马光语出自 Ebrey 的译本 1991d:33。李渔对清扫的论述包含在《闲情偶记》8.8a—10a。

㊺《闲情偶记》8.10a—11b。

㊻ 正好在一个世纪之后,萨德也在巴士底囚室的墙壁上插了一个管,用于同一目的。因为他的房间高出街道,对过路人的害处要比李渔更大。

㊼ 王世襄 1991:41。

㊽《清俗》A:75;B:1,78。这是南方的风俗,谈及此点的商人提供了如何建造一个套着内厅的大厅的有关做法,这一内厅能用于宴会,门外有树木,或盆景、花草、竹篱(A:96)。

㊾ Clunas 1988:22。

㊿ 在中古早期,每个人,无论什么地位,都在地板的垫子上盘膝而坐。中国的椅子似乎是从高出的座位平台或"宝座"发展而来的,这是在汉代以后的某个时期由佛教徒传入的(见同上:15—17;王世襄 1991:14—15)。

㈶ Ecke 1962:43; Clunas 1988:29—31,60; 王世襄 1991:25。

㈷ 引自范濂著《云间据目钞》,王世襄翻译 1991:14。"万钱"意味着一大笔钱。榉木是长江下游地区生长的一种榆树品种,不是硬木但比大多数软木要硬，有着美丽的色泽和纹理；提到的其他木头都是硬木（同上：16—18，"最好的家具木料"）。一开始，喜好硬木的似乎是那些更有钱而不是品位的富人，但逐渐变成了文化教养的标志，而软木则成了一般家庭的标准（Clunas 1988:41）。

㊹ 19、20世纪晚期的西方观察者在他们对农民生活的描写中主要强调了贫穷。Hommel（1937:ch.4,"棚子"）记载了1930年代农民住房的结构和内部陈设。"在中国人的简陋的家中，椅子是件奢侈品，只有长凳和短凳。"（同上：307）Hayes研究有关香港农村房屋的文字材料（他没发现多少），写道："他们的土地面，房子里面黑暗狭窄，以及斯巴达式的陈设——几乎只有大床、门或带脚的三角桌，以及粗糙的板凳"（1985:107）。

㊺ "自然"是一个在英语中需谨慎使用的名词。在中文中没有一个词能正好对应于西方思想中"自然"具有的"星空"的含义，而像Marilyn Strathern等学者也指出，将我们自己的观念范畴投射到其他社会的思想上，会造成曲解。然而，在中文中，人类社会组织的世界与不在人类法则之内的"万物"之间，有着相应的差别，正如在社会中的人其行为可以调节控制，而与万物的"自然"性不同，一个人要从世界中抽离出来才可望获得这种"自然"性。山是这个不可控制的世界的重要象征符号。"山泽"与耕耘的土地相区别，正如欧洲意义上的"森林"。风景就是"山水画"，"山林"意味着远离世俗而与神圣事物、精神性事物相处。（在第9章我提出一个相当不同的"自然"观念，如在小孩的"自然"禀赋中所用，指与生俱有之义，这一观念由"天"这个词表达，"来自上天"之义。）

㊻ 在帝国晚期的城市里没有公园，明清时期也有一些富贵人家向公众开放他们的园林（Plaks 1976:154）。城里的庙很狭窄，但山上的庙则不同，所以上山朝圣具有审美上和精神上的双重吸引力，对于富人和穷人都一样。

㊼ Georges Metailie(1995)指出，因为中国的文人获得官职后，往往过着迁徙的生活，在一个地方不能居住三年以上，因此他们发明了一种适合于这种生活方式的园林形式，带上一些盆景和盆花，无论他们去哪里都能在书房内外摆放，并利用这里原有的树木或其他永久性的植物园，以无私的精神栽培照料以泽惠后人。只有退隐之后他们才建造自己永久性的园林。因此，只有那些无法取得官职或不想做官的人才是大园林的建造者。（如李渔就是个例证，他从未谋得一官半职。）

㊽ 院子通常称为"天井"。

㊾ Plaks 1976:154.

㊿ 18世纪的小说《红楼梦》中的大观园里，有仿农舍田园的一块地方，还有

一个果园。"因为最近园子分给了婆子们照管,现在正是忙的时候。有的在养竹,有的修剪树,有的在种花,有的在种豆,甚至池塘里也有些女人划着船在淤泥上种荷花。"(58 回,Plaks 翻译 1976:199)

⑥⓪ Hommel 曾说到农民家的雕刻的格子窗:"形状如此美丽的窗子,在灯光下散发着一种莫名的魅力,令你驻足凝视,心中默默赞叹。"(1937:302)

⑥① Plaks 1976:165。

⑥② 西湖是古代杭州城外的一个人工湖,以其美丽著称,经常入画。

⑥③ 这是一幅包含了中国风景的所有传统要素的图画。

⑥④《闲情偶记》里有一幅插图,画的是带着扇面窗的船,在垂柳、庙宇、过往的船只和其他美景中漂流。可惜的是,我能得到的版本的印刷质量不允许复制。

⑥⑤《闲情偶记》8. 18a—20b。李渔解释说,最好是在一间较长的房间里享受这样的窗子,要坐在距离窗子较远的地方。在小房子里,人可能探身出去,因而失去了加上框架的效果。人们可能也在想,没有几个人能有这么具有想象力的眼睛,在一个小丘上发现山岳的景象,因此框架应该被当做是具有构成图画的可能性。

⑥⑥ Casault 1987:39。

⑥⑦ 在中国思想中,天圆地方的互补是一个很早就出现了的主题;从早期王朝起,在具有神圣性建筑的样式中,圆和方的因素互相结合,如王宫和帝国的神庙(参见李约瑟等人 1971:122;杜正胜 1994)。

⑥⑧ 历史从来是由胜利者书写的,所以关于中国文化基业的经典文本总是将中国文明表示成北方平原的产物;再有,大多数上古文化的考古发掘都是在北方进行的,这更进一步地支持了北方平原是中国文化摇篮的观点(Ho 1975)。因此,南方考古发现的文本以及物品,要求我们将"中国"文化的创造、产生看做是一个更加复杂的进程(例如,张光直 1977,1980;Keightley 1983,1987,1989)。

⑥⑨ Wheatley 1971:63;又参见 Knapp 1986:9。

⑦⓪ 中古时代几部南方的史书上提到了木桩上的房屋(刘敦桢 1980:197 n. 2),但这样的住宅在那时被北方人看成是一种"蛮"性,是北方异族的特性。

⑦① 在朝鲜、日本和东南亚,屋内的地板必须保持干净(既是实际需要又是礼仪需要),任何人进屋都必须在门口脱鞋,估计在中国古代前期也是如此。变成坐椅子可能与缠足的盛行有关,这是晚期帝制中国文化的另一个特性。小小

的绣鞋紧裹着缠足的绷带,很不容易拖下或穿上;妇女可能只愿意在她的卧室里脱鞋。在中国古代前期文化特性中,席子的重要性反映于大量的表达之中,包括"席"这个词。这一名词的内涵主要来自这一事实:相当等级的人坐在同一席上用餐,尤其是在宴会上。"主席"这个词,从字面上讲,指的是在席上居于主持位置的人。

第二章 编成密码的父权制

① 以下几页关于中国血缘亲族关系的大部分内容都是常识,大多数汉学家都会提到。我之所以包括这些内容是希望为非专业人士提供一个可以理解的分析框架。"家"这个词意味着家庭或家庭住宅(如"家兄"——是相对于同代的年长的男性亲戚而言的;"家内"或"内人"即在屋子里的人,也就是"我的妻子"的意思)。把家庭或家族的意思与家庭住宅建筑的意思合并起来的其他词语还有"房"或"厢"(如"内房",指女人的住所;"房亲",指父系同族亲属),以及"室"("室内"指一直待在她的房间里的人,即未嫁的女儿,处女;"收室",字面意思是"占一个房间",意思是结婚)。

② 参见 Judd 1989;Stockard 1989;Siu 1990. Goody 1990,关于一个中国妇女能在什么程度上融入夫家,这些论著提供了有趣的比较人类学的一般观点。

③《闲情偶记》9.1a。

④ J. Edkins,"风水",《中国记录者和传教士杂志》(*Chinese Recorder and Missionary Journal*)(1872 年 3 月):294,引用 Feuchtwang 1974:194。

⑤《清俗》A:70。

⑥ Hsu 1948:31—32。

⑦ Ts'ui-jung Liu,曾依据超过至少十代的家谱材料,研究了五个父系家族,他们居住在不同的省,跨越的时代从 1300 年至 1900 年之间不等。他得出结论道,成为祖父大约 51 岁,孙子出生大约在 52 岁。在家族世系中主要的家庭形式是简单的两代人的夫妇之家,因为即使不分家,单纯的人口条件(也就是生第一个孩子与死亡的平均年龄)也不允许三或四代人的大家庭盛行。然而,引人注目的是,能形成的大多数三四代人的大家庭是一大类型,这显示了家庭结构的复杂性(1994:138)。

⑧ 司马光《书仪》,伊沛霞英译 1991d:25。关于女儿与嫁妆,参见例如伊沛霞 1991d,1993;Birge 1992。

⑨ 因为家庭的层级是由代际、同代人的年龄差距以及性别构成的,所以不可能得出"男人总是高于女人"的简单结论。家长与孩子之间的伦理关系即"孝",在决定两个个人之间的关系时通常优先于其他原则;任何一个男子都要对上辈的女人表示尊敬。在这样的情况下,尽管尊敬支配着礼仪,但并不必予于权威。在帝制晚期时代,另一个逐渐普遍的原则是女人的"三从":未嫁从父,为妻从夫,夫死从子。这使法律与习俗之间产生了矛盾。法律继续支持更早的观点,给予寡妇以其死去丈夫的地位。按照律法条文,一个寡妇是家长,其子未得到她的同意不能分割家产(Birge 1992)。但是,早在宋代,寡妇的权利就开始受到威胁,在明代与清代晚期寡妇在夫家中经常是无助的。以儒家的观点在孝与"三从"之间并无矛盾:儿子既要尊敬母亲又要控制其行为。当儿子们试图不顾寡母的意见而处理家产时,或者当寡妇被迫再婚或不许再婚时,这一问题最常出现。

⑩ 在现实当中,父权权威的行使经常是一种暴力,许多男人并不把妻子当做是伴侣而是奴隶。因为在中国思想中,特别清楚地强调社会秩序与女人正确行为规范之间的关联,所以,并不奇怪,在特定时期(如 18 世纪早期)的价值不确定与不可靠,表现为高度强调控制和使妇女服从的必要性(曼素恩 1991;T'ien 1989)。在这种时期,在一般的道德说教中"三从"特别明显。

⑪ 伊沛霞 1991b:62,160—161。南方的宗族已经具有了"法人团体"的性质,它拥有大量的土地与其他相关财产,收上来的租子资助学校、慈善事业和祠堂。

⑫ 没有孩子的夫妇通常要收养孩子使自己有后嗣,在死后能得到祭祀,并保证宗族分支的延续而不致中断。甚至和尚和尼姑也可能收养后嗣,未婚而亡的年轻人可能要冥婚,或者要以冥婚夫妇的名义收养一个孩子,确保他不变成"饿鬼"而为害生人;见 A.Wolf 1974 写到的现代例子,以及 Waltner1990 关于中国人的收养的历史概要。

⑬ Seaman 1992:88;前面的引文译自 Clement 等人 1987:133。

⑭ 伊沛霞英译 1991d :5,6。

⑮《鲁班经》的第一部分写到了建造祠堂的方法,它所说的祠堂是一个独立的院落,有厅有堂,都宽 25 英尺多;庄严宏伟的大门高过 13 英尺(Ruitenbeek 1993:197—199)。第一部分的主要内容出自更早期的写于元代的房屋建造手册《鲁班营造正式》,不过这一段落的毫无特点的文字风格表明这也可能是明代时附加上去的内容(同上: 129,132)。

⑯ Kuhn 主张家庙在宋代是"相当普通的房间",而不是单独的大厅(1992:373)。"堂"这个词指的是厅,且形象化地表现祠堂的样式,就像伊沛霞展示的明代的插图(1991d:7),其中之一就是图 5,表示出祠堂乃是一单独的建筑。然而,考虑到中国图画的传统,也能将之看做是表示其位于院落中心部位。

⑰ 伊沛霞 1991d:6。

⑱ Hymes, Schirokauer 1993:16。

⑲ 官僚机构的规模在唐至晚清的漫长世纪中几乎没有什么变化,而人口却增长了十倍(Skinner 1977:23—26;Hartwell 1982)。

⑳ 伊沛霞 1993:113;Brook 1993:323。

㉑ 在一些宗族法规中规定宗族土地只能租给本族人,而有些又明确规定不许租给本族人。有关宗族和共同财产的一般性文献是很大量的;关于宗族社团如何在宋代出现的经典分析是 Twitchett 1959。

㉒ 朱熹提倡穷人家的祠堂应有所修正以适于用,出自伊沛霞译本 1991d:7。能放置于家庙中的祖先的辈分在宋代定为四代,这一数额被认为适于所有社会阶层。虽然家庙自身平等地允许所有阶层祭祀四代祖先,但穷人与富人之间的差别表现在最老的祖先被替换之处。正如富人一般比穷人有更多的孩子,所以他们也有更多的祖先。祖先,即使长命也不能不朽,当后代人死去变成了祖先,最老的一代就得从家庙中移出。有时只是简单地丢弃牌位,但是,如果祖先卓越特出,就要将之在家庙中重新设置;富贵的死者比贫贱者要"活"得长(R. Watson1985)。

㉓ 朱子新儒学的先驱程颐认为家庙应朝向东方而不是南方;朱熹引用经典证据驳斥了这一提法(伊沛霞 1991b:126)。

㉔ 我知道生活在美国的一个中国人家庭至今保有祖先的牌位和其他的神明,位于冰箱顶上的一个小神龛里,这是美国住房的心脏。

㉕ 伊沛霞译本 1991d:5,11。

㉖《清俗》A:75,重点为作者所加。

㉗ 同上:498。

㉘ 新儒家要将自己的哲学明确地表达出来的一个重要动机,就是要让人们彻底丢弃"外夷的"佛教崇拜。儒家负有改善世界的道德秩序的责任,他们宣称佛教是颠覆性的,因为它否定生活世界的重要性而全力地要获得来生的拯救,尽管将佛教讽刺为专门修来世是过于夸张了。Monika Ubelhor(1989)论道,宋代新儒家提出的社会组织是对当时佛教徒社会与慈善组织所构成的挑战

的一个直接反应,而 Brook(1993)对于晚明的社会状况得出了相似的观点。大多数中国人能够将儒家、佛教与道家的信仰与规范融合在一起而生活得很愉快,但是新儒家们特别急切地声称自己的家礼的正当性。在具体实践上,因为佛教没有任何婚礼仪式,这就意味着要在丧礼和有关死者的各种礼仪上展开争夺。

㉙《朱子家礼》,伊沛霞英译 1991d:5。

㉚ 在中国许多地区,提前准备牌位是一种惯例,但不能写上这最后的点(如 Naquin 1988);在南方的许多地方,所有祖先的名字写在一张单独的纸上,并置于家庙中,同样需要加上最后一点的包括刚亡故的人,但写在一张新纸上(R. Watson 1988)。

㉛《清俗》A:493—524 描写了家中的礼仪。

㉜ Ruitenbeek 1993:307.

㉝ 同上:114。

㉞ Chard 1990:152. Chard 的两篇论文提供了有关灶神崇拜的原始材料的参考,也提供了有关民族学研究和民间传说的集子,以及中文和日文的有关论著。

㉟ 关于炕作为建筑的特色的历史,见李约瑟等人 1971:135。早在新石器时代,邻近的朝鲜发展出一种范围更广的地热形式: the ondol(地炕),能使整间屋子加热。与热炕系统相连接的烟囱是朝鲜家居建筑的一个令人印象深刻和吸引人的特征。

㊱《清俗》中有插图,A:116—117。

㊲ "炉灶确定了一个家庭为独立的实体"(A. Wolf 1974:133);也见刘敦桢 1980:82。

㊳ 在《礼记》中详细说明了"妇工",包括烹调、准备供奉的食物,还有纺织。关于生的和熟的祭品,见 A.Wolf 1974 和 Thompson 1988。大部分民族学研究都指出,对中国南方人来说,大米是主要的食品,大米的供奉在日常祖先祭祀上是中心性的,而且在一般的与生有关的礼仪上也是一样,包括婚礼和祖先产生的丧礼与葬礼(Seaman1992;Thompson 1988)。Thompson 认为,大米是阳性的、雄性的,类比于精子。将这一论点扩展开去,可以将妇女在厨房的炉灶上把为葬礼准备的米做熟,看成是象征精子在子宫中转化为胎儿的过程。

㊴ 在大多数涉及烹调的文本中都没有提到厨师的性别。理想中烹调应该是女人的事。关于礼仪与礼节的经典文本如《礼记》,将烹调包括进女人甚至居

于高位的女人的职责中。然而,当时大致的图像材料,如汉代画像砖表现了大庄园家庭的生活,显示出厨房中男女仆人一起干活,而男人经常做烹饪的活。

㊵ Chard 1990:158.

㊶ 同上:162。在这一时期,观音菩萨也经历了性别的转换,变成了一个仁慈的女神(受到崇拜,尽管是处女却成了保佑多子和平安生育的神)。

㊷ 在中国的许多地方,女人完全被排除于新年祭神之外(同上:151)。

㊸ 有些灶神传说把七个女儿中最小的一个当做“织女”,即管女子织布裁衣之技巧的神。

㊹ Chard 1990:167.

㊺ 同上:166。

㊻ Chard 1993.

㊼ A. Wolf 1974:133,引用 Freedman,他认为这一分离使得灶神成为至高的家庭崇拜。

㊽ Chard 1990:179—181.

㊾ Watson ,Rawski 1988 提供了一些例子。由于中国的丧葬礼已经得到中国学者以及有关中国学的学者的广泛研究,在这里我仅仅简要地涉及主要是纯粹空间方面的内容。

㊿ Kuhn 1992:373;Naquin 1988:39.

(51) 这至少是曾经在广东地区工作过的人类学家的观点(R.Watson 1988:206)。Ahern 在她对台湾的研究中,得出不同的观点,认为是祖先自身而非祖坟的风水能带来好运(1973:185)。这一解释确实能说明清明节一家人在祖坟前祭奠的风俗,但是在中国的大部分地区,自然力量的导引似乎一直是选择墓地时首要关心的。

(52) R.Watson 1988:207.

(53) 这一种正式的记录在长度与内容上变化相当大。它可能列出订婚者父系祖先和母亲的全名与所有头衔,或者仅限于日期与主人的全名。通常要列上两家交换的所有礼物(伊沛霞 1991d:51;又见 Watson,伊沛霞 1991)。大多数大众百科全书(即类书——译者加)都描述或举例说明婚约格式,并指导如何填写内容。

(54) 尽管朱子赞成第三天荐新娘于祖先,但在宋代新儒家中对何时举行这一礼仪意见相当不同。司马光愿意接受当时的风俗,即在婚礼的当天就荐新娘于祖先;程颐想要恢复经典上记载的古礼,即要等待三个月(伊沛霞 1991b:

84)。

(55) 伊沛霞 1991d:48—64。

(56) 伊沛霞 1991b:82。

(57) 比如,司马光尽其所能强化居于上位的男性的权威,不许女人在两家的接触中发挥任何作用(伊沛霞 1991b:83)。

(58) Furth 1990.

(59) 这是 Carma Hinton 的电影《小快乐》(*Small Happiness*)中的一幕,尽管共产党政权力图移风易俗,但中国地方上的婚俗似乎显示出明显的连续性与适应性,似乎可以合理推测,这种不善的当地风俗是从更早的时代传下来的。

(60) 伊沛霞 1991b:81,重点为作者所加。

(61) 这是处女第一次性交的形象的双关语(Cahill 1993:238)。

(62) 伊沛霞 1991d:60。关于朱熹以微妙方式讲述的这一喧闹风俗的当代版本,可以在李安的电影《喜宴》上看到,它描写的是以纽约的台湾移民文化为背景的一场婚姻。

(63) Schipper 1982:194.

(64) Ruitenbeek 1993:Ⅱ,35.

(65) 同上:226。

(66) Furth 1990:163.

(67) 在较小的住房中,紧靠大厅的屋子通常是卧室,但从一间到另一间几乎总是需要穿过庭院。

(68) 生孩子通常被称为"坐席"。

(69) Charlotte Furth,私人通信 1995 年。关于中国女人月经和生产之污染的经典的民族学分析是 Ahern 1978;Seaman 1981 探讨了这一观念的历史深度。Furth 1986 提出,帝制晚期关于"胎儿感染"(fetal poison)的医学理论的出现,可能表现了母体的污染力在生产后如何影响到婴儿的这一民间观念的医学化。

(70)《清俗》A:313。

(71) 伊沛霞 1991d:24。

(72) 正如司马光所说,"晨省"和"昏定"早在《礼记》中就提到。男女之间的区别由问候的形式标志:男人唱喏,而女人道万福(伊沛霞 1993:34)。

(73) 伊沛霞 1991d:28。

(74) Johnston 1983:215.

⑦⑤ "阶级有峻、平、慢三等。宫中则以御辇为法,凡自下而登,前竿垂尽臂,后竿展尽臂,为'峻道';……前竿垂手,后竿平肩,为'平道',此之谓'下分'。"这是宋代前期的《木经》上的一段话(见 Ruitenbeek 1993),这里用的是宋代博学家沈括的引文(李约瑟等人英译 1971:83—84)。

⑦⑥ 夯筑地基需要大量的劳动力,而费用无疑是决定平台高度的一个因素。

⑦⑦ 刘敦桢 1980:123;Hsu 1984:33。

⑦⑧ Ruitenbeek 译本 1993:197。

⑦⑨ Ruitenbeek 译本 1993:197。

⑧⑩ 他可能有妻有妾,或者,母亲可能控制年轻的丈夫进他妻子的房间。

⑧① 在一个包办婚姻的社会,使孩子们按照年龄顺序结婚是相对容易办到的。

⑧② 妻子占据主要的卧室,因此提及另一个的妻子的礼貌用语是"室人"。妾住在房屋后部或侧翼的卧室中,称为"后室"或"侧室"。

⑧③ 《清俗》A:141。

⑧④ Janelli and Janelli 1982:44.

⑧⑤ 虽然通常是长子取代他父亲的地位,但如果长子无能或如果其他儿子特别善于管理,那么,衣钵将传到他的手中(R. Watson 1985:36—54)。

⑧⑥ 袁采,伊沛霞英译 1984:202。

⑧⑦ 在更早的时代,财产继承人的范围明显要更广,在唐代和宋代,女儿也能合法地继承家产(Birge 1992)。再有,袁采暗示,在宋代,一个人在去世前分家是能够按照自己的意愿进行安排的。"感到不平的儿子不能提出诉讼;他们将不得不等到父亲去世后才能控告兄弟以要求更公正的分配"(伊沛霞 1984:113)。即使一个人可能想通过立遗嘱来实现不均等地分配财产,但一份遗嘱比一个活着的父亲家长更容易对抗。

⑧⑧ 从敦煌卷子中已经发现了记录分配家产的范本,而且它是明清时代通俗类书的一个内容(伊沛霞 1984:115)。份额的划定已经是标准规范,至少在地产上如此。在晚清和民国时代,这一标准适于所有遗产的分配(Cohen 1976;Wakefield n.d.)。

⑧⑨ 而在有些地区似乎避免分房,往往给次子们以适当的资产作为补偿。

⑨⑩ Cohen 1976:21。

⑨① 即使 Wakefield 在这一点上不太明确,我们也可以推测,如果一个分出去的小家想搬出去单独住,其他人将力图出钱买断其住房。

⑫《礼记》,引用高彦颐(Ko)1992b:15。

⑬ 曼素恩(Mann)1991:209。

⑭ 引自"睦亲"部分,伊沛霞英译1984:206。

⑮ 伊沛霞研究了在宋代文学中善妒的妻子的主题,提出这与纳妾在精英阶层中迅速扩大有关(1993:167)。高彦颐认为,在晚明富裕家庭中纳妾的相应扩大乃是作家为女性的嫉妒所困扰的社会背景,同时指出,在这种情况中,精英阶层妇女的显著与武断也被感觉到是一种威胁(1994:106)。

⑯ 伊沛霞英译1991d:29。

⑰ 伊沛霞1984:286。

⑱ 伊沛霞1991d:33。

⑲《清俗》A:112。

⑳ Korner 1959:6。

㉑《清俗》A:155。

㉒ 高彦颐1994:179—218;Cheng Tien-fang,引用Hayes 1985:89。

㉓《清俗》A:182。《耕织图》里的几幅耕作图表现了男人在稻田中辛勤劳动,而他们的女儿或妻子沿着田埂走来,带来茶壶和装着午饭的篮子。其他农书还表现了妇女在田里采茶,剥棉,或采桑叶(可是在有些地区这些活是男人干的)。

㉔《清俗》A:155;伊沛霞英译。

㉕ 妇女的家具物什,如箱柜、保险箱和熨斗,盥洗架和衣架,还有床、椅子,一直从明清时代延续下来,像王世襄1991和Clunas 1988的研究著作中有相关插图。

㉖《清俗》A:122 关于"露台",40—43关于七夕节的仪式。牛郎和织女是被银河隔开的两个星座。他们深深相爱,但一年只能在这个夜晚相会。

㉗ Brook(1993)认为在晚明时代的江南,一种不持迷狂态度的对佛教以及相关慈善事业的参与,比如用寺院演讲或讨论,意味着对于精英阶层来说,与佛教的联系提供了一种相对独立于国家控制的"士绅社会"空间。在思想而非社会层面上,许多新儒家思想将重心放在自我修养上,从宋代朱熹到明代王阳明(1472—1529),都明显或暗中从佛教理论中汲取了思想,这正如晚明与清代的"汉学家"所指责的那样,而他们主张原始的、纯粹的儒家价值的复归。

㉘ 伊沛霞1993:124—127。

㉙ Clunas 1988:83。

⑩ 非常受学者喜爱的最高雅的中国乐器是琴,这是一种水平的乐器,很像齐特琴(zither),通常是独奏。其起源可追溯至上古,许多演奏曲也同样古老。琵琶(在图 10 的文字说明中提到)有点像曼陀林(mandolin),据说是在唐代从中亚传到中国。琵琶被认为没有古琴那么高雅,并通常与长笛、二胡和打击乐器一起合奏。

⑪ 《居家必用事类全集》,卷 5。范濂,《云间据目钞》,引用王世襄 1988:14。

⑫ 《清俗》A:181。

⑬ 在宋代,富裕家庭的女孩可能有仆人伺候,甚至有土地(伊沛霞 1991d,1993;Birge 1992)。对于中国的嫁妆与聘礼之意义的比较性概况研究,又见 J. Goody 1990。

⑭ L.sung 1981。

⑮ 伊沛霞 1984:219。

⑯ 曼素恩 1991:213。班昭是班固的妹妹,班固是《汉书》(公元前 206—公元 25)的作者,在他于 92 年去世后,班昭续写《汉书》,在大约 100 年完成了这一著作。

⑰ Handlin 1975:17。高彦颐(Ko)指出,在嘉靖年间(1522—1566)出版业经历了"一次出版经济和学术文化上的革命"。对书籍的供求迅速高涨,而价格下降,书籍开始适于新的人群的需要,包括妇女,她们现在买得起书了,甚至收集像浪漫故事与戏剧、启蒙读物、宗教小册子、旅游书、有教育意义的妇女传记等等书籍。然而,书本对大多数人口来说仍是高不可及,在 1585 年的南京,一本书的价格大概在一两银子与一钱银子之间,最便宜的书也等于三分之一石稻米或八斤茶叶的价钱。高彦颐强调指出,与欧洲宗教改革时期不同——一个新兴的中产阶级的出版业表达的价值观经常对当权者构成挑战,在明代中国,新的读者群"更是传统精英阶层的扩大而不是其敌人"(1994:34—37)。

⑱ 曼素恩 1991:214,224。

⑲ 高彦颐 1992a:2。

⑳ Matt Sommer,私人通信 1991。

㉑ 它们的"重点在于强调男性亲戚的道德责任,对女性的社会控制,而对礼的遵守,在一个正当的中国家庭中,是要求长辈士绅加以维持的典型的价值复合体。到明朝中叶,这种家训书的编纂已经成了一种确定的习俗……其中有大量保存下来,这并不是因为其作者是什么著名的学者,而是因为许多属于某

一家族的相对不知名的士绅成员编纂出版自己的家谱,而家训包含其中"(Furth 1990:187)。

⑫ 李渔[1657]1990:187。

⑬ 和尚尼姑的淫荡作为反佛教的主题是一个在晚明通俗小说中一直不变的老调。Brook 指出,这与其时代特有的僧俗之间交往的扩大有关(1993:95)。

⑭ 高彦颐 1992a,1994。

⑮ 伊沛霞 1993:25—27。

⑯ M.Wolf 1968:15,19—20。

⑰ Leung 1983:64。

⑱ Dudbridge 1992:52。

⑲ Wu 1992:83;Naquin 1992:362。

⑳ Tanaka 1985。

㉑ 高彦颐 1992a:39。

㉒ 高彦颐 1992b:14。

㉓ 《清俗》A:155。

㉔ 除非她家有一个女子已经嫁过去了。近亲结婚非常普遍;参见伊沛霞 1993:67—69 关于宋代的情况,高彦颐 1994:156 关于晚明的情况,以及 Dennerline 1986 关于著名学者钱穆家族在晚清的情况,非常有意思。

㉕ E.Johnson 1988:139。研究客家和香港新界的广东人的民族学家已经收集了有关这些悲歌的大量证据。Johnson 说,婚礼悲歌似乎并不限于这些地区。但是因为它们在口头流传,并具有私人性的女性表达形式,其历史与地理分布很难追查。

㉖ 伊沛霞 1993:167—168。

㉗ 高彦颐 1992b,1994;M.Wolf 1972。又见 Hsiung1994 关于明清时代男子与其母亲之间的纽带关系。

㉘ Judd 1989。而在有些地方,儿媳必须请求婆婆允许她在新年的时候回娘家,而这一请求经常遭到拒绝。

㉙ Silber 1994;又见高银仙和义年华 1991。湖南的女书能追溯至 19 世纪中叶或早期;手稿的作者无人活到今天,但有几个妇女仍然能读唱这些文本。这些手稿可能表征了一种很古老的传统,但这一点不容易证实,因为习俗上妇女的书信集和书籍都要随之埋葬或焚烧。

㉚ Topley 1978:253。

㊶ 兄弟姐妹之间的联系也是强固的,并经常在婚后仍然保持。

㊷ 见"晚期帝制中国的诗歌与女性文化学术讨论会",《晚期中华帝国》(*Late Imperial China*)13,1(1992年1月),包括了 Charlotte Furth,Dorothy Ko(高彦颐),Maureen Robertson,Ellen Widmer 等人的论文,全都是关注女性社会网络以及其自我感觉这一主题。

㊸ Hayes 1985:86。

㊹ 《居家必用事类全集》1/83—84。女性在通信活动中不必亲自能读能写,所以上述内容并不表示女性有读写能力。

第三章 关于中国房屋的文本

① 伊沛霞 1991b:7。关于正统观念在全社会的传播渗透,参见如 D. Johnson 等人 1985;刘敦桢 1990;Elman 和 Woodside1994。

② 中国社会传统上有"四民"之分,即(社会地位的世袭秩序的意义上)士、农、工、商(Cartier 1984)。头两种行业产生了品质优良的人,而适合受教育。中国文化的典型神话之一就是农民的儿子读书,成功并成为一个具有伟大智慧的大臣。相反,一个士大夫隐退于田园是受到尊崇的,而从商或务工则不行。早期对工商子弟参加科举考试的禁令在帝制晚期已经逐渐消除,到 18 世纪,他们甚至可能购买一定的较低的官位和头衔。甚至在宋代和明代前期,诸如土地的自由买卖、商业化、教育的开放等因素意味着阶层之间的界限差别日渐模糊,平民地主送儿子参加科举指望他求得功名以获得士绅地位,而士绅家庭也投资于商业,宗族组织为农家子提供受教育的机会。正如伊沛霞(Ebrey)指出,甚至早在宋代,社会集团之间越来越大的接触和交融在正统价值的传播上发挥了重要的作用(1993:4)。

③ 狄百瑞(De Bary)1960:443。

④ 更早的情况并不是这样的,那时作家与学者从属于精英阶层,为他们提建议,但并不是精英阶层的成员。

⑤ 对于详实的记述和精细的分析来说,伊沛霞关于儒家和家礼的研究是必不可少的(1991b)。

⑥ 同上:56。

⑦ "在宋代确立受教育的精英应如何祭祀祖先,将符号性地服务于确立他们在宋代社会的地位",伊沛霞写道(同上:47)。"与贵族(他们拥有自己的礼的规范已经上百年了)相比,士大夫之家没有历史即他们没有家谱。一方面,他

们需要道德上的正当性,另一方面,他们有着对于自我巩固和自我修养的需要。……制造一种全国范围的'共同身份'的途径(除了科举考试)就是设计家礼。"(Kuhn1992:377)

⑧ 伊沛霞 1991:7,1991b:55。

⑨ 伊沛霞 1991d:8,重点为作者所加。

⑩ 同上。

⑪ 无论何处都有急于提升其社会地位的可能向上移动的家族集团,在那里新的宗族组织越来越多地出现。在 1536 年,夏言上奏皇帝,请求提倡所有阶层,不只是上层精英,都应该允许建立自己的家庙(Brook 1993:194)。

⑫ R.Watson 提供了有关家族历史如何建构成一个光荣的过去,并加以改装以适应现在的可能性(1985:12—35)。她也分析了宗族关系的双重性:血统世系证明了族人在对外时的团结,但也清楚地标志着上层人物的权力。宗族典礼的举行是相当紧张的场合,特权者一方面努力维持他们的地位以对抗有野心的竞争者,同时要努力争取作为一个集团的其他宗族成员的支持。

⑬ 伊沛霞 1991b:148。

⑭ Clunas 1991:12—13。

⑮ 许多问题产生于调和那些其血统世系已经延续许多世代的家族,他们有着自己悠久历史的礼仪。通常这些都不是简单的主干家族,而是以复杂的血统体系形式——类似于后来在中国南方日渐普遍的那种形式——组织起来的家族。但是,因为这些家族本质上仍然是建立在新儒家模式基础上并有某些变化,我在这里不予以详论。

⑯ 比如,对于当地神祇,经常予以头衔将之吸纳进汉族的神祇层级,为了能继续崇拜他们自己的神祇,当地人对中国国家组织给予尊崇(J.Watson 1985)。事实上,Waston 和其他学者已经指出,新儒家权威关注的不是正统观念、正确的信念,而是正统实践、正确的规范(J.Watson 1988)。

⑰ 伊沛霞 1991b:176。Chard 赞同灶神是逐渐被驯化的,它原本是一个与巫术魔法有关的危险的焦点,后来变成了天国的道德前哨。这一过程至少部分上是由有关灶神的文本制造与流传完成的,这大概开始于唐代或更早。道家的和佛教的道德说教都有关于灶神的故事,后者明显地源于更古老的道家传说。Chard 坚持认为,这些文本明显地"是为了影响大众的信仰与实践活动",因此至少到晚清时代,"出现了在尽可能广泛的人群中传播这一崇拜(以及其所包含的道德行为信息)的努力"(1990:155)。对于国家机构来说,将外来的或非正统

的神重新包装成汉族文化的英雄以使之驯化,乃是惯常之事(J. Watson 1985)。道教与佛教共存,与儒家正统有着紧张关系。一方面,它们包含了许多与传统的儒家社会观点相敌对的社会规则和信念(比如和尚尼姑的独身生活,被儒家谴责为大不孝)。在另一方面,儒家正统观念的许多表现形式与道家、佛教的信仰并不矛盾,因此鼓吹坚持这一正统转而成了有利的事,包括灶神崇拜明显属于这种情况,在中国佛教经典中到处弥漫的关于女性低于男性的信息也是如此。

⑱ 伊沛霞 1991b:181—182。

⑲ 同上:151。

⑳ Rawski 1985:24;Alleton 1993:36。

㉑ Kulp 1925:186,引用 Hayes 1985:106。

㉒ 这是说适合于一个人职业要求的部分读写能力(Rawski 1979,1985)。

㉓ Hayes 1985:99。

㉔ 1178 年的《世范》(伊沛霞英译 1984)。这一段在第三部分末尾,题目是"治家"(同上:320—321)。

㉕ 《闲情偶记》8.4a—b。关于职业建筑师,见 Ruitenbeek 1993:49—50。

㉖ Ruitenbeek 1993:20,23。

㉗ 《万宝全书》,Ruitenbeek 英译 1993:51;《鲁班经》同上:177。这种适中的三架屋,其屋顶有着简单的曲线,在较穷的人群中一定是相当有代表性的。Knapp 提供了一幅位于北京北部的这样一座房屋的很好的图示(1986:29)。

㉘ Ruitenbeek 1993:109。"困"字的形状是"木"(用以表示木制的房屋构造)在四面的围栏里面。

㉙ 在朝鲜乡村,房屋的一个守护神居住在屋的顶梁(roof-beam)里,被男人崇拜;另一个是灶神,他在朝鲜(不像在中国)是被女人崇拜的(Kendall 1985:172)。

㉚ 《鲁班经》,Ruitenbeek 英译 1993:302—303。

㉛ 同上:307。

㉜ 同上:111;关于在《鲁班经》中对木匠的双重表达,见同上:141。

㉝ 同上:305。

㉞ 《鲁班经》中一定的段落表明,许多户主能自己测风水(同上:159);对于穷人和不识字的人来说,如果没有钱雇用职业的风水师,"一个木匠也能做风水师的事"(同上:6)。

㉟ Feuchtwang 1974:115；Seaman 1992；关于风水术的专门化，见 Hayes 1985:94。

㊱ Hayes 1985:95；本杰明·艾尔曼(Benjamin Elman)，私人通信 1994。

㊲ Ruitenbeek 1986。

㊳ Furth 1990:191。

㊴ 这一观点是 Bettine Birge 给我提出的。

㊵ 曼素恩(私人通信 1995)认为，地区差异比之城乡差异更加重要。

第二部分　妇女的工作：织出社会结构中的新图案

① 这一部分的部分内容分别用法语和英语在《年鉴》杂志(*Annals*)(Bray 1994)和《中国科学》杂志(*Chinese Science* Bray 1995b)上发表过，这次使用经过允许。我特别感谢 Dieter Kuhn、Sophie Desrosiers、Pierre-Etienne Will、Susan Mann，感谢"Table-ronde sur techniques et culture en Chine"(由 Maison des Sciences de I'Homme 资助，于 1994 年 1 月在巴黎)的参加者，他们为纺织史的解释提供了建议。

② Schneider 1987；Schneider and Weiner 1989。

③ Friedland and Robertson 1990:25。

④ Hill Gates 已经出版了一部有意思的马克思主义——女性主义论著，分析她所称的晚期帝国时期"中国妇女的日用品化"(commoditization of Chinese women)——依据妇女参加生产性劳动包括纺织的性质的变化(1989)。Gates 的文章在观点上是有创新性的，但仍然依赖了以前学者对于整个晚期帝国时期妇女工作性质的论断，而对于生产过程的详实阐述关心甚少。

⑤ 这一领域的大多数学者基本上关注于这一较宏观的历史问题：中国的发展是否朝向资本主义，或者，经济上不可否认的增长只是一种"内卷化"，本质上仍是马克思在提到"前资本主义生产模式"的东亚类型时提出的停滞论。既反对停滞论同时又拒绝"资本主义萌芽"说的最著名的学者之一是日本的 Nishijima Sadao〔(1949)1984〕。Elvin(1973)提出了关于中国经济内卷性质的一个有力论证——如果更具批评性的话，他聚焦于纺织品生产技术对此进行论证。Elvin 在不否认 Nishijima 所论证的生产与市场化发展的同时，指出，这样的发展只是产生了生产力的量的变化而非质的变化，因此超过了确定的界限是不可能维持的。

⑥ 见《导论》部分以及 E.Goody 1982 对各种情况的研究。

⑦ 我已经提到了 Hill Gates,她是一个人类学家而不是历史学家。另一个例外是历史学家曼素恩,她最近发表了几篇关于清代和共和国早期的妇女工作的论文;她很快将出版一部考察清代妇女与工作的论著。

⑧ 伊沛霞在她研究宋代中国妇女的婚姻与生活的论著《内闱》(The Inner Quarters)中,有一章是关于纺织品生产的(1993:131—151)。她的主要目的不是分析植根于或发生于这一成型期的技术与社会变化的内涵意义,而是描写作为妇女生活之特性的日常任务。Dieter Kuhn 有两部相关研究的论著,一部关于物质文化在宋代的变化的意义(1987),另一部是中国纺织生产史的概论(1988),这两部论著对于研究宋元时代纺织技术之改组的性别影响是具有启发性的。Kuhn 清楚地区别了男性与女性在生产中的贡献与角色,我从中获益甚多;然而,他还没有力图写出一部中国纺织生产的性别历史。在对现代时期的研究中,我们发现历史学家总是用妇女的纺织技术和赢得的权力来论证有关妇女地位与自主的问题。Topley 1978, So 1986 和 Stockard 1989 对广东 19 世纪晚期与 20 世纪早期"避婚"或"拖婚"现象的研究是典型的例子,而许多有关共和国时期的性别研究则重视雇佣和工资支付问题。

⑨ 前面提到的 Hill Gates 的研究属于马克思主义传统。在中国本土,无论大陆还是台湾,女性主义史学仍处于幼年状态。已经出版的少量的"妇女史"不过是编年汇编有关历史资料,再加上一点分析或理论。对女性工作的关注通常要少于对"生活方式"的关注,而像纺织和做食品这样的日常工作一般都归入一个简短的章节,放在更独特的行当如妾、妓女、卖花女和产婆之后(如 Yin 1984;Bao 1988)。

⑩ 黄宗智(Philip Huang)对于长江下游农家劳动性别分工的论述是一个有可能性的例外(1990)。其中描写了近年来在去集体化之后的生产劳动上的变化,特别地有意思:价值最小的任务通常是"传统的"妇女工作,但是,当像编织席子这样的工作突然变得有利可图时,男人突然奇迹般地发现这些毕竟是"男人的活"。

⑪ 见 Yanagisako 1979;Moore 1988。有些学者研究最近由计划生育政策和新经济政策造成的国家与家庭之间以及家庭内部的利益冲突,其中,Anagnost(1989)对妇女生产活动可能如何影响以及受影响于家庭利益与决定关注较少,而 Croll(1987)则关注较多。

⑫ 高彦颐 1994:7。

第四章 权力的结构

① So 1986.

② Schneider 1987;E.Goody 1982.

③ 班昭详细阐说了作为相反相成夫妻关系之部分的女子四德,正如《礼记》之所表达。

④ Cartier 1984;曼素恩 1992a:82。

⑤ 在当代的用法中,家庭纺织工作被当做是手工业,而在国家或私人工厂里的纺织品生产则是制造业。关于手工业和制造业的历史研究,如陈启诗(1958)和童书业(1981)的著作,收集了范围广泛的历史资料,包括正史、地方志、诗歌、旅行记和私人著述;陈启诗和童书业的著作都是按照阶级分析观点写的,对性别问题并不特别注意。尽管如此,这两本著作对于本书的研究来说都是有价值的。按照经典的说法,农耕和纺织被当做田园生产的两个互补的方面,几乎所有著名的农书都要包含养蚕与纺织,以及桑麻种植;这些书包括陈敷的《农书》(1149)、王祯的《农书》(1313)、徐光启的《农政全书》(1639)、张履祥的《补农书》(1658),所有这些著述为这一部分提供了重要的资料。王祯在他的书中补充了木版插图,尤其是纺织设备和机器。它们成了后来许多著作的样板,特别是《农政全书》。插图和绘画对于追迹中国纺织业的技术发展来说非常重要,有大量的相关图像材料留存下来。这里在揭示与分析罕见或模糊的著述方面,我主要依据 Kuhn 的工作。

⑥ 在更早时代,中国只有春蚕。后来中国人养殖了不同品种的蚕,能在后半年成活。尽管春蚕继续提供了全年丝料的主要部分,但根据暖季的长度,能多养殖一窝或更多(Kuhn1988:301)。

⑦ J.Goody 1971.

⑧ 至少直到宋代,在拥有土地的精英阶层家庭中并不一定如此(Birge 1992)。从前帝国时期以来,似乎在农民中土地只分给作为家庭实际和可能的主人的男人。无论土地为家庭所有还是被儿子们分掉,或由国家在均田制下分配,情况都是如此。在晚期帝国时代,一个佃户的儿子可以继承父亲租借地主的某一块特定的田地。将土地所有权限制于男性,也明显地与居住在男方家庭的婚姻习俗有关。

⑨ Smith 1991.

⑩ 有时税率基于人数,有时基于财产,但是在一个大致的平均线上,农民

家庭的税率从汉代到明代围绕着一夫一妇两石(bushel)谷物和两匹平织绢(麻布则稍多)而上下变化。在一石谷和一匹布之间有着理想的平衡,尽管市场价格根据供求关系而波动,经常违反这一标准;参见如童书业 1981:66,108;梁方仲 1980。关于导致明代税制改革的详情,见 R.Huang 1974。

⑪ Sheng 1990:125。

⑫《白虎通》,公元 1 世纪的哲学著作,引用曼素恩 1991:208。

⑬《夷坚志》:10/1642,引用 Sheng 1990:137。

⑭ 同上:3/1574,引用伊沛霞 1991d:111。

⑮ 这也是维系两代人之间纽带的一种媒介,这指的不是支配性的父系两代之间,而是母亲与女儿之间。有些衣物、珠宝从母亲传到女儿,可能变成了传家宝。宋代的精英家庭可能还把婚袍从一代传到下一代(Sheng 1990:110)。而精英家庭的嫁妆还能转化为资本,用来买地或经商[参见如周绍明(McDermott)1990:26]。

⑯《礼记》,引用 Kuhn 1988:22;关于服丧标志着社会关系与区别,参见如 Freedman 1970;Ahern 1973;Watson,Rawski 1988;伊沛霞 1991b。

⑰ 引用 Kuhn 1988:20。

⑱ 见曼素恩 1991 和周绍明 1990 关于晚期帝国士绅家庭中赋予纺织以品德培养之意义的例子。Stone-Ferrier1989 提供了一个有趣的相似事例,表现了在荷兰社会不稳定时期,赋予传统性别分工以道德上的重要性。

⑲《天工开物》31(这段话出于《天工开物》卷二《乃服》——译者注)。这部著作的作者是宋应星,初刊于 1637 年。尽管其中包括了农民粮食生产以及其他基本生活用品的生产,但宋应星的主要兴趣在于最先进和最多产的专业化商业企业。

⑳ Elvin 1989:266。

㉑《淮南子》,大约公元前 120 年编纂的一部道家哲学概要,引自 Kuhn 1988:250;《荀子》,写于大约公元前 240 年的一部哲学论述,同上:301。

㉒《天工开物》31。

㉓ 至于中国何时开始使用花机,是一件仍在争论中的事情。Kuhn(1995)认为,中国的花机是本土的产物,在汉代的一些国家手工工场中首先使用。在这一点上,他赞同中国学者,他们论证说,如果没有花机一类的机械,就不可能织成后汉(公元25—220)墓中出土的那种有图案的华丽丝织物。大多数西方学者认为,纬锦织法是 4 到 5 世纪之间在中亚地区发展起来的,这是花机的起

源。他们争论说,中国人没有生产纬锦织物的本土技术,要么花机是从更远的西方引进的,要么是中国人自己受到进口的叙利亚织物的启发而发展出的,时间都远在汉代以后(关于分析复杂的丝织物编织法并将之归于不同类型的织机的困难,见 Desrosiers1994)。

㉔ 关于中国纺织机器和技术发展的基本导论,以及当代中国纺织术语之惯例,参见陈维稷1984。高汉玉在他的研究论著中也有对于中国纺织发展与纺织术语的扼要论述,并配有图表与照片(1986:8—36,258—267)。Kuhn1988 是一部更为详实的、评论性的中国纺纱技术发展史(他关于编织技术的研究著作正在准备之中)。因为纺织品在几乎每个社会的历史中都非常重要,所以编织法词汇的历史解释面临很多困难。同样的术语可能指的是不同地区的不同品种的布料,或不同的名称又适用于同样的布料。在纺织生产工业化的现代社会,有关术语名称一般依据生产程序:织法的形式与性质,以及所用原材料。所以,只要看英语与法语的纺织术语的差异,就能知道即使依据生产的技术细节,要发展出一套标准化的术语也是非常困难的(Burnham 在 1981 年提出了标准的英语定义,以及法语、德语、意大利语、瑞典语和其他各种欧洲语言的相应解释)。在现代生产定向的命名方法之前,普遍采取的是消费定向的命名方法。纺织品经常按照其起源的地区而命名,或者以用途命名,或者以其一般性质命名,这样一来,同样的名称可能适用于在完全不同的织机上生产出来的布料(Reddy 1986)。关于历史上中国纺织术语的混乱情况,更是严重,即使有了现代的生产程序定向的术语标准,现代学者对同一术语的解释仍然不同。由于我不是一个纺织业方面的专家,所以肯定在术语使用上有失误,不过,我希望我的失误不至于影响到我关于一般历史趋向的论证。

㉕ 从麻、苎麻、葛藤以及其他土产植物中取出的纤维,技术上称为韧性纤维:较长,必须用手接合到一起,再绞成可以织的纱。棉则是非常短的纤维,像羊毛一样,需要纺制。

㉖ 国家征收丝料最多的时候可能是唐代天宝(742—756)年间,当时国家一年从三百七十万纳税人那里征收了七百四十万匹绢、一千一百一十万两丝线,再加上从四百五十万纳税人那里征收的一千六百万段(相当于七百二十万匹)麻布(童书业 1981:108—109)。北宋对十个最重要的蚕丝业省份的征收配额,占全部税额的 65%,即大约三百万匹丝料和九百一十万两丝线。对麻布的征收量要低得多,大约一百五十万匹。在 1131 年和 1162 年之间,仅两浙地区(长江三角洲地区的两个省)平均每年的征收配额是一百一十七万匹绢(Kuhn

1987：170）。中国的度量单位从一个朝代到一个朝代变化很小，尺、两、斤、石，大致与欧洲相应的单位近似——除了10两1斤、10寸1尺；在这里我不用进一步给出准确的相应公制计量数字。在征税时，1匹平织绢的标准长度是40尺，根据朝代可以计算出大约是10米；宽度一般是两尺两寸（大约50厘米），重1斤（大约450克，1现代英制磅）。对于麻布的标准大致相同。在标准上有一定的地区差异。这一相当窄的布匹宽度是由织工手臂的平均长度决定的，这反映在织机的结构上；这是在飞梭和机动梭发明以前的手织布的特点。

㉗ 关于基本纺织设备使用的原材料，见 Kuhn1988：4。一张花机长16尺，花楼(tower)高15尺（《天工开物》31）。

㉘ 童书业 1981：67—68 给出了汉代的数字，Sheng 1990：53，60 给出了宋代的有关数字。Karine Chemla 翻译的《九章算术》即将出版，他向我指出，数学著作中的例子也不一定准确，尤其是价格方面的数字，关于纺织速度当然也一样。然而，用这样例子的数学家可能选择现实的数字而不全凭臆断。

㉙ 童书业 1981：50—51。

㉚ 不是所有的农妇都有剩余产品可卖，这一时期的诗歌告诉我们，农村妇女如何拼命地通宵干活好能把税缴上。

㉛ 韧性纤维纱线(bast yarn)没有市场，麻太便宜了，即使上好的苎麻布较有价值，但纱线在纺制之后就要立即编织。

㉜ 尽管复杂华贵的锦缎每匹价格要远远高于绢，但绢总产量的价值可能要高于任何其他商品。价格的差异并不意味着织造高级丝织品的织工收入将高得多。试举一个材料充分的可比的例子，在17世纪早期的佛罗伦萨，有图案的丝料其价格是塔夫绸（或绢）的10倍以上，但是织造同样长度的塔夫绸只需前者时间的1/6。所以在现代早期的佛罗伦萨丝织业中，复杂的知识与技术和更常规的能力所值相当(Goodman 1993：240)。后面我将回到丝料与其价值之间的关系；这里，我只希望指出，考虑到中世纪中国的需求与分配模式，普通丝料的生产是相对有利可图的。

㉝ Kuhn 1987：351。

㉞ 例如，在天宝年间，全国820万户中有大约370万户要上缴丝布；这一数字表示中国北方人口占全国人口的比例。

㉟ "初越人不工机杼，薛兼训为江东节制，乃募军中未有室者，厚给货币，密令北地娶织妇以归，岁得数百人，由是越俗大化，竟添花样，绫纱妙称江左矣。"（《国史补》2，引用童书业 1981：109）到了《旧唐书》编纂完成的945年，丝

布可能已经是这一地区最重要的产品,被当做南方的贡品了(童书业1981:114)。

㊱ 见童书业1981:37—42,65—77,101—115引用的事例的范围。

㊲ Kuhn 1988:387.

㊳ 《耕织图》是一系列诗歌和图画,描绘了稻谷生长的12个阶段和养蚕纺织的12个阶段,作者是楼璹,他于1145年将原稿上呈皇帝。明清时代的版本在图画上有着不同的风格和细节。各种农书和大众百科全书也包含有系列的有关农耕和蚕丝业的插图,或多或少都以《耕织图》为原型(Kuhn 1976)。现存译本中最吸引人的是日文和韩文的。

㊴ 这一术语在现代汉语中指的是"镊子"(tweezer),见 Kuhn 1995:78。

㊵ Kuhn 的翻译做了轻微的改动(1988:203),"万钱"意味着这种织物可以卖很高的价。

㊶ 童书业1981:51,39。

㊷ 10架蚕出产120斤(72千克)茧;每斤茧产出1.3两(50克)生丝线,5两生丝线能织一小匹轻绢(light tabby)(这是税额的一半)。使用三个手动卷轴(hand-driven reels)得花10天时间卷完所有的蚕茧(也就是说,每一个卷轴1天可生产足够织1匹丝布的生丝)。据陈敷说(《农书》21),1匹丝布值1.4石米(93公斤);Kuhn(1988:388)将这些宋代计量单位换算成公制单位。

㊸ 我没有发现关于早期"织女"地位的任何原始材料。17世纪张履祥的《农书》中说她们全年被雇用,但这是在纺织品税被废除之后的事。在早期阶段,织女可能在完成自己家庭必用品和税收的工作之后,用部分时间出门干活,或者可能农家要送他们的女儿出去受培训。

㊹ 一幅作者不详的南宋卷轴使我们可以略见乡村庄园的私家织房的情景。我们可以看到妇女们正在做准备工作,一个女织工坐在织机旁,正在踩踏踏板,左手拿着梭子……在花机的花楼中坐着一个小孩,拉动通丝(harness-cords)以控制图案;织机的构造和它的双织轴纺机(double warp beam)告诉人们正在织造的是有图案的罗纱(Kuhn 1988:377)。

㊺ Kuhn 1987:378.

㊻ 根据 Kuhn(1977,1987:376—386)的研究指出,在《梓人遗制》之后,织机在制作上没有太重大的发展。因此我们可以假设,宋代织机与明代宋应星在1637年《天工开物》(p.31)里所描述的由1800个零件组成的复杂花机,在复杂度与价值上没有太大不同。虽然我注意到,有人认为宋应星可能太急切要展示

其时代的工艺水平，因此多少对此织机的复杂度有所夸大。但是，他的说法与明清其他关于专门织机的复杂度与所需成本的记载是相符合的。

㊼ 童书业 1981：147；Kuhn 1993。

㊽ Kuhn 1993，引用 Eichhorn 1995。

㊾ 童书业 1981：69。

㊿ Kuhn 1993，引用 Eichhorn 1955。

(51) Kuhn 1987：地图 19，图表 13。

(52)《太平广记》243，引用童书业 1981：103。

(53) 童书业 1981：104—109。

(54)《新唐书》(作者欧阳修，于 1061 年完成）上说，在唐代初年，当时大量田地荒废，一匹绢仅值一斗去壳谷物，但是在几年的丰收之后，其价值升到几十石谷物(或按照《唐会要》的说法是十几石)(童书业 1981：136)。如果按照丝给出谷物的价值，那就更准确了，因为在许多时期当铜钱短缺时，丝织布都充当了买卖标准。它也是一种重要的交换媒介，一个商人要到远方的省份去购买优质纸张或干鱼，就会随身带上一打左右的绢用以支付(童书业 1981：137 给出了唐代史料中的几个事例)。

第五章 经济增长与劳动分工的变化

① Kuhn 1987.

② 同上：326—351。朱新予 1992：227，有图表描绘了宋代罗纱织法的六种类型。Sheng1990 也论证说对罗纱的需求在宋代有重大的增长，而在较低等的市场中，不是真正的罗纱而是开织绢满足了这种需求，后者可以用农家的普通织机织造。(又见 Gao 1986：258 关于“纱”、开织绢。)当然，两种出土文物不足以说明时尚的一般变化，我的几个对纺织史更在行的同事也不同意 Kuhn 的解释。我自己认为，考虑到宋代其他审美趋向共同证明了新的精英阶层力图制造自己真正的、适当的风尚，这一观点是能够令人信服的。

③ 见本书第四章注释㊹。王祯《农书》的明代插图也有一幅带有双织轴纺机的花机(《农书》卷 18，407)。

④ Sheng 1990：195，207.

⑤ 童书业 1981：164。

⑥ 徐一夔《始丰稿》卷一《织工对》，引用童书业 1981：201。织工们唱歌可能并不是表达快乐，而是一首讲织法的歌。这样的歌用来提示复杂织法的程

序,听一首歌相当于记一张花机使用的卡片。当 Dieter Kuhn 在 1979 年到成都访问时,当地有些织工仍然记得这些歌。

⑦ Sheng 1990;Dieter Kuhn,私人通信 1990。元朝政府为了让更多的工匠在其控制之下生产华丽织物,将丝税由绢改为生丝,以供国家作坊使用。另一方面,又几乎征取了中国所有的工匠应役:1236 年征召了 720,000 匠户,在 1279 年有 420,000 户登记为匠户,还不包括其他的手工业税。"诸匠户子女,使男习工事,女习黹绣,其辄敢拘刷者禁之。"(《元史・刑法志》,引用童书业 1981:192)东染织局控制了 3,006 户,有 154 台织机,生产 4,527 匹布和 1,152.8 斤荒丝(同上:198)。1328 年的生丝税上升到 655 吨(仍少于总产量的 10%,不包括私人用的织物和丝)(Kuhn 1988:288)。

⑧ 养蚕技术的改进包括加热蚕室的温度以使它们更快成熟,或用盘子养蚕以便及时发现并清除病的、死的,也发展了新技术可杀死还在茧中的蛾,使缫丝工作可以延续或可在较长的时间内完成(Kuhn 1988:318,340—343,根据王祯 1313 年《农书》等文献)。关于缫丝技术的改进,见 Kuhn 1988:357。

⑨ Kuhn 1988:204,355。

⑩ 两个人把蚕茧放进盛满热水的平底锅中,使丝线头松开,同时另一个人在加火。另一组的两个人,每一个人都在转动卷轴。以这种方法,每天能缫 36 公斤的蚕茧,根据蚕茧、丝线质量和天气,每天能生产大约 2.9 千克的生丝。如果单独一人做所有的事,每天只能生产 480 克丝线,而联合作业则五个工人每天产量超过 500 克,同时,只用两个卷轴代替了五个卷轴(《农政全书》1639:2:861;Kuhn1988:388)。

⑪ 见 Kuhn1988:388 关于缫高质量丝线的方法为何变得不普遍了,同上:377 关于纱线对蚕茧的比价。

⑫《授衣广训》2/9—10。

⑬ 赵冈(Chao Kang) 1977:6—18。

⑭《天工开物》41。

⑮ 40 尺为 1 匹,因此 2,000 万匹约是 2.6 亿公尺的棉。可将此数字与在 1870 年至一次大战之间,每年由英国曼彻斯特货仓外销到英属印度 10 亿码以上的棉货相比较(中国当时也是重要市场,但不及印度)(Kidd 1993:104)。

⑯ 赵冈 1977:19。

⑰《天工开物》41。

⑱ 西嶋定生(Nishijima)认为,将这一商人控制的体系等同于整个散作体

制是错误的,因为没有证据表明,同一个商人参与全部出产过程[(1949)1984]。

⑲ 1366 年的《辍耕录》,引用 Kuhn 1988:212。

⑳ 后一种方法事实上至少在八年前已经为人所知(Kuhn 1988:212)。

㉑ 同上:190。

㉒ Kuhn 1988:201。

㉓ 《授衣广训》2/9—10。《棉花图》是方观承为了促进其治下西北地区的棉花生产而编纂的书,在 1808 年,这本书增加内容并得到帝国认可而再次出版,书名改为《授衣广训》。

㉔ 万历(1573—1620)《嘉定志》,引用童书业 1981:223。

㉕ 赵冈 1977:44。

㉖ 《农政全书》卷 35。

㉗ 引用童书业 1981:237。

㉘ 《宁河县志》,引用童书业 1981:306。

㉙ 赵冈 1977:34 。黄宗智认为,北方棉布市场一开始的发展依靠河运通路(1985:118—120)。

㉚ 黄宗智 1985:120。

㉛ E.Goody 1982:3—5。

㉜ 见黄宗智引用的各种论点 1985:119。

㉝ 赵冈 1977:23。

㉞ 童书业 1981:304。

㉟ 赵冈 1977:48。

㊱ 《松江府志》,引用童书业 1981:232。陈维稷(1984:ch. 8)关于图案棉布的叙述令人失望地粗略;几乎所有研究中国纺织图案的学者都主要关注丝织品。

㊲ 万历《嘉善县志》,引用童书业 1981:233。

㊳ 《古今图书集成》,1726 年,卷 690,引用了有关上海地区城乡棉织业的描写(引用童书业 1981:233)。

㊴ 引用童书业 1981:348。

㊵ 黄印《锡金识小录》,引用同上。

㊶ 童书业 1981:349。关于产量又见 Elvin 1973:270—274。

㊷ 引用同上:302。

㊸ 引用同上:301。

㊹ L.Li 1981：第二章。

㊺ 到这时，简单的织机似乎成了只有较富裕的家庭才能负担的投资。在早些时候，当布匹还是纳税品，每一家都得有一台简单的织机。后来可能木材价格上涨，而普通人家又不再具有做一台织机所需的木工手艺。

㊻ 范濂，《云间据目抄》，引用童书业 1981：235。

㊼ 《古今图书集成》卷 690，引用童书业 1981：235。

㊽ 《杭州府志》卷 53，引用陈启诗 1958：7。

㊾ 童书业 1981：231。

㊿ 赵冈 1977：21，重点为作者所加。

㉛ 《潞安府志》卷 34，引用童书业 1981：298。

㉜ Will 1991：12。曼素恩提醒我们，这些类似的提案皆以 17 世纪学者顾炎武之文《纺织之利》为典范，在此文中，顾氏建议政府应在边陲地区提倡丝织业（曼素恩 1992a：83）。顾氏与陈氏皆主张，应该让优秀的织工与制造织机的能手工匠，教导这些偏远人民相关的技能。这些计划受阻碍，不知是否因为一般家庭不愿让其妇女抛头露面，向陌生男子学习技艺，这是个有趣的问题。这里有一个两难困境，因为"对清代经世之学的学者而言，'妇织'的地区在文化上要优于其他妇女没有任何家庭手工业技能的地区"（曼素恩 1992a：86）。但在同时，道德与文化上较优越的妇女却不应当离开闺门，更遑论与陌生男子交游学习。也许要让她们的丈夫代表她们去上纺织课？

㉝ 《补农书》84。在 1647 年，张履祥改写了一部描写地主家庭的农业与蚕丝业的著述，即《沈氏农书》，其为一位姓沈的湖州地主所编纂。在 1658 年，张履祥又依据他自己在家乡桐乡的经验，完成了一部附加作品，这两部书随后一起出版，命名为《补农书》。沈和张作为实际参加农业劳动的地主，在这一时期是不常见的。在这两个地方，丝织业具有中心地位，而植麻、养鱼、养猪、养家禽、养羊都被描述为有利可图的事业，家庭小工业如酿酒也是如此。而种植稻米，却更像是一种爱好而非有利可图。

㉞ 《补农书》76—77。

㉟ 在所有包含了纺织品生产的农书中，妇女纺织工作的必需性都是毫无疑义的，这就是说，几乎所有的农书——当其专论蚕丝业、棉布或其他纺织品——均持此义。尽管绝大多数农书都一般性地提及妇女工作对于国家与人民福利的重要性，但只有张履祥就男子与妇女工作对家庭所作贡献提供了具体数字，以支持他认为妇女工作与男人工作一样重要的观点。

㊷ 《补农书》148,151。

㊸ 《湖州府志》卷 29,引用陈诗启 1958：7；《农政全书》卷 31,以及乾隆(1736—1795)《湖州府志》,皆引自童书业 1981：231。

㊹ Kuhn 1988：388。

㊺ 《明会要》189,引用陈诗启 1958：72。

⑥⓪ 虽然在明清有关记载乡村赖以维生的丝织业的文献插图中,妇女仍然参与生产的各个过程,但是在宋应星 1637 年的《天工开物》里——着重于商品的生产制造,由插图可见男性已经参与包括纺织、捻线等生产的各个主要过程。这里要注意的是,由于宋氏的目的在于强调当时所使用的最先进的技术形式,书中就城市作坊着墨甚多,而家庭纺织品生产则不然。值得注意的是,他的书还包括了纺织的后续工作,如染、碾等工序,这在以前农书有关纺织品部分中不曾出现过。

⑥① 《万历实录》,引用童书业 1981：226 和陈启诗 1958：7。

⑥② 织工一向是反叛性格强烈的群体。在明代,织机主（必须为他们的织机与产品缴税）常常与织工联合起来对抗国家。但到了清代,织工不再是对抗国家,而是反抗织机主的剥削[见袁清(1979)对明清城市抗争的研究,作者还述及清代苏州碾工的一系列抗争行动]。一部清初文献记载:"苏城机户类多雇人工织,机户出资经营,机匠计工受值,原属相需,各为异议。惟有不法之徒,不谙工作,为主家所弃,遂怀妒忌之心,倡为帮行名色,挟众叫歇,勒加银,使机户停机,织匠废业,致机户何君衡等呈请勒石永禁。"(童书业 1981：345)

⑥③ 童书业 1981：204。

⑥④ 陈作霖《凤麓小志》卷三,引用童书业 1981：292。

⑥⑤ 《吴江县志》卷 38,引用童书业 1981：227。

⑥⑥ So 1986,Schneider 概括,1987：435。

第六章　妇女的工作和地位

① Goody 1982；Weiner 和 Schneider 1989。

② 《西京杂记》,见 Kuhn 1988：203；又见本书第 157 页。

③ 童书业 1981：203；Kuhn 1988：212；又见本书第 167 页。

④ 转引自童书业 1981：228,很遗憾他并没有指出原始材料的出处。

⑤ 张瀚:《松窗梦语》,转引自童书业 1981：229。

⑥ 马钧还发明了链式灌溉抽水机、轮转式发石机和机械木偶戏；曾任魏廷

的给事中(李约瑟和王玲 1966：39)。

⑦ 如元末徐一夔的传说,《织工对》,见第五章引述。

⑧ 男女命名的风俗是反应性别差异的一个重要方面。没有文化的人都会为给儿子取一个吉利的名字而煞费苦心,而女儿的名字要么来源于花卉或宝石等相当老套的出处,要么表达出其父母对儿子的渴求和没有得到儿子的愤懑(如有的名字意为"儿子的前驱"、"小失误"、"生男")。男人可以在其一生中连续使用个人的名字(如笔名、别号等),但妇女不可以。事实上,到 20 世纪,广东的村庄中还有很多妇女从没有过她们自己的名字,其一生中只被叫做某人的孩子、妻子或母亲(R. Watson 1986)。拥有个人的名字意味着能够作为个体被记入家谱和具有历史的存在。男人被赋予了这种由家谱(全部是以父系男性成员的名字记载的)记录下来的身份,女人却只能作为男人的妻子和母亲被记入谱系,直至帝国后期妇女通常还只是以其姓氏确定身份的,而没有自己的名字。中华帝国后期在某些严格的新儒家的宗谱中,妇女的名字是完全被隐去的,即使她们是家族继承者的母亲(Meskill 1970；Birge 1992)。

⑨ 帝国后期有关农业的论著中,仍然显示出妇女是纺织品的生产者,这直接反映在雕版印刷的模体中,见《宋书》中耕织图(农业和桑蚕业部分的图示)或见王桢《农书》(1313)。正如我在导言中所讨论的,这些论著的作者通常诉诸传统的理想模式——自给自足的小农经济。如果考虑到大多数中国农村的变化,妇女重新回归地方性的纺织生产,这意味着倡导一种复古主义。

⑩ Sheng 1995：58.

⑪ 童书业 1981：187—192。

⑫ 伊沛霞在论述宋代妇女的工作和纺织品一章中,表达了如下的观点：妇女即使失掉了纺织技术的所有权,其贡献仍然有效地包含在家庭经济联合体的观念中,因而也不会影响到妇女的地位。她正确指出,宋代关于女性织工的大多数诗句都生动描绘了农民的妻子和女儿为按时缴纳税布而辛勤地劳作,但她们自己却穷得穿不起为国家织的丝绸,甚至也不能留出一部分当嫁妆。妇女被塑造成受压迫的牺牲品而不是令其家庭富足的劳动者,如伊沛霞所说,这些记载通过集中反映妇女被剥削的状况,甚至被剥夺基本的婚姻权,更加辛辣地控诉了中央政权对妇女贪婪的掠夺(1993：194)。一方面,我们需要了解那些诗句是广为流传的精英阶层对王安石变法失败和北宋灭亡的一种反应。因此,他们期望表达出国家不仅阻碍妇女靠工作牟利,甚而妨害其为满足家庭生存需要的努力。另一方面,这些诗句也表现了男性精英在某种程度上尊崇妇女的工作

在维持家庭上所起的作用,即便他们为其工作成果被剥削而感到悲伤。

⑬ 周绍明 1990:30。

⑭ 蓝鼎元,《女学》,转引自曼素恩 1994:23。

⑮ 曼素恩 1994:30。

⑯ 曼素恩 1991:220。

⑰ 周绍明 1990:26。

⑱ Handlin 1975:17。

⑲ 这个时期对汉族妇女来说则有着强烈的道德压力——要保持对丈夫的忠诚,拒绝再婚;而且,寡妇经常受到再婚的严重压力,这至少不是由于法律的原因,法律规定再婚的妇女可以保有嫁妆。见田汝康(Tien)1988;Carlitz 1994。

⑳ 曼素恩 1992a:87,引述了 1826 年首次出版的《皇朝经世文编》里的三章,关于农业政策的论述。"在这些章节的 49 篇文章中有多半提到家庭纺织业,其中有一章的 19 篇(卷 37)集中论述了家庭手工业中的棉纺业和丝织业。"(同上书:92 n.8)关于官方重建"正常农业生产"和复兴桑蚕业的尝试又见 Will 1994。

㉑ 曼素恩 1992a:86。

㉒ 曼素恩 1992b:249。

㉓ 曼素恩指出,经世文编的作者是以顾炎武的《纺织之利》为范本。顾氏在其文章中认为,国家应该在边境地区促进桑蚕业的发展,这样既可以提高当地人自给自足的能力,又可以增加税收的基数(1992a:83)。

㉔ 同上书:84—85。

㉕ Gates 1989;又见 Will 1994。

㉖《补农书》108。"公家"(公共部门)意思是官方的管理部门,但也可能指公共机构,如地方上的学校、寺庙、慈善团体。

㉗ 19 世纪末和 20 世纪初,日本丝织业工业化的过程中,这种类似桑蚕业的母性得到明确的发展。桑蚕业的主要劳动力由未婚女子组成,她们离开家乡住到工厂的宿舍里。这些远离家庭道德控制的年轻妇女,其女性的本质受到立法者和公共道德家的有效影响,桑蚕业的生产要求她们具备母亲的品质。桑蚕被比做婴儿,据说通过照料它们,工厂的女子得到作为未来"贤妻良母"的训练(Tamanoi 1990,1991)。

㉘《补农书》151。

㉙ 同上书。

㉚ 关于不同种类的桑蚕礼仪的历史概况大部分依据 Kuhn1988：251。关于清代豪奢仪式的细节描写见曼素恩 1992a：80—81。

㉛ Will 1994.

㉜ Kuhn 1988：269.

㉝ David Herlihy 1985：100—102.我要向魏爱莲（Ellen Widmer）致谢，她使我注意到赫利奇的研究。

㉞ 像一夫多妻和残杀女婴现象的存在，还导致了贫穷男子婚姻对象的短缺。

㉟ 伊沛霞 1991d 中举例说明了宋代对男子与出身名门的女子结婚从而进入贵族圈的批判，对女子与人品和仕途皆优的男子成婚的宽容。

㊱ 在中国倘若女儿也能进入家族体面的世系，那么她们就具有了拜祭祖先的权力和为本支贡献后嗣的义务，在这种情形下，无疑杀女婴的现象就会和杀男婴一样少见。

㊲ 田汝康（Tien）1988：28。

㊳ 纵观宋代史料中有关妇女职业的参考文献，支持盖茨观点的极为稀少（1989：826—829）。仅有几处提到妇女经营茶叶店、中药店或其他小商店，也有关于妇女从事以家庭为基础的纺织品生产，或制衣业、缝纫业和刺绣业的史料。但史料中提到的妇女长期从事的主要职业还是女仆、厨房女佣和各种类型的艺妓［金汉升（Jin）：1988］。

㊴ 在我自己关于中国农业科技和经济多样化的研究中，利用了"小型资本主义生产模式"的术语（白馥兰 1986）。

㊵ 国家目标和私人利益之间的矛盾是中国经济史上相当累人的平常事。盖茨开始将性别和阶级作为影响这一历史发展的因素，为进行历史动力分析展开了新的可能性。

㊶ 1907 年一位名为 Nyok-Ching Tsur 的宁波人，对宁波的手工业进行了调查［(1907)1983］，曼素恩在《宁波地区的妇女工作 1900—1936》(1992b)一文中主要使用了这份材料。

㊷ 黄宗智 1990：52,54。

㊸ 这种"女性化"(feminization)低工资工作的变种可以在佛罗伦萨的丝织业中看到。15—17 世纪之间丝绸市场的扩展引起了布料生产领域的一次变动。早期强调只为极其有限的贵族消费者生产价格昂贵且独特的丝织品。那时，精心制作衣料的男性织工和设计者密切合作，他们不仅是工人，还是艺术大

师,由于工作需要,他们与佛罗伦萨的艺术界保持联系。而且,他们不像生产简单丝绸的妇女织工,其商行给他们提供预付款(因为每件丝织品都需要很长时间才能完成)和赊购货物,比如更换破损的织机零件。到17世纪,佛罗伦萨的丝织商行大批生产标准化设计的产品。设计和纺织的过程是截然不同的。大部分织工是女性,"她们与商行不再有任何财务关系,而代之以付给她们固定的周薪"[古德曼(Goodman)1993:242]。古德曼说:"如果接受周薪是疏离的象征和物质表现,那么17世纪丝织业的经历就必定是女性而不是男性被疏离的过程,这构成了当时劳动文化的特征之一。"

㊹ 田汝康(1988:27)告诉我们,来自外部的工作机会对女孩子来说是经常的(他提供的例子是歌女和妓女),穷困地区残杀女婴的比率比其他地方要低很多。但我们知道家庭里很少有受人尊重的工作形式。

㊺ 曼素恩在其关于清末宁波妇女工作的研究中,描述了国外市场对优质刺绣的需求是如何为中产阶级家庭的妇女开启了赚钱新机遇的。年轻的少妇和强壮的寡妇最能将其精力投入到这类工作中,有些家庭会雇佣人来照料孩子,这样就可以让太太们从事手工业生产(1992b:247)。曼素恩评论说,在这些家庭中,"(女性)劳动的精密分工象征着……中国大家庭的有机统一"(同上书:257)。因此,在这个个案里,纺织或刺绣劳动具有"女工"和"妇工"的双重功能。

㊻ 参见如鲍家麟1988年论前现代的中国。在19世纪末和20世纪初的城市里,出现的西式纺织工厂对儒家的道德是一次特别的挑战。西方纺织工业生产的传统使他们寻求大量的女性劳动力,但是当地人对这类工作的态度导致劳动力资源极为有限。至少在最初,工厂雇佣的大部分妇女或是来自当地最穷困的阶层,或是来自穷乡僻壤的乡村(曼素恩1992b;Honig 1986)。尽管对有在工厂工作的女儿或妻子的家庭来说,这是一个耻辱,但是在家里,这些妇女获得的经济控制力使其得以转换地位和换取相当的自由。比如,在缫丝厂挣得工资的女儿可以利用其收入作为和家里讨价还价的筹码,使其允许她推迟婚期(Stockard 1989)。

㊼ 例如Rosaldo 和 Lamphere1974;Sacks 1974;Ortner 和 Whitehead 1981;Moore 1988:47,21。马克思首先分析了没有报酬的家内"生殖"工作在维持资本主义生产中的作用。既然"有报偿的"家内劳动,以家庭为基础的计件工作和雇佣帮手的形式,在先进的经济社会中,逐步起到了如此清晰的再生资本主义生产体系的作用,像美国的例子,那么在分析旨趣上,我们就必须重新思考区别

“公共”和“私人”领域的有效性，重新思考妇女生产和生育工作的交迭，重新思考影响贫富国家发展的性别体系和全球经济之间的联结（例如 Collins 和 Gimenez 1990）。

㊽ Weiner 1992：153.

㊾ 同上书：154。

㊿ 当代的一个特例是，伊丽莎白·约翰逊（Elizabeth Johnson）所研究的客家（Hakka）妇女纺织其衣服的装饰带子（1977）。

(51) 汉代手工工场生产的贵重纺织品有制造者名字的印记，其中也可能有女性织工（Sheng 1995），但这一做法的重要性并不清晰。在清代宫廷的礼服和服饰上，也有类似的印记，其中很多被保留了下来，见 Wilson 1986。

(52) Martin 1988：172（最早强调这点的研究），引自 Watson 1982：173—174。

(53) 参见如曼素恩 1994：31。张吕平的《坤德宝鉴》，是 1777 年首次出版的类书，用通俗的文体写成，适于没受过很高教育的妇女阅读，其中包含很多刺绣的图样、处方、帽样、鞋样、治丘疹的药方、贞节烈女的传说（高彦颐 1994：57）。

(54) 明代时，一些地区的新娘要为婆婆或婆家的其他女性绣鞋（高彦颐 1994：92，170）。

(55) 刺绣的中文字是“绣”，绣样也是“文”的表现形式。

(56) 关于中国刺绣的主要缝纫技术及其发展史见高汉玉的《中国历代织染绣图录》，第 28—36 页、第 264—267 页。据他研究，考古发现证实刺绣针法最早是在周初时出现的。至汉代，技法已然大为精细。有刺绣装饰的外衣是身份高的象征，为生产宫廷所用的刺绣服装及幔帐还特别建立了手工工场。唐、宋、明时，刺绣不断增加近似绘画和书法的精妙技法，清时达到顶峰，而且还形成了不同的地方风格。刺绣可以有多种目的。从其最高形式看，它可以创造出像绘画一样的艺术品。从其更普遍的形式看，它可以用于室内装饰，被子、垫子、窗帘、屏风、幔帐都能做绣品。用于服装的刺绣，则随着时尚而变化着。中古时期，边带刺绣用于上等外衣的装饰，到宋代这种做法就不再流行；而至晚明又出现了明显的复古趋势，整个清代刺绣类衣服是富人阶层的典型服装。

(57) 曼素恩 1992b：262。男人也在商业性的刺绣品店铺工作，至迟到 19 世纪后期，西方观察家经常惊叹于其中男性工人所占的比例。当然，大多数绣工还是妇女和年轻女子（Wilson 1986：106）。

(58) 最有名的绣工是顾家的妇女，她们创建了我们所认为的刺绣艺术学校

（高彦颐，1994：173—175）。起初，帝国进士顾名世在16世纪50年代因其刺绣赢得了名望。他的次孙媳，一个名叫韩希孟的妇女将顾家的刺绣艺术发展到顶峰，“她运用画理融合在绣技中，画绣结合，相得益彰”（高汉玉，《中国历代织染绣图录》，1986：32）。她的几件作品还流传于世，大部分都带有其印章——艺术的标志，非手艺的标志。高氏书中（同上书）还提供了顾氏刺绣的图案和技术分析，主要模仿宋元时期的名画，以其明亮的色彩和现实主义的特点而著称。

(59) 关于叶梦珠参见 Wilson 1986：58，关于沈复新娘的例子参见同书：105。关于宁波刺绣业，参见曼素恩 1992b；Wilson 1986：105 提到露西·苏斯希尔的观点。

(60) 曼素恩 1992b：260。

(61) 高彦颐 1994：82。

(62) Handlin 1975：36—37.

(63) 高彦颐 1994：175。

(64) 曼素恩 1994：31。

(65) Topley 1978：253—256；Stockard 1989：39—40.关于妇女团体的组织制度，迄今为止确切的证据仅限于华南地区，时间最早可以上溯到19世纪后期。在 Topley 和 Stockard 所描述的个案中，工人阶级的女子能够维持其组织的家庭，她们经常要面对来自其自己家庭的反对，至少部分原因是她们可以在西式的纺织厂中获得高工资的工作。当然，这些前工业化地区的妇女团体是植根于更古老的传统。Helen Siu 依据地方史和其他地方性作品中的材料认为，在广州三角洲地区，很早就有关于推迟结婚和给予妇女非传统的行动自由的记载。但有趣的是，在其地区的文化融合过程中，这些习俗有时用于文雅的象征，有时又用于不文雅的象征；有时是中国化的象征，有时又是汉族传统的象征（Siu1990）。

(66) 湖南“女书”的诗作经常写在刺绣的织品上（见高银仙和义年华，《女书——世界唯一的女性文字》台北，1991）。高彦颐也提供了例证——写在绣花鞋上作为礼物表示感谢的诗作（1994：170）。

(67) Moore1988：37.

(68) 韦德纳（Weiner）1992：13.韦德纳认为，这种倾向不仅限于现代西方。“只指出几个例子，夏威夷的牧师、印加的统治者、希腊的哲学家、基督教的教士、西方的资本家都系统地排除了妇女对宇宙思想资源的影响力，从而否认妇女在文化传承方面的作用，将其影响只限于物种的繁衍。”（同上书：153）韦德纳注意到,妇女经常需要以物质劳动的形式对宇宙思想资源产生影响,特别是通过纺织品的生产活动。

⑥⑨ 高彦颐称,中国历史上的"五·四"观念继续渲染着中国女权历史的出现(高彦颐 1994:7),类似的西方学者的著作,如希尔·盖茨在其 1989 年的文章中得出这样的结论:"本文所讲述的妇女遭受的苦难远多于其反抗活动。"

⑦⓪ 另一个误解是关于裹脚对妇女的活动能力与工作能力的损害程度。参见布莱克(Blake)1994 和曼素恩 1992b 关于晚清妇女对以家庭为基础的乡村和城市工业经济的重要贡献;布莱克和黄宗智(1990:55—57 和书中各处)讨论了妇女对家庭以外的农田耕种的贡献。

第三部分　母亲身份的意义:生育科技及其功用

① Kinney 1993:129.

② 熊秉真 1994:88。

③ M. Wolf 1972. 就像其他"作为牺牲品的传统妇女"形象的描写一样,这个版本尤其适合说明现代中国的情况。中国在 1949 年以后的 30 年中,建立起了系统的农村医疗保健服务网,成功开展了以说服而非强迫为基础的社会运动——以现代节育技术教育家庭,鼓励少生育以使儿童得到更好的条件。对大多数中国妇女而言,生育的体验改变了。孕妇和婴儿的死亡率显著下降,出生率也明显降低(Banister 1987)。同时,妇女融入公共的劳动大军中,获得了可与男性相比较的报酬。在新的政权里,妇女虽然仍不具有和男人同等的权力,因为政治结构在每一层面上实际还保持着父权制的机制,但是妇女个体生活的转变和中国妇女新旧形象的显著差别有助于掩盖仍旧存在的性别不平等现象(K.Johnson 1983;Stacey 1983)。随着 20 世纪 80 年代初人民公社的解体和新经济政策的实行,个体家庭再次成为独立的经济单位,为在市场中生存而抗争。于是,很多农村家庭想要更多的儿子以有助于其经营土地。[国家从没干预过婚后居住在男方家的婚姻形式,因此农村人还是觉得生儿子比女儿更好,虽然现在城市中有时出现相反的情形(M. Wolf 1985)。]与此同时,国家推行严格的计划生育政策,试图限定每个家庭只生一个孩子。其结果是,年轻的村妇受到来自其姻亲和国家双方面剧烈而矛盾的压力(Croll 1987)。经常出现悲剧性的结局:一方面是强制性堕胎,另一方面是对生女孩的妇女残忍的毒打甚或杀害,更不用说因此而造成的离婚和杀女婴现象的复燃。对这种两难局面的一个反应就是对生育巫术和魔法的迷信重新回潮(Anagnost 1989)。国家可以很便利

地为自己辩解说,农村地区对待妇女和生育的"传统"观念从未彻底根除掉,现在再次显露出来,而不会承认这在很大程度上是由于其政策的矛盾和疏忽造成的完全是当代性的危机。

④ 最现代的生育技术——复位术的有效性是很高的,但事实上,新生育科技(New Reproductive Technologies)——设计用来克服不育问题的技术,经常产生的受孕率与同等未接受治疗的夫妇的受孕率几乎没有显著差别(Sandelowski 1991)。尽管如此,新生育科技的市场还是在迅速增长,给这些操作困难、外界干扰、价格昂贵的治疗手段贴上"科技"的标签显然成为博得消费者信赖的一个重要因素。

⑤ Lavely et al. 1990:818。

⑥ 每种数据资料都有其自身的问题。何炳棣1959年所著《中国人口研究,1368—1953》是一部关于如何处理人口统计数据及其不充分性的经典研究著作。家谱包括所有活到结婚生子年龄的男性家族成员。但如同儒家文化所认为的那样,即使记录男性的方法也是以等级为基础的。那些幼年夭折或离开家族聚居地、客死他乡的儿子有时会忽略不计,而没有自己后代的死后家人为其收养后嗣的儿子可以收录进家谱。家谱通常忽略不计女儿。妻妾的名字及其重要资料可能被记入家谱,也可能不记。所用这些就使得依据世系记录来重建真实的历史人口变得极其困难。泰尔福特(Telford)在其1990年的一篇论文中认为,"正规的"人口统计方法不仅应该应用于修补数据中公认的漏洞,也应该用于识别出迄今为止一直被忽略的漏洞。

⑦ Duden 1991:192n.3。

⑧ 参见如 Lee 和 Saito 即将出版的相关文章。

⑨ 在家谱或登记数据特别详细的罕见个案中,人口学家不仅能够证实同一家族贫富支脉的生育率的差别(Harrell 1985),而且也能证明家庭对年少成员的生育行为实施的控制(Lee 和 Campbell 1996:第8章)。

⑩ 例如 Strathern 1992;Weiner 1992。在最近几十年中,构成"真正"母亲身份的问题反复出现在美国,这要求我们重新思考"自然的"亲生关系在不同层面上的相对诉求,以及自然与社会的血缘关系的对立。因为我们的社会倾向于将母亲的身份视做完整的、不可分割的,不鼓励其他任何不同类型和程度的分享。只有收养与这种倾向相抗衡,通过收养的方式,占主要地位的阶级、种族和国家等级中的妇女经常可以从地位较低的其他人的生育中受益。新生育科技又造成了进一步的道德困境,中产阶级、中年夫妇正在利用其经济、种族或世代

的差别榨取利益。构成"真正"血缘关系的矛盾显然在代孕母亲和捐献卵子的对照中得以证实。在前一种情况中,代孕者对"真正"父母身份的诉求是基于遗传基因、提供卵子的重要性的争论。而在后一种情况中的争论刚好与此相反,即认为真正的孩子不是由卵子里基因遗传的蓝图制造出来的,而是由暗含在妊娠妇女卖掉卵子的社会委托所产生的。以嘲讽的眼光看,似乎如果将生物性征抛开,让金钱而不是遗传物质或妊娠来决定血缘关系,那么这些矛盾就很容易解决了:"真正的"父母是付钱的人。

⑪ 许多学者家庭虽然享有很高的社会地位,但其家境远非富裕。有很多故事讲述他们的妻子以其精明能干维持家庭,最终她们的丈夫或儿子通过科举考试获得了高官厚禄。

⑫ Gates 1989;R. Watson 1991。

第七章 医学史和性别史

① 伊沛霞 1993:172。

② 费侠莉(Furth)1990:189,讨论了家训的类型,这些是年长者为其死后的继承者能够继续维持本支的血统而写下的。这种类型的家训在帝国后期的下等贵族中日趋流行。关于新儒家重新归制的血缘关系的原则,参见伊沛霞 1986。

③ Waltner 1990:17,22。

④ 费侠莉 1986,1987;熊秉真未刊稿。关于上述类型问题的历史发展轨迹、专门知识分科的早期起源、宋元时期医者的巩固性工作、晚明和清代医学著述数量的急剧增长,都在中国医学著作的大量优秀文献书目中得到清晰的证明。

⑤ 熊秉真未刊稿;费侠莉 1994。在西方由范·古里克(Van Gulik)所著早期和中世纪大量有关性的论述很普及,其展示出男性利用多个女性伴侣,通过吸收其精华来增进自身的男性精髓。理想的女性伴侣是年幼未发育成熟的,最好是低于生育年龄的女子。在性交过程中,男人一边利用女性的性高潮来吸纳其散发出的精华,一边抵御自己的高潮来临以保精。因此,射精并不是理想的性交部分。以生育孩子为目标的性交,对男人来说是超世俗的活动,孩子是其精神上的产物(Schipper 1982)。正如费侠莉所指出的,中世纪文献中所倡导的这些性行为的实践暗示着一种贵族的生活方式。此类观念继续流行于中华帝国后期,但大部分存在于养生或长寿的写作条目和道家的说教中,以正统观念

来看,这些是离经叛道的做法。中华帝国后期关于"广嗣"的著述中,孙思邈(581—682)强调适度的性行为,并坚定地提出性交的目的是受孕。性交本身表现为适龄男子和妻子之间一种长期的性伙伴关系。如万全这样的作者,则"鼓励妇女和男人一样,努力节欲和自制,通过种子来获得性欲的满足"(费侠莉1994:144)。

⑥ 见费侠莉1994和熊秉真未刊稿。

⑦ Waltner 1990:18。桃木箭从古代起就被看做是抵挡邪神恶鬼的最有效的武器,桃子象征着有关生育和不朽的祝福。在医学上,最早明确讨论"天宦"的大概是16世纪的医师万全(见费侠莉1994)。16世纪末,李时珍在药典《本草纲目》中关于"人的类别"部分,进一步探讨了五种"虚假的男性"和五种"虚假的女性"。他所列举的"虚假的男性"是由于解剖学上的畸形导致无法有效穿透的不育男人。然而,"天宦"则是由于其阳气极弱所致(《本草纲目》,第2971—2972页);不清楚这是否表示"天宦"是无法治愈的不育症。

⑧ 关于万全,参见如李经纬等主编1988:10和费侠莉1994。

⑨ 熊秉真未刊稿第16部分"广嗣辑要"。正如这一章中第7个注释提到的,《本草纲目》中也包括此清单,而且被广泛阅读和引用。这些不育类型的划分并非是以医学理论为基础发展出来的,而是汲取了广泛流传的世俗观念形成的。

⑩ 关于晚明小说《金瓶梅》中对不育药剂使用的描写参见Cullen 1993。人们所祭祀的生育女神包括媒人高禖,特别涉及不育、顺产和婴儿健康的九子娘娘,以及神力更广大的观音。有趣的是,有几位女神从未结过婚,也没有生过孩子(J.Watson 1985:320)。观音菩萨最初被描绘为男性,但在宋代开始表现出女性的特征。

⑪ 中国的古典医学和民间信仰都为孕育想要的孩子和诊断胎儿的性别提供了方法。在许多关于怀孕和分娩的医学著作,以及更流行的通俗读物,诸如家庭百科中,都为改变未出生的孩子的性别(包括从男性变成女性和从女性变成男性)提出了一些神奇的方法(梁其姿1984;熊秉真未刊稿)。也许人们对这些方法的笃信就足以生育出想要的孩子来。

⑫ 见Kinney 1993的研究上溯到汉末时期,李贞德1995(《汉隋之间的"生子不育"问题》,台北,历史语言研究所辑刊66,3:747—812)的研究涉及从汉代至隋代。那时,婴儿被杀不仅可能由于其家庭无法养活他们、他们自身的残疾,抑或她们是女儿,而且可能由于他们会给家庭带来厄运。很多刚出生的孩子因

为卜卦显示出不祥的征兆而被杀死或遗弃。在不知道确切的出生率的情况下，我们很难有把握地说到底有多少比例的婴儿在出生时被杀，其中男女的比例是多少。我们当前对婴儿的死亡率也知之甚少，而且由于在中国的家谱或地方记录中孩子只有到三四岁的时候才能入谱，因此我们也不大可能说出其间选择性的忽略到底有多少。也不可能做确切的王朝间的比较研究，尽管目前已经出版了关于清代地区间和阶级间的一些比较性论著（例如，Telford 1990和Lee未刊稿）。在关于辽宁18和19世纪初的一项区域社会研究中，詹姆斯·李(James Lee)和卡梅伦·坎贝尔(Cameron Campbell)以文献特别恰当地证实了"估计大约有四分之一的女婴成为选择性别的杀婴行为的受害者……普遍规律是地位越高，孩子越多，男孩子的比例越大"(Lee未刊稿，引自合作研究)。这里关于辽宁的地域研究是以严格的省界为基础的，并不能代表中国人口整体上的情况。

⑬ 近几年，中国确实广泛出现了杀女婴的现象，这是由于羊水诊断的有效性的增长使得选择性别的流产成为可能。伊丽莎白·克罗尔(Elisabeth Croll)、艾玛塔雅·森(Amartya Sen)和许多其他分析家都已指出，独生子女的家庭政策和经济的自由化共同造成了性别比率的灾难性后果(Croll 1987；Sen 1990)。然而，苏珊·格林哈夫(Susan Greenhalgh)和李佳丽却得出结论说，杀婴是可能的，但是还没有证据表明它是造成目前性别比率失调的主要动因，在任何情形下杀婴只起很小的作用(Greenhalgh and Li 1995)。

⑭ 诗人和政府官员苏东坡，约在1079年写到，包括今天的浙江和湖北地区，"越鄂地区的平民习惯上只想养两个男孩和一个女孩。其后出生的新生儿就将被杀死"(田汝康1988：26)。田汝康引证了几个宋代这些地区的个案，说明"地方风俗在孩子的养育上强加给父母沉重的负担"。1112年一个宋代的记载说，使用与日本同样的稻田耕种期限，"除掉孩子"，以此来描述和谴责发生在东南地区的情况(同上书：27)。

⑮ 18世纪辽宁谷物价格的戏剧性波动代表了这类危机(Lee et al.1992)。早期王朝对孩子征收人头税，或征发沉重的兵役、徭役，这也经常导致父母杀婴。1109年的一份法令称，在福建禁止杀婴行为，"这个省份许多人倾向在定期确定官府税收和徭役规章的时候，不分性别地杀死或溺死新生儿，目的是为逃避其赋役份额再分配的增长"(田汝康1988：26)。

⑯ 显然中国没有与日本同等意义的实践，日本夫妇"铲除"(mabiki)孩子之后，给他们修建小型墓碑，并供奉祭品以赎罪。在日本通常这些孩子被称做"水

孩"(mizuko,water child),拉福洛(LaFleur)1992 年探索了这个术语中所暗含的流动的观念和早期人类生活的可替代物的观念,回溯到佛教产生以前的信仰。他探讨了现代早期日本的杀婴现象,将儒家对这一行为的谴责归纳为"反对浪费",即指反对糟蹋国家的潜在国民。这似乎表明,现代早期日本的意识形态是鼓励提高人口出生率的;这大概也从一个方面说明,中华帝国从早期至宋代官僚阶层所表达的对杀婴行为的厌恶[参见如 Kinney 1993,关于汉代的征兵,关于 1109 年兵部侍郎发布帝国禁止杀婴的命令,当时杀婴已经从福建扩展到长江流域的所有省份(田汝康 1988:26)]。虽然作为一个女权主义者,我不特别赞成新儒家道德的大多数形式,但是我仍认为,拉福洛在解释儒家对杀婴的厌恶时低估了人类仁慈之心的作用,至少在中华帝国后期的情形下是如此。

⑰ Kong 等主编 1976。

⑱ 中国人口史至少仍然提出了与它能回答的一样多的问题。通过家谱和家庭登记保留下来的数据文件随着时间的过去变得愈加普遍,其本身就使得做不同时期的比较研究极为困难。例如,我们不能实际地对比宋代和清代男性独身率或纳妾率,也不能证实女性生育率的变化趋向。原因在于家谱和家庭记录提供的基本数据是将子孙视做父亲所属而非生育他们的母亲,在一夫多妻的家庭中我们总是不能确认哪个孩子是谁的。即便一个妇女有的孩子的数量得以记载下来,我们通常也无法知道这个数字是她生育的所有孩子的数量,还只是存活下来的孩子的数量。Ohta 和 Sawayama 所描述的日本德川晚期妊娠登记的实践(即将付梓),是我所了解的唯一一个根据前现代社会保留下的记录,它使我们能够粗略重建一个社会总的妊娠率的例子。显然,早期中国官方尝试登记妇女妊娠和监督婴儿的出生是为了阻止不正当的杀婴行为,但是当时的家庭记录没有保留下来(Kinney 1993)。

⑲ 李伯重(Lee)未刊稿;Lee and Campell 1996。

⑳ 李伯重未刊稿;又见李伯重 1994 年关于清代中期江南地区的低生育曲线。

㉑ 伊沛霞 1993:172。

㉒ 李伯重未刊稿;李伯重和 Saito 未刊稿。李伯重在 1994 年的研究中也援用了适度性行为文化的假设。根据这些作者的研究,这一文化背后的基本理论是希望保持或提高生活水平。关于适度性行为的普及医学处方的详细说明,参见熊秉真未刊稿。然而有必要再次强调,医学文献所倡导的适度性行为是规范化的,而非描述性的,其在多大程度上能转化为人们的两性关系行为还停留

在猜想层面上。有些人口学研究声称，能够从生育曲线中推演出性交发生的次数，还引证性习惯的调查来支持他们的结论。我承认自己对这样的声称抱有深切的疑虑。在中华帝国后期的情形下，一方面，盛行着有悠久历史传统的医学和道德文献，倡导适度性行为；另一方面，有极其丰富的证据表明卖淫是广泛和日趋增长的，即使是在清代严格的文化压制下仍然不能消除这种堕落（性和其他方式的），而明朝的衰落经常被归结于此。我们如何调解这两种相互冲突的性文化形象，并将其转化为普通夫妇的两性关系行为呢？此外，我们还可能注意到，中华帝国后期所倡导的适度性行为是因为健康的原因和作为生育"高质量"后代的方法——在现代西医生育治疗法中也流行的一种理论。那么，我们如何能自信地将性交次数和生育率连接在一起呢？

㉓ 例如熊秉真未刊稿。Kong 等主编的著作（1976）对中药中的许多堕胎药进行了实验室分析，发现它们当中的很多是有效的；他们进而建议，其中的几种应该作为可能的避孕治疗法加以研究。今天的中医还在使用许多传统处方，有时用于堕胎，有时用于排除死胎或胎盘。

㉔ 穆萨拉姆（Musallam）1983：4；海姆斯（Himes）（1936）1970；德弗罗（Devereux）1976；Mclaren 1984，1990。海姆斯主要利用了关于避孕的著作，因此他的范围在很大程度上限于欧亚的读写传统。虽然他被迫主要依靠翻译和二手材料，但其对所讨论的某些文化的误传仍是可以批评的[穆萨拉姆指出，海姆斯显然不知道阿拉伯重要的科学文献中有关生育控制的著述，并误将通俗文本当做那个时期有代表性的科学知识（1983：73—75）]。人类学家德弗罗，分析使用了 350 个"原始"社会的堕胎报告。

㉕ 尽管重建埃及和叙利亚自 14 世纪黑死病至 19 世纪中期的绝对人口数字十分困难，但是人口学家都公认这个时期的人口数量确实呈下降趋势。穆萨拉姆认为，这种不寻常的发展态势无法以马尔萨斯的规则加以解释，而必定是有意的计划生育努力的结果（1983：105—121）。

㉖ 正如熊秉真所指出的（未刊稿），中国的医学理论主张月经结束后的前几天是最好的受孕时间，那么尽力避免怀孕的妇女就要一直等到月中才行，但是根据现代观点，这样做才真正增加了她们妊娠的概率；反过来，想要怀孕的妇女可能因此无法妊娠。很难解释这种情况是如何最终合成对生育率的影响的。

㉗ Etkin 1988：299。

㉘ 杀婴是唯一真正有效的方法，但其形式是最激烈的，婴儿将真的被杀死。遗弃新生儿是靠不住的方法，例如当埃及法老让摩西在水上垂钓时，发现

底比斯国王拉伊俄斯(Laius)把儿子俄狄浦斯(Oedipus)遗弃在山腰上。凯尼(Kinney)讲述了一个中国汉代妇女的故事,孩子在出生前就在母亲肚子里哭了两个月,孩子生下来后,母亲把他埋在田间的小路上,但第三天一些过路人听到孩子的哭声,于是母亲又把孩子挖出来抚养了他,因为第三天孩子的父亲公开承认了新生儿。这里这个时间的选择显然意义重大(Kinney 1993:125)。许多遗弃婴儿的父母这样做都是希望孩子能免于一死,希望好心的陌生人能比他们更好地照顾这个孩子。这种情况在中国确实存在。无论作为个人还是团体,救助和照顾弃婴都被看做是一种美德的表现,在帝国后期也被看做是佛家结善缘的行为。关于孤儿院和寄养,参见如 Brook 1993;梁其姿 1987;Waltner 1990。然而,寄养和收养是严格加以区分的,关系人所要求建立的秩序是完全不同的(Waltner 1990)。

㉙ 例如,在父权的诉讼案中,穆斯林法理学明确规定,男人是不能只根据中断性交的实施就拒绝承认其父亲身份的(Musallam 1983:19)。穆斯林的法律容许避孕,但后期的堕胎和杀婴则被视为等同于谋杀而被严格禁止。

㉚ 对于我给 Lee 和 Saito 的投稿(白馥兰未刊稿),编辑建议我应该给予堕胎和杀婴相对较高的估价。坦白地说,到目前为止,我还没想出能够使我得出这样结论的任何方法。

㉛ 生物医学发展出的新生育科技,以及科学测试和工业化生产的避孕工具,其目的都不是复原而只是提高人的生育能力。这里对于人们所渴望的受孕与妊娠,医学和通俗理解都强调了其困难性和不稳定性;二者还指出了无数威胁成功分娩的因素,其将降低孕妇的身体状况或在医学监控下再次受孕的条件,看做是对妇女精神和身体上的一次真正掠夺(参见如 Bordo 1993:71—98;Sandelowski 1991)。要想做母亲,就必须避免所有潜在的有害物质的影响——从工作间里的二氧芑到家里的吸烟,从麻醉品到染发剂,而且她要表现出坚定不移地追随高度介入的医疗监控的决心,同时她还要培养起广泛认为有利于受精和妊娠的平和心态。特别引起我好奇心的一个例子是法国流行媒体最近发表的一系列关于新生育科技的文章,其中被采访的生育学专家和心理学家建议,想要怀孕的妇女应该首先接受治疗来确认其身体中没有遭受到源自母亲的尚未解决的冲突。如果我们从头来看那些关于成功分娩的至理名言,那么我们拿出的秘方就是控制生育。在现今西方的生育文化中,妇女也许有理由认为,每晚的鸡尾酒和每周与母亲的争吵是抵制不必要妊娠的保证。我所遇到的最令人吃惊的前现代有效的生育控制个案,是由 17 世纪荷兰观察家记载下来

的台湾西拉雅部族实行的强制性堕胎制。已婚妇女直到 35 岁以后才被许可生孩子,在此之前她们可能要经受许多次堕胎,那是一种通过剧烈按摩方式达到流产的痛苦过程(Shepherd 1990)。

㉜ "翰巴利斯(Hanbalis),中世纪最严格的法理学家,他主张在敌人统治下穆斯林家庭必须强制执行生育控制"(Musallam 1983:120)。阅读穆萨拉姆的著作是一个令人着迷的经历,他关于伊斯兰教经典教法的说明,关于性征、生育控制和男女权力的态度——其中许多在 20 世纪西方人看来都是极其自由主义的,例如梵蒂冈的罗马教廷在 1994 年开罗联合国人口大会上就与伊斯兰原教旨主义政权联合,共同批驳了关于生育权力的提案。

㉝ Will 1994.

㉞ 我提出这点作为一个值得思考的问题;到目前为止,就我所读到的史料表明,宏观与微观经济之间没有相互联结的利害关系。

㉟ "对于社会史学家来说,我这一代的历史人口学已成为传达身体现象综述的主要来源,在人口统计中身体的特征被作为'一个物体的可能属性'来加以理解:例如出生率、发病率、生育率和死亡率"(Duden 1991:192,补充强调)。

㊱ 人类学家很早以前就意识到,现代西方的身体,个体的、物质性的、与其外壳相分离的身体,在科学注视下一目了然的身体,作为一种经历远非是普遍性的(如 Worsley 1982;Scheper—Hughes 和 Lock 1989)。"身体史"还处于刚刚起步的阶段,即便医学史学家也是最近才开始脱离现代西方"客观真实"的身体观念——必然以其他时空条件下的身体经历为基础的。福柯的工作使人们认识上产生了突破,为探索科学的生物医学意义上的身体在多大程度上是历史和文化建构的奠定了基础;这个领域中最有趣的工作很多是由女权主义者做出的,她们期望揭示现代科学的性别本质(如 Schiebinger 1987;Martin 1987)。

㊲ 虽然人们通常是以一种身体模式为主导的,但大多数人实际并行着多种身体模式。例如,在我们的社会中,我们将心脏看做是解剖学上固定的器官,它抽吸全身的血液,我们心理上确信这种模式并因此赞同心脏手术。然而同时,当心存在于"我们的嘴里"或"我们的靴子里"时,我们又了解到一种真实的身体错位经历。关于身体形象和经历在一个普遍的范式里如何造成差别的另一个简单例证是:发达国家经济体系中的所有学童都被教授相同原理的生物医学的解剖学;但是在法国,肝脏是身体器官中病人痛苦感受最为集中的部分,在美国则是心脏,在日本是腹部。中华帝国后期,古典医学和流行宗教的身体模式有着巨大差异(参见 Schipper 1982 所举实例),而且一个不育的妇女所相信

的身体模式是变动着的，因为她不断地从正统医师、接生婆及女神观音那里寻求帮助。关于中华帝国后期医学领域以外的（在典礼、礼节、服饰上等）不同的身体感受和经历参见 Zito 和 Barlow 1994。

㊳ 这就是说，我们能够在对月经与生育如何关联的当代解释中发现差异和矛盾。关于月经的主流的科学表达是，其系身体未能受孕的结果。人类学家艾米利·马丁（Emily Martin）提出，在美国这种话语更可能为受过良好教育的妇女所接受，而那些教育程度较低或社会地位不稳定的妇女[这类妇女在约翰·霍普金斯医院调查的病人中包括黑人、奇卡诺人（Chicana）和贫穷的白种妇女]倾向于不将月经视为受孕失败的证明，而是将其视为具有生育能力的正面象征（Martin 1987）。同时，伯克利一位生物学家颠覆了古典的对于月经污染的想象，她在其立即获得媒体赞誉的论文中提出，月经（仅限于人类的现象）是在适应人类独特的性行为过程中进化而来的，目的是为了清洁和保护子宫。如几位西方人种生物学家所提到的，月经所排除的不是女性身体自身产生的不洁之物，而是由（不洁的）精液带进来的细菌和其他污染物（Profet 1993）。

㊴ Scheper－Hughes 和 Lock 1989。这一批判性的观点并非新近才有。它来源于马克思和法兰克福学派的知识批判论，但近几年，在女权主义和后结构主义理论的影响下成为主流思潮。

㊵ 关于医学抽象科学发展的最有影响的著作是福柯的《诊所的诞生》（1973）。

㊶ 医学和政治学经常共享隐喻。自解剖学在文艺复兴以来的发展，西方的身体就像西方的政治一样继续被表达为重量和滑轮的系统，表达为一个消耗和制造不同形式能量的机器，表达为一个信息网络。Schiebinger（1987）证实，性别和种族关系变动的过程被记入 18 和 19 世纪的欧洲解剖学中，他还提出，解剖学日益强烈地表达出性别的差异，其间妇女逐步被描绘为具有讽刺性的大屁股小脑袋的形象，这至少部分地是对于当代妇女要求经济和政治权利的不自觉的反应。马丁（Martin 1987）和洛克（Lock 1993）分析了当前生物医学在生育过程的描述中所固有的性别歧视。Honig 和 Hershatter（1988）提供了一份吸引人的记录，它描述了在中华人民共和国，学院派文本和媒体对于性别差异的生物学解释是如何随着社会和经济政策的变化而变动的。

㊷ 这里的问题首先是，哪个方面在医学实践中占有重要地位。例如，经常为人们所指出的美国国家保健研究预算的数额分配不均衡，用于中产阶级、中年白种男性的保健问题研究的额度较大。那么，就存在着一个向人口的不同部

分提供服务的制度水平问题。也存在着一个患者能够期待的被尊重与主动参与的问题。比如,医院的病人在治疗过程中,多大程度上被忙碌的专家当成了一个被动的对象、一串症状,而不是一个主动的合作者,这可能取决于医师如何估价病人的资金来源,其中也包括他们会有多少共同语言的假设,以及这个病人能否提供可靠信息,并确实有利于其治疗过程(关于北美医院背景下医师与病人关系问题,参见如 Taussig 1980;关于中国和希腊对于女性知识可靠性的医学观点,参见白馥兰 1995a 和 Dean-Jones 1995)。

㊸ 皮埃尔·布迪厄,1992 年的一次采访,引自 Segal 1994:263。

㊹ 这种态度似乎是违背历史记载的。我赞同"话语"塑造了我们的理解和身体的经历,但我不能赞同话语达到了"创制"身体或包容身体的效果,因为话语已经创造了我们所知的一切,并且它是通过我们的身体感知世界的。如果我们接受现代西方令人怀疑的假设——所有知识都必定以言语来表现,那么 Lynne Segal 可能是对的,她说:"通过话语我们只能认识身体"(1994:228)。然而,知识所表达的只是人的一部分,只是通过话语理解我们身体的想象的一部分,它暗示着纯净的大脑和高级生命形式,并为现代文明的舒适及相伴随的不满足包围着。

㊺ 福柯称身体"是事件的皮相所铭记的,是语言所描绘的,是思想所揭示的"(《规训与惩罚》,引自 Segal 1994:227)。

㊻ 一个恰当的例子是我在第 8 章讨论的围绕月经调节的话语。几位学者最近提到,"外在的躯壳"及其与物质现实的关系在中国的身体和身份观念中的重要性(如 Elvin 1989;Zito 和 Barlow 1994 的大部分文章;Blake 1994)。这些作品是具有启发性的,要求我们重新思考如何将身体外壳看做是内与外的界限、天生与修饰的界限(我又回到了随后要探讨的关于中国的天生与抚育的论题上)。但是其中很多文章过于强调话语的优先权,否认在外在的躯壳下面存在的身体现实。

㊼ 我用资本来称呼中国的人体器官,用血液来表示这些术语并不恰好与其生物医学的含义相符合。例如中国的术语"血液",表示 能量"气"的物化阶段,其主要功能是滋养身体。红色的液体通过血管流通全身,滋养妊娠妇女身体中的胎儿,血液还可以转化为母乳的形式。关于中医理论历史的简介,见 Sivin 1988。Kaptchuk 1983 简单描述了当代关于人体器官的实践。关于生育思想中的肾脏系统,参见费侠莉 1986,1987。

㊽ Farquhar 1994 非常精彩地讲述了诊疗的差别及其当代的实践。关于江

南地区发烧因素出现的背后的社会因素，参见 Y. Chao 1995。关于前现代时期医学思想流派的差异，建议可以引用的西文文献有 Unschuld 1985，1991，及 1986 年著作的导言；也可参见 Sivin1988。

㊾ 这个领域对西方知识的最早回应出现于清末。1850 年代，霍布森(Hobson)的解剖学论文中有关妇科医学的部分被译成中文，1881 年出版的妇科医学著作——沈尧封的《女科辑要》将其列为补遗插入书中。尽管霍布森的文本传达出一种完全不同的对身体的想象，但沈氏并未因此对自己的文本进行修正，以弥合这种差异。

㊿ 从非科技性的文献，诸如家规和小说中，我们了解到精英阶层的男子经常批评其家中女性对术士、僧人、接生婆或产婆的医术的依赖。

(51) 记录 18 世纪一个巡游术士的治疗实践的节略本——《串雅》幸存下来。

(52) 费侠莉 1988。

(53) 关于中华帝国后期日常术语的技术性运用，参见白馥兰 1995a。当今，专业被设定为自我调整和自我保证的领域：要成为具有职业资质的会计、律师、医生，就必须精通专业团体认可的课程大纲，通过其考试，获得证书和执照；专业也决定了专门技术应用的范围和职业道德的规范。尽管中华帝国后期已经出现国家组织的医学考试，投考者通常是社会地位低下的人，希望通过考试成为国家的医官，但其威望很少能与“世袭的”或“儒家的”医者相比。另外，当时还没有建立颁发执照的体制。

(54) 梁其姿 1984：52。

(55) 自汉代以来的医生、占卜者、术士的传记(汉代历史学家司马迁写作，DeWoskin1983 翻译的)向我们展示出，那个时期医治者的观念是如何万能的。关于晚明给富人看病的医治者范围，参见如 Cullen 1993。

(56) Ou 1988：354，361；李经纬主编，1988：97，281，668。

(57) 司马光在其日常守则中囊括了此项内容，讲到妻子备好药后，男人要亲自将药承送给父母。(中药方是几种植物或其他药材的混合物，一部分需每天在家中用陶壶——在中国商店或药店现在还可以找到，长时间的熬制与泡制。中药也有粉状与丸状的，但这类药是在药店以成药形式购买的，其中常用药的说明在通俗百科书的保健部分可以查到。)为医治患病父母的最极端的孝道是采取自残的形式(也是最受敬仰的形式之一)，割下自己身上的一大块肉做成肉汤给父母治病——当时认为这是恢复体力的特别有效的补药(见 Cooper 和 Sivin 1973)。田汝康(1988)追述了这类实践的历史，他和 Carlitz(1994)都探讨了明清之际其流行的重要意义,当时还经常成为赞美女性美德的表达内容,尽管这在法律上是被禁止的做法。Carlitz 也谈及,早期王朝时代这类传说中的英雄都是女儿,但到明清时期置换成了儿媳,这说明妇女血缘关系上的忠贞已被强行纳入父系的体制。

㊳ 关于元代医师及其社会地位,参见 Hymes 1987;关于明清江南地区医师的受教育状况,参见 Y. Chao 1995。

㊴ 参见 Unschuld 所翻译的徐春甫的话:"关于那些跳读经典的人"(1991)。徐氏是一位著名学者,他发表了关于道家经典、古代音乐、早期医学经典的著作,还刊印了他自身医学实践的专著。

㊵《轩岐救正论》509,引自 Y. Chao 1995:第一章。

㊶ 关于医师的分类及其起源,参见 Y.Chao 1995。

㊷ 在何时希的医家传录(1990)中核实了 20000 余个进入医学谱系的名字,大部分始自清代。这些谱系中包括基于血缘关系的世系(直系和姻亲关系的),也包括收养和师徒关系的世系。多数谱系是基于血缘关系的世系,而不是基于知识传承的师徒关系。

㊸ 关于专业化问题,参见 Y.Chao 的探讨(1995:150—203)。

㊹ 随着医学著作市场的扩大和明显供不应求局面的出现,盗版成了一个问题。人们抱怨,新书刚出版不久,就到处可见未经授权的廉价版本(同上书:28)。

㊺ Yuan-ling Chao 引述叶桂、陆茂修和徐大椿为例。叶氏写道,病孩的父母经常不顾一切地干涉治疗和引介灵媒,而这常常导致孩子的死亡。陆氏也抱怨说,苏州人不找医生看病,而向灵媒问医;他也强烈反对他们的做法,因为这些人相信所有的疾患都是由阴气的耗损而导致的,并要求医生开处方补阴;尽管如此,他还说,这些人一点都不懂阴阳是什么(同上书:39—40)。

㊻ 诸如愤怒、怨恨、忧郁等情绪都被认为是对身体健康有极大危害的。正统医学承认,妇女的社会地位使得她们特别易于积聚这些有害的情绪,而他们所介绍的解决方法则是控制或压抑这类情绪(费侠莉 1986,1987)。

㊼ 引自稍后的《妇人大全良方》,第 64—65 页。

㊽ 张介宾的《十问篇》刊布于 17 世纪;林之翰在其 1723 年的著作《四诊抉微》卷 3 中收录了张氏的著作,并加上了 4 页的注释。

㊾ 关于医案收集类研究的发展,参见 Anon.1984:92—98 和 Xue 1991。清代御医治疗的医案收集在陈可冀等主编《清宫医案研究》1990。

⑩ 明代医师韩茂在世时(16世纪初)列出了病例应该包括的信息,表明当时的一般惯例(Anon. 1984:96)。

⑪ 尽管穷人家比富人家因小病而问医的可能性更低,可在危急的情形下,许多人还是会求助于正统医学的,因此我们也发现了大量散布的穷人治疗的医案。这些医案对于说明穷人、城市、乡村或不同时期的治疗有多大代表性,现在还很难确定。但我认为,这并不意味着这些医案应作为特例而被排除在研究之外。

⑫ 这或许关联到一个事实,即大多数医案涉及的都是精英阶层的病人或至少是中产阶级身份的人,他们本身对医学是熟悉的。作为当时的医师,不会如我们社会中所常见的那样自动从其医生的身份上获取社会地位或声望。除了那些精英学者,他们闲暇时从事医学,为家人治病,或因仁慈之心助人,其病人的社会等级通常高于那些职业医师的患者。

第八章 生育医学与繁衍的双重性

① 参见 Dean-Jones 1995。

② 气在整个人的身体内是围绕经纬交错的经脉而循环的,"任"、"冲"二脉与生育功能相关。

③《黄帝内经·素问》4—5,"上古天真论篇"。根据中国历法,14 岁的女孩以西方历法算约为 12 岁,16 岁的男孩约为 14 岁。中国人认为,孩子一出生就已经 1 岁了,因此,阴历的每一次新年就又长了 1 岁。《黄帝内经》是最权威的经典医学文献,传统观点认为作者是传说中的黄帝,但是最近学术界提议是公元前 1 世纪或公元 1 世纪早期的几个学者的合著。然而,这部经典核心部分的两书——"素问"和"灵枢",在 8 世纪以前并未形成现在的形式。

④ 陈自明:《妇人大全良方》,卷 9,286 页,参见梁其姿 1984。万全系统阐述了这些观点,也很有影响;关于万的观点和总体上的理论概念,参见费侠莉 1994 和熊秉真未刊稿。

⑤ 费侠莉 1995:166—172。

⑥ 陈自明说恶心、头痛、没有食欲等这些综合症状在怀孕早期是很常见的,可能程度较轻,这种情况没有必要焦虑不安或急着求医;也可能程度较重,那么这种情况就一定要求医,因为会严重危及女性健康(《妇人大全良方》卷 12,339)。

⑦ 关于怀孕的早期脉象,见《四诊抉微》5/26a;关于如何判断性别和真假

怀胎,见《女科切要》3/9—b;关于误诊,见《胎产心法》170。有趣的是18世纪《胎产心法》的作者阎纯玺主张,丈夫应为误解或传达信息错误而负责任。这是一本维护父系权威的著作之一,它向丈夫们提出警告,以使他们能在妻子怀孕和生产期间更好地照顾她们。

⑧《医略六书》,1858。芎归糖浆是由与佛手散相同的成分构成,用来检测是否怀孕。

⑨ "佛手散",包括两份川芎(Ligusticum wallichii)和三份当归(Angelica sinensis),捣成粉末,和水或酒熬制。此药用来治疗血液凝滞很有效(《妇科心法要诀》13—14)。芎归糖浆或者用芎归煎好的药也是用同样的成分构成。硝药包括8种元素(具体名目详见Ou1988:610),其中重要成分包括当归和白芍(Paeonia alba),当归和芍药都属于生血之类的药。女性病痛最常见滋补的药就是"四物汤",这是用四种药物煎成的药,最初流行于11世纪北宋时期的医药司,在陈自明的《妇人大全良方》(65—66)中作为"通用处方"(通方)或者万灵药出现。它包括当归、白芍和川芎根茎用来生血,也包括地黄(熟地)来补气。"四物汤"由医生开出处方来,基本处方的比例可能会有所调整,可能会增加比如人参之类的其他药材,但也有可能换成药剂师已经调制好的药。假如女性感到虚弱或者疲劳,或者只是作为简单地预防手段而服用这些药。这种习俗在中国内地和台湾地区一直延续到今天。

⑩ 在研究流产的信念里,有可能窥见**"一个与主流文化相分离的女性的性文化的某些方面,其支持女性从男医生、道德家和配偶的控制下独立出来,取得自主权"**[麦克拉伦(Mclaren),1984:147,重点部分为作者附加]。

⑪ 牛膝,一种药力强劲的行血药,通常只开两三钱的量,是这个处方中所用药量的三十分之一到五十分之一。

⑫ 费侠莉告诉我,这里的"女医"指的可能不是妇科大夫,而是女大夫。因为当时有女大夫从医,当然她们的主顾仅限于女病人(费侠莉私人信件,1996)。

⑬ "有香气的桂皮粉"(香桂散),其成分包括麝香、桂皮,一般用于排出死胎或胎盘(《中草药学》304)。在中国,麝香是众所周知的流产药物。在欧洲和拉丁美洲,也很早就认为桂皮有通经的功效,在中国药典里属于驱散内寒之类的药。对于孕妇或月经流量大的女性来说,使用这些药很危险,因为它使血流加快,损伤阴气(同上书:18)。

⑭ 独参汤,一种非常强劲的壮阳补药,通常不适用于女性。但这个病人处在生死边缘,需缓解其阳气衰竭的状态。

⑮《医略六书》1870。

⑯ 引自黄绳武等主编,1983:23。

⑰ 桃仁和红花都被认为是强力破血药,因此可作堕胎药(《中草药学》379,381)。红花的意思是"红色的花卉"(红花素可以制造红色染料),其红色本身在大众观念中似乎与堕胎的性质相联系。红药和红丸直至近代以来仍是堕胎药的通俗术语。Stockard 记载广东的绕丝女工不愿与其丈夫定居下来,当她意识到自己怀孕的时候"就跑到山里采集草药,以备制成可以使她失去孩子的红色的药"(1989:24)。

⑱《程茂先医案》2/26b—28a;这个医案及其翻译由费侠莉慷慨提供。

⑲ 徐大椿在同一页举出了 3 个例子:"一妇年近四十,禀气素弱,自去其胎。……一汪镐妻三十五岁,厌产,误服打胎药,下血如崩。……一妇妊娠五个月,自服煎红丸,胎即堕。……此峻药重伤脾胃"(《医略六书》1871)。

⑳ 很多医生视堕胎为一种犯罪。其中有张杲(1149—1227),受到佛教的深刻影响。他记载了白太太的故事,她靠堕胎秘方过着很好的生活,但接着她就得了可怕的疾病,总是做噩梦,梦见小孩们正在吸她的脑髓。弥留之际,她悔悟了并让儿子烧了所有秘方(《医说》卷 10/35a—b)。

㉑ 其他选择还有针灸或按摩(熊秉真,未刊稿)。

㉒ 例如,Tietze1983,RU—486(一种新型堕胎药)的广为传播可能会改变这种人工流产技术的偏重。帝国后期"街后为人堕胎者"常常就是像白太太那样的药剂师(参见本章注释 20),尽管如熊秉真所说,也可能会使用针灸或按摩的方法。熊秉真也引证了一些文献,来描述帝国后期的接生婆在子宫里杀死胎儿并用尖利的钩子取出来,但这种技术是否广泛传播或何时开始实行的尚不清楚(熊秉真,未刊稿)。然而,在今天的台湾地区以及日本,我们所熟悉的众所周知会导致流产的药物一般用来调理"月经规律"。

㉓ 关于"可能怀孕"的概念和在哥伦比亚卡利市天主教妇女中模糊性的"怀孕检测"的使用范围,参见 Browner1980。

㉔《古今医统大全》,5373—5374。

㉕ 这种观点并非只是在中国医学中发现,而且包括 19 世纪的欧洲,在很多强调循环重要性的有关体液的医学体系里也可以找到。

㉖ 1990 年 Yuan-ling Chao 帮我安排了与目前住在洛杉矶的中国妇女进行了一系列关于月经规律和流产的谈话,显然一旦她们不再为谈论其经期感到尴尬的时候,就发现这是一个非常有趣的话题。几个妇人宣称还记得从青春期以

来到相继的几次怀孕,以至绝经的整个过程的细节和变化(如果的确如此,那么她们肯定是老年妇女);所有人都明智地认为,月经与身体健康以及健康问题密切相关。

㉗ 费侠莉1986:53,列出一幅症状分类表。

㉘ 应该指出,在这里我所分析的绝经在医学上并非是个健康问题;月经的终止被认为是从生命循环的一个阶段到下一个阶段的自然的不成问题的过程。只有如绝经后再出血这样的反常情况,才会在医案中举出(例如,《医略六书》1876—1878)。然而因为月经规律对于生育期的女性的总体健康而言,是如此重要,所以一些中年妇女在刚开始绝经时就会感到焦虑不安。

㉙ 吴谦的《妇科心法要诀》20—23。在最后一个医案中,很显然一个已婚者缺乏正常的性生活被认为是问题的根源;反之,在血气逐渐干涸的医案中,房事过度也是伤身的根本原因。身体和精神上的节制都是健康的关键。

㉚ 徐春甫在一篇关于广泛运用于活血的"四物汤"(四种成分的药煎制而成)的文章中,解释了这点(《古今医统大全》5380)。

㉛ Browner 1980。

㉜ 叶天士:《叶氏女科诊治:安产须知》,引自黄绳武1983:23。

㉝ 《医略六书》1846。

㉞ 这是一种非常严重的疾病症状。

㉟ 有些医师甚至将这些药性强劲的破血药称之为"吸血药"(像吸血动物一样从中得到它们所需要的),它们只应用于血已凝结成块的情形。这些药也被认为凉性很重,这可能是为什么有些医生用它们来治疗经闭的原因,经闭在一定情况下与重热症所导致的血气干涸有关(费侠莉,私人信函,1996)。无论如何,因为水蛭和牛虻药性强烈,通常是孕妇禁用的。

㊱ 《医略六书》1846。

㊲ 现在在台湾有很多妇科医生或妇科门诊做广告治疗调整月经规律(调经)包括使月经来潮(通经),有时明确宣称,无论病情发生早晚,一律可以做到。大家都知道这些是可以做流产的地方(费侠莉和Ch'en 1992)。最近新加坡政府试图禁用一些专门用于通经的中药,这些药常被一些不确知自己是否怀孕的妇女服用(Ngin 1985:100—106)。

㊳ 《轩岐救正论》3/62b—63a。

㊴ 《女科秘诀大全》22—24,65,70;李文良等主编,1982:186—187,208—212。

㊵ 费侠莉,1986:65。

第九章　生育的等级制度

① 导致他人孩子的死亡是另一回事；伤害一个孕妇，并因此而导致她流产应该受到惩罚，处罚的轻重与孕妇怀孕时间的长短成正比。向孕妇出售或使其服用堕胎药，并因此损害孕妇健康甚至使其死亡的行为，都要受到法律惩处，处罚的轻重取决于犯罪人与孕妇社会等级地位的高低对比。儿子对父亲、妻子对丈夫或婆婆、仆人对主人指手画脚，都被视做远比对陌生人干同样的事要严重得多的不敬与冒犯。但是父母杀了孩子或丈夫杀了妻子，其罪行首先并非被判定为有多严重，其次往往还可以证实其行为是情有可原，可以减轻处罚(Luk 1977)。

② 20世纪80年代,在中国农村地区,"丈夫的父母可以理所当然地参与到夫妇关于节育的决策中"(Potter 1987:43)。在新加坡,Salaff 所采访的夫妇中有53%声称,"他们关于避孕、堕胎、结扎和生第二胎的决定"都受到了整个家族的影响(1985:178)。今天,已经可以提供有效的避孕手段,而且温饱问题几乎已不再是中国家庭生育决策所需要考虑的因素;但正像 Potter 对中国的研究和 Salaff 对新加坡华人夫妇所做的调查显示的那样,在上面的情形下,来自家族内部的各种压力通常比要求少生的官方压力更大(Salaff 的调查显示,即使在富裕的新加坡,计划生育的倡导者在一些场合也会给夫妇施压)。在"只生一胎"的政策下,妇女经常会感到自己在家族的要求和国家的要求之间进退两难(Potter 1987; Croll 1987; Anagnost 1989)。

③ Kinney 1993: 129, 122—123.

④ Lee 和 Campbell 1986; Harrell 1985。

⑤ 以男性为主导的世系观念表明，使中国社会结合起来的最主要的情感纽带就是父子关系，但我们注意到儿子经常觉得父亲是遥远而可怕的形象，因此他们通常把那些最热烈和坦率的情感表现在母亲面前(熊秉真 1994)。像沃尔夫(Margery Wolf)(1972)这样的人类学家一直强调，婆媳为了一个男人的感情而进行着准性爱式的竞争；但就中华帝国后期文学作品中的男性而言，尽管伙伴性的婚姻很常见(曼素恩 1991；高彦颐 1994)，但婆婆似乎通常可以不费吹灰之力就赢得胜利(熊秉真,1994)。

⑥ 高彦颐 1994:188。当时的地方史记载他们有16个孩子,但高彦颐通过名字能够辨明身份的只有8个男孩和4个女孩(同上书:329)。尽管以维多

利亚时期英国资产阶级的标准看,这个生育的数字并非不寻常,但对于中华帝国后期的一夫一妻的家庭中,这个数目已足够让我感到意外。在婚后的最初几年,冯氏禁止儿媳继续创作(沈宜修已经是著名诗人,但冯氏担心她因创作而忽略了家庭义务,使其儿子分散了准备科举考试的注意力)。如高彦颐所暗示的,尽管冯氏很有可能让夫妇俩不仅在卧房而且在书房里也彼此隔开,以此延缓了儿子的感情从自己身上转移到新媳妇身上,但夫妇俩还是及时地建立起了非常亲密的感情,并专心地投入到对他们多才而苦命的女儿的抚养之中,虽然其中3个早夭,第4个有着不幸的婚姻。

⑦ 沃尔夫(M. Wolf)1972。沃尔夫把"母系家庭"看做是母亲和孩子建立起来的联盟,其中尤其是儿子,他们普遍将其主要的感情和忠诚都献给了母亲而非名义上的父亲。因此,母系家庭赋予已婚妇女以别处无法找到的情感支持和安全感。

⑧ 参见 Judd 1989; Stockard 1989; 关于诸如"推迟婚期"和"回娘家"的制度见 Siu 1990。

⑨ 关于古代中国的论述参见 Kinney 1993:118。关于家庭布局及其可能如何影响家庭生育和命运的讨论也可参见《鲁班经》的最后一部分,有关论述在历书和通俗百科中也可找到。

⑩ Körner 记载了 20 世纪初北京近郊地区的乡村信仰。新娘在新婚头一个月怀孕,如果是男孩,那么可能会给婆家招来霉运;如果是女孩,婆家、娘家以及双方媒人的家族都会因此而招灾。在这种情况下,人们就会选择某个闰月,用药剂师的药将这个孩子打掉(1959:29)。

⑪ 关于何时应该禁房事参见宋代医师陈自明(《妇人大全良方》卷 9,190)。中华帝国后期,儒家用"医学方式处理"的另一对象就是血液污染,这一污染同妇女的月经和生孩子有关。中国人的流行观念认为,女人在生孩子过程中会污染到婴儿,而且孩子受到的污染必须通过正式仪式的洗浴才能被祛除。费侠莉指出,这些观点从医学进入"胎儿中毒"的理论,其认为在子宫中母亲把毒素和有营养的血一同输送到胎儿那里。这些毒素通常会在孩子年幼的时候通过皮疹和出疹的方式祛除,尤其是依靠出麻疹或天花。如果小孩子没出过麻疹,那么他就会变得很焦虑,因为毒素依然残留在他体内(费侠莉 1987; Ahern 1978)。

⑫ 它们通常包括水银的合成物和发酵的大麦产品,这些产品可能就是某种形式的麦角碱(费侠莉,私人信函 1996)。

⑬ 按照中国药典中的说法,蜗牛需要彻底冷却后才能食用(费侠莉,私人信函 1996)。蜗牛作为绝育药也许同民间流行的一种观念有关,即妓女服用蝌蚪可绝育。20 世纪 60 年代在找到新的避孕方法之前,这种观念曾在中国短暂地复活过。

⑭ 医学经典中把生孩子看做是一个心力交瘁的过程,费侠莉讨论了这种看法的社会意义(1986,1987)。关于周氏的故事,关于中华帝国后期的绝育药方以及人工流产的频率,参见熊秉真未刊稿。但当估计堕胎的频度和条件时,我们必须承认一个事实,那就是我们的结论很大程度上受到了愤怒的道德家的影响,在他们所描绘的堕落的社会中,堕胎可以在每条街道的角落里公开进行,这夸大了真实情况。

⑮ 关于明清两代较为盛行的道德家的论述,参见 Berlin 1985,特别是 Brokaw 1991。

⑯ 欧大年(Overmyer)1985:251—252;关于最近在台湾佛教葬礼中常见的血碗仪式也可参见 Seaman 1981。Seaman 认为,这一将女性的生育等同于宇宙污染的恶毒观念,在中国佛学经文中所论述的印度先驱的思想中找不到对应,他认为这一看法一定是根源于中国民间关于生育污染的观念。

⑰ 欧大年 1985:251—252。

⑱ 在 Seaman 1981 所论述的血碗仪式中,讲述了一个女人在其葬礼中被她大儿子从地狱里拯救出来的故事。她的大儿子为了救母亲,喝干了一碗红色的液体,这些液体代表着母亲生他时所流的血。Seaman 评论说,这是一个惊世骇俗的体验,而且也是对子女孝顺与否的严峻考验。伊沛霞指出,宋朝的一些道家经典中也有类似主题的论述(1993:175)。

⑲ Topley 1978;Stockard 1989。

⑳ Topley 1978:264。许多独身妇女依制收养一个女儿,以便死后有人供奉其牌位。由此建立起与正统男性家系并行的女性谱系,尽管它完全不需要男性的参与,也不需要婚姻和生育。这种做法在香港的女性素食主义协会依然比较普遍,那里住着的大部分是妇女,她们是作为女仆来到这块殖民地的,一生未婚。

㉑ 欧大年 1985:228。

㉒ 一旦到了中年,妇女通常都会非常虔诚地信奉佛教:食素、研读佛经、拜奉观音。这相对比较容易解释为什么她们在这个时期都终止了房事,因为佛教认为人的肉欲对灵魂是有害的。在妇女育龄时期,只有当夫妻双方都达到性高

潮时才会使女性受孕这样的观念,很有可能让一个虔诚的妇女从肉欲的压抑中解放出来。

㉓ 在 Waltner 1990 中,有这样两个中心主题:收养的法律制度和现实实践之间的差异,以及违反了父子人伦纲常时人们如何为他们的行为辩护。收养制度就是基于父子纲常的理论而建立的。

㉔ 参见梁其姿 1984;费侠莉 1987;Waltner 1990;熊秉真未刊稿。

㉕ 关于入葬仪式以及中国南方埋葬过程中遗骨处理的重要性,参见 J. Watson 1982 和 1988。这些观念可能根植于一种与医学理论完全不同的流行信仰。在韩国,也存在着真正的血脉通过遗骨遗传的观念,其作用与欧洲的信仰相类似,即认为血统是家族世系中真正重要的。

㉖ Waltner 1990:30。

㉗ 收养的具体风俗各不相同,而且它们很少符合法律的规定和仪式的建议(参见 Wolf 和 Huang 1980,以及 Waltner 1990)。对于一些家族,收养的做法似乎同婚姻一样有着双重的作用:既提供了子嗣,同时又扩大或增强了家族的社会关系网络。16 世纪 90 年代,在安徽新安的程姓世系的家谱中,记录了 280 个以上的收养孩子,其中 89 个是过继兄弟的孩子;在另一百对夫妇中,许多夫妇收养的孩子并非来自男系亲属,而是来自母亲、姐妹或姻亲的联系,那些因过继孩子而联系起来的家庭经常也有着婚姻上的关系(Waltner 1990:90—99)。

㉘ 父亲在受精卵形成的瞬间所发挥的作用,在我们看来是自然而准确,因为它符合我们生物学上的理解。但是中国关于父子关系的观念,同我们一样,需要详细考察。在一些其他社会,父亲在这方面的生物性角色却完全不同,他们认为在母亲怀孕期间,父亲必定要对胎儿的形成发挥一些生物学意义上的作用,或许要像美拉尼西亚的美族(Melpa)那样,应该经常通过性交的方式来"固定"胎儿,这些父亲也许同样经历着一个类似于北美某些社会中父代母育的生育过程。参见 Ingold 1991 关于"如何成为人"的论述。

㉙ 关于怀孕期间的注意事项,妇科医学文献中包含有大量建议。孕妇或哺乳的女性不应吃油腻或辛辣的食物,不应喝太多的酒,因为这些会污染她们的血液或乳汁(由血液转化而来)。同样重要的是,她们不宜过分放纵自己的感情,因为那将影响胎儿的成长,愤怒和忧郁特别需要避免。

㉚ Waltner 1990:74,4。收养的做法对于一个需要子嗣的家庭而言,是一个有利的交易。养育照顾一个需要帮助的孩子是善良和慈善的表现。收养和抱养儿子在法律上有明显的不同:抱养的儿子不能采用抱养家庭的姓氏,也没

有继承权,而且他被禁止祭祀家族的祖先(同上书:4,60)。

㉛ 整个中华帝国后期,雇佣乳母在富有家庭是常见的事。[宋代如果女人自己哺育孩子,"男人会将此视做母亲奉献精神的美丽体现"(伊沛霞,1993:179)。]道德家们却经常反对这一做法,因为这将使那些做乳母的贫寒女性忽略了她们自己的孩子,有时甚至会使其可怜的孩子死掉(Waltner 1990:44);而一个失去自己孩子的女人是理想的乳母。《清俗》里说,乳母每月有30到40银元的工钱,并且还要自备衣物;但如果是从城外来的乳母,还要养家糊口,一个月可以有75到80个银元的收入,而且主人家还给她提供衣物。乳母通常会把孩子带到五六岁(按我们估算相当于三四岁)时被送回家。如果她奶大的孩子将来富贵了,而她没有儿子或其他生活来源,通常这个孩子会把她接到家里,照顾她的余生(《清风俗》A:327)。考虑到奶妈的乳汁跟孩子的健康和体格非常有关,医学文献中给出了如何挑选乳母的建议。万全说,奶妈应该身体健康,并且有着和蔼温和的性格;而徐春甫强调,她应该性情温和、有操守(梁其姿,1984:63—65)。医生建议应严密监督乳母的起居生活,以保证她饮食合理,而且不太放纵自己的感情。各种不同类型的乳汁失调症以及相应的治疗方法,最早出现在陈自明的《妇人大全良方》(卷23)中。

㉜ 伊沛霞,1993:183;高彦颐,1991;曼素恩1991,1994。

㉝ 高彦颐1994:158—159。在精英阶层的男性中似乎有一个普遍看法,即妇女应该是有文化的,虽然他们对妇女应该学些什么和写些什么意见不一。但并非所有女性,甚至包括精英阶层中的女性,都认为受教育的程度和母亲的角色应是协调的。高彦颐引述了一首女族长、著名女诗人顾若璞创作的诗,诗中讲述了这样一件事:一老妇批评顾氏给女儿们请塾师,认为她大大忽略了正当的"妇工"。于是她辩解说,这样做根本没有忽视"妇工",让女孩子学习可以使她们明辨是非,在困境中可以依靠所受的道德训练做出正确的抉择(1994:163—164)。

㉞ 在熊秉真研究的超过八百部的明清传记和书信中,给出了无数这样的例子(1994)。

㉟ Ingold 1991:363.当教授像烹饪或缝纫这样的技艺时,身体力行显然更有效,因为亲身实践的经验和技巧比言语的逻辑更重要。对于更高形式技巧的传授也是如此,例如仅从书面上的指导来学习使用计算机几乎是不可能的。

㊱ 这两部分都引自Waltner 1990:47。

㊲ 最明显的例子就是随处可见的对联了。对联是写在纸等媒介上的对偶

语句，然后分别贴在门口或凹墙的两边，无论在寺庙、学者的书房，还是繁忙的餐馆都是如此。

㊳ Borotová 1992：1。

㊴ 费侠莉 1987：16。任何真正的区别，也许一方面应该从感染性疾病的可能性和因严格的隔离措施而易患软骨病的虚弱体质来衡量(我推断这些更有可能影响精英家庭的妇女)；另一方面，还应该从生育能力的降低来估计，这增加了胎儿的流产率和/或因营养不良与过度劳作所导致的骨骼变形(我推断这些现象在农妇和劳动阶层的妇女中更普遍，尽管中华帝国后期的精英文化倡导纤细娇弱的理想女性形象，这也可能影响精英阶层的妇女对于食物的态度。比较 Bordo 1993)。

㊵ 伊沛霞 1993：41—42。

㊶ Dennerline 1986 中举了一个非常有力的例子说明，只有妇女的利益被充分考虑，才能恰当地理解中华帝国后期血缘关系的习俗。这可以在两个层面上具体操作：首先，男人也许会出于应负的责任采取行动保护妇女的利益，最通常的是对于那些有血缘关系的女性(也就是他们的女儿或姐妹)；其次，女性也许会给他人施加压力或主动采取行动来保护自己。

㊷ 关于服丧的义务及其如何受婚姻的影响，参见伊沛霞 1993：50。如果女人被婆家人虐待，通常是她的父亲或兄弟为她出面打官司。

㊸ 若妻子服侍过病中的公公或婆婆，或为他们服过丧，或若离婚后她将无家可归，法律上是不容许她的丈夫与她离婚的。

㊹ 李渔的有钱朋友曾送给他两个妾。宋朝的纳妾制度参见伊沛霞 1993：219；明清的纳妾制度参见高彦颐 1994：252；上个世纪的纳妾制度参见 R. Watson 1991。晚明江南城市扬州，因其拥有最多的才艺双全的妓女而闻名于世。扬州的商人从全国各地买来年轻漂亮的女子，然后训练她们穿着打扮、练习书法、演奏音乐和作诗填词。那些能出得起钱的男人，都来这里寻找妾(高彦颐 1994：261)。由于中华帝国后期经济和政治上的不稳定，甚至于一些有着良好家境和教育背景的家庭也出卖儿女。高彦颐引证了黄媛介(1620—1669)的例子：黄氏出生于江南一落魄书生之家，早年是诗人、画家和书法家，她甚至还靠自己的收入帮助过父亲和兄弟。但因为太穷了，家里不得不让她的姊妹给别人做妾。一高官想让黄给他做妾，黄拒绝了。虽然她与一失意书生的婚姻很不美满，但最终她赢得了尊重，成为江南和京城地区著名的塾师(高彦颐 1994：118)。

㊺ 这样的例子参见伊沛霞1993：228，230。

㊻ 没生下儿子的妾也许会收养一个儿子，但这个孩子不能成为她主人家族中的成员。

㊼ R. Watson 1991：250；或参考伊沛霞1993：230；Waltner 1990：22。Watson论述说，女性中自由和奴性地位的区分并不像男性中那么清晰，由于即使是地位自由的妇女都不完全是父系家族的成员，所以上述区分也是不急迫的。因为这一点，女性的地位比男性有着更多的伸缩性：如果不是彻底改变，它可能因她与男人的关系或为男人生下孩子而改变。

㊽ Waltner 1990：30。

㊾ 熊秉真1994：88。

㊿ 田汝康1988：9。

㈤ 伊沛霞1993：167，230。

㈥ 《医略六书》1864。

㈦ 晚明小说《金瓶梅》，就是有关窥阴癖者玩世不恭态度的经典示例。在书中我们能看到大量放纵和不正当的行为，以及一个有钱而自命不凡的废人的种种失礼行为。假定真是这样，那么就能得出如下正确的道德结论：性欲不仅是粗俗的，而且最终来说它是致命的。李渔《肉蒲团》中的讽刺意味更浓，他把一个深谙儒家伦理精妙思想的学者塑造成了一个好色的恶棍。

㈧ 明清两代男性文学中嫉妒心理的描述，参见高彦颐1994：106；男性对小青的崇拜，参见高彦颐1994：92—110。

㈨ Harrell论证了历史上家族内各分支间潜在的差异，即"更富有的分支的成员结婚更早，而且娶的都是年轻的女子，她们相较其他分支的女性而言生育能力更强"（1985：108）。

㈩ 伊沛霞从宋代文学作品里找出了一些这样的例子，其中包括司马光的事迹：因为没有儿子，司马光妻子和姐姐为他娶了一个妾，但她们没有说服司马光对那个女人产生任何兴趣（1993：220）。

㊷ Dennerline引述了一个晚清大家族的例子，这个家族有20%的已婚男性无子，但他们都在死后有了继承血脉的子嗣（1986：202）。Dennerline强调说，当时的寡妇也对过继孩子有兴趣，也许她们一直是这一策略的积极拥护者。Waltner对记录于1590年的安徽一大家族收养情况的调查，也显示了寡妇通常是收养政策的积极实践者（1990：90—99）。

㊸ 著名女诗人沈宜修同叶的美满婚姻我已经引述过——沈就是同她的堂

妹张倩倩一起被养大的,宜修的母亲死后,姑姑来照看她,姑姑还把自己的女儿倩倩带来同她做伴。倩倩嫁给了宜修的哥哥。婚后,倩倩先后夭折了4个孩子。她非常想要一个女儿,于是就把宜修6个月大的女儿过继过来。过继孩子"是两个好朋友纪念她们友谊的最主要方式"(高彦颐 1994: 209)。

(59) 这一点对于一些男性也的确如此。宋朝一个作家记录说,他的两个男性亲属可能就忍受不了房事:其中之一在有了一个儿子后便彻底停止房事;另一个尽管有一妻一妾,但他一闻到女人头油的味道就会不停地呕吐,所以他一辈子都没有破了处男之身(伊沛霞 1993: 164)。中华帝国后期的佛学经典显示,各个阶层的妇女一旦到了中年就过着独身的生活,而且这通常也是她们的权力。

(60) 伊沛霞已经翻译了张载(1020—1077)关于宋代律法和再婚原则的注释(1993: 47, 213)。以前我们提到过,想以嫡母名字来为自己全集命名的汪辉祖,他母亲是他父亲的一个妾,并且他母亲先后侍奉过两个主妇,汪辉祖的父亲丧偶后又续了弦。汪对于家庭看法的形成受其继母和生母的影响很大,这些在他给自己孩子所写的一套家训中有所体现(曼素恩 1991: 216)。

(61) 伊沛霞 1993: 118;高彦颐 1994: 191。伊沛霞举了几个宋代的妻子如何扩大家产和生意的例子,周绍明(1990)举了几个清代这样的例子。

(62) 毫不奇怪,混乱和暴力行为在大家族中司空见惯,特别是跨越女性等级边界的现象。"因为行为操守严禁她们殴打亲戚和孩童,妻子们便把她们那些挫败感、厌倦和嫉妒情绪都发泄在女仆身上。实际上,对女仆的身体虐待在[清朝中期的]上层妇女中很常见,以至于有文本……对不同类型的虐待提供了详细描述,以警示读者。女仆们的行为和外貌是女主人虐待下人的活证据:'你可以去她家,观察她的仆人,以此知道她是不是个贤妻'。"(曼素恩 1991: 220)

(63) 中华帝国后期,为国家服务的机会之有限和政治的剧变使许多男性很难完全实现这一角色。田汝康(1988)、曼素恩(1991)和 Carlitz(1994)显示,这种境况使很多男人把他们的这一理想寄托在其女人身上,例如把他们不能表达出的政治上的忠诚理想化到忠贞寡妇的形象之中。

(64) 梁其姿 1984: 66—68,引证了万全和徐春甫的例子。

(65) 她指出,好人家的妻子从宋朝开始为女儿裹脚,这正是因为妾强加于法定妻子身上的威胁。这一风俗肇始于唐代,最初只是兴盛于歌姬和妓女之间,后来风靡于宋朝的名门望族中,至明代,裹脚缠足已经在各个阶层的女性中十分普遍。人们认为,裹住双脚可以把妇女四肢的气和血逼迫到耻骨间,从而提高她们的生育能力。而当时的男子发觉,娇小好似金莲的一对小脚散发着不可抗拒的魅力。正像伊沛霞和其他学者所论述的,藏在裙子下的一对小脚透露着一种暗示,有着一种纤细、隐秘的性诱感力,而这对于贵夫人来说并不是不体面的(伊沛霞 1993：37—43；也可参见 Blake 1994 和高彦颐 1994：147—151)。

⑥⑥ R. Watson 1991：237；关于宋代的纳妾问题参见伊沛霞 1993：217—234,关于明清时期江南的纳妾问题参见高彦颐 1994：106—120。

⑥⑦ Gates 1989：817.

⑥⑧ 熊秉真指出,在那些编制的"受苦和牺牲的母亲"的故事中,妇女本身就扮演着重要的角色,因此明清两代的男性在讲述他们的经历时喜欢加入这些内容,而且其中还寄托着儿子对母亲永久的愧疚和感激之情。"在历史文献中,那些有关天真快乐的少女,或有关多才多艺、轻松自在、强大有力的老母、祖母或婆婆的形象已经被有意隐去了,因为这些与〔勤勉受难的奉献者的〕主妇形象不符。"(熊秉真 1994：106)只有在那些妇女自己写作的关于自身社会生活的作品中,我们才能找到女儿和祖母、妻子和儿媳所经历的幸福、自信及快乐(Widmer 1989；M. Robertson 1992；高彦颐 1994)。

参考文献

中文原始资料

《本草纲目》,1597,李时珍,点校本四卷,北京人民卫生出版社,1981。
《便民图纂》,1593,作者可能是邝璠,由石声汉等点校,北京农业出版社,1982。
《便用学海群玉》,1607,武纬子编纂,有关桑蚕业的插图从 Kuhn 1976 中复制。
《豳风广义》,1740—42,杨屾,台北艺文印书馆,《关中丛书》,1970,第 18 卷。
《补农书》,1658,张履祥,此书与《沈氏农书》合编,后者作者不详,大概写于 1640
　　年之前;本书采用的是陈恒力和王达的《补农书校释》,北京农业出版
　　社,1983。
《程茂先医案》,前言 1632,上海古籍出版社,1982。
《妇科心法要诀》,18 世纪,吴谦,台北玄方出版社,1981。
《妇人大全良方》,陈自明,北京,人民卫生出版社,1985。
《耕织图》,1145,楼璹,于 1145 年上呈皇帝,但当时并未刻印,可能直到 13 世纪
　　早期才正式出版。关于这部极有影响的著述的复杂历史,请看 Kuhn1976。
　　本书采用的是 1462 年的明代版本和 1742 年的乾隆年间版本(在 Franke1913
　　中都有插图),以及 1696 年的康熙帝《御制耕织图》。
《古今图书集成》,1726,陈梦雷编纂,台北文星版,1964。
《古今医统大全》,徐春甫,台北新文丰出版公司,1978。
《黄帝内经》:《素问》,公元前 1 世纪或公元前后编辑成书;所引版本为:上海科
　　学技术出版社,1983。
《绘图鲁班经》,1808,乃明代《鲁班经》的晚清版本,剑桥大学李约瑟研究院
　　藏书。

《居家必用事类全集》,1301,编纂者可能是熊宗立,本书采用的是 1560 年田汝成的修订本。

《临症指南医案》,前言 1776,叶天士,台北崇德书店,1984。

《鲁班经》,明代文本基础上最早的增订本,即《新镌京版工师雕斫正式鲁班经匠家经》,由午荣等编纂,参看 Ruitenbeek 1993:117 有关这一著述之历史的介绍,本书所用版本是《绘图鲁班经》。

《棉花图》,方观承于 1765 年编纂,开始是配有释文的画集,后来由嘉庆皇帝赋诗,并配有木版画,再版名为《授衣广训》。

《农书》,1149,陈敷,北京,中华书局,1956。

《农书》,1313,王祯,王毓瑚校注,北京农业出版社,1981。

《农政全书》,1639,徐光启,石声汉校注,三卷本,上海古籍出版社,1979。

《女科秘诀大全》,前言 1908,陈莲舫,北京日报出版社,1989。

《女科切要》,前言 1773,吴道源,北京,中国书店,中医基础丛书,1987。

《尚友堂医案》,前言 1846,方略,上海古籍出版社,1983。

《沈氏农书》,见《补农书》。

《清俗纪闻》,1800,中川忠英编纂,我参考的两个版本是 A 本:1800 版的复制本,台北踏利(Tali—音译)出版社,1983;B 本:Sun Boshun 和 Muramatsu Kazuya 作注并翻译为现代日文,二卷本,东京,黑邦沙(Heibonsha—音译),1966。

《授衣广训》,1808,方观承《棉花图》的修订版,《中国古代版画丛刊》第四卷,北京中华书局,1960。

《四诊诀微》,前言 1723,林之翰,北京,中国书店,《中医基础丛书》,1987。

《胎产心法》,前言 1739,阎纯玺,北京,人民卫生出版社,1988。

《天工开物》,1637,宋应星,本书参考的是 1771 年的版本,《校证天工开物》,杨嘉萝(YangJialuo—音译),台北,世界书局,1962。有注释的英文译本请参见 Sung1966。

《闲情偶记》,1671,李渔,复制本,台北广文出版社,1977。

《轩岐救正论》,前言 1644,萧京,北京古籍出版社,1983。

《医略六书》,《女科治验》,18 世纪,徐大椿;所引版本为:《徐大椿医书全集》,人民卫生出版社,1988。

《医说》,张杲(1149—1227),两卷本,上海科学技术出版社,1984。

其他参考文献

Abdel Nour, Antoine. 1979. Types architecturaux et vocabulaire de I'habitat en Syrie aux XIVe et XVIIe siècles. In Chevalier: 59—93.

Adas, Michael. 1989. *Machines as the measure of men: science, technology, and ideologies of western dominance*(《机器作为男人的尺度：科学、科技与西方优越的意识形态》). Ithaca, Cornell University Press.

Ahern, Emily M. 1973. *The cult of the dead in a Chinese village*(《中国乡村的死者祭祀》). Stanford, Stanford University Press.

——. 1978. The power and pollution of Chinese women(《中国妇女的权力与污秽》). In A. Wolf, ed.: 269—290.

Ahern, Emily M., and Hill Gates, eds. 1981. *The anthropology of Taiwanese society*(《对台湾社会的人类学研究》). Stanford, Stanford University Press.

Alleton, Viviane. 1993. *Les Chinois et la passion des noms*. Paris, Aubier.

Anagnost, Ann. 1989. Family violence and magical violence: the women as victim in China's one-child family policy(《家庭暴力与巫术暴力：妇女之为中国独生子女政策的牺牲品》). *Women and Language*(《妇女与语言》)11, 2: 16—22.

Anon. 1984.《中国医药史话》, 台北, 明文书局。

Appadurai, Arjun, ed. 1986. *The social life of things: commodities in cultural perspective*(《事物的社会生活：文化视野下的商品》). Cambridge, Cambridge University Press.

Ardener, Shirley. 1981a. Ground rules and social maps for women: an introduction(《妇女基本规则和社会地图概论》). In Ardener, ed.: 1—30.

——, ed. 1981b. *Women and space: ground rules and social maps*(《妇女与空间：基本规则与社会地图》). 2d ed. 1993. Oxford, Berg.

Arendt, Hannah(汉娜·阿伦特). 1958. *The human condition*(《人的境况》). Chicago, University of Chicago Press.

Ariès, Philippe, and Georges Duby(乔治·杜比), general eds. 1985—1987. *Histoire de la vie privée*. 5 vols. Paris, Seuil.

Baker, Hugh. 1979. *Chinese family and kinship*(《中国的家庭与亲属关系》).

London, Macmillan.

Banister, Judith. 1987. *China's changing population*(《中国变化的人口》). Stanford, Stanford University Press.

鲍家麟主编,1988,《中国妇女史论集》,台北,稻香出版社。

Barlow, Tani E.1994. *Theorizing woman: funü guojia, jiating*(《理论化的女性:妇女、国家、家庭》). In Zito and Barlow: 253—289.

Bates, Donald, ed. 1995. *Knowledge and the scholarly medical traditions*(《知识和学术的医药传统》). Cambridge, Cambridge University Press.

Bayly, C. A. 1986. The origins of swadeshi (home industry): cloth and Indian society(《"家庭工业"(swadeshi)的起源:布与印度社会》). In Appadurai: 285—321.

Bean, Susan S.1989. Gandhi and khaki, the cloth of Indian independence(《甘地与印度土布:印度独立之布》). In Weiner and Schneider: 355—375.

Bennett, Steven J.1978. Patterns of the sky and earth: a Chinese science of applied cosmology(《天地模式:中国实用宇宙论的科学》).*Chinese Science*(《中国科学》)3: 1—26.

Berardi, Roberto. 1979. Escape et ville on pays d'lslam. In Chevalier: 99—124.

Berlin, Judith A.1985. Religion and popular culture: the management of moral capital in The Romance of the Three Teachings(《宗教与大众文化:〈三教罗曼史〉中道德资本的运用》). In D. Johnson et al: 188—218.

Birge, Bettine. 1992. Women and property in Sung dynasty China (960—1279): neo-Confucianism and social change in Chien-chou, Fukien(《宋代中国(960—1279)的妇女与财产:福建陈州的新儒家与社会变化》).Ph. D. dissertation, Columbia University(哥伦比亚大学博士学位论文).

Blake, C. Fred(布莱克). 1994.Foot-binding in neo-Confucian China and the appropriation of female labor(《新儒家时代中国的缠足与女性劳动力的占用》). *Signs*(《印迹》)19,3: 676—712.

Blue, Gregory, Timothy Brook, Immanuel Wallerstein(沃勒斯坦) and Bin Wong. Forthcoming. *China and capitalism: interrogating "the rise of the West."*(《中国与资本主义:质问"西方的兴起"》)Cambridge, Cambridge University Press.

Bordo, Susan. 1993. *Unbearable weight: feminism, Western culture, and the* body(《无法承受之重：女性主义、西方文化与身体》). Berkeley, University of California press.

Borotová, Lucie. 1992. A making of the doubles of character-types in an eighteenth—century novel(《一部18世纪小说的双重角色类型的塑造》). Paper presented at the European Association of Chinese Studies Conference(欧洲中国研究学会学术会议提交论文), Paris, 14—17 September.

Bourdieu, Pierre(布迪厄). 1973. The Berber house(《柏柏人的住房》). In Mary Douglas, ed. *Rules and meanings*(《规则与意义》), Harmondsworth, Penguin: 98—110.

——.1977. *Outline of a theory of practice*(《实践理论大纲》). Cambridge, Cambridge University Press.

——.1990. *The logic of Practice*(《实践的逻辑》). Stanford, Stanford University Press.

Boyd, Andrew. 1962. *Chinese architecture and town planning*: 1500 B.C—A.D. 1911(《中国的建筑与城市规划：公元前1500—1911》). Chicago, University of Chicago Press.

Braudel, Fernand(布罗代尔). 1992. *Civilization and capitalism*, 15th—18th century(《15—18世纪物质文明与资本主义》). Vol. 1(卷1), *The structures of everyday life*(《日常生活的结构》). Tr. Sian Reynolds. Berkeley, University of California Press. Originally published as *Civilization matérielle, économie et capitalisme*, Paris, Armand Colin, 1979.

Bray, Francesca(白馥兰). 1984. *Science and civilization in China*(《中国的科学与文明》). Vol. 6, part 2(卷6第2部分), *Agriculture*(《农业》). Cambridge, Cambridge University Press.

——.1986. *The rice economies: technology and development in Asian societies*(《稻米经济：亚洲社会的科技与发展》). Oxford. Basil Blackwell. Repr. Berkeley. University of California Press, 1994.

——.1994. Le travail féminine dans la Chine impériale: sur l'élaboration de nouveaux motifs dans le tissu social. Tr. P. E. Will. *Annales, Histoire, Sciences Sociales* 49, 4(July-Aug.): 783—816.

——.1995a. A deathly disorder: understanding women's health in late imperial China(《致命的疾病：中华帝国后期对妇女健康的理解》). In Bates,

235—250.

——.1995b.Textile production and gender roles in China,1000—1700(《中国的纺织品生产与性别角色 1000—1700》). *Chinese Science*(《中国科学》)12: 113—135.

——.Forthcoming. Meanings of motherhood: reproductive technologies and their uses in late imperial China(《母亲身份的意义:生育科技及其功用》). In Lee and Saito.

Brokaw, Cynthia. 1991. *The ledgers of merit and demerit: social change and moral order in late imperial China*(《善恶分野:中华帝国后期的社会变化与道德秩序》). Princeton, Princeton University Press.

Brook , Timothy. 1993. *Praying for power: Buddhism and the formation of gentry society in late-Ming China*(《为权力祈祷:晚明时代佛教与士绅社会的形成》). Cambridge, Mass. Harvard University Press.

——. Forthcoming. Capitalism, modern history, and the Chinese premodern(《资本主义、现代历史与中国前现代》). In Blue et al.

Browner, Carole. 1980. The management of early pregnancy: Colombian folk concepts of fertility control(《早孕的处理:哥伦比亚的民间生育控制观念》). *Social Sciences and Medicine*(《社会的科学与医学》)148: 25—32.

Buck, john Lossing. 1937. Land utilization in China(《中国的土地利用》). Shanghai, University of Nanking.

Burnham, Dorothy K. 1981. *A textile terminology: warp and weft*(《纺织术语学:经线与纬线》). London, Routledge and Kegan Paul.

Cahill, Suzanne. 1993. *Transcendence and divine passion: the queen mother of the West in medieval China*(《超越与神圣的激情:中古中国的西王母》). Stanford, Stanford University Press.

Carlitz, Katherine. 1994. *Desire, danger, and the body: stories of women's virtue in late Ming China*(《欲望、危险与身体:晚明中国妇德的故事》). In Gilmartin et al.: 101—124.

Cartier, Michel. 1984. Travail et idéologie dans la Chine antique. In Cartier, ed.,*Le travail et ses représentations*, Paris, Editions des archives contemporaines: 275—304.

Casault, André. 1987. The Beijing courtyard house(《北京庭院住宅》). *Open*

House international(《露天住宅世界》)12,1：30—41.

Casual Expressions(《闲情偶记》). See *Xianqing ouji*.

Chang, Kwang-chih(张光直). 1977. *The archaeology of ancient China*(《中国古代考古学》). 3d rev. and enlarged ed. New Haven, Yale University Press.

——.1980. *Shang civilization*(《商文明》). New Haven, Yale University Press.

Chao Kang(赵冈). 1977. *The development of cotton textile production in China*(《中国棉纺织业的发展》). Cambridge, Mass, Harvard University Press.

Chao, Yuan-ling(赵远玲).1995. Medicine and society in late imperial China: a study of physicians in Suzhou(《中华帝国后期的医学与社会：关于苏州地区医生的研究》). Ph. D. dissertation, Department of History, University of California, Los Angeles.

Chard, Robert L. 1990. Folktales on the God of the stove(《灶神的传说》). *Chinese Studies*(《中国研究》) 8：149—182.

——.1993. "The Stove God and the Overseer of Fate."(《灶神与命运的监督者》)In *Minjian xinyang yu zhouggno wenhun: guvji yantaohui lunwenji* (《民间信仰与中国文化：国际研讨会论文集》), Taipei, Research Center for Chinese Studies (Hanxue yanjiu zhongxin)（台北，汉学研究中心）：655—682.

陈可冀、周文泉等合编,1990,《清宫医案研究》,北京,中医古籍出版社。

陈诗启,1958,《明代官手工业的研究》,武汉人民出版社。

陈维稷主编,1984,《中国纺织科学技术史》,北京,科学出版社;引文根据英文版《古代中国的纺织技术史》(*History of textile technology of ancient China*), Gao Guopei 翻译, New York, Science Press, 1992。

Chevalier, Dominique, ed. 1979. *L'espace social de la ville arabe*. Paris, Maisonneuve et Larose.

Clément, Sophie, Pierre Clément and Shin Yong-hak. 1987. *Architecture du paysage en Extrême-Orient*. Paris, Ecole nationale superieure des Beux-Arts.

Clifford, James. 1988. *The predicament of culture: twentieth-century ethnography, literature, and art*(《文化的困境：20世纪的人种学、文学和艺术》). Cambridge, Mass., Harvard University Press.

Clunas, Craig. 1988. *Chinese furniture*(《中国家具》). London, Victoria and Albert Museum/Bamboo.

——. 1991. *Superfluous things: material culture and social status in early modern China*(《余事：早期现代中国的物质文化与社会地位》). Oxford, Polity Press.

——. Forthcoming, Luxury knowledge: the *Xiushilu* [Records of lacquering]of 1625(《奢侈的知识：1625 年的〈髹饰录〉》), *Techniques et culture*(《科技与文化》).

Cohen, Myron. 1976. *House united, house divided: the Chinese family in Taiwan*(《统一的房屋、分隔的房屋：台湾的中国人家庭》). Stanford, Stanford University Press.

Collins, Jane L., and Martha Gimenez, eds. 1990. *Work without wages: domestic labor and self-employment within capitalism*(《没有工资的工作：资本主义的家务劳动与自我雇用》). Albany, SUNY Press.

Connerton, Paul. 1989. *How socities remember*(《社会如何记忆》). Cambridge, Cambridge University Press.

Cooper, William C., and Nathan Sivin. 1973. Man as Medicine: pharmacological and ritual aspects of traditional therapy using drugs derived from the human body(《作为药剂的人：从药理学和礼仪方面看源自人体的传统治疗用药》). In Shigeru Nakayama and Nathan Sivin, eds., *Chinese science: explorations of an ancient tradition*(《中国科学：对古代传统的探索》), Cambridge, Mass., MIT Press: 203—272.

Cornell, Laurel. Forthcoming. Infanticide and the origin of low fertility in early modern Japan: a sociological Perspective(《日本现代早期杀婴和低出生率的起因：社会学视角的考察》). In Lee and Saito.

Cowan, Ruth Schwartz. 1983. *More work for Mother: the ironies of household technology from the open hearth to the microwave*(《妈妈有了更多的活：从炉灶到微波炉的家务科技的讽刺》). New York, Basic Books.

Croll, Elisabeth(伊丽莎白·克罗尔). 1987. new pasant family forms in rural China(《中国乡村的新型农家》). *Journal of Peasant Studies*(《农民研究杂志》)14, 4: 469—499.

Crow, John Armstrong. 1985. *Spain, the root and the flower*(《西班牙，根与花》). 3d ed, Berkeley, University of California Press.

Cullen, Christopher. 1993. Patients and healers in late imprial China: evidence from the *Jinpingmei*(《中华帝国后期的患者与治疗者:〈金瓶梅〉中的事例》). *History of Science*(《科学史》)31: 99—150.

Drdess, John W. 1989. A Ming landscape: sttlement, land use, labor, and estheticism in T'ai-ho County, Kiangsi(《一种明代的景观:太湖地区的移民、土地使用、劳力和唯美主义》). *Harvard Journal of Asiatic Studies*(《哈佛亚洲研究杂志》)49 (Dec. 1989): 295—364.

de Bary, William Theodore. Ed. 1960. *Sources of Chinese tradition*(《中国传统史料》). New York, Columbia University Press.

De Groot, J.J.M. 1892—1910. *The religious system of China*(《中国的宗教体系》). 6 Vols. Leien, E.J. Brill.

Dean-Jones, Lesley. 1995. Autopsia, historia and what women know: the authority of women in Hippocratic gynaecology(《历史和妇女所知:新开业医生的妇科医学中的妇女权威》). In Bates: 41—59.

Dennerline, Jerry. 1986. Marriage, adoption, and charity in the development of lineages in Wu-hsi from Sung to Ch'ing(《从宋至清吴氏家族发展中的婚姻、收养和施舍》). In Ebrey and Watson: 179—209.

Desrosiers, Sophie. 1988. Les techniques de tissage ont-elles un sens? Un mode de lecture des tissues andins. Techniques et culture 12: 21—56.

——. 1994. La soieri méditerraneenne. *La revue du Musée des Arts et Metiers* 7: 51—58.

Devereux, George. 1976. *A study of abortion in primitive societies*(《远古社会的堕胎研究》). Rev. ed.; original ed. 1955. New York, International Universities Press.

DeWoskin, Kenneth J., tr. 1983. *Doctors, diviners and magicians of ancient china*(《古代中国的医者、占卜者和术士》). New York, Columbia University Press.

Diamond, Norma. 1988. The Miao and poison: interactions on China's southwest frontier(《苗和毒药:中国西南边疆的互动》). *Ethnology* 27, 1 (Jan. 1988): 1—25.

Douglas, Mary. 1982. *Natural symbols*(《自然象征》). New York, Pantheon.

杜正胜,1994,《内外与八方:中国传统居室空间的伦理观和宇宙观》,"空间、房屋与社会"学术会议论文,人类学所风俗研究会,台北,1994年2月22—26日。

Duby, Georges(乔治·杜比).1984.*the age of the cathedrals:art and society*, 980—1420(《大教堂的时代:艺术与社会980—1420》).Tr.E.Levieux and B.Thompson.Chicago,University of Chicago Press.

Dudbridge, Glen. 1992. Women pilgrims to T'ai-shan: some passages from a seventeenth-century novel(《女人去泰山进香:一部17世纪小说的某些段落》).In Naquin and yü:39—64.

Duden, Barbara. 1991.*the woman beneath the skin:a doctor's patients in eighteenth-century Germany*(《肌肤下的妇女:18世纪德国医生的病人》).Cambridge, Mass, Harvard University Press.

Ebrey, Patricia Buckley(伊沛霞).1984. *Family and property in Sung China: yuan Ts'ai's Precepts for social life*(《宋代中国的家庭与财产:袁采关于社会生活的箴言》).Princeton, Princeton University Press.

——.1986. *The early stages in the development of descent group organization*(《血缘组织发展的早期阶段》).In Ebrey and Watson:16—61.

——.1991a. *Chu Hsi's family rituals: a twelfth-century Chinese manual for the performance of cappings, weddings, funerals, and ancestral rites*(《朱熹的家礼:12世纪关于冠礼、婚礼、葬礼和祭祖的指南》).Princeton, Princeton University Press.

——.1991b. *Confucianism and family rituals in imperial China*(《中华帝国后期的儒学与家礼》).Princeton, Princeton University Press.

——.1991c. Introduction(《导论》).In Watson and Ebrey:1—24.

——.1991d. Shifts in marriage finance from the sixth to the thirteenth century(《6—13世纪婚姻财政的变迁》).In Watson and Ebrey:97—132.

——.1993. *the inner quarters: marriage and the lives of Chinese women in the Song period*(《内闱:宋代中国妇女的婚姻与生活》).Berkeley, University of California Press.

Ebrey, Patricia, B., and James L. Watson, eds.1986. *Kinship organization in late imperial China, 1000—1940*(《中华帝国后期的宗族组织,1000—1940》).Berkeley, University of California Press.

Ecke, Gustav. 1962. Chinese domestic furniture(《中国的家具》).Rutland, Vt., and Tokyo, Charles E. Tuttle. Originally published Beiping(Beijing), n. p., 1944,in a limited edition of 200 copies(仅限 200 部).

Eichorn, Werner. 1955. Zur Vorgeschichte des Aufatandes von Wang Hsiao-pound Li Shun in Szuchuan(993—995).*Zeitschrift der deutschen morgenländischen Gesellschaft* 105:192—209.

Elias, Norbert(埃利亚斯). [1933] 1985. *La société de cour* [die höfische Gesellschaft]. Tr. Pierre Kamnitzer and Jeanne Etoré. Preface Roger Chartier. Paris, Calmann-Lévy.

———. [1939] 1982. *The civilizing process* [*Über den Prozess der Zivilisation: Soziogenetische und Psychogenetische Untersuchungen*](《文明的历程》). Tr.Edmund Jephcott. 2 vols(2 卷本).Oxford, Basil Blackwell.

Elman, Benjamin(艾尔曼).1984. *From philosophy to philology: intellectual and social aspects of change in late imperial China*(《从理学到朴学:中华帝国后期的思想与社会变化》). Cambridge,Mass., Harvard University Press.

Elman, Benjamin(艾尔曼) and Alexander Woodside. eds. 1994. *Education and society in late imperial China*,1600—1900(《中华帝国后期的教育与社会:1600—1900》).Berkeley, University of California Press.

Elvin, Mark. 1973. *The Pattern of the Chinese past*(《中国历史模式》). Stanford,Stanford University Press.

———. 1989. Tales of *shen* and *xin*: body-person and heart-mind in China during the last 150 years(《身和心的故事:中国过去 150 年间的作为身体的人和作为精神的人》). In Michel Feher, ed., *Fragments for a history of the human body*, part 2, New York, Zone Books:266—350.

Engels, Friedrich(恩格斯).[1884]1972. *The origin of the family*, *private property and the state*(《家庭、私有制和国家的起源》).New York, International Publishers.

Etkin, Nina L. 1988. Cultural constructions of efficacy(《功效的文化建构》). In s. van der Geest and S. R. Whyte, eds., *The context of medicine in developing countries: studies in pharmaceutical anthropology*(《发展中国家医学的背景:医药人类的研究》), Dordrecht, Kluwer Academic Publishers:299—326.

范金民、金文,1993,《江南丝绸史研究》,北京,中国农业出版社。

Farquhar, Judith. 1994. *Knowing practice: the clinical encounter of Chinese medicine*(《会意的惯例：中国医学临床的碰撞》). Boulder, Colo., Westview Press.

Feen, Richard Harrow. 1983. Abortion and exposure in ancient Greece: assessing the status of the fetus and "newborn" from classical sources(《古代希腊的堕胎与弃婴：古典文献中对胎儿和"新生儿"地位的估价》). In W. B. Bondeson, H. T. Engelhardt, S. F. Spicker and D. H. Winship, eds., *Abortion and the status of the fetus*, Dordrecht, Reidel: 283—300.

冯先铭,1982,《中国陶瓷史》,北京,中华书局。

Feuchtwang, Stephen D. R. 1974. *An anthropological analysis of Chinese geomancy*(《中国风水术的人类学分析》). Vientiane, Laos, Vithagna.

Finley, M. I.1973. *The ancient economy*(《古代经济》). 2d ed., 1985, Berkeley, University of California Press.

Foucault, Michel(福柯). 1973. *The birth of the clinic*(《诊所的诞生》). New York, Vintage.

——. 1979. *Discipline and Punish: the birth of the prison*(《规训与惩罚：监狱的诞生》). New York, Vintage.

Franke, Otto.1913.*Keng Tschi T'u: Ackerbau und Seidengewinnung in China*, Hamburg, L. Friederichsen and Co.

Franklin, Ursula. 1990. *The real world of technology*(《科技的真实世界》). Montreal, CBC Eenterprises.

Freedman, Maurice. 1969. Geomancy(《风水》). *Proceedings of the Royal Anthropological Institute* 1968(《皇家人类学学报 1968》). London, Royal Anthropological Institute(伦敦,皇家人类学学会).

——.1970. Ritual aspects of Chinese kinship and marriage(《中国宗族与婚姻的仪礼方面》).In Freedman, ed.: 153—188.

——, ed. 1970. *Family and kinship in Chinese society*(《中国社会的家庭与宗族》).Stanford, Stanford University Press.

Friedland, Roger, and A. F. Robertson.1990. Beyond the marketplace(《超越市场》).In Friedland and Robertson, eds., *Beyond the marketplace: rethinking economy and society*(《超越市场：对经济与社会的再思考》). New York. Aldine de Gruyter: 3—49.

Furth, Charlotte(费侠莉), 1986, Blood, body and gender: medical images of the female condition in China 1600—1850(《血液、身体和性别：中国女性状况的医学形象 1600—1850》). *Chinese Science* 7: 43—66.

——. 1987. Pregnancy, childbirth and infancy in Ch'ing dynasty China(《中国清朝的妊娠、分娩和婴儿期》). *Journal of Asian Studies*(《亚洲研究》) 46, I: 7—35.

——.1988. A social analysis of medical practice in late imperial China(《中华帝国后期医学实践的社会分析》). Paper presented at the 6th International Conference on the History of Chinese Science, University of California at San Diego.

——. 1990. The patriarch's legacy: household instructions and the transmission of orthodox values(《家长的遗产：家训和正统价值的传递》). In K. C. Liu. ed. *Orthodoxy in late imperial China*(《中华帝国后期的正统》), Berkeley, University of California Press: 187—211.

——. 1994. Rethinking Van Gulik: sexuality and reproduction in traditional Chinese medicine(《关于范·古立克的再思考：传统中国医学的性征与生育》). In Gilmartin et al.: 125—146.

——. 1995. From birth to birth: the growing body in Chinese medicine(《从出生到出身：中国医学中身体的变化》). In Kinney 1995: 157—191.

Furth, Charlotte, and Ch'en Shu-yueh. 1992. Chinese medicine and the anthropology of menstruation in contemporary Taiwan(《关于当代台湾的月经医学人类学研究》). *Medical Anthropology Quarterly*(《医疗人类学季刊》) 6, I (n.s.): 27—48.

高汉玉，1986，《中国历代织染绣图录》，香港，商务印书馆，引文出自英文《中国织物图案》(*Chinese textile designs*), Rosemary Scott and Susan Whitfield 英译, London, Viking/Penguin, 1992。

高银仙、义年华，1991，《女书——世界唯一的女性文字》，宫哲兵编，台北：妇女新知基金会出版社。

Gates, Hill. 1989, The commoditization of Chinese women(《中国妇女的商品化》), *Signs*(《印迹》)14, 4: 799—832.

Geertz, Clifford(格里兹). 1963. *Agricultural involution: the processes of ecological change in Indonesia*(《农业的内卷化：印度尼西亚的生态变化过

程》).Berkeley, University of California Press.

——. 1973. *The interpretation of cultures*(《文化的解释》).New York, Basic Books.

Giddens, Anthony(吉登斯).1984. *The constitution of society: outline of the theory of structuration* (《社会的构成：结构理论大纲》). Berkeley, University of California Press.

Gille, Bertrand. 1978a. *Les systèmes bloqués*. In Gille, ed.: 441—507.

——, ed. 1978b. *Histoire des techniques*. Paris, Encyclopedie de la Pleiade.

Gilmartin, Ghristina K., Gail Hershatter, Lisa Rofel and Tyrene White. Eds. 1994. *Engendering China: women, culture, and the state*(《造就中国：妇女、文化与国家》).Cambridge, Mass., Harvard University Press.

Glahn, Else.1982. The tradition of Chinese building(《中国建筑传统》).In K. G. Izikowitz and P. Sorensen. eds., *The house in East and Southeast Asia: anthropological and architectural aspects*(《东亚与东南亚的房屋：人类学与建筑学的考察》).London, Curzon Press: 25—34.

Goodman, Jordan.1993. Cloth, gender and industrial organization: towards an anthropology of silkworkers in early modern Europe(《织物、性别与工业组织：对现代早期欧洲丝织工人的人类学考察》). In S. Cavaciocchi, *La seta in Europa sec*. XIII-XX, Florence, Le Monnier: 229—245.

Goody, Esther N.1982. Introduction(《导论》). In Esther N. Goody, ed., *From craft to industry: the ethnography of proto-industrial cloth production*(《从手工业到工业：原始工业化时期织布业的人种学研究》),Cambridge, Cambridge University Press: 1—37.

Goody, Jack. 1971. *Technology, tradition and the state in Africa*(《非洲的科技、传统与国家》).London, Oxford University Press.

——. 1986. *The logic of writing and the organization of society*(《书写的逻辑与社会组织》).Cambridge, Cambridge University Press.

——.1987. *The interface between the written and the oral*(《书面语与口语之间的分界面》).Cambridge, Cambridge University Press.

——.1990.*The oriental, the ancient and the primitive: systems of marriage and the family in the pre-industrial societies of Eurasia*(《东方、古代与远古：欧亚大陆前工业化社会的婚姻与家庭体系》).Cambridge, Cambridge

University Press.

Goto, Junko, and Naraomi Imamura. 1993. Japanese agriculture: characteristice, institutions, and policies(《日本农业：特征、制度与政策》).In Tweeten et al.：11—29.

Greenhalgh, Susan(苏珊·格林哈夫), and Jiali Li, 1995, Engendering reproduction policy and practice in peasant China: for a feminist demography of reproduction(《中国农村生育政策与习俗的形成：一个女权主义者的生育人口学研究》). Signs(《印迹》)20, 3：601—641.

郭蔼春, 1984—1987,《中国分省医籍考》,天津,科学技术出版社。

Hanan, Patrick. 1988. *The invention of Li yu*(《李渔的发明》), Cambridge, Mass., Harvard University Press.

——.1990. Introduction(《导言》), *The invention of Li yu*(《李渔的发明》)：v-xiv.

Handlin, Joanna F. 1975. Lü Kun's new audience: the influence of women's literacy on sixteenth-century thought(《吕坤的新听众：妇女读写能力对16世纪思想的影响》).In Wolf and Witke：13—38.

Harrell, Stevan. 1985. The rich get children: segmentation, stratification, and population in three Chekiang lineages, 1550—1850(《富人获得孩子：浙江三个家族的分割、分层和人口,1550—1850》). In Susan B. Hanley and Arthur P. Wolf, eds., *Family and population in east Asian history*(《东亚历史中的家庭和人口》),Stanford, Stanford University Press：81—109.

Hartwell, Robert M. 1982. Demographic, political and social transformations of China, 750—1550(《中国的人口统计、政治和社会转型,750—1550》). Harvard Journal of Asiatic Studies 42, 2：365—442.

Haudricourt, Andre-Georges. 1987. La technologie, science humaine: recherches d'histoire et d'ethnologie des techniques. Paris, Editions Maison des Sciences de l'Homme.

Hayden, Dolores. 1986. *Redesigning the American dream: the future of housing, work, and family life*(《重新设计美国梦：住房、工作和家庭生活的未来》).New York, Norton.

Hayes, James. 1985. Specialists and written materials in the village world(《乡村世界的专家和文字材料》).In D. Johnson et al.：75—111.

何时希,1990,《中国历代医家传录》,三卷本,北京,人民卫生出版社。

Herlihy, David(赫利奇).1985. *Medieval households*(《中世纪的家庭》). Cambridge, Mass., Harvard University Press.

Himes, Norman E. [1936] 1970. *Medical history of contraception*(《避孕的医学史》). New York, Schocken.

Hirschon, Renee. 1981. Essential objects and the sacred: interior and exterior space in an urban Greek locality(《本质事物与神圣:一个希腊城市地区的内外空间》). In Ardener, ed.: 70—86.

Ho, Ping-ti(何柄棣),1959, *Studies on the population of China*, 1368—1953 (《中国人口研究》). Cambridge, Mass., Harvard University Press.

———. 1975. *The cradle of the East: an inquiry into the indigenous origins of techniques and ideas of Neolithic and early historic China*(《东方的摇篮:对中国新石器和早期历史的技术与观念的本土起源的探究》), Hong kong, Chinese University Press(香港中文大学出版社).

Hommel, Rudolf P. 1937. *China at work: an illustrated record of the primitive industries of China's masses, whose life is toil, and thus an account of Chinese civilization*(《工作中的中国:中国大众的原始工业图录,其生活是苦工,也是中国文明的记录》). New York, John Day Co. Repr. Cambridge, Mass., MIT Press, 1969.

Honig, Emily. 1986. *Sisters and strangers: women in the Shanghai cotton mills*, 1919—1949(《姐妹和陌生人:上海棉纺织厂的妇女,1919—1949》). Stanford, Stanford University Press.

Honig, Emily, and Gail Hershatter. 1988. *Personal voices: Chinese women in the 1980s*(《私人的声音:1980年代的中国妇女》). Stanford, Stanford University Press.

Hsiung Ping-chen(熊秉真).1994. Constructed emotions: the bond between mothers and sons in late imperial China(《情感的构筑:中华帝国晚期的母子关系》). *Late Imperial China*(《晚期中华帝国》)15,1: 87—119.

———. Forthcoming. More or less: Chinese medical and cultural traditions of fertility control(《或多或少:中国生育控制的医学与文化传统》). In Lee and Saito.

Hsu, Francis L. K. 1948. *Under the ancestors' shadow: Chinese culture and personality(《在祖先的阴影下:中国文化与个性》). New York, Columbia University Press.

Huang, Philip C.C(黄宗智). 1985. *The peasant economy and social change in North China*(《中国北方的小农经济与社会变化》). Stanford, Stanford University Press.

——.1990. *The peasant family and rural development in the Yangzi Delta, 1350—1988*(《长江三角洲的小农家庭与农村发展, 1350—1988》). Stanford, Stanford University Press.

Huang, Ray. 1974. *Taxation and governmental finance in sixteenth-century Ming China*(《16 世纪中国明代的税收与政府财政》). Camdridge, Cambridge University Press.

黄绳武主编, 1983,《中国医学百科全书》《中医妇科学》,上海,新华出版社。

Hymes, Robert. 1987. Not quite gentlemen? Doctors in Sung and Yuan(《并非君子? 宋元时期的医生》). *Chinese Science* 8: 9—76.

Hymes, Robert P, and Conrad Schirokauer. 1993. Introduction(《导言》). In Hymes and Schirokauer, eds. *Ordering the world: approaches to state and society in sung dynasty China*(《规范世界:通向宋代中国的国家与社会》), Berkeley, University of California Press: 1—58.

Ingold, Tim. 1988. *The appropriation of nature: essays on human ecology and social relations*(《自然的占有:关于人类生态学与社会关系的评论》). Manchester, Manchester University Press.

——.1991. Becoming persons: consciousness and sociality in human evolution (《成为人:人类进化中的意识与社会性》), *Cultural Dynamics*(《文化的动力》) 4, 3: 355—378.

Janelli, Roger L., and Dawnhee Yim Janelli. 1982. *Ancestor worship and Korean society*(《祖先崇拜与朝鲜社会》). Stanford, Stanford University Press.

Jin Hansheng(金汉生). 1988. Songdai nuzi zhiye yu shengji [Female occupations and lively-hoods in the Song](《宋代女子职业与生计》). In Bao: 193—204.

Johnson, David, Andrew J. Nathan and Evelyn S. Rawski, eds. 1985. *Popular culture in late imperial China*(《中华帝国后期的通俗文化》). Berkeley, University of California Press.

Johnson, Elizabeth. 1977. Patterned bands in the New Territories of Hong Kong

(《香港新界模式化的约束》). *Journal of the Royal Asiatic Society*, *Hong Kong Branch*(《皇家亚洲社会学刊 香港部》)117: 81—91.

——. 1988. Grieving for the dead, grieving for the living: funeral laments of Hakka women(《为死者哀悼, 为生者哀悼: 客家妇女的葬礼哀歌》). In Watson and Rawski: 135—163.

Johnson, kay Ann. 1983. *Women, the family, and peasant revolution in China* (《中国的妇女、家庭与农民革命》).Chicago, University of Chicago Press.

Johnston, R. Stewart.1983. The ancient Chinese city of Suzhou: town planning in the Sung dynasty(《苏州的中国古城: 宋代的市镇设计》). *Town Planning Review*(《市镇设计评论》) 54, 2: 194—222.

Judd, Ellen R.1989. Niangjia: Chinese women and their natal families(《娘家: 中国妇女与她们出生的家》), *Journal of Asian Studies*(《亚洲研究杂志》)3(1989,8): 525—544.

Kaptchuk, Ted. 1983. *The web that has no weaver: understanding Chinese medicine*(《没有织工的织物: 对中国医学的理解》). New York, Congdon and Weed.

Kates, George N. 1948. *Chinese household furniture*(《中国家具》). New York, Dover.

Keightley, David N.1987. Archaeology and mentality: the making of China(《考古学与心态: 中国的形成》), *Representations*(《再现》) 18 (spring1987): 91—128.

——. 1989.Craft and culture: metaphors of governance in early China(《手艺与文化: 早期中国统治术的隐喻》). *Proceedings of the Second International Conference on Sinology*(《第二届国际汉学会议学报》), Taipei, Academia Sinica(台北, 中国风俗研究会).

——, ed.1983. *The origins of Chinese civilization*(《中国文明的起源》).Berkeley, University of California Press.

Kendall, Laurel.1985. *Shamans, housewives, and other restless spirits: women in Korean ritual life*(《萨满、主妇与其他不安的灵魂: 朝鲜礼仪生活中的妇女》).Honolulu, University of Hawaii Press.

Khalib-Chahidi, Jane. 1981. Sexual prohibitions, shared spaces and "fictive marriages"in Shi'ite Iran(《伊朗什叶家庭的禁欲、空间共享和"虚假的婚

姻"》). In Ardener, ed.: 112—134.

Kidd, Alan. 1993. *Manchester*(《曼彻斯特》). Keele, Ryburn Publishing/Keele University Press.

Kinney, Anne Behnke. 1993. Infant abandonment in early China(《古代中国的弃婴》). *Early China*(《古代中国》) 18: 107—138.

——, ed. 1995. *Chinese views of childhood*(《中国关于孩童期的观念》). Honolulu, University of Hawaii Press.

Knapp, Ronald. 1986. *China's traditional rural architecture: a cultural geography of the Chinese house*(《中国传统的乡村建筑：中国房屋的文化地理学》). Honolulu, University of Hawaii Press.

Ko, Dorothy(高彦颐), 1992a, Crossing boundaries: public women as surrogate men in seventeenth-century China(《穿越边界：17世纪中国作为男人替身的公共女性》), Paper given at the Workshop on Chinese Women's History, University of California, Los Angeles, December 1992(在中国妇女史研讨会上提交的论文，加州大学，洛杉矶，1992年12月).

——. 1992b. Pursuing talent and virtue: education and women's culture in seventeenth and eighteenth century China(《对才能与美德的追求：17与18世纪中国的教育与女性文化》), *Late Imperial China*(《晚期中华帝国》) 13, 1: 9—39.

——. 1994. *Teachers of the inner chambers: women and culture in seventeenth China*(《闺塾师：17世纪中国的妇女与文化》), Stanford, Stanford University Press.

Koechlin, Bernard, François Sigaut, Jacqueline M. C. Thomas and Gerard Toffin, eds. 1987. *De la voûte céleste au terroir, du jardin au foyer; mosaïque sociographique*. Textes offerts à Lucien Bernot. Paris, Editions EHESS.

Kong, Yun Cheung, Shiu Ying Hu, Fung Kut Lau, Chun Tao Che, Hin Wing Yeung, Siu Cheng and Joseph Chi Chiu Hwang, 1976. Potential anti-fertility plants from Chinese medicine(《中药中潜在的抵制生育的植物》). *American Journal of Chinese Medicine*(《美国中国医学杂志》) 4, 2: 1105—1128.

Körner, Brunhild, 1959, *Die religiöse Welt der Bauerin in Nardchina*. Reports from the Scientific Expedition to the North-Western Provinces of China under the Leadership of Sven hedin(《斯万·海丁率领的中国西北科学探险队的考察报告》),8: *Ethnography*(《民族志》), Stockholm, State Ethnographic Museum。

Kuhn, Dieter(库恩). 1976. Die Darstellung des *Keng-chih-t'u. Zeitschrift der deutschen morgenlandischen Gesellschaft* 126,2:336—367.

——. 1977. *Die Webstühle des Tzu-jen I-chih aus der Yuan-Zeit.* Wiesbaden, Steiner.

——. 1987. *Die Song-Dynastie (960 bis 1279): eine neus Gesellschaft im Spie-gel ihrer Kultur.* Weinheim, Germany, Acta Humaniorum VCH.

——. 1988. *Science and civilization in China*(《中国的科学与文明》), Vol.9(卷9), *Textile technology part I: spinning*(《纺织科技第一部分:纺》).Cambridge, Cambridge University Press.

——. 1992. Family rituals(《家礼》), *Monumenta Serica*(《不朽的中国》)40: 369—385.

——. 1993. Review of Smith 1991(《史密斯的考察1991》), *Journal of the American Oriental Society*(《美国东方社会杂志》)113,1:93—97.

——.1995.Silk weaving in ancient China: from geometricf figures to patterns of pictorial likeness(《古代中国的丝织:从几何图形到形象图案》), *Chinese Science*(《中国科学》)12:75—112.

——.Forthcoming. *Science and civilization in China*(《中国的科学与文明》), Vol.5, part 10(卷5,第10部分), *Textile technology part II: weaving*(《纺织科技第二部分:织》), Cambridge, Cambridge University Press.

Kulp, Daniel H.II.1925. *Country life in South China: the socilolgy of familism*(《南方中国的乡村生活:家族主义的社会学》). New York, Columbia University Press.

LaFleur, William R(拉福洛).1992. *Liquid life: abortion and Buddhism in Japan*(《易变的生活:日本的堕胎与佛教》). Princeton, Princeton University Press.

Lamouroux, Christian.1995. Crise politique et développement rizicole en Chine: la région du Jiang-Huai (VIIe-XIe siècles). *Bulletin de l'Ecole Française d'Exfreine-Orient* 85LI45—84.

Latour, Bruno.1993. Ethnography of a "high-tech" case: about Aramis(《一个

"高科技"个案的人种学研究：关于"纳米"》). In Lemonnier, ed.：372—398.

Lavely, William, James Lee and Wang Feng. 1990. Chinese demography：the state of the field(《中国人口学：土地的国家》). *Journal of Asian Studies*(《亚洲研究杂志》)49,4：807—834.

Lawrence, Denise L., and Setha M. Low. 1990. The built environment and spatial form(《建筑环境与空间形式》). *Annual Review of Anthropology*(《人类学评论年鉴》)19：453—505.

Lee, James(詹姆斯·李). 1994. Historical demography of late imperial China：recent research results and implications(《中华帝国后期的人口史：新近的研究结果及其结论》). In F. Wakeman, ed., *China's quest for modernization*(《中国对现代化的追求》, 上海, 复旦大学出版社)：289—312.

Lee, James, and Cameron Campbell. 1996. *Fate and fortune in rural China：social structure and population behavior in Liaoning, 1774—1873*(《乡村中国的命运与财富：辽宁的社会结构和人口行为,1774—1873》). Cambridge, Cambridge University Press.

Lee, James, Cameron Campbell(卡梅伦·坎贝尔) and Guofu Tan. 1992. Infanticide and family planning in late imperial China：the price and population history of rural Liaoning, 1774—1873(《中华帝国后期的杀婴和家庭的计划生育：辽宁乡村地区的物价和人口史,1774—1873》). In Rawski and Li：145—176.

Lee, James, and Osamu Saito, eds. Forthcoming. *Abortion and infanticide in East Asia*(《东亚的堕胎与杀婴》). Oxford, Oxford University Press.

Lefebvre, Henri. 1974. *La production de l'espace*. Paris, éditions anthropos.

Legge, James, tr. 1885. *book of rites*(《礼记》). 2vols(两卷本). Oxford University Press. Repr. New York, university Books, 1967.

Lemonnier, Pierre. 1992. *Elements for an anthropology of technology*(《科技人类学的要素》). Anthropological Papers, Museum of Anthropology, University of Michigan, no. 88(人类学论文,人类学博物馆,密西根大学,第 88 号), Ann Arbor.

——. 1993a. Introduction(《导言》). In Lemonnier, ed.：1—35.

——, ed. 1993b. *Technological choices：transformation in material cultures since the Neolithic*(《科技的选择：自新石器时代以来的物质文化变革》).

London, Routledge.

Leroi-Gourhan, André. 1964—1965. *Le geste et la parole*. Vol. 1, *Technique et lan-gage*. Vol. 2, La mémoire et les rythmes. Paris, Albin Michel.

Leung, Angela K. C(梁其姿). 1983. L'amour en Chine: relations et pratiques socials aux XIIIe et XIVe siècles. *Archives des sciences socials des religions* 56, 1: 59—76.

——. 1984. Autour de la naissance: la mère et l'enfant en Chine aux XVIe et XVIIe siècles. *Cahiers internationaux de sociologie* 76: 51—69.

——.1987. Organized medicine in Ming-Qing China: state and private medical institutions in the Lower Yangzi region(《中国明清时期有组织的医学：长江下游地区国家和私人的医学机构》). *Late Imperial China*(《晚期中华帝国》) 8, 1: 134—166.

李伯重,1990,《唐代江南农业的发展》,北京农业出版社。

——.1994,《控制增长,以保富裕——清代前中期江南的人口行为》,《新史学》5,3: 25—71。

Li Chien-lang(李成梁),1980,《台湾建工史》,台北,北屋（Beiwu—音译）出版社。

Li, Chu-tsing, and James C. Y. Watt, eds.1989. *The Chinese scholar's studio: artistic life. In the late Ming Priod: an exhibition from the Shanghai Museum*(《中国学者的书房：晚明时代的艺术生活：上海博物馆的展览》). New York/London, Asia Society Galleries/Thames and Hudson.

李经纬主编,1988,《中医人物辞典》,上海辞书出版社。

Li, Lillian M. 1981. *China's silk trade: traditional indrstry in the modern world 1842—1937*(《中国丝绸贸易：现代世界的传统工业 1842—1937》). Cambridge, Mass., Harvard University Press.

李文亮等编,1982,《千家妙方》,北京,解放军出版社。

李渔,[1657]1990,《肉蒲团》(*The Carnal Prayer Mat*)。Tr. Patrick Hanan. New York, Ballantine Books.

李贞德,1995,《汉隋之间的"生子不举"问题》,《历史语言所集刊》,(中国风俗研究所,台北)66,3: 747—812。

梁方仲,1980,《中国历代户口、田地、田赋统计》,上海人民出版社。

梁思成,1984,《中国建筑图史：结构系统的发展与类型演化的研究》(A

pictorial history of Chinese architecture:*a study of the development of its structural system and the evolution of its types*). Ed. Wilma Fairbanks. Cambridge, Mass., MIT Press.

刘敦桢,1980,《中国住宅》(*La maison chinoise*)。Tr. and introduced by Georges and MarieHélène Métailié, Sophie Clément-Charpentier and Pierre Clément. Paris, Berger-Levrault. 初版为《中国住宅概说》,北京,中国建筑出版社,1957。

Liu, K. C., ed. 1990. *Orthodoxy in late imperial China*(《中华帝国后期的正统》). Berkeley, University of California Press.

Liu, Ts'ui-jung. 1994. Demographic constraint and family structure in traditional Chinese Lineages(《传统中国谱系中人口统计的局限和家庭结构》). In Stevan Harrell, ed., *Chinese historical micro-demography*(《中国历史的微观人口统计学》), Berkeley, University of California Press:121—140.

Lock, Margaret. 1988. Japanese mythologies: faltering discipline and the ailing housewife(《日本的神话:摇摆的纪律和生病的主妇》). *American Ethnologist*(《美国人种学家》)15,1:43—60.

——. 1993. *Encounters with aging*: *mythologies of menopause in Japan and North Amrica*(《遭遇衰老:日本与北美的更年期神话》). Berkeley, University of California Press.

Luk, Bernard H. K. 1977. Abortion in Chinese law(《中国法律中的堕胎》). *American Journal of Comparative Law*(《美国比较法杂志》)25:372—92.

Mahias, Marie-Claude. 1989. Réflesions pour une ethnologie des techniques en Inde. *Techniques ed culture* 14:1—22.

Mair, Victor H. 1985. Language and ideology in the written popularizations of the *Sacred Edict*(《"圣谕"普及读本中的语言与意识形态》). In D. Johnson et al.:325—359.

Mann, Susan(曼素恩). 1991. Grooming a daughter for marriage: brides and wives in the mid-Ch'ing Period(《为婚姻培训女儿:清中期的新娘与妻子》). In Watson and Ebry:204—230.

——. 1992a. *Household handicrafts and state policy in Qing times*(《清代的家庭手工业和国家政策》). In Jane Kate Leonard and John R. Watt, eds.: *To a-*

chieve security and wealth: the Qing imperial state and the economy1644—1911(《赢得安全与财富：清朝的国家与经济 1644—1911》).Ithaca,Cornell University East Asia Program：75—95.

———.1992b. Women's work in the Ningbo area 1900—1936(《宁波地区的妇女工作 1900—1936》).In Rawski and Li：243—270.

———. 1994.The education of daughters in the mid-Ch'ing period(《清代中叶对女儿的教育》).In Elman and Woodside：19—49.

茅盾,1956,《春蚕》(Spring silkworms and other stories),Sidney Shapro 翻译,北京,中国外文出版社.

Martin, Emily(艾米利·马丁). 1987. The woman in the body(《身体中的妇女》). Boston, Beacon Press.

———. 1988. Gender and ideological differences in representations of life and death(《在生与死的表达中存在的性别与意识形态的差异》). In Watson and Rawski：203—226.

Mauss, Marcel. [1935]1979. Les techniques du corps. In M. Marss, Sociology and psychology, tr. Ben Brewster, London, Routledge and Kegan Paul：97—123.

McDermott, Joseph P(周绍明). 1990. The Chinese domestic bursar(《中国家庭的会计》). Ajia bunka kenkyu 2：15—32.

Mclaren, Angus(麦克拉伦). 1984. Reproductive rituals: the perception of fertility in England from the sixteenth to the nineteenth century(《生育的仪礼：16—19 世纪英格兰对生育的理解》). London, Methuen.

———. 1990. A history of contraception from antiquity to the present day(《从古至今避孕的历史》). Oxford, Basil Blackwell.

Medick, Hans. 1976. The proto-industrial family economy(《原始工业化的家庭经济》), Social History(《社会史》) 3：291—315.

Meskill, Joanna.1970. The Chinese genealogy as a research source(《作为研究资料的中国家谱》).In Freedman, ed.：139—162.

Métailié, Georges.1995. Some hints about the "scholar garden" in ancient China (《关于古代中国"文人花园"的一些线索》). Unpublished manuscript(未出版的手稿).

Métailié, Georges, Marie-Hélène Métailié, Sophie Clément-Charpentier and

Pierre Clément.1980. Préface(《前言》).In Liu Dunzhen(刘敦桢)：7—23.

Mokyr, Joel.1990. *The lever of riches: technological creativity and economic progress*(《富裕的程度：科技创造与经济进步》). New York, Oxford University Press.

Moore, Henrietta L.1986. *Space, text and gender: an anthropological studyof the Marakwet of Kenya*(《空间、文本和性别：肯尼亚马拉奎特的人类学研究》).Cambridge, Cambridge University Press.

——. 1988. *Feminism and anthropology*(《女性主义与人类学》). Oxford, Polity Press and Basil Blackwell.

Mumford, Lewis. 1934. *Technics and civilization*(《技术与文明》). 2d ed., 1963.New York, Harcourt Brace.

Musallam, B.F.1983. *Sex and society in Islam*(《伊斯兰世界的性别与社会》). Cambridge, Cambridge University Press.

Naquin, Susan.1988. Funerals in North China: uniformity and variation(《中国北方的葬礼：一致与变化》).In Watson and Rawski：37—70.

——. 1992. The Peking pilgrimage to Miao-Feng Shan(《北京的妙峰山进香》). In Naquin and Yü：333—377.

Naquin, Susan, and Chun-fang Yü, eds. 1992. *Pilgrims and sacrd sites in China*(《中国的进香和圣地》).Berkeley, University of California Press.

Needham, Joseph, et al(李约瑟等).1954—. *Science and civilization in China*(《中国的科学与文明》).Cambridge, Cambridge University Press.

Needham, Joseph, with Wang Ling(李约瑟与王玲).1959. *Science and civilization in China*(《中国的科学与文明》).Vol.3(卷 3), *Mathematics and the sciences of the heavens and earth*(《数学与天文地理》). Cambridge, Cambridge University Press.

Needham,Joseph,with Wang Ling(李约瑟与王玲).1966. *Science and civilization in China*(《中国的科学与文明》).Vol.4, part 2(卷 4, 第 2 部分), *Mechanical engineering*(《机械工程》).Cambridge, Cambridge University Press.

Needham, Joseph, with Wang Ling and Lu Gwei-Djen(李约瑟、王玲、鲁贵珍等).1971. *Science and civilisation in China*(《中国的科学与文明》).Vol.4, part3(卷 4,第 3 部分),*Civil engineering and nautics*. Cambridge, Cambridge University Press.

Needham, Joseph, with Ho Ping—Yü and Lu Gwei—Djen(李约瑟等). 1976. *Science and civilisation in China*(《中国的科学与文明》). Vol.6, part 3, *Spagyrical discovery and invention: historical survey, from cinnabar elixirs to synthetic insulin*(《炼金术的发现与发明：历史概论，从朱砂长生药到人工胰岛素》). Cambridge, Cambridge University Press.

Needham, Joseph with Lu Gwei-Djen、Huang Hsing-tsung(李约瑟等). 1986. *Science and civilization in China*(《中国的科学与文明》). Vol.6(卷6). *Biology and biological technology*(《生物学与生物技术》), part 1, (第一部分), *Botany*(《植物学》). Cambridge, Cambridge University Press.

Ngin, Chor-Swang. 1985. Reproductive decisions and contraceptive use in a Chinese New Village in Malaysia(《马来西亚一个中国人新村的生育决定和避孕使用》). Ph.D.dissertation(博士论文), University of California at Davis.

Nishijima, Sadao(西嶋定生). [1949] 1984. The formation of the early Chinese cotton industry(《早期中国棉纺织业的形成》). In Linda Grove and Christian Daniels, eds., *State and society in China: Japanese Perspectives on Ming-Qing social and economic history*(《中国的国家与社会：日本人论明清社会经济史》), Tokyo, Universityof Tokyo Press: 17—79.

Ohnuki-Tierney, Emiko. 1993. *Rice as self: Japanese identities through time*(《作为自我的稻米：穿越时间的日本人身份》). Princeton, Princeton University Press.

Ohta Motoko and Sawayama Mikako. Forthcoming. An analysis of the motivation for mabiki and abortion as related to child rearing customs in early modern Japan(《对于杀婴和堕胎的动机分析：关于现代早期日本养育孩子的习俗》). In Lee and Saito.

Ong, Aihwa. 1987. *Spirits of resistance and capitalist discipline: factory women in Malaysia*(《反抗的精神与资本主义纪律：马来西亚工厂中的妇女》). Albany, SUNY Press.

Ortner, Sherry, and Harriet Whitehead. 1981. Introduction: accounting for sexual meanings(《导论：解释性的意义》). In Ortner and Whitehead, eds., *Sexual meanings: the cultural construction of gender and sexuality*(《性的意义：性别和性征的文化建构》), Cambridge, Cambridge University Press: 1—27.

Ou Ming, ed. 1988. *Chinese-English dictionary of traditional medicine*(《传统医学中英词典》). Hong Kong, Joint Publishing.

Overmyer(欧大年), Daniel L. 1985. *Values in Chinese sectarian literature: Ming and Ch'ing pao-chuan*(《中国宗派文学的价值：明清宝卷》), In D. Johnson et al.: 219—274.

Ozawa, Kenji.1993. A new phase for rice in Japan: production, marketing, and policy issues(《日本稻米的一个新阶段：生产、市场化与政策问题》). In Tweeten et al.: 367—75.

Palmer, Martin, ed.1986. *T'ung Shu: the ancient Chinese almanac*(《中国古代历书》).London, Rider and Co.

潘吉星，1989，《天工开物校注及研究》，成都，巴蜀书社。

Perdue, Peter C. 1987. *Exhausting the earth: state and peasant in Hunan, 1500—1850*(《耗尽地利：国家与湖南的农民 1500—1850》). Cambridge, Mass., Harvard University Press.

Perkins, Dwight H. 1969. *Agricultural development in China, 1368—1968* (《中国的农业发展 1368—1968》).Chicago, Aldine.

Petrson, Willard.1979. *Bitter gourd: Fang I-chih and the impetus for intellectual change* (《痛苦的瓠：方以智与学术转变的动力》).New Haven, Yale University Press.

Pinch, Trvor J., and Wiebe E. Bijker.1987. The social construction of facts and artifacts(《事实与人造物品的社会意义》). In Wiebe E. Bijker, Thomas P. Hughes and Trevor J. Pinch, eds., *The social construction of technological systems*(《科技系统的社会意义》), Cambridge, Mass., MIT Press: 17—51.

Plaks, Andrew H. 1976. *Archetype and allegory in the Dram of the Red Chamber*(《红楼梦中的原型和寓言》).Princeton, Princeton University Press.

Potter, Sulamith Heins.1987. Birth planning in China: a cultural account(《中国的计划生育：一种文化阐释》). In Nancy Scheper-Hughes, ed., *Child survival: anthropological perspectives on the treatment and maltreatment of children*(《幸存的孩子：人类学视角下的对待和虐待孩子》), Dordrecht/Boston, D. Reidel: 33—58.

Profet, Margie. 1993. Menstruation as a defense against pathogens transported by sperm(《月经：抵御由精液传播的病原体》). *Quarterly Review of*

Biology(《生物学研究季刊》)68,3: 335—86.

Rawski, Evelyn S.(罗友枝). 1972. *Agricultural change and the peasant economy of South China*(《中国南方的农业变化与农民经济》). Cambridge, Mass., Harvard University Press.

——. 1979. *Education and popular literacy in Ch'ing China*(《清代中国的教育与通俗文学》). Ann Arbor, University of Michigan Press.

——. 1985. Economic and social foundations(《经济与社会基础》). In D. Johnson et al.: 3—33.

Rawski, Thomas G., and Lillian M. Li, eds. 1992. *Chinese history in economic perspective*(《经济视野下的中国历史》). Berkeley, University of California Press.

Reddy, William M. 1986. The structure of a cultural crisis: thinking about cloth in France before and after the revolution(《文化危机的结构：关于大革命前后法国织物的思考》). In Appadurai: 261—284.

Reynolds, B., and M. A. Scott. 1987. *Material anthropology: contemporary approaches to material culture*(《物质人类学：关于物质文化的当代方法》). New York, University Press of America.

Richardson, M. 1982. Being-in-the-market versus being-in-the-plaza: material culture and the construction of social reality in Spanish America(《"在市场"对"在商厦"：物质文化与拉丁美洲社会现实的释义》). *American Ethnologist*(《美国人种学家》)9, 2: 421—436.

Robertson, Jennifer. 1991. *Native and newcomer: making and remaking a Japanese city*(《本地人和新来者：制造与重制日本的城市》). Berkeley, University of California press.

Robertson, Maureen. 1992. Voicing the feminine: constructions of the gendered subject in lyric poetry by women of medieval and late imperial China(《表达女性的心声：中华帝国中古时期与后期女性抒情诗中性主题的建构》), *Late Imprial China*(《晚期中华帝国》)13, 1: 63—110.

Robinet, Isabelle, tr. 1993. Discours sur les incrtitudes. In Claude Larre, Isabelle Robinet and Elisabeth Rochat de la Vallée, trs., *Les grands traités du Huainan zi*, Paris: Institut Ricci/Editions du Cerf: 157—193.

Rosaldo, Michelle Z., and Louise Lamphere, eds. 1974. *Woman, culture and* society(《妇女、文化与社会》).Stanford, Stanford University Press.

Ruitenbeek, Klaas.1986. Craft and ritual in traditional Chinese carpentry(《传统中国木工的工艺与礼仪》),*Chinese Science*(《中国科学》)7:1—24.

———.1993. *Carpentry and building in late imperial China: a study of the fifteenth—century carpenter's manual Lu Ban Jing*(《中华帝国后期的木工与建筑:15世纪木匠手册〈鲁班经〉的研究》).Leiden, E. J. Brill.

Sacks, Karen.1974. Engels revisitd: women, the organization of producton, and private property(《回到恩格斯:妇女、生产组织与私人财产》).In Rosaldo and Lamphere:207—222.

———.1979.*Sister, and wives: the past and future of social equality*(《姐妹与妻子:社会平等的过去与未来》).Westport, Conn., Greenwood Press.

Saito, Osamu.1992a. Gender, workload and agricultural progress:Japan's historical experience in perspective(《性别、工作量和农业发展:整体观下的日本历史经历》). Discussion Paper Series A, no. 268, Institute of Eco-nomic Research(研讨论文系列 A,第268号,经济研究会), Hitotsubashi University, Tokyo。

———.1992b.Infant mortality in pre-transition Japan:levels and trends(《日本转型前的婴儿死亡率》). Discussion Paper Series A, no. 273, Institute of Economic Research, Hitotsubashi University, Tokyo.

Salaff, Janet W.1985. The state and fertility motivation in Singapore and China(《新加坡和中国的国家与生育动机》). In Elisabeth Croll, Delia Davin and Penny Kane, eds., *China's one-child family policy*(《中国的独生子女政策》), New York, St. Martin's Press:162—189.

Sandelowski, Margarete. 1991. Compelled to try: the never-enough quality of conceptive technology(《被迫的尝试:永远无法达标的受孕技术》). *Medical Anthropology Quarterly*(《医学人类学季刊》)5,1:29—47.

Scarry, Elaine. 1985. *The body in pain: the making and unmaking of the world*(《痛苦中的身体:世界的塑造和消失》). New York, Oxford University Press.

Scheper-Hughes, Nancy. 1992. *Death without weeping: the violence of everyday life in Brazil*(《没有哭泣的死亡:巴西日常生活的暴力》). Berkeley, University of California Press.

Scheper-Hughes, Nancy, and Margaret M. Lock. 1989. The mindful body: a prolegomenon to future work in medical anthropology(《难忘的身体：医学人类学未来工作之绪言》). *Medical Anthropology Quarterly*(《医学人类学季刊》)3: 6—41.

Schiebinger, Londa. 1987. Skeletons in the closet: the first illustrations of the female skeleton in eighteenth-century anatomy(《壁橱中的骷髅：18世纪解剖学中女性骨架的最初图示》). In Catherine Gallagher and Thomas Laquur, eds., *The making of the modern body*(《现代身体的制作》), Berkeley, University of California Press: 42—82.

Schipper, Kristofer. 1982. *Le corps taoïste*. Paris, Fayard.

Schneider, Jane. 1987. The anthropology of cloth(《织物人类学》). *Annual Review of Anthropology*(《人类学评论年鉴》)16: 409—448.

Schneider, Jane, and Annette B. Weiner. 1989. Introduction(《导论》), In Weiner and Schneider: 1—29.

Sciama, Lidia. 1981. The problem of privacy in Mediterranean anthropology(《地中海人类学中的隐私问题》). In Ardenrer, ed.: 87—111.

Scott, Joan Wallach. 1989. History in crisis? The others' side of the story(《历史学陷入危机？故事的另外一面》). *American Historical Review*(《美国历史评论》)94: 690.

Seaman, Gary, 1981, The sexual politics of karmic retribution(《Karmic 的报偿：性别政治》). In Ahern and Gates: 381—396.

——. 1992. Winds, waters, seeds and souls: folk concepts of physiology and etiology in Chinese geomancy(《风、水、种子和灵魂：中国占卜术中生理和病因的民间观念》). In Charles Leslie and Allan Young, eds., *Paths to Asian medical knowledge*(《通向亚洲医学》), Berkeley, University of California Press: 74—97.

Segal, Lynne. 1994. *Straight sex: the politics of pleasure*(《直接的性：愉悦的政策》). London, Virago Press.

Sen, Amartya(艾玛塔雅·森). 1990. More than 100 million women are missing(《超过100,000,000妇女失踪》). *New York Review of Books*(《纽约书评》), 20 Dec. 1990: 61—66.

Sheng, Angela Yu-yun. 1990. Textile use, technology, and change in rural textile production in song China(960—1279)(《宋代中国(960—1279)纺织品的使用、科技与乡村纺织品生产的变化》). Ph. D. dissertation, University of Pennsylvania(博士论文,宾西法尼亚大学).

——.1995. The disappearance of silk weaves with weft effects in early China(《古代中国纬锦织法的消失》). Chinese Science(《中国科学》) 12:39—74.

Shepherd, John R. 1990. Marriage and mandatory abortion among the seventeenth century Siraya(《17世纪西拉雅人的婚姻和强制堕胎》). Unpublished manuscript, California Institut of Technology, Pasadena.

Shuttleworth, Sally. 1990. Female circulation: medical discourse and popular advertising in the mid-Victorian era(《女性形象的传播:维多利亚时代中期的医学话语和流行广告》). In Mary Jacobus, Evelyn Fox Keller and Sally Shuttleworth, eds., *Body/politice: women and the discourses of science*, London, Routledge: 47—68.

Sigaut, François. 1985. More (and enough) on technology!(《在技术上更多(或足够)!》). *History and Technology*(《科技史》)2, 2:115—132.

——. 1987. Préface(《前言》).In Haudricourt: 9—34.

Silber, Cathy.1994. From daughtr to daughter-in-law in the women's script of southern Hunan(《湖南女书中的经历:从女儿到儿媳》).In Gilmartin et al.: 47—68.

Sillitoe, P.1988. *Made in Niugini: technology in the highlands of Papua New Guinea*(《纽哲尼制造:巴布亚新几内亚高地的科技》).London, British Museum Publications.

Simmons, Jack. 1978. Technology in history(《历史中的科技》). *History of Technology*(《科技史》)3:1—12.

Singer,C., E. J. Holmyard, A. R. Hall and T. I. Williams. eds. 1954—1978.*A history of technology*(《科技史》).Oxford, Clarendon Press.

Siu, Helen.1990. Where were the women? Rethinking marriage resistance and regional culture in South China(《妇女在哪里? 关于中国南方的抗婚和区域文化的再思考》). *Late Imperial China*(《晚期中华帝国》) 11,2:32—62.

Sivin, Nathan.1988.*Traditional medicine in contemporary China*(《当代中国的传统医学》). Ann Arbor, University of Michigan Press.

Skinner, G. Wiliam(施坚雅).1977. *The city in late imperial China*(《中华帝国

后期的城市》). Stanford, Stanford University Press.

——. 1985. The structure of Chinese history(《中国历史的结构》). *Journal of Asian Studies*(《亚洲研究杂志》)44, 2: 217—292.

Smith, Paul J. 1991. *Taxing heaven's storehouse: horses, bureaucrats and the destruction of the Sichuan tea industry*(《马、官吏与四川茶叶业的毁灭》). Cambridge, Mass., Harvard-Yenching Institute Monograph Series(哈佛-燕京学社专论系列).

So, Alvin Y. 1986. *The South China silk district: local historical transformation and world-system theory*(《南中国的丝绸产区：地方史的变化与世界体系理论》). Albany, SUNY Press.

Sontag, Susan. 1989. "*Illness as metaphor*" and "*AIDS and its metaphors*" (《"作为隐喻的疾病"和"艾滋病及其隐喻"》). New York, Doubleday.

Stacey, Judith. 1983. *Patriarchy and socialist revolution in China*(《父权制与中国社会主义革命》). Berkeley, Universityof California Press.

Staudnmaier, John M. 1990. Recent trends in the history of technology(《科技史的最近趋势》). *American Historical Review*(《美国历史评论》)95: 715—725.

Stockard, Janice E. 1989. *Daughters of the Canton Delta: marriage Patterns and economic strategies in South China, 1860—1930*(《珠江三角洲的女儿：中国南方的婚姻模式与经济策略 1860—1930》). Stanford, Stanford University Press.

Stone-Frrier, Linda. 1989. Spun virtue, the lacework of folly, and the world wound upside-down: seventeenth-century Dutch depictions of female handwork(《纺织美德、愚蠢的花边与绕颠倒的世界：17世纪丹麦对于女性手工的描述》). In Weiner and Schneider: 215—242.

Strathern, Marilyn. 1992. *Reproducing the future: anthropology, kinship and the new reproductive technologies*(《再造未来：人类学、家族和新生育科技》). New York, Routledge.

Sung, Lung-sheng. 1981. Property and family division(《财产与分家》). In Ahern and Gates: 361—380.

宋应星, 1966,《天工开物：十七世纪的中国科技》(*T'ien-kung K'ai-wu: Chinese technology in the seventeenth century*). Tr. E-Tu Zen Sun and Shiou-Chuan Sun. University Park, Pennsylvania State University Prss.

Tamanoi, Mariko Asano. 1990. Boby as a vehicle of resistance: women in the silk industry in modern Japan(《作为抵抗媒介的身体:现代日本丝织业中的妇女》). Paper Presented at the 42nd Annual Meeting of the Association of Asian Studies(亚洲研究协会第 42 届年会提交论文), Chicago.

——.1991. Songs as weapons: the culture and history of *komori* (nursemaids) in modern Japan(《作为武器的歌曲:现代日本文化与奶娘的历史》). *Journal of Asian Studies*(《亚洲研究杂志》) 50,4: 793—817.

Tanaka lssei. 1985. The social and historical context of Ming-Ch'ing local drama (《明清地方戏剧的社会与历史语境》).In D. Johnson et al.: 143—160.

Taussig, Michael. 1980. Reification and the consciousness of the patient(《病人的具体化和意识》). *Social Science and Medicine* 14: 3—13.

Telford, Ted A(泰尔福特). 1990. Patching the holes in Chinese genealogies: mortality in the linage population of Tongcheng County, 1300—1880(《修补中国家谱上的漏洞:桐城家族人口的死亡率 1300—1880》). *Late Imperial China*(《晚期中华帝国》) 11, 2: 116—137.

Thilo, Thomas. 1977. *Klassische chinesische Baukunst: Strukturprinzipen und soziale Funktion*. Brlin, Edition Tusch.

Thompson, Stuart E. 1988. Death, food, and fertility(《死亡、食物和生育》). In Watson and Rawski: 71—108.

T'ien, Ju-k'ang(田汝康). 1988. *Male anxiety and female chastity: a comparative study of ethical values in Ming-Ch'ing times*(《男性渴望与女性贞洁:明清时代伦理价值观的比较研究》). Leiden, E. J. Brill.

Tietze, Christopher. 1983. *Induced Abortion: A World Review*(《劝诱堕胎:一种世界评论》), 1983. 5th ed. New York, The Population Council.

童书业,1981,《中国手工业商业发展史》,济南,齐鲁书社。

Topley, Marjorie. 1978. Marriage resistance in rural Kwangtung(《广东乡村的抗婚》). In A. Wolf, ed.: 247—268.

Tsing Yuan. 1979. Urban riots and disturbances(《城市的骚乱与暴动》). In Jonathan D. Spence and John E. Wills, Jr., eds., *From Ming to Ch'ing: conquest, region, and continuity in seventeenth-century China*(《从明代到清代:17 世纪中国的征服、地域与连续性》). New Haven, Yale University Press.

Tsur, Nyok-Ching. [1907] 1983. Forms of businessin the city of Ningpo in China(《中国宁波的商业形式》). Tr. Peter Schran. *Chinese Sociology and Anthropology*(《中国社会学与人类学》) 15,4.

Tweeten, Luther, Cynthia L. Dishon, Wen S. Chern, Naraomi Imamura and Masaru Morishima, eds. 1993. *Japanese and America agriculture: tradition and progress in conflict*(《日本人与美国农业：冲突中的传统与发展》). Boulder, Colo., Westview Press.

Twitchett, Denis. 1959. The Fan clan's charitable estate(《范氏家族的慈善产业》). In David Nivison and Arthur Wright, eds., *Confucianism in action*(《行动中的儒家》), Stanford, Stanford University Press.

Übelhör, Monika. 1989. The community compact of the sung(《宋代的社会契约》). In William Theodore de Bary and John Chaffee, eds., *Neo-Confucian education: the formative stage*(《新儒学的教育：成形期》), Berkeley, University of California Press: 371—388.

Unschuld, Paul. 1979. *Medical ethics in imperial China: a studying historical anthropology*(《中华帝国的医学道德规范：一种历史人类学的研究》). Berkeley, University of California Press.

——. 1985. *Medicine in China: a history of ideas*(《中国的医学：观念的历史》). Berkeley, University of California Press.

——. 1986. *Medicine in China: Nan-Ching, the classic of difficult issues*(《中国的医学：难经，困难问题之经典》). Berkeley, universityof California Press.

——. 1991. *Forgotten traditions of Chinese medicine*(《中国医学的遗忘传统》). Dordrecht, Kluwer.

Van der leeuw, Sander. 1993. Giving the potter a choice: conceptual aspects of pottery techniques(《给陶工一个选择：制陶技术的观念方面》). In Lmonnier, ed.: 218—288.

Van Gulik(范·古里克), R. H. 1961. *Sexual life in ancient China: a preliminary survey of Chinese sex and society from ca, 1500 BC till 1644 AD*(《古代中国的性生活：关于中国性和社会的初步考察，从公元前1500至1644年》). Leiden, E. J. Brill.

Veith, Ilsa, Tr. 1987. *The Yellow Emperor's classic of internal medicine*(《黄帝经典中的体内医学》). Berkeley, University of California press.

Wagner, Donald B. 1995. The traditional Chinese iron industry and its modern fate(《传统中国制铁业及其现代命运》). *Chinese Science*(《中国科学》) 12:136—159.

Wakefield, David. N.d. Draft Ph.D. dissertation on family divisions(关于分家的博士论文草稿). Deprtment of History, University of California, Los Angeles(加州大学洛杉矶分校历史系).

Wallerstein, Immanuel(沃伦斯坦). Forthcoming. The West, capitalism, and the modern world system(《西方、资本主义和现代世界体系》). In Blue et al.

Waltner, Ann. 1990. *Getting an heir: adoption and the construction of kinship in late imperial China*(《中华帝国后期的堕胎和血缘关系的建构》). Honolul, University of Hawaii Press.

Wang Feng, James lee and Cameron Campbell. Forthcoming. Marital fertility control among the Qing nobility: implications for two types of preventive check(《清代贵族婚姻中的生育控制:两种预防性检查的暗示》). In Lee and Saito.

王世襄, 1991,《中国古典家具——明代与清代前期》(*Classic Chinese furniture——Ming and early Qing dynasties*)。Tr. Sarah Handler and Wang Shixiang. Hong Kong/Chicago, Joint Publishing/Art Media Resources Ltd. Tr. From *Ming shi jiaju zhen shang*(《明式家具真赏》), Beijing/HongKong, Cultural Relics Prsee/Joint Publishing, 1988.

Watson, James L. 1982. Of flesh and bones: the management of death pollution in Cantonese society(《肉与骨:广东社会的死亡污秽处理》). In Maurice Bloch and Jonathan Parry, eds., *Death and the regeneration of life*(《生命中的死亡与再生》), Cambridge, Cambridge University Press.

——. 1985. Standardizing the gods: the promotion of T'ien Hou ("Empress of Heaven") along the South China coast, 960—1960(《神祇的标准化:中国南部沿海地区天后信仰的发展 960—1960》). In D. Johnson et al.: 292—324.

——. 1988. The structure of Chinese funerary rites: elementary forms, ritual sequence, and the primacy of performance(《中国葬礼的结构:基本形式、典礼程序与实行的优先性》). In Watson and Rawski: 3—19.

Watson, James L., and Evelyn S. Rawski, eds. 1988. *Death ritual in late imperial and modern China*(《中华帝国晚期与现代中国的丧礼》). Berkeley, University of California Press.

Watson, Rubie S. 1985. *Inequality among brothers: class and kinship in south China*(《兄弟之间的不平等：中国南方的等级与亲属关系》). Cambridge, Cambridge university Press.

——. 1986. The named and the nameless: gender and person in Chinese society(《有名的与无名的：中国社会中的性别与人》). *American Ethnologist*(《美国人种学家》) 13,4: 619—631.

——. 1988. Remembering the dead: graves and politics in southeastern China(《记住死者：中国东南部的坟墓与政治》). In Watson and Rawski: 203—226.

——. 1991. Wives, concubines, and maids: servitude and kinship in the Hongkong regions, 1900—1940(《妻子、妾与侍女：香港地区的奴役与亲属关系 1900—1940》). In Watson and Ebrey: 231—255.

Watson, Rubie S., and Patricia B. Ebrey, eds. 1991. *Marriage and inequality in Chinese society*(《中国社会的婚姻与不平等》). Berkeley, University of California Press.

Weiner, Annette B. 1992. *Inalienable possessions: the paradox of keeping-while-giving*(《不可剥夺的财产：保有与给予的矛盾》). Berkeley, University of California Press.

Weiner, Annette B., and Jane Schneider, eds. 1989. *Cloth and human experience*(《织物与人类的经验》). Washington, D.C., Smithsonian Institution Press.

潍县博物馆, 1984,《山东潍县狮子巷(Shizihang—音译)遗址发掘简报》,《考古》8: 678—79。

Wheatley, Paul. 1971. *The pivot of the four quarters: a preliminary inquiry into the origins and character of the ancient Chinese city*(《四区的枢轴：对于古代中国城市起源与特性的初步探讨》). Chicago, Aldine.

Widmer, Ellen(魏爱莲). 1989. The epistolary world of female talent in seventeenth-century China(《17 世纪中国才女的书信世界》). *Late Imperial China*(《晚期中华帝国》) 10,2: 1—43.

Will, Pierre-Etienne.1991. Of silk and potatoes: efforts at improving agriculture in eighteenth-century China(《蚕丝与马铃薯：18 世纪中国改善农业的努力》). Paper given at cornell University, East Asia Pro-gram, Ithaca.

——.1994. Développement quantitative et développement qualitative en chine à la fin de l'époque impériale. *Annales Histoire*, *Sciences Sociales* 49.4（July-Aug）: 863—902.

Wilson, Verity. 1986. *Chinese dress*（《中国服装》）. London, Victoria and Albert Museum.

Wolf, Arthur. 1974. Gods, ghosts and ancestors（《神、鬼与祖先》）. In Arthur wolf, ed., *Religion and ritual in Chinese society*（《中国社会的宗教与礼》）, Stanford, Stanford University Press: 131—182.

——, ed. 1978. *Studies in Chinese society*（《中国社会研究》）. Stanford, Stanford University Press.

Wolf, Arthur P., and C.S. Huang, 1980. *Marriage and adoption in China*, *1845—1945*（《中国的婚姻与堕胎, 1845—1945》）. Stanford, Stanford University press.

Wolf, Margery. 1968. *The house of Lim*（《利姆的房屋》）. New York, Appleton-Century-Crofts.

——.1972. *Women and the family in rural Taiwan*（《台湾乡村的妇女与家庭》）. Stanford, Stanford University Press.

——.1985. *Revolution postponed: women in contemporary China*（《推迟的革命：当代中国的妇女》）, Stanford, Stanford University Press.

Wolf, Margery, and Roxane Witke, eds. 1975. *Women in Chinese society*（《中国社会中的妇女》）. Stanford, Stanford University Press.

Wong, R. Bin. Forthcoming. The political economy of agrarian empire and its modern legacy（《农耕帝国的政治经济及其现代遗产》）. In Blue et al.

Worsley, Peter. 1982. Non-Western medical systems（《非西方的医学体系》）. *Annual Review of Anthropology*（《人类学评论年鉴》）11: 315—348.

Wright, Susan. 1981. Place and face: of women in Doshman Ziari, Iran（《地位与脸面：伊朗岛诗曼兹阿瑞的妇女》）. In Ard ener, ed.: 135—155.

Wu, Pei-Yi. 1992. An ambivalent pilgrim to T'ai-shan in the seventeenth century（《十七世纪矛盾百出的泰山进香》）. In Naquin and Yü: 65—88.

许文（Xu Wen—音译）主编,1991,《中国古家具图案》,台北,南天书局。

徐仲杰,1985,《南京云锦史》,江苏科学技术出版社。

薛清录主编,1991,《全国中医图书联合目录》,北京,中医古籍出版社。

Yamaji, Susumu, and Shoichi Ito. 1993. The political economy of rice in Japan (《日本稻米的政治经济》). In Tweeten et al .: 349—365.

Yanagisako, Sylvia J. 1979. Family and household: the analysis of domestic groups(《家庭与家族：家内群体的分析》). *Annual Review of Anthropology* (《人类学评论年鉴》)8: 161—205.

阴登国(Yin Dengguo—音译),1984,《归隐》,台北,西泰(Xitai—音译)出版社。

张仲一,1957,《徽州明代住宅》,北京,中国建筑出版社。

《中草药学》,1987,上海,上海传统医学协会编印。

朱新予主编,1992,《中国丝绸史》,北京,中国纺织出版社。

Zito, Angela, and Tani E. Barlow, eds. 1994. *Body, subject and power in China*(《中国的身体、国民和权力》). Chicago, University of Chicago Press.

索 引

abortion 堕胎, 290, 293, 295n, 355; Buddhist opposition to 佛教的反对, 325, 341; induced by medical means 以医学手段导致, 321—326; orthodox acceptance of 正统接受, 321—326; self-induced 自身导致, 324; spontaneous 自发的, 331—332. 又见 drugs 药物; menstrual regulation 调经

adoption 收养, 98n, 106, 343—346, 349; distinct from fostering 区别于寄养, 346; serving interests of women 有利于妇女, 356—357. 又见 "nature" 天生

agriculture 农业: agricultural treatises 农业论著, 25, 44, 185n, 213; diversification of rural economy 农村经济的多样性, 34, 37n, 213—214, 221, 247; male work 男性工作, 5, 245; patterns of technological development 科技发展的形态, 25, 26; northern dryland farming 北方旱地农业, 33—34; southern wet-rice farming 南方水稻农业, 34—36; state policies 国家政策, 25—37; symbolic value of 象征符号价值, 24, 31—32; women's participation in 妇女的参与, 5, 132, 218—219 (图 16). 又见 individual authors and titles 单个作者与标题; rice 稻米

Ahern, Emily, 115n, 121n. 又见 Martin, Emily

Ancestors 祖宗: ancestral altar 祖先祭坛, 75, 96—105, 127; ancestral hall or temple (citang) 祠堂, 74, 97 (图 5); informed of events 告事, 102, 114; offerings to 供奉, 102, 104—105 (图 6), 106—107; presentation of bride to 引见新娘, 116, 351

Ardener, Shirley, 53

Ban Zhao 班昭, 140, 184

Body 身体: Chinese religious and popular understandings of 中国宗教和大众的理解, 286n 300; demographic epistemologies of 人口

学的认识, 297; eighteenth-century German constructions of 18世纪德国的建构, 298; phenomenological 现象学的, 297n, 299—302; "politic" 策略性的, 299—301

Borotova, Lucie, 349

bound feet 缠足, 90n 271, 359, 366n; enhancing fertility 提高生育力, 366n

Bourdieu, Pierre 皮埃尔·布迪厄, 2, 38, 57, 300

Braudel, Fernand 费尔南多·布罗代尔, 13—14

Breast-feeding 母乳喂养, 345, 346 (图23), 347。又见 maternal roles 母亲的角色; wet nurses 乳母

Brides 新娘: delayed marriage 推迟结婚, 260n, 269n, 339n, 342; ill-treatment of 虐待 117, 147; incorporation into lineage 融入家族世系, 91, 116; presentation to ancestors 引见给祖先, 116, 351。又见 dowries 嫁妆; marriage 婚姻

Bu nongshu [supplemented treatise on argriculture]《补农书》, 见 Shen, Master 沈氏; Zhang lvxiang 张履祥

Buddhism 佛教: chastity and 贞节与佛教, 342—343; 358n; 新儒家反佛运动 neo-Confucian campaigns against, 100, 103n 135n, 157; "precious volumes" "宝卷", 342—343; spiritual perils of sex and procreation 性与生殖的精神风险, 341—343; stigmatization of women as inferior 以妇女为劣等性别的论述, 129, 133; women as adherents of 作为信徒的妇女, 105, 133—136, 342—343。又见 pollution 污秽

Can shu [book of sericulture]《蚕书》, 211, 240, 251

Carlitz, Katherine, 308n, 364n

Carpenters 木匠, 159—165。又见 Lu Ban jing《鲁班经》

Carpenter's canon《木匠经》, 见 Lu Ban jing《鲁班经》

Cartier, Michel, 43—44, 184, 185

Casual Expressions《闲情偶记》, 见 Li Yu 李渔

ceramic styles and worldview 陶器风格与世界观, 18—21

Chao, Yuan-ling 赵远玲, 309n, 310, 311n, 312n, 328n

Chard, Robert, 107—114

Chartier, Roger, 40

Chen Fu 陈敷（1149年的《农书》的作者）, 185n 202n, 231

Chen Hongmou 陈宏谋, 228—229, 243, 268

Chen Ziming 陈自明（《妇人大全良方》的作者）, 312n, 319, 320n,

321n，340n，347n

Cheng Maoxian 程茂先，305，323，329

Cheng Maoxian yi'an［medical cases of Cheng Maoxian］《程茂先医案》，见 Cheng Maoxian childbirth 程茂先关于分娩的论述，119，121，306，307（图21）；as severing link to natal family 作为切断与娘家的联系，339。又见 abortion 堕胎；brides 新娘；fuke 妇科；pollution 污染

Childlessness 无子女，98n，106，283，352。又见 fertility control 生育控制

Children 孩子：as links in lineage 作为血脉的联结，337；as status symbols 作为地位的象征，280，336，337；value of 价值，336—343。又见 adoption 收养；infanticide 杀婴；maternal roles 母亲的角色

Civility 文明，civilizing process 文明的进程，39—40，369—380。又见 wen 文

Cleanliness 清洁：latrines 厕所，74n，80，110—111（图7）；sweeping 清扫，79—80；washing and bathing 洗浴，74n，110—111（图7）

Clifford，James，11

Cloth 织物，见 textiles 纺织品

Concubinage 纳妾，125，129n，136，351—358，365—366；children of concubines 妾的孩子，353—354；concubines as weavers 作为织工的妾，197，202；exclusion of concubines from status of wife 排除于妻子地位之外的妾，103，282，353，361—363；non-incorporation of concubines 不合作的妾，352—353，361；required of men without heirs 无嗣男子所必需的，283；wives acquiring concubines for husbands 妻子为丈夫纳妾，343，357—358。又见 maternal roles 母亲的角色

Consumption 消费：by women 妇女的消费，336，335，363；connoisseurship 鉴赏家，64，136，138。又见 concubinage 纳妾；encyclopedias 类书，household 家庭；furniture 家具；studies 书房

Cooking 烹饪，4，107，109

Cotton 棉：as a competitor of silk 作为丝的竞争者，213，222，226；distribution of 分布，212—213；introduction to China 引进中国，212—213；merchants 商人，216—225；processing technology 加工技术，215—217；regional divisions of labor 地区劳动分工，214，216—225；tax policies 纳税政策，213。又见 spinning 纺；textiles 纺织品；

weaving 织

Daoist longevity techniques 道家长寿的技法, 286
de Certeau, Michel, 25
death rituals 丧礼, 115, 189, 264—265
Dennerline, Jerry, 357n
"domesticity" "家庭生活" 53, 172, 180, 260, 268, 370; separation of male and female spheres of 男女活动领域的隔离, 53—55, 128。又见 gender 性别; house 房屋; seclusion of women 女性隔离; spatial boundaries 空间界限
dowries 嫁妆: as burden on families 作为家庭的负担, 254; as female property 作为女性财产, 118, 139, 188, 265; bed as part of 作为其中一部分的床, 118; Confucian efforts to control 儒家试图控制嫁妆的努力, 139, 171; shift from bride-wealth among elite 精英妇女中新娘财产的变动, 254; weaving to produce 织出嫁妆, 188, 254。又见 embroidery 刺绣, infanticide 杀婴
drugs 药物: abortifacients 堕胎药, 293, 322, 324, 325, 332—333, 335n; emmenagogues (tongjingyao) 通经药, 323, 325, 329, 332—333; "heroic medicine" 猛药, 331; home preparation of 家中必备的, 308n; panacea (siwutang) 四物汤, 321n, 329n; pharmacies 药店, 308n; popular prescriptions 流行处方, 308n, 320—321n; "pregnancy tests" 怀孕测试, 320—321
Duden, Barbara, 279, 297, 298—299

Eating 用餐: absence of special dining rooms 没有专用餐厅, 75; entertaining 招待客人, 75; gender segregation at table 餐桌上的性别隔离, 131。又见 furniture 家具
Ebrey, Patricia, 伊沛霞 61n, 129n, 178n, 291, 342n, 347, 350n, 352n, 355, 358—359n, 363, 365
education or enculturation (jiao) 教, 31n, 42—43, 151, 244—247, 345—346, 371—372; education of children by mothers 母亲对孩子的教育, 347—348; education of women 女性教育, 140, 347。又见 habit 惯习 physical 身体的; literacy 有读写能力; morality 道德, material and physical expression of 物质和身体上的表现; ritual 礼; work 工作
Elias, Norbert 诺伯特·埃利亚斯, 14, 38—40, 369, 380
Elvin, Mark, 10, 26, 177n, 190

Embroidery 刺绣, 132, 146, 259n, 265—269

Encyclopedias 类书, household 家庭, 104, 131, 138, 149, 156, 158, 161, 189, 311

Engels, Friedrich 弗里德利希·恩格斯, 5, 180, 237, 260

ritual Family《家礼》,见 Zhuzi jiali《朱子家礼》

Fang Lve 方略（《尚友堂医案》的作者）, 305

Female pastimes 女性娱乐: excursions 出游, opera 看戏, pilgrimages and travel 进香和旅行, 143—145; poetry and writing 诗歌与写作, 143, 148; visits 拜访, 131。又见 Buddhism 佛教; embroidery 刺绣; literacy 读写能力

fertility control 生育控制: causes and treatment of infertility 不孕的原因和治疗, 286—287, 326—334; contraception 避孕, 292—296; fertility enhancement 提高生育力, 286, 291n, 306; "proximate determinants"最直接的决定性因素, 277—278; sterilization 绝育, 341。又见 abortion 堕胎; infanticide 杀婴; menstrual regulation 调经

fertility cults 生育拜祭, 287, 298n。又见 Guanyin 观音

fertility decisions as family matters 作为家庭事务的生育决策, 336—340

fertility rates 生育率, 291, 315, 338n

fetus 胎儿: development of 成长, 319; moral and legal rights of 道德和法律权益, 322, 324, 325, 335; tranquilizing 安胎, 321, 322

filial piety 孝行, 95n, 122, 190, 243, 359（图 24）, 308

Finley, M. I., 12

Fiscal policies 财政政策, 26m 29, 186。又见 tax 赋税

Five Phases 五行, 77n, 302—303, 309

Five Relationships 五伦, 59, 95

Foucault, Michel 米歇尔·福柯, 2, 38, 297n, 301n

fuke (women's medicine) 妇科, 281, 285—286, 304, 315, 317—334, 345n。又见 drugs 药物; maternal roles 母亲的角色; menstrual regulation 调经; reproductive medicine 生育医学

Fuke xinfa yaojue [essential esoterics of the new gynecology]《妇科心法要诀》,见 Wu Qian 吴谦

Furen daquan liangfang [good prescriptions from the compendia of gynecology]《妇人大全良方》,见

Chen Ziming 陈自明

Furniture 家具，67，71n，80—83，103；beds 床，118—122；chairs 椅子，81，89；chests 箱柜，120—121（图 8）；gender differences expressed through use of 通过使用所表达的性别差异，67，81，136；geomantic calculations of dimensions 风水术意义上的尺寸计算，119；giving birth in 生产，119；kang 炕，81，108；mats 席，90n，118；tables 桌子，75

Furth, Charlotte 费侠莉，121n，283，286n，305，312n，322n，328n，334，340n，350n

gardens and plants 花园和植物，69（图 3），84—86，137（图 10）

Gates, Hill，30—31n，177n，247，255—256，366

Gender 性别：expression of class difference 阶层差别的表达，5—6，45，263，373，374，377；female-male complementarity 女性与男性的互补，6，95，102，128，167，231，358，362—363，375。又见 masculinities 男子气；maternal roles 母亲的角色；wifely roles 妻子的角色；women 妇女

Gengzhi tu〔agriculture and sericulture illustrated〕《耕织图》，200n，201（图 14），241n，251，252（图 19），346（图 23）

geomancy 风水，56，60，78，98，115，124，161，162，165—166

Goody, Esther，221，222

Goody, Jack，15，185

Guanyin 观音，112n，133，144，287n

Gujin yitong daquan〔complete ancient and modern medical compendium〕《古今医统大全》，见 Xu Chunfu 徐春甫

gynecology 妇科医学，见 fuke 妇科

gynotechnics 妇女科技，4，15，176，277，369，370，372—373，379—380。又见 technology 科技

habit, physical 习惯，身体的，37—38。又见 education or enculturation 教育或同化；morality 道德；material and physical expression of 物质和身体的表达；ritual 礼

habitus 惯习，2，38—40，57

handicrafts 手工艺品，221，225，242，244，256—257

Harreli, Stevan，280n，337，356n

Hemp，189，192，197

Herlihy, David，253

Hirschon, Renee，54

history of technology 科技史，2，7；"blocked systems" "闭锁系统" 10，26；capitalist values as defining 作为定义的资本主义价值，9，14；

critical (and feminist) 批判的(与女性主义), 8, 11, 12, 16; Eurocentric "master narratives" 欧洲中心主义的"主流叙事" 7, 10, 11; neglect of women and gender 对妇女与性别的忽视, 7, 177; symbolic 象征的, 17—37

honors 荣誉, 93, 377

house 房屋: aesthetics 审美的, 65, 76—83; as civilizing device 作为文明化的设备, 38—40, 51—52, 60, 83, 168; as political microcosm 作为政治的微观世界, 52, 95, 243, 261, 363, 371; as text 作为文本, 57, 61, 67, 151—166, 168; bedroom 卧室, 120—121(图8), 132—133; construction 结构, 159—166; convergence of 融会, 88—90; courtyards 庭院, 71—72, 110—111(图7), 127; design 样式 ("imaginary architectures" 想象的建筑), 56, 59, 70—76, 78—79, 98—99, 161, 162—163(图11); "dew platform" (lutai) 露台, 105, 133—135(图9); inner quarters 闺中内室, 68—69(图3), 129—131; kitchens 厨房, 107, 110—111(图7); magic 巫术, 164, 165; preference for wood and earth 偏爱木和土, 76—78, 89; spatial hierarchies 空间上的层级, 53, 72(图4), 91n, 123—127; walls and gates 墙和门, 68—69(图3), 71, 72(fig. 4), 91—93. 又见 carpenters 木匠; cleanliness 清洁; eating 用餐; furniture 家具; gardens and plants 花园和植物; geomancy 风水

households 家庭(户): as fiscal units 作为财政税收单位, 93; as joint enterprises 作为共同的企业, 94; as patrilineal segments 作为父系社会的组成部分, 93; division of 分界, 109, 125—127; heterogeneous interests within 其中不同的利益, 179, 337—341。又见 patrimonial property 祖产

Hsiung Ping-chen 熊秉真, 275, 287n, 293n, 296, 325n, 338n, 348n, 354, 368n

Huang, Mistress 黄道婆, 215—216, 240

Huang, Philip 黄宗智, 26n, 179n, 221, 256—257

Huangdi neijing [yellow Emperor's classic of internal medicine]《黄帝内经》, 302, 306, 318, 326, 329

infanticide 杀婴: as the only foolproof form of birth control 作为唯一安全可靠的节育形式, 294; child abandonment and 弃婴, 275; female 杀女婴, 259n, 276n, 288, 290; in Japan 日本的杀婴现象, 289n; male 杀男婴, 288; of unlucky children 不幸的孩子, 275, 339—340

Keightley, David, 18—20
Kinney, Anne Behnke, 275, 337, 339—340
Knapp, Ronald, 70
Ko, Dorothy 高彦颐, 46, 54, 141, 145, 148, 180, 256, 267, 338n, 348n, 352, 356, 366
Kou Zongshi 寇宗奭, 312
Kuhn, Dieter, 179n, 207, 210, 232

lactation 哺乳期, 见 breast-feeding 母乳
Lavely, William, 278, 295
Lee, James, 278, 280n, 291, 296
Lemonnier, Pierre, 12
Leung, Angela Ki-che 梁其姿, 144n, 288n, 347n, 365n
Li Bozhong 李伯重, 34n, 296
Li Shizhen 李时珍(《本草纲目》的作者), 287n
Li Yu 李渔, 63—65, 352, 356n; ingenious inventions by 其天才发明, 63, 77n; 关于 on "borrowed views" "借景" 86—88; on cleanliness 关于清洁, 79—80; on embroidery 关于刺绣, 268; on house design 关于房屋设计, 79, 160; on seclusion of women 关于妇女隔离 142—143

Lin Zhihan 林之翰(《四诊诀微》的作者), 305, 313n, 320n
Lineages 家族世系: extension from aristocracy to commoners 从贵族扩大到平民, 153—155, 283; incorporation of brides into 新娘的融入, 91, 116; lineage halls 祠堂, 98; property 财产, 101; records as a demographic source 作为人口统计资料来源的记录, 94n, 279, 288, 290
Linzheng zhinan yi'an [medical records as a guide to diagnosis]《临症指南医案》, 见 Ye Tianshi 叶天士
literacy 读写能力: female 女性, 135, 140—141, 149, 359, 375; male 男性, 158—159; "women's script" "女书" 148, 269。又见 Buddhism 佛教; studies 书房; wen 文
Liu Dunzhen 刘敦桢, 70
Liu, Ts'ui-jung, 刘子君 94n
Lock, Margaret, 299—300
Looms 织机, 191—192, 196 (图 13), 200—202, 201(图 14), 203, 207, 229n
Lu Ban jing [carpenter's canon]《鲁班经》, 62—63; on ancestral shrine 关于家庙, 107, 164; on beds 关于床, 118—119; on magic and house design 关于巫术与房屋样式,

124，161—166（图 11），340n；on Stove God 关于灶神，107，164
Lv Kun 吕坤，140，157，228，268

Mahias, Marie-Claude, 41
Maids 侍女，353，365
Male anxieties projected onto female virtue 男性对女性美德的诉求，308n，364n
Mann, Susan 曼素恩，128，229n，238，244—247，256，259n，268，338n，363n，364n
Marriage 婚姻：ceremony 仪式，116—118；as severing of connection with natal family 切断与娘家的联系，339；companionate 友爱，338。又见 brides 新娘
Martin, Emily, 264—265，298n
Marx, Karl 卡尔·马克思，11，38，39，261，369
Masculinities 男子气，4，184—185，266，362—363，364。又见 wen 文
Maternal roles 母亲的角色，6；biological motherhood 生物意义上的母亲，318—334，335，348—349，364—365；class pairing of social and biological roles 社会与生物意义上的母亲角色的等级，281，349—358，364—365；duality of 双重母亲角色，326—327，334，351—358；education of children 孩子的教育，347—350，360；"formal mother"（dimu）嫡母，275，351，353—354；growing emphasis on 日益强调，248，263—264，353—354，358—368。又见 breast-feeding 母乳；childbirth 分娩；children 孩子；fertility control 生育控制；fuke 妇科；menstrual regulation 调经；reproductive medicine 生育医学；wifely roles 妻子的角色
Mauss, Marcel, 13
Medical theory 医学理论：and sexual difference 与性别差异，317—318；body as constructed by Chinese medicine 作为中医建构的身体，298；circulation and blockage 循环与阻塞，325，328，329—331；cosmological principles shared with philosophy 与哲学共享的宇宙论原则，308；disorders (bing) as process 作为病的过程，313，329—331；emotions as pathogenic factors 作为发病因素的情感，312，345，350，365；emotions rooted in organic process 根植于器官作用的情感，303，348，364；knowledge shared by public 为公众共享的知识，311；non-esoteric language 并不深奥的语言，311，330—331；physiology 生理学（organs 器官，circulation 循环），

302；yin yang theory 阴阳理论，312n，317—318，329—331，344。又见 body 身体；Five Phases 五行；fuke 妇科；reproductive medicine 生育医学

Medicine 医学：as expression of filial piety 作为孝行的表达，123，308；case histories 医案，312—316；diagnostic methods 诊断方法，303，309，313—314；Ming and Qing expansion 明清的发展，286；problems diagnosing female patients 为女性病人诊断的问题，312；pulse diagnosing female patients 为女性病人诊脉，312；pulse diagnosis 诊脉，312；schools of 医学派别，303；Song and Yuan specialization 宋元医学的专门化，285，303；therapeutic methods 治疗方法，303—304，309。又见 body 身体；fuke 妇科；physicians 医师；reproductive medicine 生育医学

menstrual regulation (*tiaojing*) 调经，325，326—334；dangers of amenorrhea 闭经的危害，328—334；dual maternal image implicit in 隐含的双重母亲形象，326—327，334。又见 medical theory 医学理论

接生婆（产婆）midwives, 304

Miscellaneous etiquette《书仪》，见 *Zhuzi jiali*《朱子家礼》

Moore, Henrietta, 57n, 269

Morality 道德，material and physical expression of 物质与身体的表达，16，20，40—42，145，151—158，168，189—190，242—247，364—365。又见 education or enculturation 教育或同化；habit 习惯，physical 身体的；ritual 礼；work 工作

motherhood 母亲身份，见 maternal roles 母亲的角色

Mumford, Lewis, 4, 369

Musallam, Basim, 292—296

"nature" "天生" 54；与 "nurture" "后天" 280，343—351。又见 adoption 收养

Needham, Joseph 李约瑟，8—10，45，70

Neo-Confucianism 新儒家，42，59，370；different strands of 不同流派，100，135n，166—168，373—374；integrative social philosophy 一体化的社会哲学，96—105，151—158；seclusion of women as key element 作为关键要素的妇女隔离，55。又见 education or enculturation 教育或同化；morality 道德，material and physical expression of 物质与身体的表达；patriarchy 父权制；wen 文

Nong shu [agriculture treatise]《农书》：of 1149 1149 年的，见 Chen

Fu 陈敷; of 1313 1313 年的, 见 Wang Zhen 王祯

Nongsang jiyao [fundamentals of agriculture and sericulture]《农桑辑要》,213

Nongzheng quanshu [complete treatise of agricultural administration]《农政全书》,见 Xu Guangqi 徐光启

Nvke qieyao《女科切要》,见 Wu Daoyuan 吴道源

Ouyag Xiu 欧阳修, 152

Overmyer, Daniel 欧大年, 342

patriarchy 父权制: patriarchal control of household 家长对家庭的控制, 94, 337, 375—376; variants of 其各种形式, 6, 55, 117, 122, 140—143, 237—239, 373—376

patrimonial property 祖产, 94, 126, 139, 254。又见 dowries 嫁妆; house 房屋; households 家庭; privacy 私密

Peony pavilion 牡丹亭, 268, 356

Physicians 医师: alternatives to 选择, 304, 307, 310; case histories as claim to authority 作为对权威诉求的医案, 312—316; competition between 之间的竞争, 310—311; increasing numbers of 数量的增长, 304, 309—311; orthodoxy of 正统医师, 305, 309—311; publications by 所著出版物, 305—306, 311; relations with patients 与病人的关系, 305, 311—316; status of 地位, 306, 309, 315n

pollution 污染、污秽: associated with female reproductive functions 与女性生育功能相关, 119, 121, 341—343; "fetal poisoning" "胎儿中毒", 340n。又见 Buddhism 佛教

polygyny 一夫多妻, 136, 263, 351—358; serving female interests 有利于妇女, 355, 356—358

Potter, Sulamith, 336

Pregnancy 怀孕(妊娠): diagnosis of 诊断, 287n, 319—321; "ghost" pregnancies 假孕, 320; management of 处理, 306, 322—324; registration of 登记, 290n; safe age for 受孕的适宜年龄, 318—319, 338; testing 测试, 320—321。又见 midwives 接生婆; physicians 医师

privacy 私密: characteristic of European domestic space 欧洲家庭空间的特征, 52; female rights to private space and private property 女性对于私人空间与私人财产的权利, 120—121(图8), 125, 132, 139, 378; restriction of male access to female space 对男性进入女性空间的限制, 54, 130

Qing customs《清俗》，见 Shinzoku kibun《清俗纪闻》

ramie 苎麻, 192, 197, 231
reproductive cultures 生育文化, 278, 295—296; "daughter preference"女儿优先, 287n; "son preference"儿子优先, 283, 287n。又见 fertility control 生育控制; fuke 妇科; maternal roles 母亲的角色; wifely roles 妻子的角色
reproductive medicine 生育医学, 285; class differences in 等级差别, 348, 349, 364—365; theories of fertility 生育理论, 286, 318—319, 326—334, 340n; theories of heredity 遗传理论, 344—345。又见 *fuke* 妇科; medical theory 医学理论; menstrual regulation 调经; wen 文
reproductive technologies 生育技术, 277, 280—367
resistance 反抗, 46, 171, 377—378
rice 稻米: as food 作为食物, symbolic meanings of 其象征意义, 23—25; farming, in China 中国的农耕, 34—36; farming, in Japan 日本的农耕, 23—25
ritual (li) 礼, 52, 55, 98—105, 152—155; reform 改革, 156—157。又见 education or enculturation 教育或同化; morality 道德, material and physical expression of 物质与身体的表达; *Zhuzi jiali*《朱子家礼》
Ruitenbeek, Klaas, 56, 63

Scheper—Hughes, Nancy, 299—300
Sciama, Lidia, 53
Seaman, Gary, 121n, 342n
Seclusion of women 女性隔离, 4, 42, 53—55, 68—69(图3), 128—150, 169—172, 362; as freedom and dignity 作为自由与尊严, 145; as moral and sexual control 作为道德和性的控制, 140, 146, 167。又见 "domesticity""家居生活"; house 房屋; patriarchy 父权制; spatial boundaries 空间界限
sericulture 桑蚕业, 197, 199—200, 202, 248—252; attempts to revive 力图复兴, 228—229, 245; domestic rituals 家内礼仪, 251; imperial ceremonies 国家大礼, 31, 250—251; improvements in 改进, 210; market for cocoons and floss 蚕茧和丝线市场, 203—205, 211, 226; regional specialization in 地区性的专业化, 204, 226, 229—232; seasonality 季节性, 185。又见 silk 丝
servants 仆人, 125, 353, 365
Shangyou tang yi'an[medical case

histories from the Hall of Honored Friendship]《尚友堂医案》,见Fang Lve 方略

Shen, Master 沈氏, 229—231。又见 Zhang lvxiang 张履祥

Shen Yixiu 沈宜修, 338, 357n, 363

Shinzoku kibun (Qing customs)《清俗纪闻》《清俗》), 65—67; on ancestral shrine 关于家庙, 103, 104—105(图6), 106—107; on bathhouses 关于浴室, 74n, 110—111(图7); on beggars 关于乞丐, 93; on Buddhist altars 关于佛教祭坛, 103; on embroidery 关于刺绣, 132—133, 146; on entertainment 关于娱乐, 75n, 81, 103; on furnishings and household goods 关于家具陈设与家居用品, 108, 132, 133; on gender segregation 关于性别隔离, 130, 131; on intimacy between male and female relatives 关于男性与女性亲戚间的亲密关系, 133, 146; on kitchens 关于厨房, 110—111(图7); on maids' quarters 关于侍女的住处, 125; on studies 关于书房, 137(图10), 138; on walls and gates 关于墙与门, 92; on wedding ceremonies 关于婚礼, 119, 284—285(图20); on wet nurses 乳母, 347n; on women's education and literacy 关于女性的教育和读写能力, 134—135(图9), 146, 375; on women's quarters 关于妇女的住处, 103—105, 120—121(图8), 130, 133, 134—135(图9)

Shouyi guangxun[expanded instructions on procuring clothing]《授衣广训》, 212, 216, 218—219(图16), 220(图17)

silk 丝: reeling 缫丝, 197, 200, 210—211, 227(图18), 232; regional divisions of labor 地区性劳动分工, 207, 226; weaving 织, 197, 199—205。又见 sericulture 桑蚕业; spinning 纺; textiles 纺织品; weaving 织

Sima Guang 司马光, 62, 94, 116, 122, 129, 153, 308n, 357n。又见 Zhuzi jiali《朱子家礼》

Sizhen juewei[selected subtleties of the four methods of diagnosis]《四诊诀微》, 见 Lin Zhihan 林之翰

Skill(qiao)巧, 44, 47, 133, 160

Smith, Paul J., 29n, 186

Song Yingxing 宋应星(《天工开物》的作者), 191, 196, 203n, 213n, 214, 233n, 241, 248

Spatial boundaries 空间界限: fluidity of 流动性 53—55, 96; passages across 穿越的通道, 54, 132, 143, 147, 172, 187, 260—269, 358。又见"domesticity""家庭生活"; gender 性别; house 房屋; seclusion of women 女性隔离

spinning 纺，197，215

Staudenmaier John，7，11

Stove God 灶神，107—114，157n

Strathern, Marilyn，17，280n

studies（*shufang*）书房，74，84n，123，136—139（图10）

Sun Simiao 孙思邈，286n，302

swadeshi movement 斯瓦得施运动（抵制英货运动），21—23

Taichan xinfa［New methods for pregnancy and childbirth］《胎产心法》，见 Yan Shunxi 阎纯玺

tax 赋税：and production patterns 与生产模式，192—193，206，213—214；household rates 家庭税率，186n；Ming（Single Whip）明（一条鞭法），186，214，226；national levels 国家的水平，193n，199n，214n；reforms, Song 宋代改革，29n，242n；standards of tax cloth 税布的标准，193；state as redistributor of commodities 国家作为产品的再分配者，192—193，224；state replaced by merchants 国家被商人取代，214，216。又见 fiscal policies 财政政策

technology 科技：and cultural reproduction 与文化复制，1，3，6，15，27—37，369—380；anthropological approaches 人类学方法，13；Chinese texts on 有关中国文本，44—45；definitions of technique and technology 技巧与科技的定义，15；technological choices 科技选择，20—25；technological systems 科技系统，3，15；technologies of the body 身体科技，13

textiles 纺织品：currency equivalent 流通等物价，189，205n；exchanges of 交换，187，261—262，265；innovations and transfer of technical skills 技术性技巧的创新与传递，199，211，215—216，229，239—242；metaphors 隐喻，191；political role 政治角色，176；"soft currencies" "软货币" 261—262；state uses of 国家利用，187；symbolism of 象征主义，21—23，176，189—191。又见 cotton 棉；dowries 嫁妆；hemp 大麻；ramie 苎麻；silk 丝；tax 赋税；weaves 织法；weaving 织

Tiangong kaiwu［exploitation of the works of nature］《天工开物》，见 Song Yingxing 宋应星

T'ien Ju—k'ang 田汝康，254n，259n，308n，354，364n

Tong Shuye 童书业，256

Topley, Marjorie，343

Waltner, Ann，286，343—346，

357n

万全 Wan Quan, 286n, 287, 319n, 347n, 365n

Wang Zhen 王祯（1313年的《农书》的作者）, 185n, 196, 208n, 210n, 227（图18）, 241n

Watson, James L., 40n, 41, 344n

Watson, Rubie S., 115n, 354

Weaves 织法, 194—195（图12）; complex 复杂, 192, 201（图14）, 209（图15）; conditions of production 生产条件, 193—198, 199—205; markets for 市场, 198—199, 207—208, 226; simple 简易, 192, 196（图13）; value of 价值, 198, 217, 220, 230—233。又见 weaving 织

Weaving 织: attempts to revive 力图复兴, 201—202, 222, 228—229, 238, 244—247, 257; decline of 衰落, 228; female domain of management and knowledge 管理和知识的女性领域, 200; gendered division of labor within 劳动的性别分工, 204—205, 223—225, 233—235; household activity 家庭活动, 192—203, 210—212, 229—231; masculinization of 男性化, 178, 214, 216—225, 252; putting-out and exploitation 散作与剥削, 223, 233—235; subsistence 生存, 219—221, 229; synec-doche for woman 对妇女的提喻法, 183, 246; weaving women (hired) 织女（受雇佣）, 202, 230—231; workshops and manufactures 作坊与工场, 191, 203—205, 208—209, 223—233。又见 cotton 棉; looms 织机; silk 丝; spinning 纺; textiles 纺织品; wifely roles 妻子的角色

Weaving Girl 织女, 112n, 133

Weiner, Annette, 261—262, 270n, 280n

wen 文（civility 斯文, refinement 文雅）, 63, 64, 371—376; and fertility 与生育, 348, 350—351; elite wifely ideal 精英妻子的理想, 359—360, 368; male and female parallels 男性与女性相类, 138—139, 266, 364—365, 368, 371

wet nurses 乳母, 307（图21）

wifely roles 妻子的角色, 358—368, 373—375; care of elderly 老人的照顾, 122—123, 281, 358, 359（图24）; control over (and violence against) junior women 对低等妇女的控制（与暴力）, 147, 281, 337—338, 355, 363, 374—375; economic and productive 经济的和生产的, 94, 231, 249, 282, 353; organization of textile production 纺织品生产的组织, 200—202, 219, 239, 359（图24）; rights and duties of legal wife 合法妻子的权利与责任，351—352；ritual 礼，102，107 264，281，361—362；training of household members 家庭成员的训练，281，358，360。又见 gender 性别；wen 文

Will, Pierre—Etienne, 30, 36n, 229

Wolf, Margery, 148, 275—276, 338n, 369

women 妇女：as maternal paragons 作为母亲的楷模 275, 337；as subjects of the state 作为国家臣民，37，186—187；blamed for disorder 承担失序的责任，112，128，146；considered morally competent 视为有道德能力，140，145，167，243，275，374—375；hierarchies among 其中的等级，125，281，282，335—368；joint activities as symbols of social harmony 作为社会和谐象征的联合行动，268，375—376；stigmatized as morally weak 污蔑为有道德缺陷，129，141，146，167，374—375。又见 embroidery 刺绣；handicrafts 手工艺品；morality 道德，material and physical expression of 物质与身体的表达；sericulture 桑蚕业；spinning 纺；textiles 纺织品；weaving 织；work 工作

Wright, Susan, 54

Wu Daoyuan 吴道源（《女科切要》的作者），305，320n，327(图22)

Wu Qian 吴谦（《妇科心法要诀》的作者），305，311，320—321n，328，333

Xianqing ouji [casual expression]《闲情偶记》，63—65。又见 Li Yu 李渔

Xiao Jing 萧京（《轩岐救正论》的作者），305，333

Xu Dachun 徐大椿（《医略六书》的作者），305，312n，320n，322—333，324—325n，328n，332，355

Xu Guangqi 徐光启（《农政全书》的作者），185n，211n，217

Xuanqi jiuzheng lun《轩岐救正论》，见 Xiao Jing 萧京

Xue Ji 薛己，305，308，323

Yan Shunxi 阎纯玺（《胎产心法》的作者），305，320n

Ye Tianshi(Ye Gui) 叶天士（叶桂，《临症指南医案》的作者），305，308，312n，331

Yellow Emperor's classic of internal medicine《黄帝内经》

Yilve liushu[medical compendium in six books]《医略六书》，见徐大椿

Yuan Cai 袁采，128，140，159

Zhang Gao 张杲（《医说》的作者），325n

Zhang Jiebin 张介宾，313

Zhang lvxiang 张履祥（《补农书》的作者），185n，202，231，248—249，268。又见 Shen, Master 沈氏

Zhu Xi 朱熹，61，98—105，122，153—154，155—156，345

Zhuzi jiali〔family rituals, incorporating Sima Guang's Miscellaneous etiquette〕《朱子家礼》[《家礼》，加进司马光《书仪》]，61—62，155；incorporation into legal code 合入律法，158；on ancestral shrines 关于家庙，97(图5)，98—99，101—102，153—154；on domestic routines 关于家庭日常秩序，122—123；on gender segregation 关于性别隔离，129—130；on weddings 关于婚礼，116，118。又见 Zhu Xi 朱熹

"海外中国研究丛书"书目

1. 中国的现代化　[美]吉尔伯特·罗兹曼 主编　国家社会科学基金"比较现代化"课题组 译　沈宗美 校
2. 寻求富强:严复与西方　[美]本杰明·史华兹 著　叶凤美 译
3. 中国现代思想中的唯科学主义(1900—1950)　[美]郭颖颐 著　雷颐 译
4. 台湾:走向工业化社会　[美]吴元黎 著
5. 中国思想传统的现代诠释　余英时 著
6. 胡适与中国的文艺复兴:中国革命中的自由主义,1917—1937　[美]格里德 著　鲁奇 译
7. 德国思想家论中国　[德]夏瑞春 编　陈爱政 等译
8. 摆脱困境:新儒学与中国政治文化的演进　[美]墨子刻 著　颜世安 高华 黄东兰 译
9. 儒家思想新论:创造性转换的自我　[美]杜维明 著　曹幼华 单丁 译　周文彰 等校
10. 洪业:清朝开国史　[美]魏斐德 著　陈苏镇 薄小莹　包伟民 陈晓燕 牛朴 谭天星 译　阎步克 等校
11. 走向21世纪:中国经济的现状、问题和前景　[美]D.H.帕金斯 著　陈志标 编译
12. 中国:传统与变革　[美]费正清 赖肖尔 主编　陈仲丹 潘兴明 庞朝阳 译　吴世民 张子清 洪邮生 校
13. 中华帝国的法律　[美]D.布朗 C.莫里斯 著　朱勇 译　梁治平 校
14. 梁启超与中国思想的过渡(1890—1907)　[美]张灏 著　崔志海 葛夫平 译
15. 儒教与道教　[德]马克斯·韦伯 著　洪天富 译
16. 中国政治　[美]詹姆斯·R.汤森 布兰特利·沃马克 著　顾速 董方 译
17. 文化、权力与国家:1900—1942年的华北农村　[美]杜赞奇 著　王福明 译
18. 义和团运动的起源　[美]周锡瑞 著　张俊义 王栋 译
19. 在传统与现代性之间:王韬与晚清革命　[美]柯文 著　雷颐 罗检秋 译
20. 最后的儒家:梁漱溟与中国现代化的两难　[美]艾恺 著　王宗昱 冀建中 译
21. 蒙元入侵前夜的中国日常生活　[法]谢和耐 著　刘东 译
22. 东亚之锋　[美]小R.霍夫亨兹 K.E.柯德尔 著　黎鸣 译
23. 中国社会史　[法]谢和耐 著　黄建华 黄迅余 译
24. 从理学到朴学:中华帝国晚期思想与社会变化面面观　[美]艾尔曼 著　赵刚 译
25. 孔子哲学思微　[美]郝大维 安乐哲 著　蒋弋为 李志林 译
26. 北美中国古典文学研究名家十年文选　乐黛云　陈珏 编选
27. 东亚文明:五个阶段的对话　[美]狄百瑞 著　何兆武 何冰 译
28. 五四运动:现代中国的思想革命　[美]周策纵 著　周子平 等译
29. 近代中国与新世界:康有为变法与大同思想研究　[美]萧公权 著　汪荣祖 译
30. 功利主义儒家:陈亮对朱熹的挑战　[美]田浩 著　姜长苏 译
31. 莱布尼兹和儒学　[美]孟德卫 著　张学智 译
32. 佛教征服中国:佛教在中国中古早期的传播与适应　[荷兰]许理和 著　李四龙 裴勇 等译
33. 新政革命与日本:中国,1898—1912　[美]任达 著　李仲贤 译
34. 经学、政治和宗族:中华帝国晚期常州今文学派研究　[美]艾尔曼 著　赵刚 译
35. 中国制度史研究　[美]杨联陞 著　彭刚 程钢 译

36. 汉代农业:早期中国农业经济的形成　[美]许倬云 著　程农 张鸣 译　邓正来 校
37. 转变的中国:历史变迁与欧洲经验的局限　[美]王国斌 著　李伯重 连玲玲 译
38. 欧洲中国古典文学研究名家十年文选乐黛云　陈珏 龚刚 编选
39. 中国农民经济:河北和山东的农民发展,1890—1949　[美]马若孟 史建云 译
40. 汉哲学思维的文化探源　[美]郝大维 安乐哲 著　施忠连 译
41. 近代中国之种族观念　[英]冯客 著　杨立华 译
42. 血路:革命中国中的沈定一(玄庐)传奇　[美]萧邦奇 著　周武彪 译
43. 历史三调:作为事件、经历和神话的义和团　[美]柯文 著　杜继东 译
44. 斯文:唐宋思想的转型　[美]包弼德 刘宁 译
45. 宋代江南经济史研究　[日]斯波义信 著　方健 何忠礼 译
46. 一个中国村庄:山东台头 杨懋春 著　张雄 沈炜 秦美珠 译
47. 现实主义的限制:革命时代的中国小说　[美]安敏成 著　姜涛 译
48. 上海罢工:中国工人政治研究　[美]裴宜理 著　刘平 译
49. 中国转向内在:两宋之际的文化转向　[美]刘子健 著　赵冬梅 译
50. 孔子:即凡而圣　[美]赫伯特·芬格莱特 著　彭国翔 张华 译
51. 18世纪中国的官僚制度与荒政　[法]魏丕信 著　徐建青 译
52. 他山的石头记:宇文所安自选集　[美]宇文所安 著　田晓菲 编译
53. 危险的愉悦:20世纪上海的娼妓问题与现代性　[美]贺萧 著　韩敏中 盛宁 译
54. 中国食物　[美]尤金·N. 安德森 著　马孆 刘东 译　刘东 审校
55. 大分流:欧洲、中国及现代世界经济的发展　[美]彭慕兰 著　史建云 译
56. 古代中国的思想世界　[美]本杰明·史华兹 著　程钢 译　刘东 校
57. 内闱:宋代的婚姻和妇女生活　[美]伊沛霞 著　胡志宏 译
58. 中国北方村落的社会性别与权力　[加]朱爱岚 著　胡玉坤 译
59. 先贤的民主:杜威、孔子与中国民主之希望　[美]郝大维 安乐哲 著　何刚强 译
60. 向往心灵转化的庄子:内篇分析　[美]爱莲心 著　周炽成 译
61. 中国人的幸福观　[德]鲍吾刚 著　严蓓雯 韩雪临 吴德祖 译
62. 闺塾师:明末清初江南的才女文化　[美]高彦颐 著　李志生 译
63. 缀珍录:十八世纪及其前后的中国妇女　[美]曼素恩 著　定宜庄 颜宜葳 译
64. 革命与历史:中国马克思主义历史学的起源,1919—1937　[美]德里克 著　翁贺凯 译
65. 竞争的话语:明清小说中的正统性、本真性及所生成之意义　[美]艾梅兰 著　罗琳 译
66. 中国妇女与农村发展:云南禄村六十年的变迁　[加]宝森 著　胡玉坤 译
67. 中国近代思维的挫折　[日]岛田虔次 著　甘万萍 译
68. 中国的亚洲内陆边疆　[美]拉铁摩尔 著　唐晓峰 译
69. 为权力祈祷:佛教与晚明中国士绅社会的形成　[加]卜正民 著　张华 译
70. 天潢贵胄:宋代宗室史　[美]贾志扬 著　赵冬梅 译
71. 儒家之道:中国哲学之探讨　[美]倪德卫 著　[美]万白安 编 周炽成 译
72. 都市里的农家女:性别、流动与社会变迁　[澳]杰华 著　吴小英 译
73. 另类的现代性:改革开放时代中国性别化的渴望　[美]罗丽莎 著　黄新 译
74. 近代中国的知识分子与文明　[日]佐藤慎一 著　刘岳兵 译
75. 繁盛之阴:中国医学史中的性(960—1665)　[美]费侠莉 著　甄橙 主译　吴朝霞 主校
76. 中国大众宗教　[美]韦思谛 编 陈仲丹 译
77. 中国诗画语言研究　[法]程抱一 著　涂卫群 译
78. 中国的思维世界　[日]沟口雄三 小岛毅 著　孙歌 等译

79. 德国与中华民国　[美]柯伟林 著　陈谦平 陈红民 武菁 申晓云 译　钱乘旦 校
80. 中国近代经济史研究:清末海关财政与通商口岸市场圈　[日]滨下武志 著　高淑娟 孙彬 译
81. 回应革命与改革:皖北李村的社会变迁与延续韩敏 著　陆益龙 徐新玉 译
82. 中国现代文学与电影中的城市:空间、时间与性别构形　[美]张英进 著　秦立彦 译
83. 现代的诱惑:书写半殖民地中国的现代主义(1917—1937)　[美]史书美 著　何恬 译
84. 开放的帝国:1600年前的中国历史　[美]芮乐伟·韩森 著　梁侃 邹劲风 译
85. 改良与革命:辛亥革命在两湖　[美]周锡瑞 著　杨慎之 译
86. 章学诚的生平及其思想　[美]倪德卫 著　杨立华 译
87. 卫生的现代性:中国通商口岸卫生与疾病的含义　[美]罗芙芸 著　向磊 译
88. 道与庶道:宋代以来的道教、民间信仰和神灵模式　[美]韩明士 著　皮庆生 译
89. 间谍王:戴笠与中国特工　[美]魏斐德 著　梁禾 译
90. 中国的女性与性相:1949年以来的性别话语　[英]艾华 著　施施 译
91. 近代中国的犯罪、惩罚与监狱　[荷]冯客 著　徐有威 等译　潘兴明 校
92. 帝国的隐喻:中国民间宗教　[英]王斯福 著　赵旭东 译
93. 王弼《老子注》研究　[德]瓦格纳 著　杨立华 译
94. 寻求正义:1905—1906年的抵制美货运动　[美]王冠华 著　刘甜甜 译
95. 传统中国日常生活中的协商:中古契约研究　[美]韩森 著　鲁西奇 译
96. 从民族国家拯救历史:民族主义话语与中国现代史研究　[美]杜赞奇 著　王宪明 高继美 李海燕 李点 译
97. 欧几里得在中国:汉译《几何原本》的源流与影响　[荷]安国风 著　纪志刚 郑诚 郑方磊 译
98. 十八世纪中国社会　[美]韩书瑞 罗友枝 著　陈仲丹 译
99. 中国与达尔文　[美]浦嘉珉 著　钟永强 译
100. 私人领域的变形:唐宋诗词中的园林与玩好　[美]杨晓山 著　文韬 译
101. 理解农民中国:社会科学哲学的案例研究　[美]李丹 著　张天虹 张洪云 张胜波 译
102. 山东叛乱:1774年的王伦起义　[美]韩书瑞 著　刘平 唐雁超 译
103. 毁灭的种子:战争与革命中的国民党中国(1937—1949)　[美]易劳逸 著　王建朗 王贤知 贾维 译
104. 缠足:"金莲崇拜"盛极而衰的演变　[美]高彦颐 著　苗延威 译
105. 饕餮之欲:当代中国的食与色　[美]冯珠娣 著　郭乙瑶 马磊 江素侠 译
106. 翻译的传说:中国新女性的形成(1898—1918)　胡缨 著　龙瑜宬 彭珊珊 译
107. 中国的经济革命:二十世纪的乡村工业　[日]顾琳 著　王玉茹 张玮 李进霞 译
108. 礼物、关系学与国家:中国人际关系与主体性建构　杨美慧 著　赵旭东 孙珉 译　张跃宏 译校
109. 朱熹的思维世界　[美]田浩 著
110. 皇帝和祖宗:华南的国家与宗族　[英]科大卫 著　卜永坚 译
111. 明清时代东亚海域的文化交流　[日]松浦章 著　郑洁西 等译
112. 中国美学问题　[美]苏源熙 著　卞东波 译　张强强 朱霞欢 校
113. 清代内河水运史研究　[日]松浦章 著　董科 译
114. 大萧条时期的中国:市场、国家与世界经济　[日]城山智子 著　孟凡礼 尚国敏 译　唐磊 校
115. 美国的中国形象(1931—1949)　[美]T.克里斯托弗·杰斯普森 著　姜智芹 译
116. 技术与性别:晚期帝制中国的权力经纬　[英]白馥兰 著　江湄 邓京力 译

117. 中国善书研究　[日]酒井忠夫 著　刘岳兵 何英莺 孙雪梅 译
118. 千年末世之乱:1813年八卦教起义　[美]韩书瑞 著　陈仲丹 译
119. 西学东渐与中国事情　[日]增田涉 著　由其民 周启乾 译
120. 六朝精神史研究　[日]吉川忠夫 著　王启发 译
121. 矢志不渝:明清时期的贞女现象　[美]卢苇菁 著　秦立彦 译
122. 明代乡村纠纷与秩序:以徽州文书为中心　[日]中岛乐章 著　郭万平 高飞 译
123. 中华帝国晚期的欲望与小说叙述　[美]黄卫总 著　张蕴爽 译
124. 虎、米、丝、泥:帝制晚期华南的环境与经济　[美]马立博 著　王玉茹 关永强 译
125. 一江黑水:中国未来的环境挑战　[美]易明 著　姜智芹 译
126. 《诗经》原意研究　[日]家井真 著　陆越 译
127. 施剑翘复仇案:民国时期公众同情的兴起与影响　[美]林郁沁 著　陈湘静 译
128. 华北的暴力和恐慌:义和团运动前夕基督教传播和社会冲突　[德]狄德满 著　崔华杰 译
129. 铁泪图:19世纪中国对于饥馑的文化反应　[美]艾志端 著　曹曦 译
130. 饶家驹安全区:战时上海的难民　[美]阮玛霞 著　白华山 译
131. 危险的边疆:游牧帝国与中国　[美]巴菲尔德 著　袁剑 译
132. 工程国家:民国时期(1927—1937)的淮河治理及国家建设　[美]戴维·艾伦·佩兹 著　姜智芹 译
133. 历史宝筏:过去、西方与中国妇女问题　[美]季家珍 著　杨可 译
134. 姐妹们与陌生人:上海棉纱厂女工,1919—1949　[美]韩起澜 著　韩慈 译
135. 银线:19世纪的世界与中国　林满红 著　詹庆华 林满红 译
136. 寻求中国民主　[澳]冯兆基 著　刘悦斌 徐硙 译
137. 墨梅　[美]毕嘉珍 著　陆敏珍 译
138. 清代上海沙船航运业史研究　[日]松浦章 著　杨蕾 王亦诤 董科 译
139. 男性特质论:中国的社会与性别　[澳]雷金庆 著　[澳]刘婷 译
140. 重读中国女性生命故事　游鉴明 胡缨 季家珍 主编
141. 跨太平洋位移:20世纪美国文学中的民族志、翻译和文本间旅行　黄运特 著　陈倩 译
142. 认知诸形式:反思人类精神的统一性与多样性　[英]G.E.R.劳埃德 著　池志培 译
143. 中国乡村的基督教:1860—1900江西省的冲突与适应　[美]史维东 著　吴薇 译
144. 假想的"满大人":同情、现代性与中国疼痛　[美]韩瑞 著　袁剑 译
145. 中国的捐纳制度与社会　伍跃 著
146. 文书行政的汉帝国　[日]富谷至 著　刘恒武 孔李波 译
147. 城市里的陌生人:中国流动人口的空间、权力与社会网络的重构　[美]张骊 著　袁长庚 译
148. 性别、政治与民主:近代中国的妇女参政　[澳]李木兰 著　方小平 译
149. 近代日本的中国认识　[日]野村浩一 著　张学锋 译
150. 狮龙共舞:一个英国人笔下的威海卫与中国传统文化　[英]庄士敦 著　刘本森 译　威海市博物馆 郭大松 校
151. 人物、角色与心灵:《牡丹亭》与《桃花扇》中的身份认同　[美]吕立亭 著　白华山 译
152. 中国社会中的宗教与仪式　[美]武雅士 著　彭泽安 邵铁峰 译　郭潇威 校
153. 自贡商人:近代早期中国的企业家　[美]曾小萍 著　董建中 译
154. 大象的退却:一部中国环境史　[英]伊懋可 著　梅雪芹 毛利霞 王玉山 译
155. 明代江南土地制度研究　[日]森正夫 著　伍跃 张学锋 等译　范金民 夏维中 审校
156. 儒学与女性　[美]罗莎莉 著　丁佳伟 曹秀娟 译

157. 行善的艺术:晚明中国的慈善事业　[美]韩德林 著　吴士勇 王桐 史桢豪 译
158. 近代中国的渔业战争和环境变化　[美]穆盛博 著　胡文亮 译
159. 权力关系:宋代中国的家族、地位与国家　[美]柏文莉 著　刘云军 译
160. 权力源自地位:北京大学、知识分子与中国政治文化,1898—1929　[美]魏定熙 著　张蒙 译
161. 工开万物:17世纪中国的知识与技术　[德]薛凤 著　吴秀杰 白岚玲 译
162. 忠贞不贰:辽代的越境之举　[英]史怀梅 著　曹流 译
163. 内藤湖南:政治与汉学(1866—1934)　[美]傅佛果 著　陶德民 何英莺 译
164. 他者中的华人:中国近现代移民史　[美]孔飞力 著　李明欢 译　黄鸣奋 校
165. 古代中国的动物与灵异　[英]胡司德 著　蓝旭 译
166. 两访中国茶乡　[英]罗伯特·福琼 著　敖雪岗 译
167. 缔造选本:《花间集》的文化语境与诗学实践　[美]田安 著　马强才 译
168. 扬州评话探讨　[丹麦]易德波 著　米锋 易德波 译　李今芸 校译
169.《左传》的书写与解读　李惠仪 著　文韬 许明德 译
170. 以竹为生:一个四川手工造纸村的20世纪社会史　[德]艾约博 著　韩巍 译　吴秀杰 校
171. 东方之旅:1579—1724 耶稣会传教团在中国　[美]柏理安 著　毛瑞方 译
172. "地域社会"视野下的明清史研究:以江南和福建为中心　[日]森正夫 著　于志嘉 马一虹 黄东兰 阿风 等译
173. 技术、性别、历史:重新审视帝制中国的大转型　[英]白馥兰 著　吴秀杰 白岚玲 译
174. 中国小说戏曲史　[日]狩野直喜 张真 译
175. 历史上的黑暗一页:英国外交文件与英美海军档案中的南京大屠杀　[美]陆束屏 编著/翻译
176. 罗马与中国:比较视野下的古代世界帝国　[奥]沃尔特·施德尔 主编　李平 译
177. 矛与盾的共存:明清时期江西社会研究　[韩]吴金成 著　崔荣根 译 薛戈 校译
178. 唯一的希望:在中国独生子女政策下成年　[美]冯文 著　常姝 译
179. 国之枭雄:曹操传　[澳]张磊夫 著　方笑天 译
180. 汉帝国的日常生活　[英]鲁惟一 著　刘洁 余霄 译
181. 大分流之外:中国和欧洲经济变迁的政治　[美]王国斌 罗森塔尔 著　周琳 译　王国斌 张萌 审校
182. 中正之笔:颜真卿书法与宋代文人政治　[美]倪雅梅 著　杨简茹 译　祝帅 校译
183. 江南三角洲市镇研究　[日]森正夫 编　丁韵 胡婧 等译　范金民 审校
184. 忍辱负重的使命:美国外交官记载的南京大屠杀与劫后的社会状况　[美]陆束屏 编著/翻译
185. 修仙:古代中国的修行与社会记忆　[美]康儒博 著　顾漩 译
186. 烧钱:中国人生活世界中的物质精神　[美]柏桦 著　袁剑 刘玺鸿 译
187. 话语的长城:文化中国历险记　[美]苏源熙 著　盛珂 译
188. 诸葛武侯　[日]内藤湖南 著　张真 译
189. 盟友背信:一战中的中国　[英]吴芳思 克里斯托弗·阿南德尔 著　张宇扬 译
190. 亚里士多德在中国:语言、范畴和翻译　[英]罗伯特·沃迪 著　韩小强 译
191. 马背上的朝廷:巡幸与清朝统治的建构,1680—1785　[美]张勉治 著　董建中 译
192. 申不害:公元前四世纪中国的政治哲学家　[美]顾立雅 著　马腾 译
193. 晋武帝司马炎　[日]福原启郎 著　陆帅 译
194. 唐人如何吟诗:带你走进汉语音韵学　[日]大岛正二 著　柳悦 译

195. 古代中国的宇宙论　[日]浅野裕一 著　吴昊阳 译
196. 中国思想的道家之论：一种哲学解释　[美]陈汉生 著　周景松 谢尔逊 等译　张丰乾 校译
197. 诗歌之力：袁枚女弟子屈秉筠(1767—1810)　[加]孟留喜 著　吴夏平 译
198. 中国逻辑的发现　[德]顾有信 著　陈志伟 译
199. 高丽时代宋商往来研究　[韩]李镇汉 著　李廷青 戴琳剑 译　楼正豪 校
200. 中国近世财政史研究　[日]岩井茂树 著　付勇 译　范金民 审校
201. 北京的人力车夫：1920年代的市民与政治　[美]史谦德 著　周书垚 袁剑 译　周育民 校
202. 魏晋政治社会史研究　[日]福原启郎 著　陆帅 刘萃峰 张紫毫 译
203. 宋帝国的危机与维系：信息、领土与人际网络　[比利时]魏希德 著　刘云军 译
204. 行善的艺术：晚明中国的慈善事业(新译本)　[美]韩德玲 著　曹晔 译